DE GAULLE

法国的丈夫

戴高乐

◎章正余 编译

中国铁道出版社有限公司
CHINA RAILWAY PUBLISHING HOUSE CO., LTD.

图书在版编目（CIP）数据

戴高乐/章正余编译.—北京：中国铁道出版社
有限公司，2019.10
（二战名人录）
ISBN 978-7-113-25877-1

Ⅰ.①戴... Ⅱ.①章... Ⅲ.①戴高乐（De Gaulle,
Charles Andre Joseph Marie 1890–1970）–生平事迹 Ⅳ.① K835.657=5

中国版本图书馆 CIP 数据核字（2019）第 111308 号

书　　名：戴高乐

编　　译：章正余

责任编辑：奚　源　　　　　　　　　　电　　话：（010）83545974
封面设计：刘　莎
责任校对：王　杰
责任印制：赵星辰

出版发行：中国铁道出版社有限公司（100054，北京市西城区右安门西街 8 号）
印　　刷：三河市航远印刷有限公司
版　　次：2019 年 10 月第 1 版　　2019 年 10 月第 1 次印刷
开　　本：787 mm × 1 092 mm　1/16　印张：24　字数：382 千
书　　号：ISBN 978-7-113-25877-1
定　　价：59.80 元

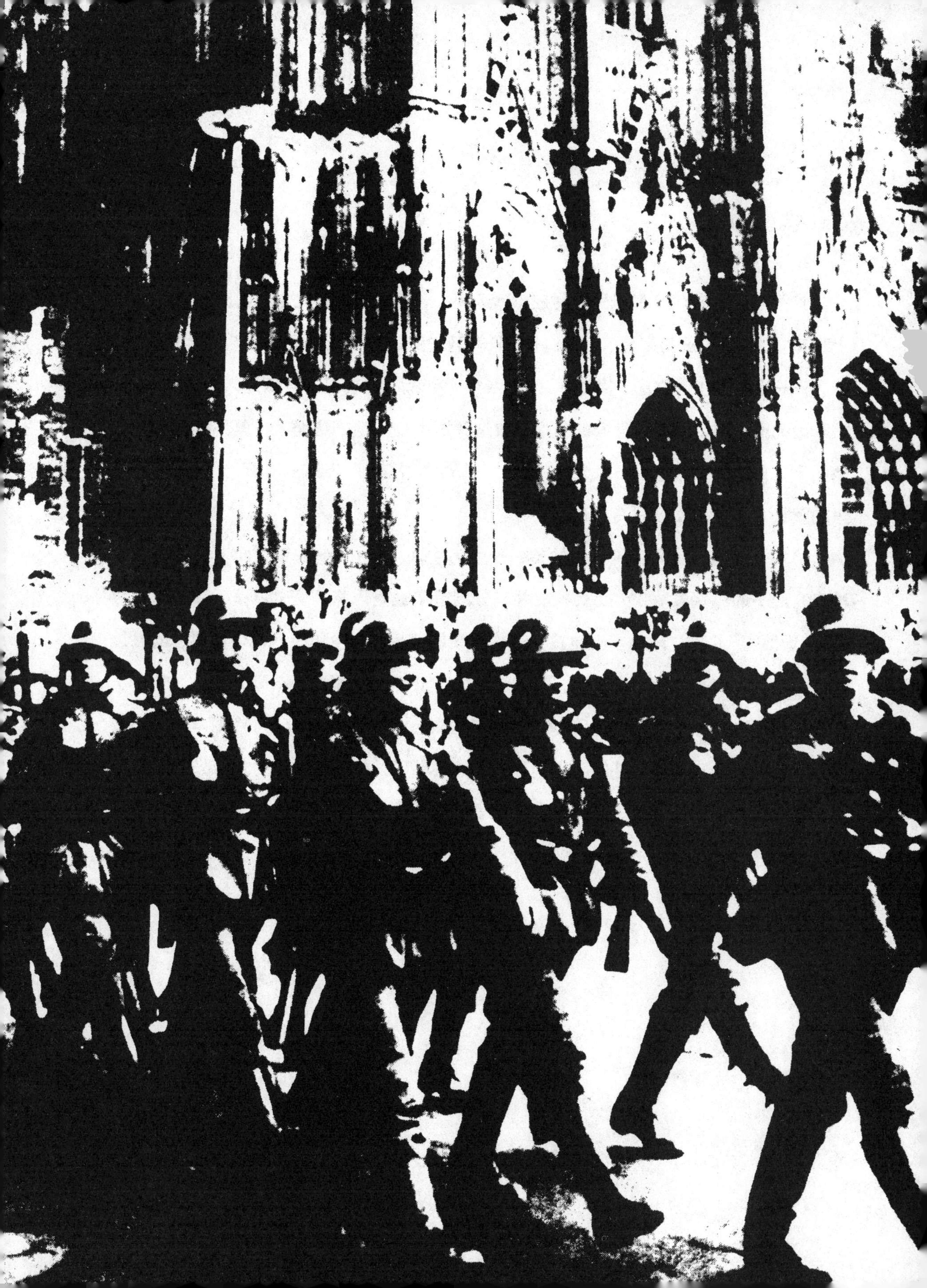

名人剪影

　　这是一个只有500多居民的村庄，远远望去，但见树木葱茏中，露出一所双尖顶十字并立的教堂。没有喧嚣，远隔俗世，只有教堂旁边拔地而起象征着"自由法国"的标志——坐落于小山之巅、高达43米的洛林十字架，宛若巨人背负青天，脚踏大地，默默而又傲然地俯瞰着人世间的一切。教堂旁边小小墓地的边角上，覆盖着一块高出地面不足一尺的长方形基石，上面刻着："夏尔·戴高乐（1890—1970）"，长眠在这里的就是本书的主人公戴高乐将军。

　　本书以戴高乐将军奇峰迭起的传奇一生为主轴，通过对他在第二次世界大战中种种亲身经历的逼真摹写，全景式再现并充分塑造了戴高乐将军坚韧不拔、锋芒毕露的"军人政治家"形象。戴高乐出生在一个中产阶级家庭。青少年时代酷爱演讲、读书和写作，后来成为了一名职业军人。时势造英雄，世界大战爆发了，风云际会，戴高乐像一颗暗夜中划破长空的晨星，闪烁在历史的舞台上。他凭借着自己的智慧与个性，展开了一幕幕惊涛骇浪般的斗智斗勇。最终，他胜利了，以自己夺目的生命光芒照亮了自由法兰西最伟大的瞬间。

1890-1970

> 法国戴高乐将军。

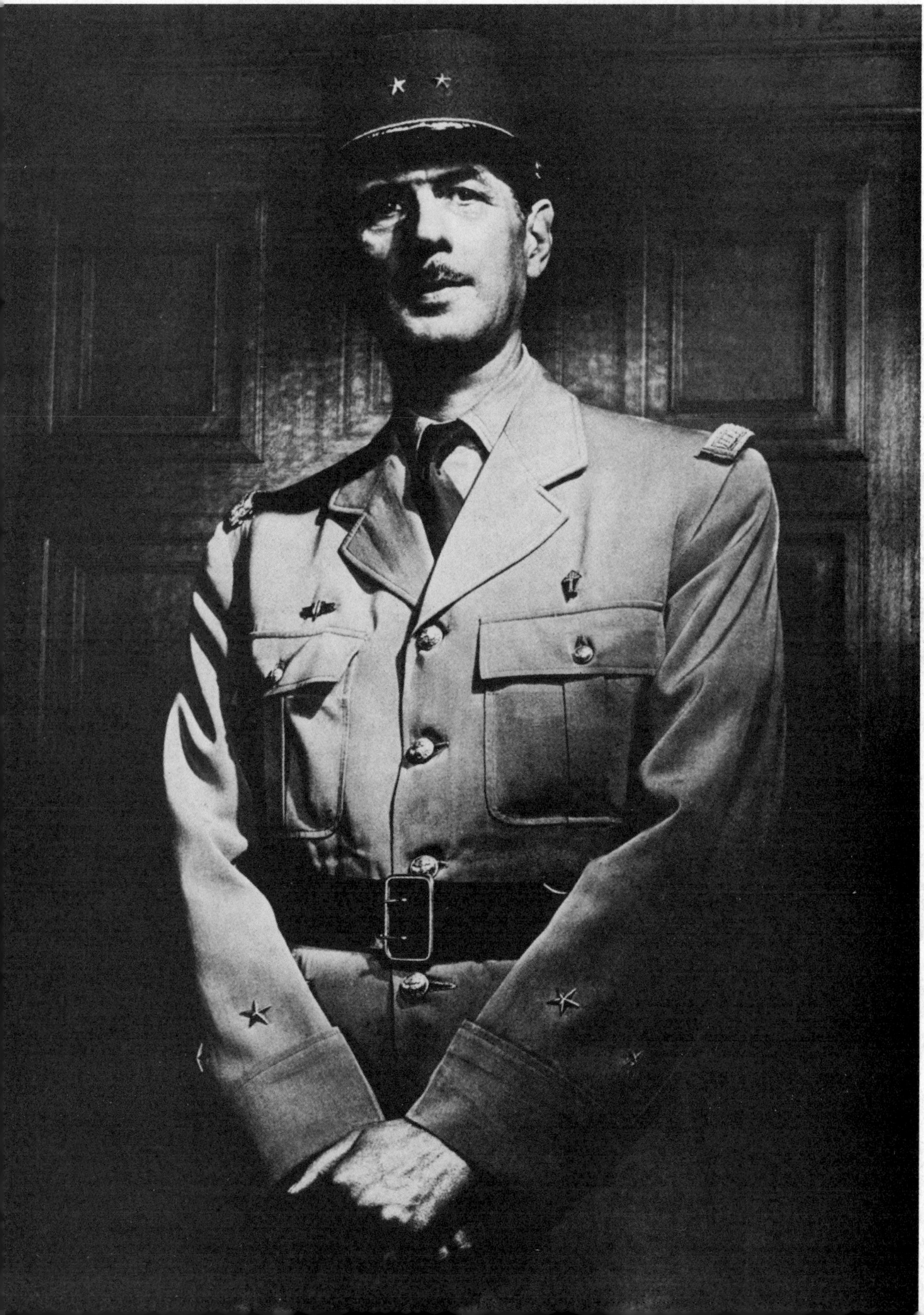

1913

晋升为陆军中尉。

1890

11 月 22 日，诞生于法国北部里尔。

1914

第一次世界大战爆发。参加抵抗德国侵法的战争。

1907

在比利时的"安东尼书院"读中学，直至毕业。

1909

考入圣西尔军校。

1915

晋升为陆军上尉。

1912

10 月，从圣西尔军校毕业，任步兵团第 33 团少尉。

1916~1918

在第一次世界大战中被俘，战争结束后获释回国。

1919~
1920

在波兰服役，参加了波苏战争。

1921

4月，同伊冯娜·旺德鲁结婚。
10月，在圣西尔军校讲授历史课程。

1922

11月，进军事学院深造。

1924

6月，军事学院毕业。发表处女作《敌人阵营的倾轧》。

1925

10月，调任贝当元帅幕僚。

1927

晋升为陆军少校，指挥第 19 轻步兵营。

1929

在黎巴嫩服役。

1932

晋升中校。调最高国防委员会秘书处工作。《剑刃》一书出版。

1934

《建立职业军》一书出版。

1937

在梅兹指挥第 507 装甲团，晋升上校。

1938

《法国及其军队》一书出版。

1939

第二次世界大战爆发后，被任命为法国第5军团参谋部队战车队临时指挥官。

Charles De Gaulle

1940

5 月 11 日，奉命指挥第 4 装甲师。

5 月 25 日，晋升为准将。

6 月 5 日，在改组后的雷诺政府中任国防部副国务秘书及国防和陆军部副部长。

6 月 17 日，乘飞机抵达伦敦，建立"自由法国"坚持在海外抗战。

6 月 18 日，在英国广播电台发表讲话，号召法国人民继续抗战。

6 月 28 日，英国政府承认戴高乐为"自由法国"的领袖。

8 月 2 日，被维希政府军事法庭缺席判处死刑。

10 月 27 日，成立"法兰西防务委员会"。

1941

9月21日，成立"法兰西民族委员会"，自任主席。

1942

7月13日，"自由法国"更名为"战斗法国"。

1943

5月，以让·穆兰为主席的"全国抵抗运动委员会"成立，确认戴高乐为法国抵抗运动的唯一领袖。

Charles De Gaulle

★ ★ ★ ★ ★

1944

6月3日，法兰西民族解放委员会改称法兰西共和国临时政府，戴高乐任总理。

8月24日，巴黎解放，第二天戴高乐建立起共和国的临时政府。

1945

11月13日，制宪议会一致推选戴高乐为临时政府总理。

1946

1 月 20 日，辞职下野。

1947

4 月 7 日，创建"法兰西人民联盟"。

1954

10 月，《战争回忆录》第一卷出版。

1956

5 月，《战争回忆录》第二卷出版。

1958

6 月 1 日，国民议会授权戴高乐组阁。
9 月 28 日，公民投票通过新宪法。第五共和国宣告成立。
12 月 21 日，当选第五共和国首任总统。

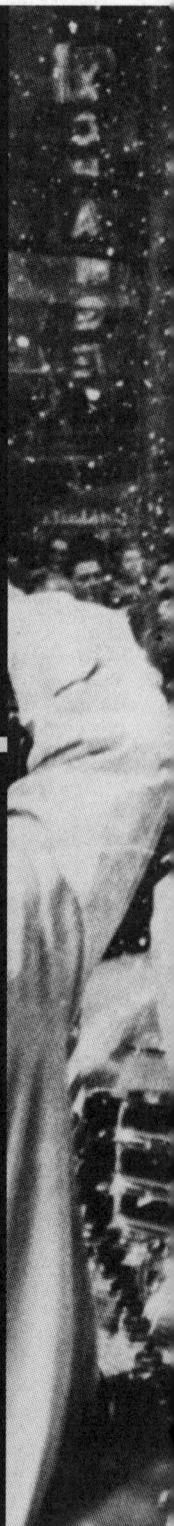

Charles De Gaulle

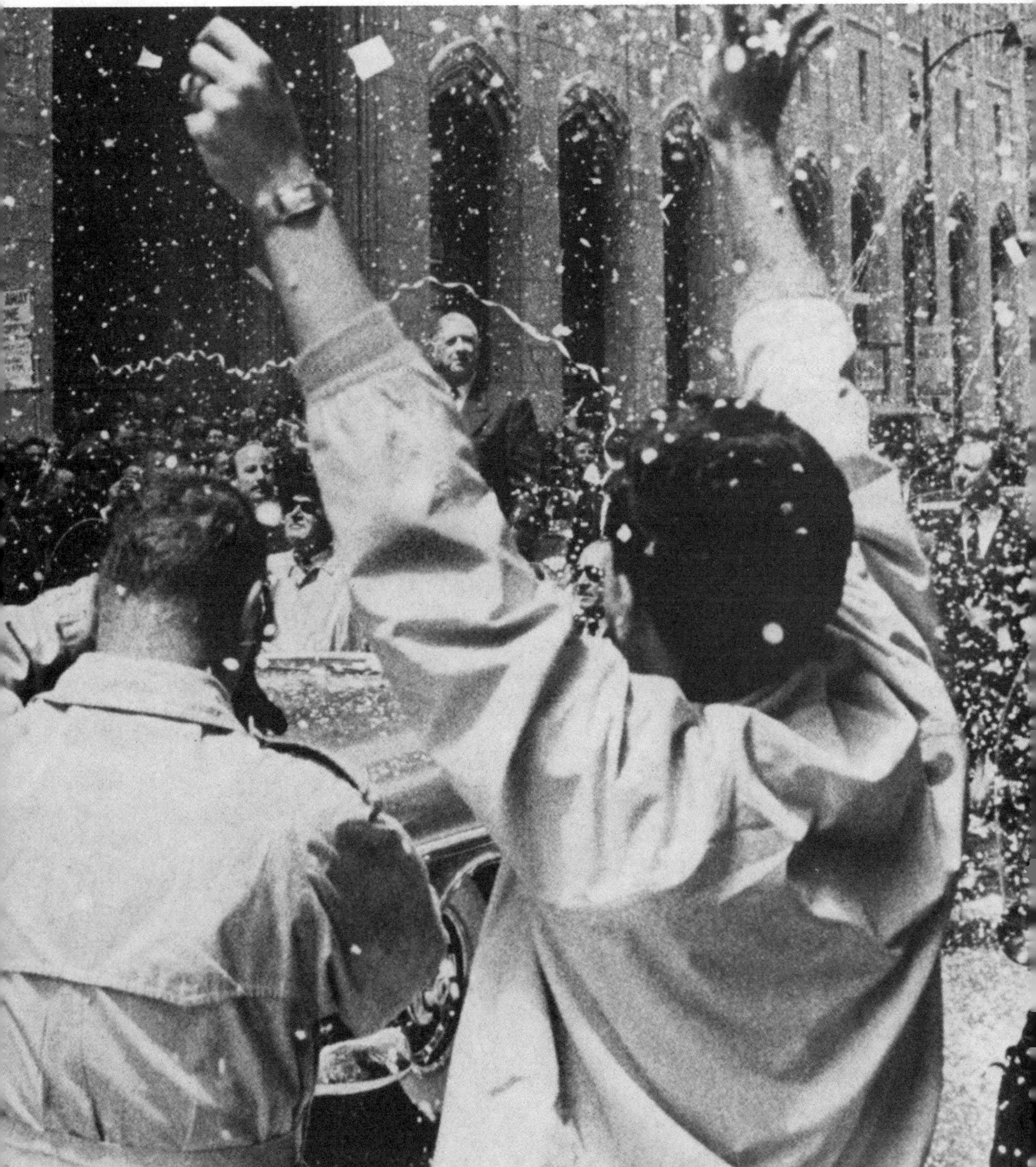

1959

9月，《战争回忆录》第三卷出版。

1965

12月19日，再度当选法国总统。

1969

4月28日，宣布引退，辞去总统职务。

1970

10月，《希望回忆录》第一卷出版。
11月9日，在科隆贝逝世。

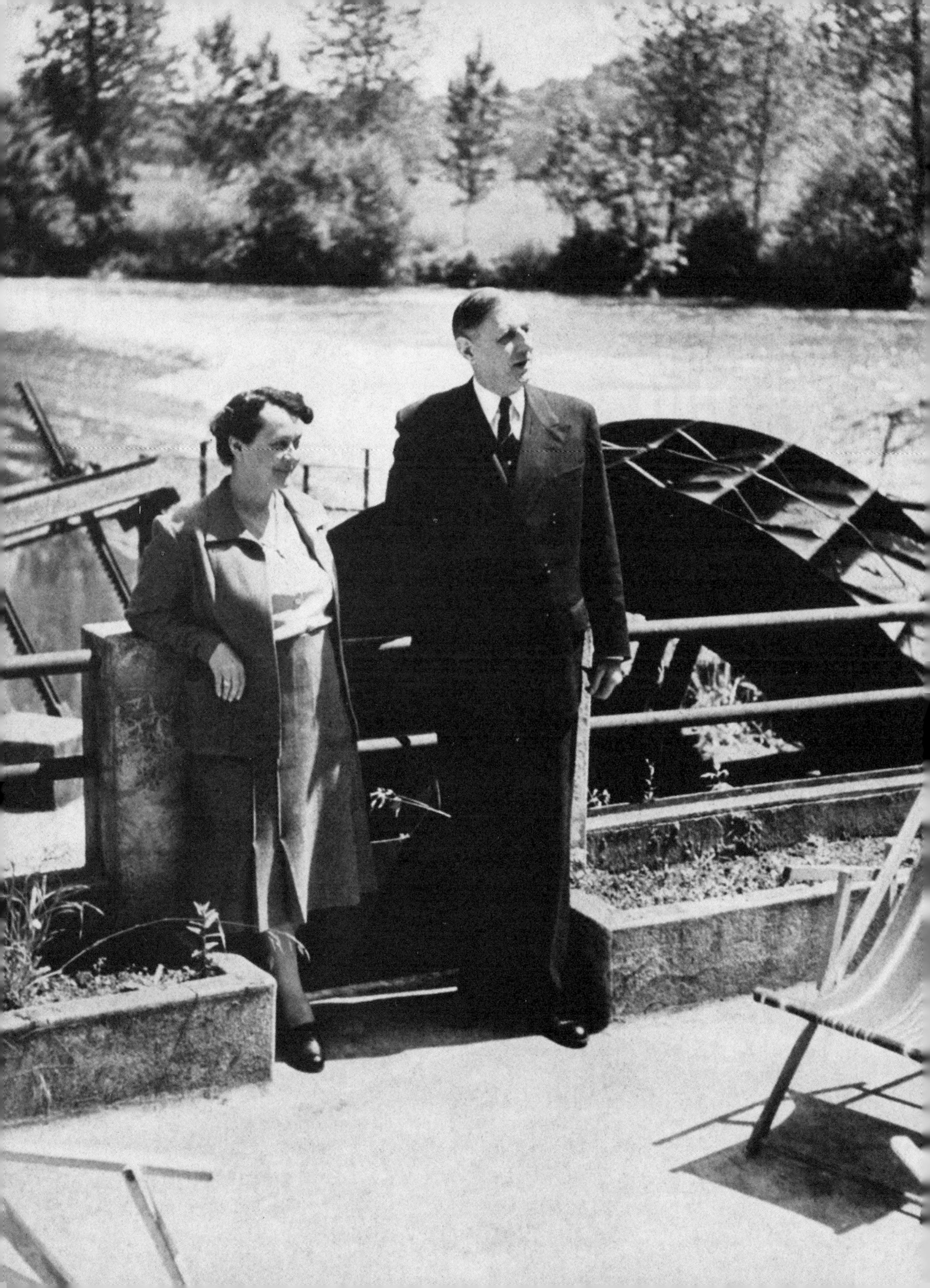

戴高乐语录 →

◎ 我虽力量有限，孤立无援，但正因为如此，我才必须爬上顶峰，不能后退。

◎ 这些年轻人是镶嵌在法国晦暗了的光荣之上的光芒四射的希望宝石。

◎ 我要问：为什么要杀人呢？应该让人们活下去！为什么要破坏呢？我们的职责是建设！为什么要仇恨呢？我们需要合作，停止这些荒谬的争斗吧！

◎ 法国不是解放之神将要轻轻唤醒的睡意惺忪的公主……她在牢狱中受尽鞭笞，深深体验到自己的灾难的原因和虐待她的那些暴君的无耻。

◎ 无论发生什么事，法国抵抗的火焰不能熄灭，也决不会熄灭。

CHARLES DE GAULLE

◎ 我们对法兰西，对自己的母亲法兰西只有一件事，除了为她服务以外，再也没有其他重要的事情。

◎ 凡是我要告诉人们的重要事情，我都思考良久，都一一形成文字，都背得烂熟。为此，我花费了很多时间和心血。

目录
contents

公元 1890 年 11 月 22 日深夜，他——法兰西最伟大的神圣斗士，夏尔·戴高乐，就这样来到了人世……"一战"爆发，戴高乐怀着强烈的复仇使命感和崇高的爱国主义激情参加了战斗，但不幸的是两年后他成了俘虏，不得不在弗里德贝格战俘营度过漫长的两年零八个月。

1921 年，31 岁的戴高乐回国担任了圣西尔军校的战争史讲师。
第二年他考上了法国陆军学院。
不久，贝当元帅替戴高乐主持了公道——由军事学院新校长埃兰将军出面邀请，戴高乐上尉应邀返回学校作了一次讲学，贝当亲临主持……

1927 年 12 月，戴高乐被破格晋升为少校，奉命指挥第 19 轻步兵营，驻防摩泽尔河畔的特里尔，新的生活开始了。
这一段时期，戴高乐被警告必须做出选择——或者珍惜自己的前程，或者沿着自己的道路继续走下去。

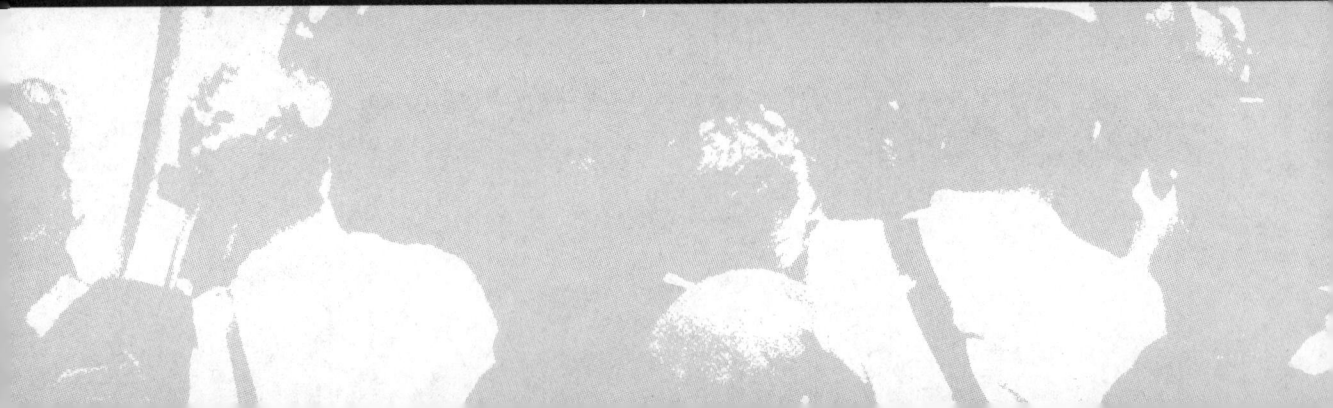

第二次世界大战的全面爆发迫在眉睫，命运再一次注定了，戴高乐施展自己卓越才华的机会又一次来到了。
天下大乱，英雄显本色。然而，尽管他的第4装甲师捷报频传，但与溃败的法国相比，实在是无力回天。他能力挽狂澜，独撑大厦于既倒吗？

色当被德国人突破，盟军在敦刻尔克大撤退，巴黎被迫放弃……只有退到海外去坚持，这是唯一的出路。
可就是这一点，也没有能够实现……但是他在国外依然不断寻求各方面的最大支持。

1940年6月17日晚，贝当元帅要求停战。4天后，法国向希特勒投降了！
他成立了"自由法国"，从此以后，他和贝当政府及其军队的关系永远结束了。
他苦苦为之奋斗半生，取得的辉煌、荣誉，一切都消失了。

1941年至1942年，在戴高乐的号召和鼓舞下，一大批秘密抗战的组织纷纷成立了。戴高乐决心把这些组织统一在自由法国的领导下。

1943年5月，由法共发起，成立了"抵抗运动委员会"。戴高乐被确认为法国抵抗运动的唯一领袖。不久之后，自由法国更名为"战斗法国"，戴高乐最终统一了国内外抗德力量。

1943年5月30日，戴高乐在"战斗法国"的首都——阿尔及尔。在这个普遍充满敌意的地方时，他实际上是单人独骑。

然而仅仅半年后，他却成了阿尔及尔和法国人抵抗精神的主人，这或许是他最惊人的一次胜利了。1945年9月9日，戴高乐宣告了他的政府已经在巴黎成立。

自从1945年7月，丘吉尔大选失败之后，戴高乐就意识到自己不得不放弃权力的日子不会太远了。因为他和丘吉尔是相似的——他们都开创了一个新局面，而维持这个新局面的通常是局外人。

1948年2月6日，戴高乐的白痴女儿安娜去世了。这一沉重的打击对"隐居老人"戴高乐来说，几乎是不能承受的，但是他坚强地挺住了，而且很快振作起来，雄心复萌，为他东山再起策划了又一伟大的活动"法兰西人民联盟"。1949年3月，戴高乐再次提出竞选。1951年夏至1953年，为了团结，戴高乐又决定放弃法兰西人民联盟。

1961年4月，阿尔及利亚兵变失败后，阴谋分子在巴黎成立了"老参谋部"，而且发出"一级暗杀令"——想尽一切办法，一定要暗杀戴高乐总统。戴高乐指示说："政府绝不退让。"
1969年4月28日，戴高乐宣布下野。他一生的事业"结束"了。

1969年冬天，已经79岁的老人戴高乐，他的一颗心仍然像熊熊燃烧的火焰一样炽热。
他还在关心着法国的局势，未来的走向和发展。在他身后，还有能力影响和左右法国历史的，不是他的家人、朋友，而是他的个性和智慧，"戴高乐之光"。

∧ 初入圣西尔军校时的戴高乐。

第一章

孩提时代和军旅生涯

1890-1970　戴高乐

公元 1890 年 11 月 22 日深夜，他——法兰西最伟大的神圣斗士，夏尔·戴高乐，就这样来到了人世……"一战"爆发，戴高乐怀着强烈的复仇使命感和崇高的爱国主义激情参加了战斗，但不幸的是两年后他成了俘虏，不得不在弗里德贝格战俘营度过漫长的两年零八个月。

>> 问世人间

公元 1890 年 11 月 22 日深夜，一场百年罕见的暴风雨挟雷霆万钧之势，突然袭击了法国南部的城市里尔。暴雨如注，狂风肆虐，整个城市到处都是黑漆漆的，影影绰绰，杳无人踪。这是怎样的一个反常而又险恶的暗夜啊，人们议论着，叹息着，很早就纷纷睡了。

然而，此时，在公主街 9 号，一处占地很广、年代久远的屋子里，却是灯火通明。在这幢房子的门口，由正面看，可以见到有一个壁龛，位于高大正门上方的左侧。龛洞里塑着一尊常见的小雕像，是圣母玛利亚。铁栅连绵，四周的围墙看不出有什么特别的修饰，这与其他相邻的建筑物的豪华富丽，形成了强烈的对比。屋子里，这家的男主人亨利·戴高乐教士正紧皱眉头，背着双手，焦急地在窗子前面走来走去。

床榻上，亨利·戴高乐的妻子让娜·玛约·德拉努瓦已经躺了整整一天一夜了。她的长长的头发胡乱披散在枕头上，脸色痛苦，面孔扭动得几乎变了形状。她的肚子高高隆起，经过漫长的十月怀胎，她正在分娩，期待着自己家族里另一个新生命的诞生。

屋外面，雷电交加。风更紧，雨也更急了。轰隆隆的霹雳一个接一个，仿佛就在每一家的天花板上滚过，然后炸响，惊心动魄。里尔的市民们，不约而同地从深沉的酣睡中被惊醒了。他们纷纷披上衣服，起身下地，把屋子里的蜡烛点亮。

"哇——"

人们隐约听到，遥远的风雨中，传来了一个孩子嘹亮的啼哭声。

他，神圣斗士——夏尔·戴高乐诞生了……

许多年后，里尔的市民们，还常常谈论起那个奇怪的风雨之夜。仿佛一切的一切，都只是为了迎接夏尔·戴高乐的到来。他出世了，放声哭泣着，狂风暴雨突然就停止了。深夜的里尔，重又恢复了往日的沉寂，宁静而温馨。雨水把这个城市洗刷一新，空气变得格外清爽怡人。人们又进入甜蜜的梦乡。

可是，即使是在睡梦中，他们也还是能够听到，那个在暴风雨中诞生的孩子，仍然在不屈不挠地啼哭着。

他，刚刚诞生的夏尔·戴高乐，是戴高乐家族和玛约家族的血液混合在一起，流淌在他的血脉里。他是多么像他的祖先们啊！

亨利抱着儿子戴高乐，接受了红衣主教的洗礼。约瑟夫·马里还亲自给这个孩子取了一个教名：夏尔·安德烈·约瑟夫·马里。教堂里响起一阵热烈的鼓掌声，洗礼仪式结束了。

>> 孩提时代的理想

虽然戴高乐的孩提时代一直都是在里尔度过的，但是父亲亨利却用巴黎的方式培养他，给他讲述法兰西的光荣与伟大、战败和屈辱、信念和宗教、爱国与卖国。这些都为戴高乐后来的民族主义思想，法兰西神圣不可侵犯的政治纲领，培植了萌芽的种子。

1896 年，戴高乐已经是个 6 岁的孩子了。虽然年仅 6 岁，但由于他是父亲亨利按照巴

∨ 戴高乐兄妹五人合影。

★巴 赞

法国元帅。1811年生于法国凡尔赛，1831年从军，参加过多次战争，1855年晋升将军。在奥意法战争中，指挥法军获得索尔弗里诺战役的胜利。1864年受封元帅。在1870年普法战争中被普军包围，同年10月率全军不战而降，严重影响整个战局。回国后被军事法庭判处死刑，后减为20年徒刑。1874年逃狱后在流亡中死去。

黎的教育方式培养起来的，因此与里尔一些同龄的孩子相比，有着很大的不同。戴高乐有三个兄弟和一个妹妹。格札维埃是老大，戴高乐排行第二，他妹妹名叫玛丽·阿涅斯，最小的弟弟叫皮埃尔。在皮埃尔的上面还有一个男孩，名叫雅克。为了能使这么一大家子都住得下，亨利和妻子让娜在多尔多涅河谷买下了一处朴素、宽敞的房子，取名"卢瓦尔河别墅"。这样，全家人可以在夏季到那里去过暑假，他们的生活多姿多彩起来。这一年，戴高乐和他的哥哥格札维埃，一起进入了沃吉拉尔教会学校，老师就是他们的父亲亨利。亨利曾在巴黎学习、生活过，深受那儿的生活和教育方式的影响。他决心按照巴黎的教育方式来培养他的儿子。因此，在进入教会学校的第一年，他除了教给儿子们基本的语法、数学、天文、地理等知识外，还注重对他们进行历史传统和爱国主义教育。亨利亲身参加过普法战争，他当时是"国民别动队"的中尉，在一次突围中受伤。因此他的心灵深处一直埋藏着一种强烈的复仇情绪。他迫不及待地把普法战争的由来、历史背景和详细经过，讲给了孩子们听。在他的讲述中，对德国侵略者的仇恨，对法国军队的腐败无能的痛心疾首，不但表现在言辞上，而且洋溢在他那张严肃的脸庞上。正是从父亲绘声绘色的描述中，天真无邪的戴高乐开始成长起来。他幼小的心灵深处，早就埋下了热爱祖国、热爱伟大的法兰西的种子。

戴高乐长大之后，有过这样一段回忆，从中可以想见父亲当年对他进行这种教育的影响："那时，我们已经深深地为色当战败而感到莫大的耻辱。当父亲声泪俱下地说到巴赞★元帅的投降，说到梯也尔将富庶的阿尔萨斯和洛林拱手让给普鲁士，讲到德国陆军趾高气扬地踏进巴黎时，我们这些孩子都睁大了愤怒的眼睛，握紧了小小的拳头……"

戴高乐很早就已经了解了法国近代史上的一些大事，对起到关键作用的历史背景更是耳熟能详了——法德两国素为世仇。在近百年来，两国曾经不止一次地互相攻击，或以兵戎相见。军事上，德国曾经数次入侵法国，给法国造成了重大创伤；政治上，它又是法国争夺欧洲霸权的主要对手。因此德国的强弱与兴衰、统一或分裂，都同法国的命运息息相关，是法国十分关注的问题。法德两国的实力对比和关系好坏不仅决定着两国的地位，而且对欧洲的形势也具有重大影响。亨利总是喜欢有意无意地讲述自己当年怎样同包围巴黎的德国人英勇作战负伤的壮烈场面，让娜也偶尔追述她的父母，也就是孩子的外祖父母在得知法国的巴赞元帅率领全军投降德国人时泪流满面的情景。总之，"耻辱和战败、爱国与卖国、信念和宗教"，这些都是亨利用来教育孩子们的主题。亨利还特地向孩子们指出，"理想的法国"应是"庄重威严和笃信宗教"的，而法国的国民则很差劲，配不上这种理想的境界。这点就成为日后戴高乐的民族主义思想的核心。可见，法国的战败和屈辱，家庭的爱国主义教育从小就激励着戴高乐的爱国心以及他报效祖国的豪情壮志，为他的法兰西光荣伟大神圣不可侵犯的政治纲领，打下了牢固的思想基础。亨利对儿子的教育是如此富有远见卓识，培养了孩子们不少的优秀品质。

1900年冬天，在戴高乐10岁生日到来之际，父亲送给了他一件非常别致的生日礼物——里尔大剧院的入场券，那儿正在上演著名诗人兼剧作家罗斯唐的戏剧代表作《小鹰》。这是一出以军事题材为主的戏剧，已经吸引了里尔约2/3的年轻人前往观看了。戴高乐对此慕名已久，早怀有很深切的期待，只是没有想到这一愿望居然真的成为了现实，而且这么快。他简直有些欢喜得情不自禁了。晚上，在里尔大剧院，座无虚席，戴高乐和父亲也坐在了观众席上，他们很快都被紧张而富有感染力的剧情吸引住了，而对于天天玩"打仗"游戏的戴高乐来说，这是他平生第一次看到真正的军事题材的演出，是那样逼真，那样威风、栩栩如生，神气极了。他简直看得直了眼，如痴如醉。一回到家中，戴高乐立刻宣布了自己的决定："我打定主意了，我准备考圣西尔★，我要当一名真正的职业军人。"

但后来他却忘记了自己一时冲动所说的"豪言壮语"，而把精力放在了阅读书籍方面。戴高乐开始搜集诗人罗斯唐的所有作品，还把他的《西哈诺》全部都背诵了下来。罗斯唐是一位严肃而神秘的诗人，他笔法细

★圣西尔

法国军事学校，全称圣西尔军校，是世界著名军校之一。1803年由拿破仑创建于枫丹白露，1808年校址迁往由曼特农夫人于1686年创办的圣西尔女修会学校内，故名。第二次世界大战期间，该校先后迁往普罗旺斯省的艾克斯和阿尔及利亚的舍尔沙勒。战后因原校舍被毁，迁至科尔特基当。

百年战争期间法国女民族英雄。1415年英军在阿金库尔战役中大败法国，占领了包括巴黎在内的法国北部广大地区，后继续围攻巴黎以南的奥尔良城，妄图侵占整个法国。民族存亡之际，贞德主动请战，前去解救奥尔良。1429年4月，贞德率军抵达奥尔良城下，经过英勇奋战，打败英军。被人民称颂为"奥尔良姑娘"，后又北上收复一些城池。1430年因查理七世坐视不救，被英国当局抓获，被教会法庭以异端和女巫罪名义判处死刑，1431年就义于卢昂。

腻、技巧娴熟，大部分诗作都以圣女贞德★为题材。在他的诗中，法国是基督教美德的化身，是伟大的母亲。法国所有的人民都是这位神圣母亲的孩子，为她效力是义不容辞的光荣使命。这些都对戴高乐的成长产生了重大的影响。尽管在当时，年幼的戴高乐还不可能理解这些思想的全部含义。但是，他却表现出了惊人的记忆力。戴高乐几乎是把罗斯唐所有的作品都背诵了下来，令他的父母目瞪口呆。

除了罗斯唐，戴高乐还十分敬慕哲学家柏格森。这位著名的哲学家，对陈旧思想厌恶之至，他以"无穷的智慧给人以启迪与力量"，并因此获得了诺贝尔奖。这是法国的荣誉，戴高乐一生最崇拜的就是这样的"法兰西英雄"。他在读过了罗斯唐的作品后，马上转向柏格森，找来了他的代表作《物质的记忆》，以及《创造性的进化》等著作。当时的柏格森被称为思想自由的代表，是直觉主义的捍卫者。他提倡一种"思念法兰西"的教育和对伟大个人命运的坚定信念。戴高乐被深深地震撼了、吸引了，他觉得这正是自己一生的追求和全部的思想。柏格森成了这位早想脱离凡俗的年轻人心目中的武器和旗帜。长大后，当戴高乐成为军事理论家和政治实践家，仍时常以柏格森为动力，他几乎可以说是影响了戴高乐的一生。

另外，在戴高乐这位富于幻想的少年的成长过程中，历史小说和名人传记也对他产生了巨大的吸引力。在父亲兼老师亨利的指导下，他不仅从历史中认识过去，而且也学会了从历史中发现未来。为此，戴高乐阅读了大量的历史作品，尤其对战史和战斗英雄故事十分感兴趣。从阿莱西亚军营到色当军营，从加洛林王朝教育法到著名政治家法鲁的教育法，从龙格维尔夫人的武装出征到贝雷公爵夫人的鲁莽行动，从法国古时的盐税改革到当今的国家财产法，他都了如指掌。

戴高乐在回忆自己的孩提时代时，曾在他的一本著名著作《法国及

> 少年时的戴高乐。

其军队》里，这样写道："我当时想到要当圣西尔军校的学生，是为了要重新夺回阿尔萨斯地区，也是要让法兰西旗帜发出耀眼的光芒。"

这一年，戴高乐已经15岁了，然而他对学校里的正课似乎漫不经心，这十分出人意料。历史传奇、英雄事迹，他所喜爱的诗人和作家简直把他迷住了。他开始自己学着写诗，他自己写诗比学诗的时间更多。母亲让娜心想，或许让儿子学学钢琴，能够培养他勤奋好学的精神也不一定。可是让娜很快就失望了，因为戴高乐虽然喜欢听音乐，但是对练琴却不感兴趣。那时候，戴高乐已经在把单词倒过来背，他做这样的练习是为了锻炼自己的记忆力。所以，学校里的功课，基本上都难不倒他。他又有时间尝试借鉴罗斯唐和柏格森，创作他的处女作了，并写出了一出短小的剧作——《苦相逢》。戴高乐的写作才华得到了证明，然而他却没有能够继续写下去，因为他从来都没有想过要把文学作为自己一生的职业。他要当军人，这是他孩提时代最大的梦想。现在，他长大了，他要为实现自己的这一梦想而努力。

经过中学最后一年的准备，1909年夏天，他在巴黎的斯塔尼斯拉斯学校，参加了圣西尔军校的入学考试。8月份，在一个迷人的黄昏，圣西尔军校的录取通知书送达戴高乐家的门口。他被录取了。戴高乐的孩提时代结束了，而他向往的职业——军旅生涯马上就要开始了。

>> 军旅生涯

1909年8月里的一天，戴高乐身着戎装，精神抖擞地从"卢瓦尔河别墅"出来，告别了父亲亨利、母亲让娜、哥哥格扎维埃和弟弟雅克，怀着满腹豪情和少年梦想，踏上了前往巴黎圣西尔军校的列车。戴高乐几乎不能抑制自己激动的情绪。

"军队是祖国的灵魂，即祖国的本身。"

这是戴高乐所钦佩的法国教育家埃米尔·法盖的名言。而在自己从军的第一则日记中，这样写道：

"军队是座堡垒，它将决定一切。如果堡垒倒塌，只有依靠它本身才能把漏洞补上。在这动荡的四分五裂的国度里，如果有复兴的希望，这个希望将在军队里产生。当我穿上这身衣服时，我知道这意味着什么了。"

他是这样充满远大的抱负，像所有的青年人一样。但是他一来到圣西尔军校就感到了现实的严峻。生活是无情的，按照新规定，圣西尔军校录取的新生，在进校前必须当兵服役一年。戴高乐被安排在了驻阿腊斯的第33步兵团的第9连。他的生命中最重要的一年此后就将在这里度过，这令他感到失望，因为这是一种毫无激情的生活，日复一日的单调操练枯燥乏味。并且，新兵还必须干一些杂务，诸如规规矩矩地坐着削土豆，或者打扫公共卫生区，这一切无不令人感到意志消沉。

关于这一年中的生活经历，戴高乐自己在后来回忆录中曾经这样抨击说："真的，我那时这样认为，任何一个天才的联想家，都绝不可能找到削土豆与爱国和收复失地有什么必然的联系。整天操练，却从不讲授军事技术、战术战略，难道血肉之躯可以练到能够抵御枪弹的程度吗？如果能的话，那么一定是神话！"戴高乐对这种完全机械化的军队生活感到腻味透了，所幸他很快发现了阿拉斯市立图书馆。这儿是一个好地方，它建在市郊的古修道院里，来访问的人不是很多，但这儿藏有很多人们精心挑选的好书。这样，戴高乐总算找到了一点点慰藉。在这样一个普普通通的连队里，说起来，戴高乐算是一个"稀有"的人才了。他才华出众，博览群书，记忆力惊人，又有着很高的战略战术修养。这一切都使得其他的士兵对他深表钦佩。然而，戴高乐是不屑于与他们为伍的。他傲慢冷峻的性格，更使得他落落寡欢。士兵们对这位"同伴"只能是敬而远之。是的，尽管这个年轻人早就选定了军人这一职业，但是直到真正进了圣西尔军校后，他才如鱼得水。一年后，戴高乐终于熬过了在阿腊斯这一年短暂而又漫长的军队生活，像囚禁监狱一样的日子结束了。他重新回到圣西尔军校，感到十分自如。因为有了将近一年的军旅苦役，戴高乐倍加珍惜在圣西尔军校这两年的学习时光。他勤奋好学，在圣西尔颇为引人注目。当然，戴高乐在圣西尔军校小有名气，这不但是因为他的学业优秀，更多的还是因为他身材奇高，再加上他的性格和记忆力。在这所学校，和其他的军事院校一样，开玩笑是家常便饭，因此，人们很少称呼他的姓"戴高乐"，而用的是"大夏尔""公鸡""芦笋""两米"之类的绰号。此外，还有一个取笑他的大鼻子的绰号——"西哈诺"。因为他喜欢罗斯唐的作品，所以并没因此而感到不悦。他的伙伴谁都不认为他是不会开玩笑的人，但似乎也觉出他的冷淡和孤高。根据各方面记载，夏尔·戴高乐的谈话大部分都是他关于法国历史的即席讲演。在这些谈话中，他追溯了大量的历史事实和年代日期，使人常常听得目瞪口呆。他在练习本上摘录了维克托·雨果的一段话："风格简洁，思想精确，遇事果断。"这是他的座右铭。

1912年10月1日，夏尔·戴高乐从圣西尔毕业，军衔是少尉。他在毕业考试中排名列在第十三位。据说，一位缺乏眼力的教官在谈到戴高乐时曾说："除身材颀长外，余皆平平。"班上的尖子是阿尔可斯·朱安，后来成了法国的一位元帅。毕业后，夏尔·戴高乐可以任选一个团供职。他选中了当年曾熬过一年的低贱的见习生活的第33步兵团。于是，他回到了阿腊斯。这时候，第33步兵团的团长已经易人，新任团长叫菲力浦·贝当，是一个上校。

菲力浦·贝当，时任第33步兵团的团长，是法国一位杰出的人物。戴高乐早就听说过他的名字，而他们的邂逅相遇，互相间建立的特殊友谊，在许多年之后还被传为佳话。

这一天，贝当团长集合他手下的军官们，来到斯卡贝河岸，讲解战争中火药的重要性。戴高乐也参加了听课，这是他第一次当面见到贝当团长。戴高乐只是听了一会儿，便立刻对这位闻名已久的贝当团长产生了好感。毕竟，在1912年的法国，军事方面的研究还是比较落后的，高层军官中甚至仍然有相当数量的人认为，刺刀要比枪炮优越。这真令人不可思议。与他们比起来，贝当在法国陆军总参谋部的观点也算是"先进"的了。现在，贝当上校正讲到了孔代王子的一次军事演习，他显然把孔代王子和蒂雷纳元帅的战斗方式给弄错了。戴高乐一皱眉头，立刻出声打断了贝当上校的话，说："不，上校，你弄错了，不是孔代王子，而是蒂雷纳元帅用炮火压倒了孔代，这才拯救了阿腊斯！"

贝当上校住了口，向他这儿望来。在场的年轻军官们也纷纷把目光投向戴高乐，他们都很为他担心，为他暗暗捏了一把汗。怎么可以这样不礼貌地随便打断上校的讲话呢？他们想，万一因此惹恼了上校怎么办？但是贝当不是这样的人，他非常宽宏大量，并且一直相信只有平庸无能的军官，才会靠自己的军衔和职位来获得下属的服从。他从来都是相信自己的才能的。因此，他听了戴高乐的这一番话，并没有像大家想象的那样怒不可遏，而是颇感惊奇地打量了戴高乐一下，问道："你是谁？"

"戴高乐，"戴高乐回答说，"夏尔·戴高乐少尉。"

"很好，很好。"

贝当非常欣赏戴高乐这种不卑不亢，敢于发表真知灼见的个性。他坚信一个有个性有才华的军官，要比听话和服从但是毫无长处的军官强上不知道多少倍。军队是一个特殊的地方，这儿根本不允许毫无才能的平庸之辈混饭吃。他立刻过来，挽起戴高乐的胳膊，一起离开了其他军官。两人一边走，一边谈论孔代王子和蒂雷纳元帅各自的长处和缺点。他们谈得很投机，一见如故，很快忘记了周围的人群，一直走出很远、很远……

∧ 1912年戴高乐在步兵第33步兵团服役（前排右三为戴高乐）。

　　这是戴高乐首次受到贝当上校的青睐。他以自己的超凡才能和富有棱角的个性，很快博得了贝当上校的喜爱。他们从此开始了互相之间的交往，这种交往后来发展成一位高级军官和一位有才华的年轻门徒之间的友谊。但是，由于两个人性格不同而逐渐发生摩擦，最后导致了两个杰出人物之间的对立，双方都认为自己是代表伟大的法兰西的。当然了，这是后话。

　　当天，贝当上校对戴高乐的第一印象很是不错。但他毕竟是戴高乐的上级，又加上他对自己的部属一向在纪律方面要求很严格，他并没有因为喜欢戴高乐的才华，而放松了对这个前途无限的年轻人的要求。

　　1913年10月，戴高乐被破格晋升为中尉，这一年，他才23岁。当时，世界范围内风云突变，正在酝酿着一场巨大的战争。而这场战争的导火索就在欧洲。这段时期的法国，分为"爱国派"和"妥协派"两大派别。"爱国派"以德尔加塞、克雷孟梭和普恩加来为代表。戴高乐最推崇克雷孟梭，因为克雷孟梭力主法国应竭尽全力地对付德国可能的入侵，不应只顾向海外扩张而置强德于不顾。这个主张与戴高乐的政治观点不谋而合。"妥协派"则有甘必大、费里、梯也尔等人。此时德国人蓄意同法国作对，两次摩洛哥危机都证明了这点：1905

年法国采取吞并摩洛哥的行动，德国则针锋相对地于此时让德国皇帝赴摩洛哥访问，以示对法国的抗议；1911年，德国又派"豹"号炮舰到摩洛哥的阿加迪尔港口去保护德国侨民，其实那里根本没有什么德国人。当时，法国总理约瑟夫·卡约企图把刚果的一块土地让给德国，以换取德国同意法国在摩洛哥自由行动。但是，法国人民的民族主义和抗德情绪其时正在高涨，在这种时候，他的这种企图当然不能得逞。于是计划流产，卡约也随之倒台。

而在外部的因素中，德法之间的矛盾也再次凸显，而且越来越有重新上升为主要矛盾的势头。法国人梦寐以求想要收复阿尔萨斯和洛林，并想进一步攻占德国的鲁尔矿区；而德国人则希望攫取更多的法国殖民地。双方互相不肯相让，军备竞赛日益白热化。尽管法国的军事预算一年比一年呈直线上升，但是其武器装备仍然远远落后于德国，迫于咄咄逼人的形势，法国政府不得不大量增加军队所需要的武器装备。

到了1914年，法国军队三年之内机枪增加了2倍，野战炮增加了1/3，拥有136架正规作战飞机，这样，法国军队武器装备落后的局面得到了一定程度上的改善，但是这还不够，因为法国可以立即投入战争的士兵仅仅只有54万多人，这比德国的可投入人数85万，几乎少了1半。为了缩小这种差距，法国只好改变征兵法令，并且，把军人的服役期限增加到了三年。

在世界范围内，欧势风云变幻不定，英德两国为了争夺世界霸权也矛盾重重。

战争的阴云越来越重，一触即发。

1914年6月，在向来有"欧洲大陆火药桶"之称的巴尔干半岛，发生了一件谋杀案。几名塞尔维亚青年刺杀了前往波斯尼亚检阅军事演习的奥匈帝国皇储斐迪南大公。这就是震惊世界的"萨拉热窝事件"。第一次世界大战就这样爆发了，1914年7月28日，在德国支持下，奥匈帝国向塞尔维亚宣战。

一场在全欧洲范围内展开，并迅速波及世界的大战争拉开了帷幕……

8月8日，法国国防部把《第十七号计划》全部付诸实施，总司令夏弗将军命令："法国第1、第2集团军于14日向东北进攻，收复以前割让出去的阿尔萨斯－洛林地区！"

"是时候了！"

"冲啊，兄弟们，是该收回土地了。"

……

这一命令的发布，让无数的法国士兵和军官激动不已，想想沦陷了将近半个世纪的土地，即将在自己的手上收复，他们一个个斗志激昂。进攻伊始，法国军队推进迅速，不遗余力，而德国的第6、第7集团军则是"一触即溃"，且战且走，"战斗力不强"。很快，法国军队顺利地收复了阿尔萨斯－洛林地区。就在举国上下欢欣鼓舞、万分激动的时候，他们却不知道已经中了德国人"诱敌深入"的诡计。8月15日，德国军队集中优势兵力，突然杀回来，在马斯河畔，把法国第1、第2集团军重重围困，准备一举歼灭。德、法军队展开了激烈的战斗，这就是后来历史上著名的"马斯河战役"。因为战斗的形势对法国很不利，法国最高参谋部命令驻扎在附近贝当上校的第33步兵团火速增援。戴高乐第一次有机会参加了真枪实弹的交锋，他当时觉得很兴奋，也很紧张。战斗是在黎明的时候打响的，一直持续了一天一夜。德国人很善于打仗，尽管法国军队里应外合，发动了一次又一次的冲锋，但是他们始终牢牢控制着战场上的局势。

后来，法国军队终于抵挡不住，被分割开来，聚而歼之，他们战败了。不但阿尔萨斯－洛林地区得而复失，而且被德军突破了边境防线，长驱直入法国腹地。戴高乐在马斯河战役里身受重伤，这是他第一次负伤。幸好救援来得及时，再加上他正当年轻力壮时候，生命力蓬勃旺盛，才不致有什么大碍。

戴高乐离开战斗生活3个月后，重返第33步兵团。这个团经过激烈的战事，兵员大减。1915年1月20日，在第2师发布的一道表彰令中，关于戴高乐有这样一段话："在异常危险的情况下执行了一系列对敌军阵地的侦察任务，带回了有价值的情报。"

以后他在战斗中又负过两次伤。第一次是1915年3月15日在香槟前线。当时，在西线的德军，正处在战略防御阶段，部署了大约200万军队，而英法联军方面，则大约有300万人马的主力部队，其中以法国为主。这时候的战局已经非常危险，德军战线的努瓦荣突击部队，离巴黎是如此之近，甚至不到100公里，严重威胁着法国首都的安全。这一年春，也就是1915年，英法联军决定削平这个突击部队，迫使德军后退。他们先后在香槟和阿杜瓦地区发动进攻。法军第4、第2集团军共37个师担当了进攻任务，第3集团军在马恩河右畔策应。这场大规模的战役一直持续了半年之久的时间。战争甫一打响，双方的主力便接上了火，交战异常激烈，戴高乐很快便受了伤，退下阵来。

1915年9月4日，戴高乐伤势刚痊愈就被提升为上尉。10月30日，他受命指挥第33团10连。他的部下是来自北方的矿工，上司是布多尔上校。上校对这位下属的勇敢精神和记忆力印象非常深刻。若干年后，布多尔回忆说，每当随军神父在引用圣奥古斯蒂娜的一句话出现错误时，戴高乐总是能立即予以纠正，而且他对全团每个人的战斗历史都了如指掌。

过了不到3个月，戴高乐上尉就要求把他派往凡尔登前线，布多尔上校同意了。他记下了决定中的下面这句话：

"鉴于局势严重，而且由于此项任务极端重要，我认为唯有戴高乐上尉才能胜任。"

就这样，戴高乐来到了凡尔登战场。

凡尔登，第一次世界大战的主战场之一，它的地位是如此重要，几乎可以决定整个西线战场。

1916年春，德军总参谋长法尔根汉就在西线集中兵力，并选择了凡尔登作为进攻目标。因为他深深知道，这个要塞位于西线的突出部分，严重威胁着深入法军腹地的德军。

∧ 参加凡尔登战役的德军士兵。

★凡尔登战役

凡尔登要塞为协约国军楔入德军防线的突出部，是法军阵地的枢纽和通往巴黎的大门之一，拥有大规模堡垒综合体。从1916年2月直至6月期间，德军6个半师在千余门大炮掩护下先后从马斯河左、右岸多次企图突破两个法国师驻守的宽达15公里的地区，均未果。自8月29日起，德军被迫转入防守。至12月18日法军大举反攻收复全部失地。德军在凡尔登战役中的失败使同盟国在西线失去了作战的主动权。

同时，凡尔登要塞是通向巴黎的最大障碍和法军阵线的枢纽。如果能占领凡尔登，可以沉重打击法国军民的士气，并长驱直入攻击法国首都巴黎。法尔根汉估计，法国将竭尽全力来保卫凡尔登，而已方这次进攻从军事上来说，将成为"碾碎法军的磨盘"。于是1916年1月，德国皇太子御驾亲征，率领德国精锐，直指凡尔登，企图在此达到大量歼灭法军的战略目的。然而，法军方面对凡尔登予以的重视并不是德国人想象中的那样。恰恰相反，总司令夏弗认为，凡尔登要塞已经过时，于1915年就将其各炮台弃置不用，而代之以战壕、掩护体、土木障碍、铁丝网等野战工事。部署的军队也不足以起到有效的防御作用。并且，在得到德国准备进攻该地区的情报后，法军参谋部将信将疑，举棋不定，没有采取任何的紧急措施。因此，法军在凡尔登的处境艰难，可想而知。开战前，法军驻凡尔登的兵力仅4个师10余万人，270门大炮，而德军却动用10个师，270万人，1,000多余门大炮投入了战斗。

　　2月21日，德军以猛烈的大炮轰击拉开了凡尔登战役★的序幕。

∧凡尔登战役中，德军部队向法军阵地推进。

∨法军运输队用汽车向凡尔登运送补给。

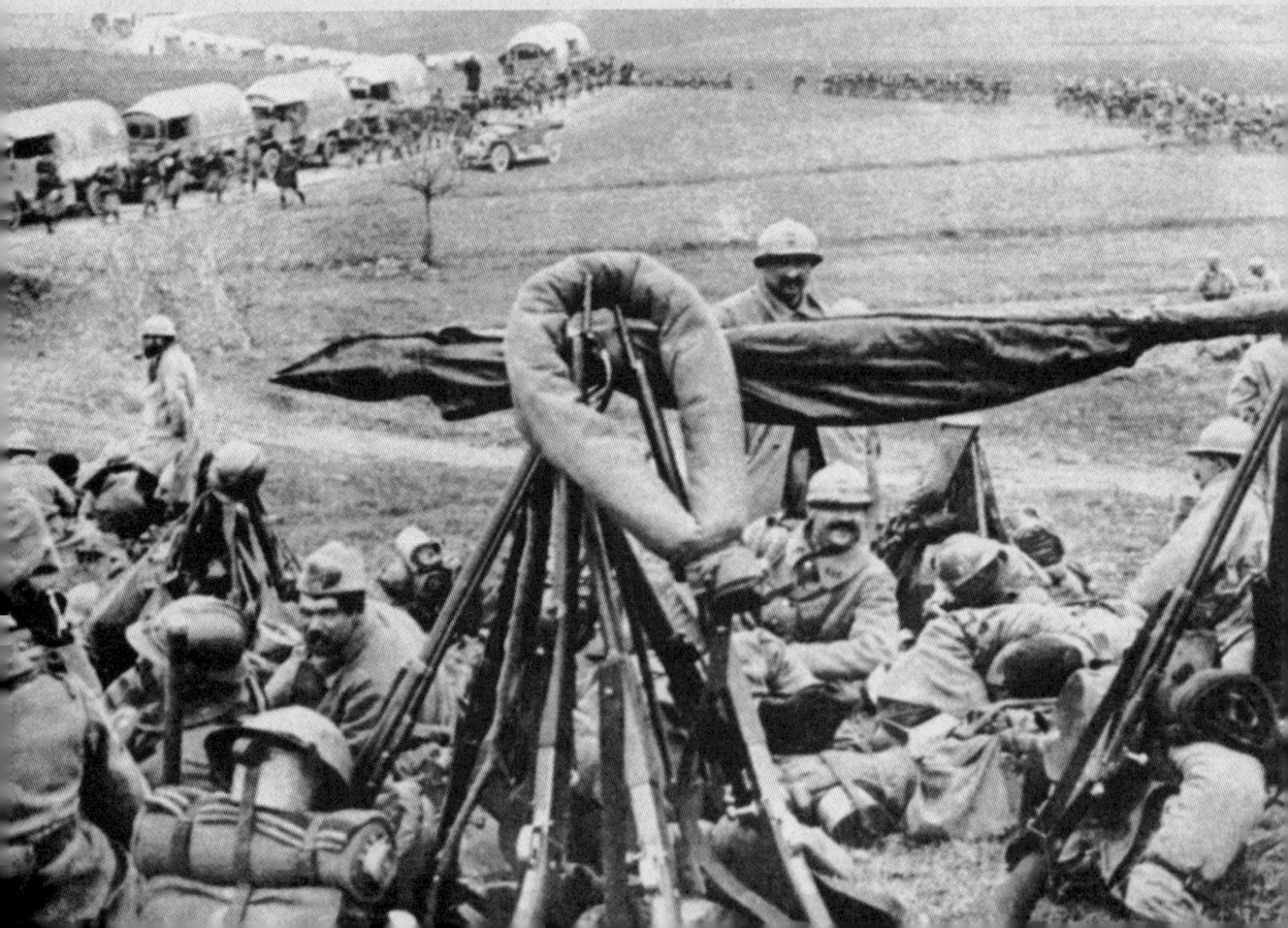

炮弹雨点般地落在凡尔登附近的狭窄的三角地带。战壕被摧毁，森林被烧光，山头被夷为平地……"历史上从未有过这样猛烈的炮火"。与此同时，德国的飞机也对法国的铁路进行轰炸。整个法军防线笼罩在浓烈的烟火之中，就如一叶小舟在狂风巨浪的大海里颠来颠去一样。

这天傍晚，德军的6个步兵师在马斯河东岸宽仅10公里的前线上迅速向南推进。

2月25日，法军阵地上举足轻重的都蒙炮台在完全没有设防的情况下被德军占领。法国的防线被切割成了数段，与后方的交通联络也完全断绝了。显然，凡尔登十万火急，整个法国的命运也系千钧一发。

为此，法国政府采取了紧急措施，火速增派援军，时任第2集团军司令的菲力浦·贝当临危受命，担任凡尔登战区司令官。贝当已年届花甲，一战前从未上过战场。大战爆发后，他出色的军事才能备受夏弗和参谋长斯德诺赏识，由团长到旅长、师长、军长、集团军司令，简直平步青云，扶摇直上。

25日夜，贝当抵达凡尔登。他立刻给前线的部队划定了一条督战线，命令士兵用一切手段顶住德军进攻，不能退过这条防线一步，否则格杀勿论。

同时他组织人员抢修道路，筹建成了一支拥有9,000人的运输队，昼夜保证有6,000辆汽车开到凡尔登，这条路也被法国人称为"圣路"。这样，凡尔登与后方的联系重新又续接了起来。

"决不让德国佬通过凡尔登。"这是法军的口号，而德军则矢志要攻陷这一要塞，双方在这里展开反复厮杀，形成了拉锯战。在这次战争中，许多士兵的血肉之躯，连接在一起，铸成了一道钢铁长城。许多人在这次战争中荣得了国家勋章。

2月29日，戴高乐的连队赶到了凡尔登前线，与那些一心只想往防线龟缩的法军比起来，这支刚刚到来的部队表现出来的英勇简直匪夷所思。

1916年3月2日，德军再一次重炮猛轰戴高乐所在的阵地。伤亡越来越大，眼见阵地岌岌可危，夏尔·戴高乐上尉无限愧疚，无限沉痛，他咬紧牙关，将手里的枪攥得死死的，拼命还击。

"援军来了！"

忽然，背后有人一声高喊。戴高乐上尉精神为之一振，回过头来时，上尉立刻发觉上当了。冲上来的确实是一群戴着法军蓝色钢盔的士兵，然而这些钢盔刚才还戴在阵亡的法军头上——这是袭击上来的敌人！

"上刺刀！冲啊——"

戴高乐上尉正在命令剩下的几个士兵，忽然一颗子弹击中了他。一阵天旋地转，戴高乐只觉眼前发黑，再也坚持不住，倒在地上昏死了过去。

布多尔上校从望远镜中看到戴高乐上尉鲜血淋漓地中弹倒地，以为他已经牺牲了。战斗结束后，他怀着无限悲恸和惋惜的心情拍了一封电报给亨利·戴高乐先生：

"先生，我感到非常痛心，您的儿子、优秀的军官夏尔·戴高乐上尉不幸阵亡，为祖国洒尽了他宝贵的鲜血。让我们祈祷他的灵魂进入天堂。"

其实，戴高乐并没有死，一个德国士兵救起并俘虏了他，于是戴高乐开始过起了战俘的生活。开头，他被关在弗里德贝格战俘临时收容所。他的健康刚有好转，就动手挖地道，企图通过地道逃跑。他逃到了荒郊，可是因为他身材过高，很难隐蔽，又被逮捕了。第二次逃跑又没有成功，因为他偷来的德军制服太小，连他的肘部和膝盖都遮不住。第三次逃跑再次失败了。为此，戴高乐被转押到了另一个地方的惩罚营。他在那里结识了其他一些逃跑未遂的勇敢人士。第9号城堡关押了200名军官，有法国人，还有英国人和俄国人。俄国军官中有一个23岁的年轻人。他漂亮、结实、桀骜不驯，名叫图哈切夫斯基，后来成为红军元帅。对戴高乐上尉来说，在因戈尔施塔特的那些强制性的无所事事的岁月虽然令人沮丧，却非虚度。他用德文报纸当材料，精通了德语；他又自告奋勇给难友们讲授战略学，在讲课中他高度赞扬坦克的出现是具有决定意义的发展。同时，他还写了大量的笔记，这些笔记后来构成他的第一部著作《敌人内部的倾轧》的基础。他曾对一个狱友透露，如果他——戴高乐——不是军人的话，他会进入政界。他在加紧锤炼他那种后来为部下和全世界所熟知的性格。

戴高乐渴望学习，增长见识，也愿意把自己的知识传授

∧ 英国首相丘吉尔。

★温斯顿·丘吉尔

英国首相，政治家，军事家。生于英格兰牛津一贵族家庭。毕业于桑德赫斯特皇家军事学院。参加过多次英国殖民战争，后进入政界。第二次世界大战后，他主张反对绥靖政策，呼吁全国进行武装，准备战争。1940年出任英国首相，组成联合政府。曾出席德黑兰会议、雅尔塔会议、波茨坦会议等重要会议，为世界反法西斯同盟的建立和反法西斯战争的胜利作出了贡献。

∧ 1916年，戴高乐受伤被俘后在战俘营中（二排最右边坐者为戴高乐）。

给别人。他决意使自己的言行一贯正确。当他和第9号城堡的司令发生冲突时，他被关进禁闭室。当他和同伴们发生争吵时，他们往往向他让步。大家给他起了一个新的绰号——"大元帅"。许多年后，英国首相温斯顿·丘吉尔★也给他起了这样一个绰号。戴高乐上尉在大战期间，还在另外两个战俘营里关押过，一个在马格德堡，一个在路德维希港。是的，囚居岁月令人感到沮丧，尤其对像戴高乐这样有着远大志向和不凡抱负的年轻人来说，更是如此。但正如中国一些古代的俗话中讲的，"塞翁失马，焉知非福"，"故天将降大任于斯人也，必先苦其心志，劳其筋骨，饿其体肤，空乏其身，然后增益其所不能"。像历史上许多伟大的人物都曾经有过苦难的生涯一样，戴高乐相信这也是自己日后平步青云、飞黄腾达之前，所必须经历的磨炼。

　　1918年11月11日，第一次世界大战结束了，德奥战败。根据停战协定，战俘予以无条件释放，戴高乐的囚居生活结束了，他终于又获得了自由。后来，在回忆录中，戴高乐这样写道："在第一次世界大战中遭到的监禁岁月，是我军旅生涯中第一次挫折，也是我人生路上的一个转折点，具有很关键性的意义。"

第二章

乱世中的峥嵘岁月

1890-1970 戴高乐

1921年，31岁的戴高乐回国担任了圣西尔军校的战争史讲师。

第二年他考上了法国陆军学院。

不久，贝当元帅替戴高乐主持了公道——由军事学院新校长埃兰将军出面邀请，

戴高乐上尉应邀返回学校作了一次讲学，贝当亲临主持……

>> 儿女情长

　　他等到了波兰战事的爆发，但是，他却没有实现自己的抱负——因为在巴黎度假时，他认识了当地有名的饼干制造商旺德鲁一家。几个月后，由当坎夫人主媒，他和旺德鲁的女儿伊冯娜在加来圣母院举行了婚礼。这一天，是1921年的4月7日。

　　1918年12月底，经历了炮火的洗礼，战壕的郁闷，进攻、轰炸、受伤和俘虏等等各种战争的震惊的戴高乐，终于历尽磨难，回到了他已经离开长达几年之久的"卢瓦尔河别墅"。在那儿，全家正在等他回去大团圆。这时候，戴高乐家的三兄弟都已经是成年人了，妹妹也出落成了一个漂亮成熟的大姑娘。父亲亨利老了，母亲让娜也双鬓微见斑白。岁月无情，一晃几年的时间过去，戴高乐是如此思念家里的亲人。在战争年代，家庭生活的欢乐和舒适让他倍加思恋，尤其是兄弟之间那种血浓于水的情感，常常让他魂牵梦绕，恨不能肋生双翅，早早回到"卢瓦尔河别墅"中去和家人相会。但是，等这一天真的来到了，戴高乐却又忽然发现，自己对回家和亲人团圆的期盼之情突然变淡了，甚至有些害怕。他现在已经是一个职业军人了，虽然自己雄心勃勃，也亲身参加了风云突变的第一次世界大战，可是，当别人在战场上英勇杀敌的时候，他却身陷战俘营中！这让他在父母兄妹的面前如何交待？戴高乐就是怀着这样复杂的心情，回到了家中。

　　亨利和让娜夫妇早在"卢瓦尔河别墅"的家里等着儿子的归来。当年，他们接到儿子所在第33步兵团上尉和贝当上校的通知，得到儿子"阵亡"的消息，他们夫妇俩曾经是怎样伤心欲绝啊，让娜甚至差一点儿把眼睛哭瞎了。后来，戴高乐被俘的消息证实后，让娜的悲伤之情这才稍减，但是她很快又在为儿子在战俘营可能受到的种种非人的折磨而担心了。虽然年龄不过40来岁，可是一头黑发却过早地有了一些灰白颜色。亨利也是如此。他是军人出身，说起来要比妻子坚强些，更何况他还是一家之主，还要负责家中的生活负担，大小事务，不能因为儿子的事情分散过多的精力。可是，儿子毕竟是在前线打仗，而且做了德国军队的俘虏，更何况他这个作父亲的，一向把自己军人的希望、梦想，都寄托在这个坚强而且聪明的儿子身上，他希望他能够当上将军，将来有一天在法兰西伟大的历史上名垂不朽。但是现在儿子身陷牢狱，他能不暗暗

∧ 戴高乐（最左边者）与其三兄弟合影。

着急吗？经常是夜深人静的时候，在妻子睡下了之后，他还在屋子里踱来踱去，手上的烟一支接一支地抽，满屋子都是弥漫的呛人味道。可以说，这两年零八个月的漫长岁月，亨利和让娜夫妇在监狱外面受到的身心煎熬，实在比被囚禁的儿子戴高乐还要痛苦和艰难很多倍。

总之，当戴高乐从第一次世界大战的战场上归来时，他的家庭就是这个样子。一切都似乎很好，和戴高乐离开的时候没有什么不同。他们终于团圆了，一家人又说又笑，"卢瓦尔河别墅"的屋子里，已经很久没有过这样的时候了。然而戴高乐在这种气氛中，反而从心底感到一种不自在。家里人没有谁问他战争的情景，至于战俘、囚徒，他们更是连与此相关的词语都不肯说，显然是怕戴高乐尴尬。可是，他们没有想到的是，这样做结果却只能适得其反。戴高乐觉得自己已经和家人之间，有了一种距离，有了一层深深的隔膜，他已经离开这个家庭太久了。而且，显然他以后还将离开得更久，或许这一切从他选择职业军人的那一刻起，就早已注定了吧。戴高乐现在有些理解母亲当年为什么不同意他选择从军了。

第二天，戴高乐在庭院里和家里人分别合影留念。在与三兄弟一道照相时，他们都身着戎装，胸佩十字奖章，表情都十分高傲。唯有戴高乐不同，他戴着自己"阵亡"时被追授的最高荣誉十字勋章，站得离三兄弟都稍远一些，目光深沉，表情冷峻而深刻，显得志向远大，很有抱负。而事实也确实如此。戴高乐经过昨天夜里一夜未眠的思考，已经决定了，他将再次离开家，而且短时间内不再回来。是的，他已经长大了，他们兄弟姐妹们都已经长大了，不能再托庇于父母的保护。他们需要各自奋斗，为了自己的未来，一生的事业。父母当然想念儿女，但是更希望他们能在广阔的天地中有一番作为，这是不矛盾的。戴高乐决定更加坚定执着地追求自己的理想、事业、光荣与梦想。

"我一定要成功，"他这样对自己说，"是的，我要成功，这是唯一的选择，我希望能有机会成为一名将军。"戴高乐在经历了几年炮火的洗礼后，第一次郑重其事地作出自己的选择——将军。尽管他早在圣西尔军校的时候，就曾经不止一次这样对自己说，但那时还是萌芽阶段，是梦想；而这一次，他真真切切地看到了，那就是目标，必须实现的目标。

"我一定会成为一名将军！"他暗暗发誓。为了这个坚定而宏大的目标，一周之后，刚刚在"卢瓦尔河别墅"稍作喘息的戴高乐，立刻又整装出发，离开了家。他要回到巴黎，回到部队，等待和寻找新的机会，弥补自己在第一次世界大战中错过的一展身手的大好机会。一家人都来为他送行。在车站，母亲让娜甚至不顾众目睽睽，又拥着儿子哭了起来。刚刚见面又要分离，她这个当母亲的能不心痛吗？戴高乐理解母亲的心情，但是没有办法。谁让她有这么一个当军人的儿子呢，戴高乐想。他毅然向母亲挥手告别："保重，妈妈！"

他最后和家人作别："再见了，亲爱的爸爸，兄弟们，再见了，玛丽妹妹。"

他然后就头也不回地走了，前往巴黎，去追寻他的事业、他的光荣、他的英雄之梦。

此时，在世界范围内，尤其是欧洲半部上，局势又有了新的变化。戴高乐所苦苦寻找的机会不久之后便很快到来。这一次，他终于有了施展身手的天地。法国和西方有了和平，但是在东欧却又发生了某种形式的战争。俄国的沙皇政权被战争拖得精疲力竭，终于垮台。不久，波兰军队在白俄罗斯和立陶宛，与布尔什维克★党人发生冲突。1919年1月5日维尔纳落入布尔什维克党人手中。4月19日，波兰人重新夺回这座城市并开进白俄罗斯。在这场突如其来的战争中，戴高乐终于找到了机会来

★布尔什维克

列宁创建的俄国马克思主义政党，即"多数派"。初形成于1903年7月，俄国社会民主工党第二次代表大会在选举党的中央领导机关时，拥护列宁的人获得多数票，故名。其思想体系称作"布尔什维主义"。

< 1917年，苏维埃政府主席列宁在发表演讲。
> 1921年，在圣西尔军校任教的戴高乐与伊冯娜·旺德鲁缔结了百年之好。

弥补他失去作战良机的遗憾。当时，曾在大战中指挥过法国前线波兰军队的波兰将军约瑟夫·哈勒在半年多的时间里，一直在招募法国志愿人员去和俄国红军作战。戴高乐上尉就是这样的一个应募者。

5月19日，在梅西埃上校的指挥下，他和波兰第5轻步兵团一起到达莫德林，正赶上参加沃尔希尼亚战役。

6月28日签订了《凡尔赛和约》。

戴高乐和他的伙伴们，这次搬进了离华沙市中心10里的伦贝尔托夫的俄国皇家卫队的旧营房。当时这里已经改为军事学院，戴高乐的任务是教授战术学。如果说年轻时代的戴高乐上尉有过什么放荡不羁的生活的话，那就是在这里的一段日子，他和以往一样认真从事教学工作，但却完全摆脱了他在国内受到的种种约束，享受着华沙的自由生活。每月的头两周，军官的优厚薪金使他得以过着贵族的生活。他出入于最高级的餐厅，特别是骚人墨客常去的利埃夫斯基饭店，并且涉足了波兰社交界的第一流沙龙。他是漂亮的罗塞·蒂什基埃维茨伯爵夫人——她娘家姓布兰尼茨卡——豪华的市内住宅的常客，并以他那幽雅的法国风度而出名。人们还常常看到他和另一位波兰贵妇——体态娇小、性情活泼的切特维尔滕斯卡伯爵夫人，一起在巴利克尔咖啡馆饱啖油煎果馅饼。

戴高乐参加了波兰反击战后，以战地日记的形式撰文记述了这次战役，数日以后，文章刊登在《巴黎评论》上，但出于当时需要没有署名。戴高乐那时还没有认识到自己有写作的天赋，那篇文章也并非他的文学杰作。正如让·拉库蒂尔所说，文章平铺直叙地记述了战斗的过程，间或夹杂着对斯拉夫精神的评论。到了10月，波兰前线战事结束，戴高乐回到了巴黎度假。

他没有想到的是，这次度假对他本人的一生来说，竟然会有着那么重大的几乎是具有决定性的意义——跟他的终身大事有关，一桩美满而传奇的婚姻。

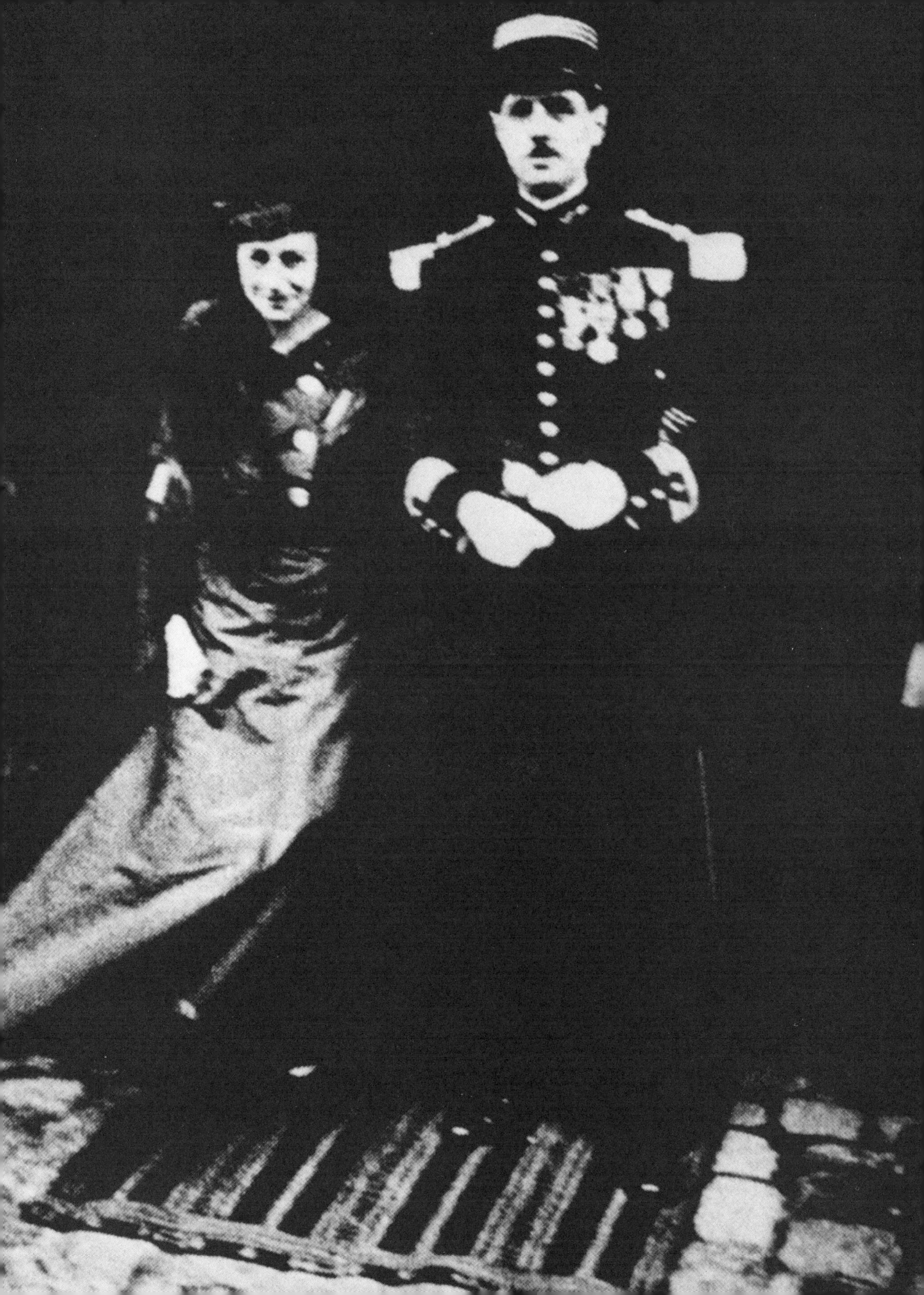

虽然他本人当时还是一无所知，但是做媒的人却已经在为他穿针引线了。当坎夫人自称是他的主媒。她与戴高乐早在孩提时代就已相识，并且一直与戴高乐一家交好。她后来搬到加来，结识了当地有名的饼干制造商旺德鲁一家。这一天，1921 年 4 月 7 日，戴高乐和伊冯娜·旺德鲁在加来圣母院举行了婚礼。

>> 展露才华

1921 年，31 岁的戴高乐回国担任了圣西尔军校的战争史讲师。

第二年他考上了法国陆军学院。

这一时期，戴高乐刚强自负的性格、广博的知识和能言善辩的才能进一步发展、完备，最后定了型。

终于，戴高乐在波兰的自由生活结束了。这一段生活期间的最大收获，不仅是初试身手，缘定三生；更重要的是，他首次提出了空军、步兵和坦克联合作战的军事论点，这在当时毫无疑问是最具革命性的军事理论。

戴高乐关于这方面的讲座给波兰人留下了极其深刻的印象。在一次讲座结束时，波兰陆军参谋长哈勒将军和波兰共和国总统彼尔苏德斯基走上讲台，向戴高乐握手致意，并交给他一份聘书，请他担任波兰军事研究院的战术学讲师。而恰于此时，戴高乐的上司梅尔西埃也通知他，法国陆军部长决定，将他调到圣西尔军校担任讲解战争史的讲师。

戴高乐选择了后者，他于 1921 年 10 月 1 日回国赴任，时年 31 岁。

对戴高乐来说，讲授历史是他最愿意接受的工作之一。他自幼喜欢阅读历史书籍，崇拜法国历史上的英雄人物。记得在小时候，有一次，他同哥哥和弟弟、妹妹一同到他们家在法国南部的新居去度假时，他父亲要他们各自选择一本书带去。夏尔·戴高乐选择的就是一本法国历史的书。后来，他一直都没有放弃过对历史的探索与研究。现在来到圣西尔军校执教了，他的历史知识也更加丰富了。

按照惯例，在圣西尔军校执教的年轻教官，一般都要报考法国陆军学院，以便进一步提高自己和更好地为国效劳。

1922 年 11 月，戴高乐考上了陆军学院，又开始了一段砥砺自己的岁月。

在圣西尔军校和陆军学院期间，戴高乐的刚强自负的性格和广博的知识及能言善辩的才华进一步发展、完备和定型了。日后，他那雄辩的演讲才能就是在这段时期奠定基础的，他在伦敦英国广播电台向法国人发出的强有力的战斗号召和他在法国电视台出现时的光彩，均来源于这一时期的锻炼。

来到陆军学院不久，戴高乐便与该校校长穆阿朗发生了第一次矛盾冲突。

穆阿朗的军事思想是静止的、传统的和形式主义的。在他看来，一个司令官的职责，就是事前拟订一份尽量详细具体的作战计划，在战争中不论出现什么情况，都应严格按照计划的规定行事。可是，作为柏格森★信徒的戴高乐却拒绝接受这种"先验论"。

那时候，戴高乐就已经深信，第一次世界大战的经验教训就是告诉人们——下一场战争将是坦克战！机械化的程度将日益提高，这意味着将是一场运动战。

这个观点同校长的观点是针锋相对的。结业时，戴高乐在考完笔试之后，还要通过沙盘模型进行战术考试。他决心通过这次考试来推翻校长穆阿朗的军事观点，用以证明校长的观点是错误的，而他自己的观点是正确的。

1924年6月17日，戴高乐在沙盘演习中受命指挥"蓝军"。他率领着高度机动的地面部队，以闪电式的进攻，打得"敌军"狼狈溃散，彻底粉碎了穆阿朗校长的消极防御理论。

★柏格森

法国唯心主义哲学家。1889年毕业于高等师范学院。后当选为道德和政治科学学会会长、法兰西科学院院士。1900年起长期任法兰西学院教授，1922年起为该校名誉教授。创立直觉主义哲学，极力贬低理性和科学的作用，在西方哲学界中有很大影响。主要著作有《论意识的直接论据》《物质和记忆》《形而上学导论》《创造的进化》《道德和宗教的两个来源》。1928年获诺贝尔文学奖。

军事学院的学生毕业离校时，分别按"优秀""良好""尚好"三个等级进行评定。"尚好"的意思就是勉强及格。副校长迪菲厄将军主持考试委员会。戴高乐曾经在机械化战争问题上和他发生过争执，不过，他认为迪菲厄说得对，必须依据实际情况的变化而不是按照事先形成的看法来处理问题。

委员们都认为戴高乐是一位天赋极高的军官——他那非凡的记忆力、渊博的知识、果断的作风和迅速判断形势的能力，无不令人赞叹。但是，多数委员认为他难以共事、自命不凡、不听批评，甚至不愿与人商讨问题。这使他的优点大为减色。因此，争论的焦点不在于是否把他列为优等，而是给他评"良好"，或是"尚好"。

大多数委员坚决表示最多只能给他评三等，但迪菲厄将军倒不报复，坚持要给他评二等。

当戴高乐参加毕业考试时，贝当元帅正外出视察。他对戴高乐与穆阿朗——坚持给戴高乐评最低一等的多数派的头头——之间的争执早已风闻，并曾明确表示那位年轻人是正确的。现在，围绕着给他这位门徒评分问题发生的争吵引起了他的注意。于是他进行了强有力的干预，认为应该评为"优秀"，并且断言戴高乐是年轻一代的希望。

可是，迪菲厄仅仅考虑了元帅的意见，却并没有全盘采纳，他有权这样做。他利用贝当的权威，坚持给戴高乐评了"良好"，而没有屈从多数派的意见给他评"尚好"。

戴高乐上尉的成绩报告单是穆阿朗上校签署的，结尾部分写着这样的评语：

"是一位理解力强、富有学识而又严肃认真的军人，才华出众、精明能干、颇堪造就。遗憾的是，过分自信，好对他人意见吹毛求疵，而且举止俨然像一个流亡的国王，大大损害了上述无可否认的优秀品质。"

认为戴高乐具有这些品质的不止穆阿朗一人，而且对爱丽舍宫未来的主人来说，这些品质无疑是非常合适的。但是，给一个性情急躁而雄心勃勃的青年军官加上这样的评语未免欠妥。

戴高乐是在加布里埃尔宫的礼宾大院里听到这一消息的，他立即暴跳如雷。据图尔努说，他打着手势，用响亮的声音喊："军事学院那些狗娘养的！不当上校长我就不回这鬼地方来！你们瞧着吧，我不给它来个大翻个才怪哩！"

他这样地生气，当然是不单单因为没有给他评"优秀"，而是评了"良好"的问题，更深一层的原因还在于，如果戴高乐能够评为优秀，那么他就可以如愿以偿，被调到向往已久的总参谋部第三局——计划局，把他的战术和战略思想付诸实践。

没有去成第三局使戴高乐闷闷不乐，这已是他军人生涯中所遭受的第二次挫折了。第一次是在德国遭受监禁而度过的蹉跎岁月。虽然事情已经过去很久了，可是他还是常常会在夜半惊魂，午夜梦回。

后来他被派到了第四局——运输供给局，先是在总部，几个月以后又到美因兹的莱茵区法军司令部供职，分管的是冷藏。他一定是把这看作是他那不受欢迎的独立精神的一种侮辱性的惩罚。

赴任前，戴高乐到荣军大街的总司令部拜访了贝当。元帅毫不掩饰地表达了他对考试委员会裁决的不悦。他答应以后在自己的参谋部里为戴高乐上尉安排一个职位，并说总有一天他要跟军事学院的那帮人算算账。

虽然学校的裁决有伤戴高乐的自尊心，而被派往美因兹又是他军人生涯中的一大挫折，但是，这件事却从两个方面使他得到了补偿：这使他有机会根据机械化战争的观点创建机动装甲部队。机械化战争的观点最初是埃斯蒂安将军提出的，但是戴高乐本人在被俘期间又独立地发展了这个观点。9个月期间，戴高乐一直利用余暇核对和改写他的狱中笔记。其成果就是他的第一部著作《敌人阵营的倾轧》。

在这本书中，戴高乐详细分析了德国在第一次世界大战中失败的原因，对未来的欧洲进行了预见性的探讨，更为可贵的是，这本书还阐明了戴高乐史学研究的基本观点：

"历史研究的对象是民族和国家，而每一个民族和国家都有其自身的特点，并且这种特点不会因为意识形态的改变而变化。"

戴高乐还对德法两国的历史进行了一些比较研究。对德国，他在自己的书中这样写道："一个骁勇的民族在精神上突然彻底崩溃，这种没落显得格外引人注目，因为这个民族一向知道如何显示克敌制胜的集体意志、坚忍不拔的毅力和忍受痛苦的能力。而且这一切从战争的第一天起就令他的敌人惊叹不已，并必将受到历史的尊敬。"

"以指导和协调此种努力为己任的德国军事首脑们，表现得勇敢顽强，富有进取精神、必胜意志以及运用人力和物力方面的巨大魅力。他们的最后失败并未损害他们在这些方面所享有的声誉。"

戴高乐对德国这种坚忍不拔的精神不无溢美之词。但是他的根本观点还是认为，德国人"生性好高骛远，狂热扩张个人权力甚至不惜任何代价，而且对人类经验、常识和法制的约束根本不屑一顾"。

相比较来说，法国显然比德国优越。在《敌人阵营的倾轧》的前言最后一部分，戴高乐用别致的文笔描述了一个理想中的法国——

"在具有法国情调的花园中，没有一棵大树想以自己的浓荫窒息其他树木；花坛都是按几何图形排列；池塘无另增瀑布的分外之想；塑像也不求独占人们的赞赏。花园里有时会发出一声浩叹，或许是缘于这样一种：园中一草一木，一山一水，如果独自存在的话可能更加明媚动人。但是，这样一来，必然于整体有损。而漫步于园中的人看到花园里井然有序，永保优美的和谐，自会感到十分欣慰。"

∧ 1925 年，戴高乐与贝当元帅（前排中）等人合影。

1925 年 10 月，正当夏尔·戴高乐徘徊不定，不知是不是考虑离开他早已厌倦了的军界时，菲力浦·贝当下令委任戴高乐为他的幕僚。这时候，贝当已经身为最高军事会议副主席和三军首脑——法军总监了。

>> 接触贝当

戴高乐欣然来到了贝当身边。在贝当幕僚里，他执行的第一项任务是就工事和要塞在法国国防中的作用问题写一篇研究报告。这显得有些可笑，因为在此之前，戴高乐一直发表自己的观点，直言不讳地认为消极防御在国防中是如何微不足道。而现在，作为司令部的官方理论家，他又不得不为消极的防御理论寻找历史根据，以己之矛，攻己之盾。

尽管戴高乐对这项任务兴趣索然，但是《法国设防城镇的历史作用》仅一个月时间就完成了。文中详尽论证了在法国边界建立一条永久性防线的必要性。这篇文章引起了公众的注意，博得人们的赞同。这令戴高乐愈来愈感到不安。

1926 年 1 月，他致信纳香上尉——这是戴高乐唯一能够与之倾吐深切忧虑和远大抱负的朋友：

"在我看来，防御体制问题，成为作战计划的一个环节隐患重重。必要的、永久性的防御体制问题，应视一个国家的特定地理环境、政治、士气等因素而定，并由政府予以研究。指挥部门首当其冲应当考虑的是制定作战计划。指挥部门心目中的要塞，并非仅仅是静止的工事，正如作战计划中的兵力、物力、经济力量诸问题一样。"

时过一年，戴高乐与纳香就要塞问题进行了连续几次的讨论。他在一次信中说：

"阻敌进路，这是军事工程师沃邦★元帅的主张……你来信引了他关于要塞数量的论证，我读了之后很满意。的确，要塞宁精勿滥才好。"

这就是戴高乐的"出色"理论，尽管他对静止防御的这些论证是大违本心的，然而这时，贝当元帅早已不轻视静止防御的作用了。他对这个年轻人所做的工作非常满意，同时，他决定实现自己的诺言，帮助戴高乐实现同军事学院算账的愿望。

说起来，贝当不但是在帮助戴高乐，其实他自己对军事学院也是怀有"深仇大恨"的。想当年，1900年的时候，他也曾经是赫赫有名的国家射击学校的教官，因为宣传当时被视为异端的理论而被解聘。后来，贝当到军事学院任步兵战术学助理教授，在被提升为教授的过程中，他因为自己新颖的见解冒犯了当时传统的战术家们。贝当指出在即将到来的战争中，火力将起着举足轻重的作用，而且预言了德国将凭借火力的优势压倒法国。而结果是，他的正确观点引来了一系列的冷嘲热讽。

他遭到了排挤，但是在大战的头两年中，他终于看到了战争的发展证明他的观点是正确的。他回忆起从前种种，现在又看到那帮军事教官一窍不通的新例证，便决定该好好教训他们一顿了。

有一天，元帅对新上任的军事学院院长埃兰将军说："我越想越觉得给戴高乐评分这件事，就像乱断公案一样荒谬。"

"是的。"埃兰将军毫不犹豫地同意道。

这位新校长是一个颇有眼光的阿尔萨斯人，他和戴高乐

★**沃 邦**

法国元帅，著名军事工程师。1651年从军，1655年任王室工程师。由他设计建造的要塞是当时欧洲最坚固的要塞。同时，他根据前人经验，把筑城分为野战筑城和永备筑城，对欧洲筑城学的发展产生了重大影响。1703年晋元帅。一生共修建33座新要塞，改建300多座旧要塞，指挥过对53座要塞的围攻战，并建立起近代第一支工程兵部队，此外还有诸多著作传世。

一样，也是法国第一个认识到机械化战争巨大潜力的军界要人——让·巴蒂斯特·埃斯蒂安将军的门徒。

"这样吧，"贝当下命令了，"埃兰，你在学校组织一轮讲座，由戴高乐主讲。给他的评定简直太荒唐了。讲座由我来主持，我要把那几位教授先生教训一顿。他们会明白怎么回事的。"

"是。"埃兰将军答应了。

这一消息一经传开来，立即在校园里造成了爆炸性的影响，这样的事简直是闻所未闻，其意图则是一清二楚的——一个小小的上尉，在校时不过是个二等生，竟然应邀回校讲学。

单这一点就不同寻常，更何况戴高乐选择的居然是领袖人物的品格作为讲座的主题，这简直是蓄意侮辱，至少也是有失礼貌吧。

至于法军总监贝当元帅竟决定亲临主持，这就使得整个场面带上了权威的印记，那些受辱的人将感到更加不是滋味。同时元帅的莅临还保证了讲座的秩序。

∧踌躇满志的戴高乐上尉。

>> 出色讲师

第一讲于 1927 年 4 月 7 日举行，犹如一颗炸弹轰然爆炸。

那天，教授们聚集在圆形会堂附近的办公室里。元帅在埃兰将军的陪同下抵达，戴高乐也来了，但独立一厢。教授们竞相后退给元帅闪开一条路，元帅却让戴高乐先行。这简直像演戏一样。戴高乐全身戎装。圆形会堂座无虚席。戴高乐登上讲台，慢条斯理地摘下军帽放在桌上，又将佩剑置于一侧，然后从容不迫地摘下了他那副白手套。

"诸位，"贝当从来不说废话，他站起来开门见山地宣布，"戴高乐上尉将要阐明他的观点，请大家注意听讲。"

第一讲的题目是"战争行动与领袖人物"。戴高乐笔挺地站着，泰然自若地开始了一场令人眼花缭乱的表演。他不用讲稿，大量引用了一连串古往今来杰出的哲学家、政治家、军人和作家的名言警句。许多人为之倾倒，但也有许多人感到恼火。他所精心描绘的具备各种美德的理想领袖究竟指的是谁呢？单指那个坐在前排嘴角挂着满意的微笑的贝当？还是像许多人在讲演之后掀起的那场轩然大波中所表示的那样，似乎指的就是戴高乐本人？或者更微妙的是二者兼而有之，指的是"夏尔·贝当"或是"菲力浦·戴高乐"。

看来哪一种说法都有其适用的地方。讲演中有一段话在一些人中间引起了极大的敌意，他们觉得自己受到含沙射影的攻击。戴高乐是这样讲的：

"强有力的人物往往严厉粗暴，难以相处，甚至使人讨厌。即使绝大多数人私下承认这样的人物是超人一等的，从而有意无意地给他们以应有的评价，但他们也往往不得人心，而且在以后的生涯中也很难受到宠幸。那些决定别人命运的人宁可重用讨人喜欢之徒，而不愿提拔具有真才实学之士。"

他指的是谁？被激怒的听众这样自问。这些话，用在贝当身上颇为合适，因为他持有非正统观点，在1914年以前一直未能晋级；用在戴高乐身上也十分适当，因为他尽管天资卓越，在军事学院却只得了一个"良好"的成绩。

接下来的两个星期里，又讲了两次，教授和学生还得出席。尽管他们对于有点强迫性地让他们去听一个成绩不如自己的上尉讲课是否恰当还有保留，又尽管他们对戴高乐毫不掩饰的狂妄自负甚感厌恶，但大家一致认为他是一个颇能使人入迷的演员。后两讲依然座无虚席——场面完全一样。一大帮教授，由元帅领着，占据了前排的位子。身材高大、脸色冰冷的戴高乐上尉，全身戎装登上讲台，摘下军帽、佩剑和白手套，接着便开始表演。

第二讲的主题是"领袖人物的性格"和"纪律的含义"。其中有一段话，许多人认为在军事院校里讲是很不适宜的，因为戴高乐赞颂了诸如佩利西埃将军和利奥泰这样一些人物。前者在塞瓦斯托波尔保卫战中，接到拿破仑三世的电报连看都没有看就装在口袋里，虽然违抗了命令，却为法国打赢了一场战争，并且他自己也荣获了公爵的爵位和元帅的官职；后者于1914年置上级指挥于不顾，反而为法国保住了摩洛哥。他还引用费希尔勋爵评价海军上将杰利科时所说的一段话：

"他具有纳尔逊的一切品德，只是不知道怎样违抗命令。"

第三讲的主题是"威望"，这对听讲者来说是最后一次受"折磨"。在这一讲里，他又提到领袖人物的品质，当时在场的人们都认为指的是贝当，而后来的人们则认为戴高乐是说自己。

他说："事实上，有一些人几乎从出生之时起，就具有权威的气质，这种气质视之不能见其形，但其影响则往往令人惊讶不已。"

接着戴高乐讲了一段名言，后来只字未改地收进了《剑刃》一书："首先一点，无神秘感就无威望可言，因为过于熟悉就不能产生尊敬。主在从前非英雄，神居深庙方显威。因此，无论是运筹规划，还是处事和思维的方法，都要令人捉摸不透，引起人们的好奇心，打动他们的心弦，使他们跃跃欲试。这并不是说，应该把自己关在象牙塔里，对下属不理不睬，令人无法接近。恰恰相反，要想征服人心，就要体察人情，使人人都觉得自己受到器重。但是在这样做时，对人们决不能过于迁就，而必须保留某些随时可以抛出来的惊人神秘。这样，大家的信任之心就会油然而生，办事就无往而不胜了。"

第三讲没有引起多大反响，以致整个三部曲也显得很平淡。那些奉命出席的听讲者在听完第一讲后感到愤慨，第二讲后怒不可遏，现在则摆出一副对整个表演十分厌烦的样子。戴高乐的朋友沙文上尉建议把这些讲演汇集成册，发给立志从军的青年人，对此，只有少数几个人表示赞同。

戴高乐在军事学院的讲演结束了，尽管整个过程再没有像事情的开始那样惊世骇俗，最后的结果也仅仅只是勉强可以用"差强人意"来形容。但是，对戴高乐来说，这仍然可以算得上是一个不小的胜利。至少，他的才华得到了淋漓尽致的发挥，在军界也因为这次演讲而崭露头角了。

不知道是不是因为这次讲演的直接关系，反正到了1926年底的时候，戴高乐就被列入了晋升名单。

只是，命运似乎对这位未来的法国领袖来说，似乎总是过于吝啬了些。虽然他被列入了名单，但是在此后的10个月之中，他仍然没有能够从戴高乐上尉晋升为戴高乐少校。

一切都糟糕透了，当翌年底他被晋升的消息终于传来的时候，戴高乐甚至忘记了应该怎样高兴。他获得了少校军衔，奉命指挥第19轻步兵营，驻防特里尔。

后来，戴高乐在这一时期给友人的信中，写了这样一段话：

"晋级对我来说当然至关重要，但我梦寐以求的却是真正有所作为和成就。作为一名军人，给他莫大荣耀的绝不仅仅是军阶，而是看他是否能有卓越的功勋。"

他对自己的才华是这样有信心，难怪他崭露头角便得到了高层人物的注意。对于新上任的戴高乐，总司令部步兵总监马泰将军的评论是：

"我现在派往第19轻步兵营的这位年轻人，是法国军队未来的大元帅。"

> 身着戎装的戴高乐。

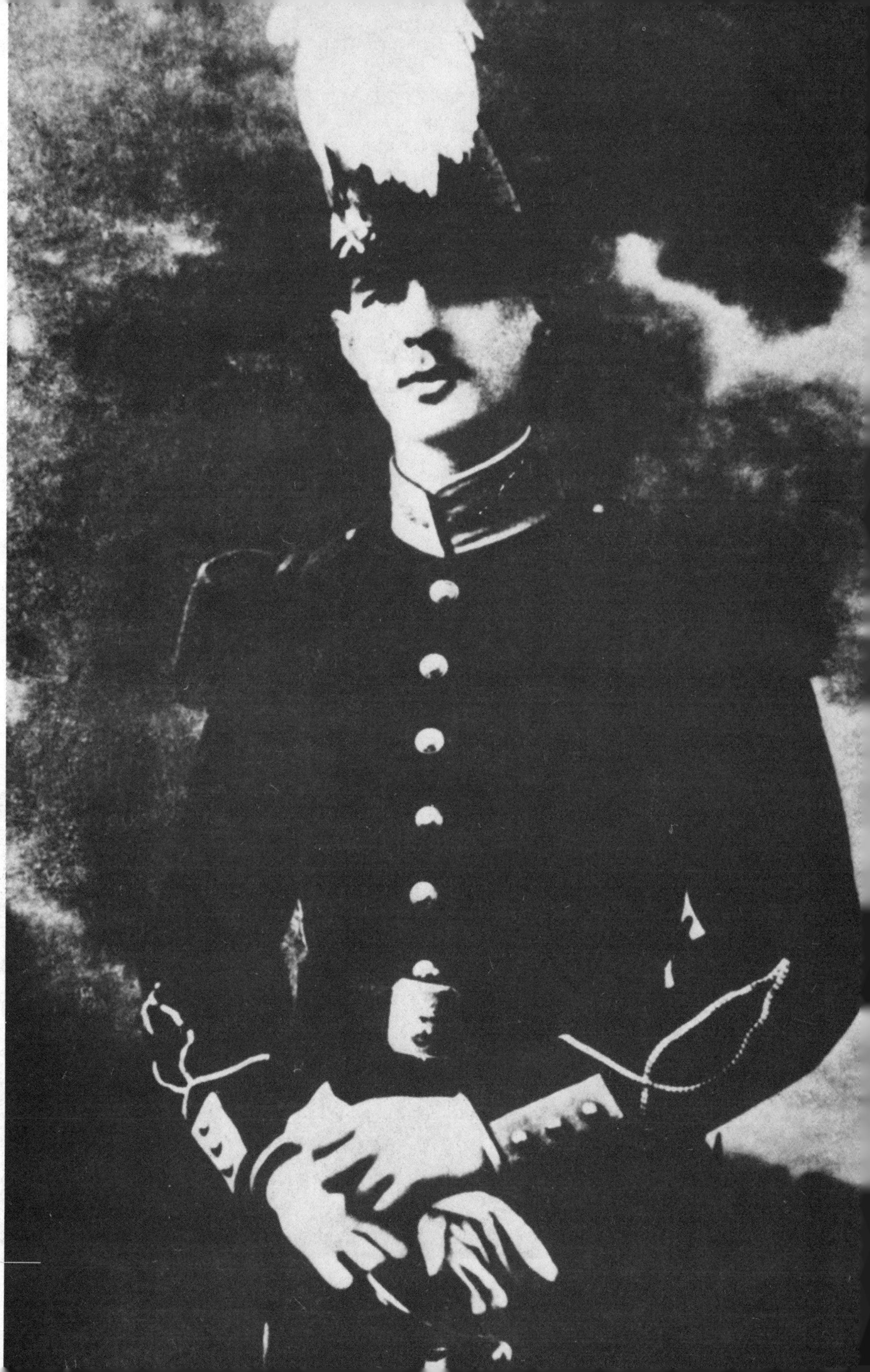

第三章

命运——仕途风雨

1890-1970 戴高乐

1927年12月，戴高乐被破格晋升为少校，奉命指挥第19轻步兵营，驻防摩泽尔河畔的特里尔，新的生活开始了。

这一段时期，戴高乐被警告必须做出选择——或者珍惜自己的前程，或者沿着自己的道路继续走下去。

> 就任法军第19轻步兵营指挥官的戴高乐。

>> 军事天才在路上

然而命运多舛的戴高乐，却怎么也高兴不起来。

在这个冬天，痛苦的阴影始终笼罩着他的家庭和生活，一切都糟糕透了。

他的妻子伊冯娜在迁居特里尔时，受了车祸的惊吓而生下了一个白痴女孩——安娜。

1927年12月底，戴高乐抵达摩泽尔河畔的特里尔，新的生活开始了。

这时候，说起来，戴高乐在他的军旅生涯中，还没有取得任何可以称得上是辉煌的成就呢。但是，毕竟有了这样的一个机会，他决定凭借他指挥的那一营可怜的人马，干出一番轰轰烈烈的事业来。

戴高乐当然知道，对自己的任命本身是打破常规的做法。因为按照惯例，只有当过轻步兵的人才有资格指挥阿尔卑斯山地的一个轻步兵营。他认为，这一破例任命是由于马泰将军十分赏识自己的缘故。

赴任后不几天，戴高乐就成了他属下721名官兵崇拜的偶像，被戴上了"荣誉轻步兵"的桂冠。但是他的下属不久就给他起了一个绰号，叫做"圣母雕像"，那指的是一尊叫做马里安索勒的巨大雕塑，它离通往科隆的大道不远，俯瞰着摩泽尔河左岸的西迪·布拉希姆兵营。但也有些人不同意，说："他好像认为自己是圣父哩！"

∧ 就职第19轻步兵营指挥官的戴高乐在军营中与军官合影。

戴高乐的性格和品行，又一次使人们想起了佛朗哥将军当少校时的情况。

因为戴高乐少校严于治军，一丝不苟。士兵们不是进行演习，就是处于警戒状态，再不就是搞队列训练、打靶或各种竞技活动。在不搞强行军或其他紧张的军事训练时，他就要和他们开展体育比赛，参加戏剧表演或者组织联欢活动。

这位哲学家营长也没有忽视全营在智力方面的训练。在特里尔、美因兹以及这一带其他地方驻防时，士兵们总是常常被集合起来听戴高乐少校演讲。

轻步兵条例并没有规定要戴白手套，但戴高乐自圣西尔军校毕业后就养成了戴白手套的习惯，这已成为了他服饰的特点。伊冯娜在家里经常给他准备着一大摞雪白的手套。虽然他有一名勤务兵专门料理日常杂务，可是伊冯娜却看不上勤务兵干的活儿。自己每天晚上给丈夫洗手套，一副一副洗得干干净净。她那时已经有了两个孩子。其中女儿伊丽莎白是他们夫妇住在荣军大街时出生的。

戴高乐少校处处标新立异。按照传统，轻步兵戴的贝雷帽一律往左偏，而戴高乐却偏偏喜欢让他的帽子朝右歪。这样一来，他的700名下属也只好依样画葫芦。

一天，戴高乐公然违抗命令，擅自决定全营急行军，当晚返回特里尔。这种蓄意破坏纪律的行为有可能使他受到禁闭两周的处分。一个军官提醒他注意这一可能发生的后果，戴高乐却毫不在意地说："你们瞧着吧，准保没事儿。我是贝当的人嘛！"

到头来，事情果然如此。司令官经过一番慎重的调查，决定一反先例，对手下这位刚愎自用的少校不予处分。

1928年、1929年交替之际，凛冽的寒冬笼罩着德国被占领区，气温下降到摄氏零下25度。一场流感袭击了整个地区，这是1918年以来最严重的一次。仅是驻莱茵区的法军就有143人丧生。公众舆论为之哗然，愤怒的国会要求予以追究。

说来真是倒霉，戴高乐少校指挥的第19营死于流感的人数最多。但陆军调查委员会很快就弄清了真相。调查表明，尽管少校执行纪律非常严厉，但第19营对士兵的关心却最为突出。

国会调查委员会成员皮科上校，在报告中说道：

"轻步兵第19营有大批人员死亡，但这绝不是因为对士兵照顾不周所致。该营管理极为出色。"

这段对戴高乐的积极有利的评价，应该说是比较中肯的。

事实上，戴高乐虽然治军严谨，但他却不是一个冷酷无情的人。相反，他也是一个军人，一个曾经从最低层升上来的职业军人，深深知道士兵的甘苦，更明白没有士兵就没有自己这个少校军官的道理。戴高乐一贯对士兵关怀备至。有次，他听到营中一名年轻而有才华的士兵死于流感时，他竟潸然泪下，而且坚持亲自为那名年轻的士兵送葬。

不知道戴高乐是不是想起了自己的青年时代，但是他这样做，确实堵住了一部分人的嘴巴。那些指责戴高乐治军过严、管理存在问题的人不得不停止了对戴高乐的攻击。

然而，这只是戴高乐一切苦恼和烦扰的开端。不久，他便遇到了一件极为棘手的事情。

当时，贝当元帅刚刚访问过特里尔，会见了戴高乐，视察了他的第19营。回到巴黎后，他表示对所见所闻感到很满意。

然而这时戴高乐却遇到了麻烦。

说起来，是因为新兵们都讨厌住在德国，尤其是在特里尔这样的地方服役。在这儿，异国他乡，远离家园不说，而且气候寒冷，再加上戴高乐治军严格，生活紧张，他们都有些待不下去。其中有的新兵由于亲人身居要职，或者与国会要员有某些关系，便纷纷设法准备调回法国国内比较惬意的地方。

根据规定，戴高乐在莱茵区应该供职两年，1929年底行将期满，此时，戴高乐对陆军的幻想已经破灭，加之害怕重返他一向鄙视的总司令部，一心想远走高飞，免得心烦。他请求调往驻在中东的部队。申请顺利获批，他从特里尔直接前往贝鲁特，而未在巴黎停留。他在中东待了将近2年，到过开罗、巴格达、大马士革、阿勒颇和耶路撒冷。虽然这一段经历对他在以后执政期间处理阿尔及利亚危机不无裨益，但所到之处，当时似乎并没有给他留下什么深刻印象。在中东期间，戴高乐一方面关心法国在中东的影响和法国文化的渗透，另一方

面则是把他于1927年在陆军学院所作的三次讲演的底稿加以润色、补充、修改，准备出版成书。

1931年底，戴高乐回到巴黎休假。翌年，《剑刃》一书问世。这本别具一格、仅有160页的短篇著作，却很引人注目，开本小而字体大。戴高乐在书中阐述了他的哲学观念，同时给他自己描绘了一个英雄形象。在用羊皮纸印刷的特别本第一本的扉页上，印有戴高乐给贝当的献词，使得这本书与马基雅维里的那些短篇著作更加相像。

∧ 1928 年，戴高乐在中东服役期间与当地酋长和驻军长官合影。

< 1929 年，戴高乐夫妇与友人夫妇在贝鲁特。

献词如下：

献给贝当元帅

本书只能献给元帅阁下一人，

因为你的赫赫功绩最能证明：

思想光辉所产生的行动，

具有何等崇高的美德。

他又在献词下面亲笔题道："致最崇高最热忱的爱戴之意——夏尔·戴高乐。"

《剑刃》一书的出版，大大提高了戴高乐的声誉。他以其新颖的军事思想开始在军界崭露头角了。

1931年戴高乐奉命从中东返回法国，在最高国防委员会秘书处工作。

这一段时期，戴高乐被警告必须做出选择——或者珍惜自己的前程，或者沿着他自己的道路继续走下去。

戴高乐的回答无案可查，但是他以后的行动清楚地表明：他把唤醒法国民众的使命看得更重于他的军人前程。于是他毅然地写作并出版了一本爆炸性的书——《建立职业军》。

　　1931年，戴高乐奉命从中东返回法国，应贝当元帅倡议而建立的最高国防委员会在秘书处里为他留着一个空缺。

　　在此之前，世界性经济萧条刚刚开始涉及法国这个富裕的世外桃源。但是，普安卡雷在重新执政后，实施了他那巫术般的激烈措施，迅速制止了法郎贬值并使之回升。由于他对稳定国家经济和增加公民收入所作出的贡献，巴黎《时报》称他为"深受爱戴的人"。但是，人们在被视为普安卡雷主义的安乐心情之中只过了3年好日子，现在却陷入了厌倦消沉、悲观失望的情绪之中。全国似乎又变得控制不住了。赖伐尔于1931年和1932年先后组成的两届内阁是第三共和国的第79届和第80届政府。爱德华·达拉第于1934年1月执政了9天，他的政府是第87届。到1940年法国崩溃之前又有11届政府相继执政。贝当元帅在战败后应召出山，组成了创记录的第99届政府，最后埋葬了第三共和国。当然，这是后话，暂且不提。

　　但说在莱茵河彼岸，日耳曼巨人正在挣脱《凡尔赛和约》的枷锁，而其宿敌实际上没有提出多少反对意见。

　　显然，战争的结局并没有带来和平。德国随着元气的回复，又野心勃勃。当时俄国在革命中已经陷于孤立，美国已经置身于欧洲事务之外。英国对柏林方面较为宽厚，以便使巴黎方面仰承它的鼻息，而新的国家则仍然分崩离析，不堪一击。于是遏制德意志帝国这个任务

< 1932 年，新当选的德国总统兴登堡（左）与竞争对手希特勒在一起。

就须由法国单独承担了。

实际上法国也这样做了，但步骤有些紊乱。因此便出现了这样的情形——

首先是在普恩加来的领导下实行遏制政策，接着在白里安的指导下又企图取得妥协，最后便寻求国联的庇护。

这便使得德国乘机坐大而咄咄逼人了。

根据协约规定，协约国家军队定于1935年从莱茵区撤出，但他们却提前5年撤走了。魏玛共和国货币急剧贬值，失业人数迅猛上升，由于软弱无能，国家陷入崩溃。在1932年4月举行的第二轮总统选举中，国家社会党人取得了1,300万张选票，兴登堡元帅当选为总统。这就为阿道夫·希特勒★上台铺平了道路，第二年1月，他终于登上了总理的宝座。

阿道夫·希特勒，这个后来令世界为之战栗的战争狂人，在当时却是普普通通，没有显露出后来嗜血、疯狂的丝毫迹象。

许多人都还能记得，1918年11月11日，是人类历史上最值得纪念的日子之一。这天在法国贡比涅森林，德军统帅埃茨贝格在停战协议上签了字，历时4年的第一次世界大战宣告结束了。

其时，德国在第一次世界大战失败后，并不甘于眼睁睁地看着各战胜国在巴黎和会上通

< 挑起战火的战争狂人——希特勒。

★阿道夫·希特勒

纳粹德国国家元首，德国武装部队最高统帅，第二次世界大战头号战犯。1914年加入德国陆军，曾参加第一次世界大战并获得褒奖。1919年加入德意志工人党（次年改名为国家社会主义工人党，即纳粹党）。1921年成为纳粹党党魁。1934年成为德国元首，实行法西斯独裁统治。1939年挑起第二次世界大战，至1945年柏林被苏军攻克前夕自杀身亡。其在第二次世界大战中，奉行速战速决的"闪电战"，主张集中使用装甲摩托化部队、空军和空降兵，实行不宣而战，片面强调进攻，并在占领区采取野蛮镇压、疯狂掠夺的政策。

过签订的《凡尔赛和约》来重新瓜分地球——这一庞大的笼罩全世界的势力范围。它那血迹犹存的手，虽然也煞有介事地在《凡尔赛和约》上签了字，但它的帝国之梦——妄图鲸吞欧洲建立一个大日耳曼民族的"千秋大业"，促使它随时准备为了自己的利益，重新点燃熄灭的战火。

在这一时期，戴高乐一直在国防部总秘书处工作。这是总理指挥下的一个常设机构，目的是使国家和民族准备应付战争。从1932年到1937年间，戴高乐曾在14个部里参与同国防有关的各种政治、技术和行政工作的策划。戴高乐尤其必须熟悉安德烈·塔迪厄和保罗·彭古在日内瓦分别提出的安全计划与限制军备计划。在杜末古内阁时期，当希特勒上台以后，法国准备改变路线，戴高乐也必须提供一些意见以资决策。他不得不永无休止地修订国家战时组织法案，还必须研究动员民政、工业以及公共服务部门的措施。在戴高乐必须做的工作和参加过的讨论以及必须进行的接触中，都看到了法国的国力是如何的雄厚，同样也看到了国家的弱点。

当局的举棋不定，在指挥方面也到处暴露出来。这绝不是执行任务者的无能或不忠。相反，戴高乐看到，领导各部工作的有许多都是人格无比高尚、才华十分出众的人物。但政治把戏消磨了他们的时间，使他们变得麻木不仁。对于政治事务戴高乐是一个不多开口然而又充满热情的旁观者。戴高乐看到同样的情景不断地重现。总理刚一上台就将遇到无数的苛求、批评和求情等等。他虽然竭尽全力也还是穷于应付，更谈不到掌握全局了。议会决不会支持他，给他做的事情只是暗中陷害他和离弃他。他的部长都是他的政敌。舆论、报纸和党派利益都把他当成一个抱怨的理所当然对象。人人都知道他只能在职一个很短的时期，他自己也首先就知道这一点。事实上，过不了几个月他就要让位给别人。至于国防问题，这种情形便使当事者无法把接连的许多计划组成一个有机的整体，拟出成熟的决定和措施，把它贯彻实行，成为一个政策。

因此，军队便只能从国家当局接到支离破碎和彼此矛盾的指示，于是就只好退而崇尚空洞的理论。陆军保守着第一次世界大战期间盛行的一套观念。同时，在职的将领又都年岁日增，他们顽固地死守着曾经为他们造成光荣的错误观点。这也加重了这一趋势。

因此，固定而连续的防线这一概念，便支配了未来作战的战略。一切组织、理论、训练和军备都是直接从这一概念中产生出来的。当时一般都认为，一旦战争爆发，法国就将动员后备队的兵员，尽可能建成许多师。这些都不是为了机动的调遣、进击和扩大战果，而是为了坚守各段战线。把这些部队都部署在法国和比利时（战时显然是法国的盟国）的边境据点上，在这里等候着敌人进攻。

至于武器方面，坦克、飞机、流动炮与全射角炮，在第一次世界大战的最后几次战役中，显示出能袭击和突破的特性，往后威力又有了不断提高。但这些都只打算用来加强防线和在必要时作局部反击，以恢复战线。武器的型式就是在心中预先有了这种概念之后确定的。重型坦克都装上了轻型的和短射程的武器，用途只是护送步兵，而不打算作迅速和独立的行动。截击机的设计只是为了保卫领空。除此之外空军就只能运用极少的几架轰炸机，至于俯冲轰炸机则一架也没有。设计大炮时只是为了从固定的地点向有限的水平区域发射，既不能通过各种原野，也不能向所有的角度发射。此外，前线也预先沿着马奇诺防线延伸至比利时的要塞划定了。因此，全国武装起来以后，就将守住这道屏障，人们算着在这后面等待用封锁来消耗敌人，然后用自由世界的压力使敌人屈服。

这种战争的概念很适合当局的胃口。由于政府的弱点和政党的纠纷，使当局寸步难移，因之便只好采取这种静守的态度，任何人要是想当选并受到人们的喝彩或是想在报纸上出风头，就不得不捧上一两句。全国舆论都不愿意进攻，只幻想着用战争来反对战争，就可以使好战者不敢发动战争。他们仅仅记住若干次毁灭性的攻击，而没有看到从那时以来内燃机在战斗力方面所引起的革命。总之，一切都结合起来使被动主义成了法国国防政策的原则。

在戴高乐看来，这种方向是极端危险的。戴高乐认为，从战略上来讲，这样就把主动权全部拱手送给敌人了。从政治上来说，法国既然公开宣布自己的意图，要把军队保持在国境线之内，就等于鼓励了德国人向萨尔区、莱茵区，奥地利、捷克斯洛伐克、波罗的海沿岸诸国、波兰等薄弱地区进攻，因为这些地区从那时起就被孤立起来了。这时俄国也将不愿和法国结成同盟；意大利也会确信，不论它做什么，法国都不会制止它的罪行。最后，从民心上来讲，使人民相信，战争一旦爆发，法国应尽量少作战，这也是十分可悲的事。

老实说，戴高乐心里长期以来就在考虑着行动的哲学、国家对于军队的鼓舞与运用、政府与最高统帅部的关系等等问题。并且在几本出版物（如《敌人阵营的倾轧》、《剑刃》等），以及一些其他的评论中表达了戴高乐的看法。戴高乐曾在巴黎大学等地举行过公开讲演，讨论作战问题。但在1933年1月，希特勒当了德国元首。从那时起，局势就没有回旋的余地了。假如没有人愿意提出任何东西来应付局势，戴高乐觉得他个人有责任诉诸舆论，提出他的计划。由于这些事情都将发生后果，戴高乐必须估计有一天公众的注意力将集中在他的身上。经过25年军营生活以后，戴高乐很难下决心去从事这样的工作。

法国各种政治倾向交错混杂，危机一触即发，结果一个卑鄙透顶的骗局突然成了引爆的火星。这在一个近年来出过几件特大丑闻的国家里原也

> 1933年，希特勒当选德国总理后向兴登堡致意。

不足为奇。事情是这样的：在夏蒙尼，警察包围了一个名叫斯塔维基★的可疑的俄裔金融家的别墅，在向他逼近时他自杀了。他真是自杀的吗？有人说警察是奉高级人士的命令杀人灭口，以保护一些显要人物。据说这些人长期以来一直把他置于他们的卵翼之中，这样尽管他干了一连串的欺骗性交易，却能逍遥法外。这件事使人们感到政府腐败透顶，不堪信任。后来，此案的一位起诉律师惨遭杀害，人们发现了他那残缺不全的尸体，流言就更多了。危机终于在1934年2月6日爆发。那天，敌对的两派同时举行示威，在巴黎市中心的协和广场发生冲突。回顾起来，那次骚乱可以说是一个小规模的巴黎公社事件，死亡15人，伤者则百倍于此。但这并不是一场革命，甚至也许不像左派所说的那样是右翼试图夺权的一次阴谋。

· 激进党领导人达拉第仅在骚乱前一个多星期才以可靠的国会多数上台执政。这时，他却屈服于巴黎那帮暴徒，辞职下野。为了避免爆发一场内战，老资格的加斯东·杜梅尔格离开他退隐的乡间寓所，再度出山，组成了一个民族团结政府。但保皇党人、社会党人以及共产党人却拒绝合作。更严重的是，12日和13日两天，一场大罢工使法国工业陷于瘫痪。

正是在这种背景下，戴高乐少校和一些与他见识略同的人努力唤起法国公众舆论警惕日益增长的外来危险，竭力主张建立一支强大的军事力量，以便抵御即将来临的来自莱茵河彼岸的进攻。这是一项常常令人泄气的使命。戴高乐在给布瓦尔上校的信中写道："你我都十分清楚，在军队里，人们感到思考问题是个负担。"

但是他在最高国防委员会任职期间，还是结交了新朋友，养成了新习惯。

>> 军事思想

戴高乐自己可以支配的时间比较少。而且，他需要从头至尾考虑自己的见解并使之条理化。因此，直到1933年5月10日，他的文章才在《政治与议会评论》上发表。那时，希特勒已上台3个多月了。戴高乐和他那几个知己曾对这篇文章寄予莫大希望，但结果却大失所望。文章除了使军界统治者大为恼火以外，影响微乎其微。有人警告戴高乐，他必须作出抉择，或者珍惜自己的前程，或者沿着他所选择的道路继续走下去。戴高乐以后的行动清楚地表明，他把唤醒法国民众的使命看得重于他的军人前程。在戴高乐看来，现在十分明显的是，要打动那些控制着法国军事机器的顽固派，仅仅一篇文章是不够的，得一本书，并进行一番个人游说活动。在这一年的后半年，戴高乐一有余暇就致力于完善和充实他那篇文章的观点。一年后，即1934年5月，他的书问世了，题目与那篇文章一样，篇幅也很短：《建立职业军》。

在这本名为《建立职业军》的书中，戴高乐提出了他的计划和看法。戴高乐提出除了经过动员所产生的大规模部队以外，还应紧急地用一批精选人员组成一支机械化、装甲化的机动突击部队。

戴高乐的理由是这样："首先从法国的国防来讲，法国的地理形势决定在北方和东北方极易遭到侵袭，而德国人的民族性格又是野心勃勃的，所以便被吸引向西进击，把他们的路线通过比利时指向巴黎。法国人的性格则在任何冲突开始时都极易受到袭击。因之，必须有一部分军队经常保持警惕，随时准备全部出动。不能依靠仓促设防、阵势紊乱的军队来抵御最初的打击。"戴高乐写道："后备队和新兵是法国国防的主力，但却不易召集，运用起来也不灵活。现在已经是时候了，他们必须另外再加上一支可以立即调遣的机动力量。也就是说，必须有一批常备的、团结的和能够熟练地使用武器的队伍。"

接着戴高乐又从技术进步方面说明了他的理由，由于机器在军队中取得了主要地位，所以正和其他方面一样，战争中使用机器的人的素质就成了发挥装备效能的主要因素。由于机械动力产生的新武器如坦克、飞机和军舰等一日千里地改良并不断提高机动性，这句话就愈加正确了。戴高乐说："今后在陆地、海上和空中，如果有精选的人员，能使威力特别强大、种类极其繁多的物资充分发挥最大效能，就将对于一群乌合之众取得压倒的优势。"他还引用保罗·瓦勒里的话："我们将看到战斗由精选的人员编成队伍来进行，在不可预测的时间和地点上转眼间取得惊人的效果。"

谈到政治给战略所加上的条件时，戴高乐说政治活动既然必须伸展到国境线以外，战略就不能完全局限于防守国土。"不论喜欢不喜欢都是某种定局中的成员，其中各种因素都是互相依赖的……比方说，中欧、东欧、比利时或萨尔区的情况便和我们休戚相关……在第二帝国时代，他们让萨多瓦之战★爆发而不进兵莱茵，这个错误曾使我们付出多少血泪的代价？……因此，必须时刻准备好随时到外国去作战。"此外，法国与德国之间的兵力竞赛又开始了，他们在数目上绝不能落后于他人。从另外一方面来说："他们有的是创造的天才和适应的能力，而且充满着自豪，在素质方面取得优势的问题就完全要看我们自己了。"最后，戴高乐在结束关于"理由"这一节时说："我们要为自己准备的是防范和压制敌人的武器。"

至于办法方面，内燃机就提供了答案的基础："内燃机可以将人们所需要的东西在任何的速度、经过任何距离送到任何地点去……内燃机装甲化以后所具有的威力和打击力量，使得战争的步调随着它的行动而改变。"从这一论点出发，戴高乐提出了要达到的目标是："6个第一线师、1个完全摩托化和部分装甲化的轻装备师就能组成决定胜负的兵力。"

组成这种兵力的方式也讲得很清楚。每一个第一线师应配备下列各种部队：1个装甲旅，由1个重型坦克团、1个中型坦克团和1个轻型坦克营组成；1个步兵旅，由2个步兵团和1个轻步兵营组成，全部用履带式车辆运输；1个炮兵旅，装备全射角炮，由1个长射程炮兵团和一个短射程炮兵团加1个高射程炮兵队组成。为了配合这3个旅，全师还应当有1个搜索兵团，1个工兵营，1个通讯兵营、1个伪装兵营和杂务兵队。轻装备师的作用是侦察活动和预防袭击，所以应当装备更快的机器。包括坦克、最重型炮、工兵、通讯兵和伪装兵等等。最后还应当有侦察机、截击机和战斗机所组成的强大空军力量来配合这支庞大的队伍，每师配备空军一联队，全体机械化部队配备空军1个大队。但空中机械化部队配合地面机械化部队作战时则不应受分队的牵制。

要让突出部队本身的复杂而贵重的物资装备能发挥最大作用，让他们在任何情况下都能马上行动，而不必等待补充兵员或训练。这样就必须由专业人员组成。全部现役人员应当在10万人左右。这些军队应由常备军组成。在精锐部队中服役6年后，他们就能掌握专门技术、培养成具有进取精神和集体精神的人。往后他们就能充当新兵队或后备队的干部。

接着戴高乐还叙述了这一支战略上的攻击力量应如何打垮有充分准备的抵抗。如果所有

★萨多瓦之战

亦称"柯尼希格累茨战役"，是普奥战争中的一场决定性战役。普鲁士军队控制了整个北德意志，主力向南推进，主战场越来越移向波希米亚。1869 年 7 月 3 日，奥地利、萨克森联军 23.8 万人和普鲁士军队 29.1 万人在萨多瓦村进行决战。经过激战，普鲁士取得了战役的胜利。7 月 26 日，经法国调停，双方签订《尼科尔斯堡停战协定和预备和约》。

的兵员都已摩托化，并能通过任何原野地段，再加上积极和消极的伪装，就能在一夜之间以迅雷不及掩耳之势攻占许多据点。用 3,000 辆坦克组成若干个梯队，在 50 公里的正面上发动攻势，后面紧跟着用分散的大炮支援，在连续各目标上由步兵携带武器和地面组织的装备和它配合。全部武器和人员组成 3 个军团，由属于各师或全体的空军负责通讯联络并支援战斗。全线的进展一般每天可达 50 公里左右。假如敌人继续顽抗，就可以来一个全面的重新组合，以便从侧面扩大缺口、聚集力量向前挺进或巩固已夺得的阵地。

壁垒一旦突破之后，顿然间展现一个更广阔的前景。机械化部队可用扇形阵势进击以扩大战果。关于这方面戴高乐写道："在一次胜利之后，往往就要巩固既得成果，进入战果丰硕的地区。扩大战果原先只是一个梦，现在却成了现实……这时，取得伟大胜利的道路已打开了。这种胜利由于影响深远而又传播迅速，将引起敌人内部的总崩溃，好像击倒一个柱子就能使整个教堂坍塌一样……我们将看到快速部队在敌人的后方扩展开来，攻击他们的要害地点，把他们的阵地打得稀烂……因此，在战略上扩大战术上的成果的问题又可以恢复旧观，这曾经是战争艺术中最高的目标，也可以说是最高贵的东西……敌国和敌国的人民，当斗志消沉、防御力量被摧毁到一定的程度以后，就会自行崩溃。"

由于这种奇袭和突破力量和今后起决定作用的空军力量密切配合起来，上述的情况就更加可能发生，而且将更快发生。戴高乐曾描述空军如何通过轰炸为地面机械化部队的战斗行动创造条件，并加以延伸。反过来，地面的机械化部队则突入被轰炸区，将空军的破坏行动立即作战略上的利用。

作战艺术既然发生了这样深刻的变化，指挥艺术也必须随着来一个相应的变化。接着，戴高乐又描述了今后无线电通讯可以将军队的各部分联系起来，然后在结束语中戴高乐说明了指挥新军队时应当用什么样的方法。今后将领们再也不能坐在地下室里，不署名地发号施令，指挥遥远的军队。相反地，在这机械化的战争中局势瞬息万变，而且充满了不可预测的危险和转瞬即逝的时机，所以亲临前线视察，为士兵树立楷模等问题又和古代一样重要了。将领的指挥才能比条文公式更为重要。戴高乐还问道："假如形势的发展有利于某种人物大显身手。他们在危机存亡之秋，当暴风雨将一切成规惯例涤荡无遗的时候，还能屹然独存，因而为世人所信赖，难道这些不都是大有裨益的吗？"

在结语中，戴高乐向全国呼吁：陆军和其他团体一样，不得到外力帮助是无法自行改变的。特种兵团势将引起军队的组织方式和战争的政策与技术的极深刻变化，所以建立特种兵团的任务就落在政府的双肩上了。诚然，我们又将需要罗伏瓦和卡诺★这一类人。同时还要说明的是，这种改变仅是整体中的一部分，是整个国家的革新事业中的一个因素。"但国家的革新必须从军队开始，这是完全符合事物的自然秩序的。要使法国恢复青春，就必须进行艰苦卓绝的工作。在那种情形之下，军队将成为它的支柱和鼓舞者。因为宝剑就是世界的轴心，国家的伟大是无法分割的。"

1933年10月，希特勒和国联的关系破裂了，在军备方面独自采取行动。1934年和1935年间，德国在制造业和招募兵员方面作了巨大的努力。纳粹党毫不隐讳地决定要夺取"生存空间"，破坏了《凡尔赛和约》。为了实现这一政策，就必须有一个进攻别人的军事机构。希特勒实际上在准备总动员。此外，他还需要一个行动的工具，使他能在美因茨、维也纳、布拉格、华沙等大刀阔斧地干，使得德国的枪矛在磨尖以后，一下子就能刺进法国的心脏。

诚然，消息灵通人士不是不知道德国元首将在德国的新陆军方面打下自己的烙印；也不是不知道他欣然听取了以往冯·西克特将军手下一些将领如凯特尔、伦德施泰特、古德里安等人的话，这些人都热烈地主张机动、迅速和素质，因此便开始注意到机械化部队；他们还知道最后他采取了戈林的理论，需要一支空军，其战斗行动可以直接和地面战斗相配合。不久，戴高乐就听说希特勒叫人把戴高乐的书读给他听，因为他的参谋很重视戴高乐的书。1934年11月间，人们知道德国在建立头3个装甲师。当时，德国国防军参谋总部的纳林上校出了一本书，说明他们的组织，这实际上和戴高乐为他们未来的装甲师所提的计划一模一样。1935年3月，戈林宣布德国将建设一支强大的空军，其中除了许多截击机以外，还将有大量的轰炸机和一支强大的俯冲轰炸机机队。这些措施虽然在许多地方明目张胆地破坏了条约，但"自由世界"却只满足于由国联在口头上提出一个空洞的抗议。

戴高乐绝对不能坐视未来敌人装备制胜的武器，而法国则始终没有。当时举国上下都陷

★卡 诺

法国军事工程师、物理学家。生于巴黎，毕业于巴黎工艺学院，1814年进工兵学校。1816年任少尉军官。1824年发表了名著《谈火的动力和能发动这种动力的机器》。1827年，以上尉身份派往现役部队任军事工程师。1828年辞去职务，继续研究蒸汽机的理论。1832年因染霍乱病逝世。由于害怕传染，他的随身物件，包括他的著作、手稿均被焚毁。

入了一种令人难以置信的麻痹状态，当局竟然从不号召采取必要行动。他的声誉和地位虽然不能见重于时，但那时的危险性是极大的，戴高乐已经无法保持缄默了。国防的责任应当由政府担负，戴高乐决定到那里去进行辩论。

戴高乐认为保罗·雷诺先生特别适合这项工作。他的智慧足以吸引舆论，他的才能足以促进事情的实现，他的勇敢足以战斗到底。此外，他虽然已经是一个举世瞩目的人物，仍然使人认为他还有更远大的前程。戴高乐见了他，说服了他，并从此和他合作。

>> 出书热

1935 年 3 月 15 日，他在下院的讲坛上发表了一篇深得人心的演讲，说明法国的军事组织为什么必须用素质极高的机械化部队来补充。不久之后，政府要求议会投票表决两年兵役制，雷诺一方面赞成这一议案，同时又提出另一议案，主张"立即成立特种兵团，其中包括 6 个第一线师、一个轻装备师、总后备部队和后勤部队等。这些都应当由正规军组成，至迟要在 1940 年 4 月 15 日以前实现。"在这 3 年内，雷诺先生在几次讲演中都申诉了他的论点，使得议会深受震动。他还写了一本《论法国的军事问题》的书和许多激烈的论文，并进行访问，最后还跟军政两界的要人面谈这个问题。因此，他便获得了革新和果断的政治家的美誉，并以个性宜于在严重关头执政著称。

那时，戴高乐认为这件事最好是多方面齐头并进，所以就尽量邀请其他的人参加。勒·古尔·格兰梅逊先生对于职业军队特别感兴趣，这和法国传统是相符的。他慷慨地同意做一个倡导者。3 个左翼代表——菲力浦·塞尔、马塞尔·戴亚和雷奥·拉格朗日——都才华出众足以使新提案革命的一面突现出来，他们也同意参加到这项工作的行列里来。3 个人中的第一个人实际上这样做了，工作做得很出色，被公认为是一个伟大的演说家，不久之后就参加了政府工作；第二个人的才华戴高乐是佩服的，但在 1936 年竞选失败以后就被引诱到反对派方面去了；第三个人由于所属党派的阻挠，未能申述他的信念。不久重要的人物如下院的保罗·彭古和上院主席米勒兰都告诉戴高乐说，他们赞成他的改革计划。

但这时官方机关和非官方的支持者，非但不承认明显的必要性，接受改革计划来修改他们的公式与应用方式，反而坚持已存制度。不幸的是，他们的态度那样强硬，以致堵塞了改革之门。他们为了抵制机械化部队的主张，不惜对它进行歪曲。他们悍然不顾技术的进步，并且忙着否定这种事实。他们为了抹杀事实，竟假装没看见。戴高乐愿趁此机会说明一下，意见的冲突一旦牵涉到既成的错误和官方人士，就会产生一种不可调和的神学争论色彩。

第一次世界大战时，光荣的陆军总司令德贝涅将军，曾在 1927 年以参谋总长的资格拟定了有关军事组织的法律，这时他严正谴责这一计划。他在《两大世界评论报》中以权威的笔调解释道，任何欧洲冲突中的关键都在法国东北方的国境线上，所以问题就在于坚守这一防线。他看不出法律和实践中有任何东西值得修改，而仅仅坚持由此而产生的制度。魏刚将军也在《两大世界评论报》中提出了意见。他认为戴高乐的看法，顾名思义，会使陆军分为两部分，他抗议道："两个陆军——说什么也不行！"至于戴高乐对于特种兵团功能的叙述，他并不否认是有意义的，但却认为可以由现成的部队来实现。他解释道："我们已经有了机械化、摩托化和骑兵化的后备队。没有什么可建立的，一切都已应有尽有了。"1939年7月4日，魏刚将军在里尔的一次公众集会上讲演时，又一次声称："我们不缺什么。"

> 希特勒上台后，采纳了陆军将领们的建议，大力发展装甲部队。实际上，戴高乐在《建立职业军》一书中，就明确提出了建立机械化、装甲化部队的设想。
> 一战德军将领冯·西克特（右）崇尚打造新陆军。

　　贝当元帅认为应当加入论战。他为硕维诺将军一本名为《侵略是可能的吗？》的书写了一篇序，他就这样加入了论战。这位元帅在序言里声称坦克、飞机并不能改变战争的基本因素，法国安全的主要因素还是以要塞加固的连绵防线。《费加罗报》上有一个署名为让·黎维叶的人发表了一系列鼓舞和安慰人心的文章，如《坦克并非不可战胜的》《坦克的弱点》《当政治家误入歧途的时候》等等。有一位法国将军用三颗星来代替他的真姓名，在《法国水星报》上发表文章，甚至连摩托化的原则都否定了。他声称："德国人是天生的侵略民族，自然就必须有装甲师。但法国人是和平与防卫的民族，所以就需要反摩托化。"
　　另有一些评论家还运用了讽刺的口吻。某大文学杂志的批评家写道：

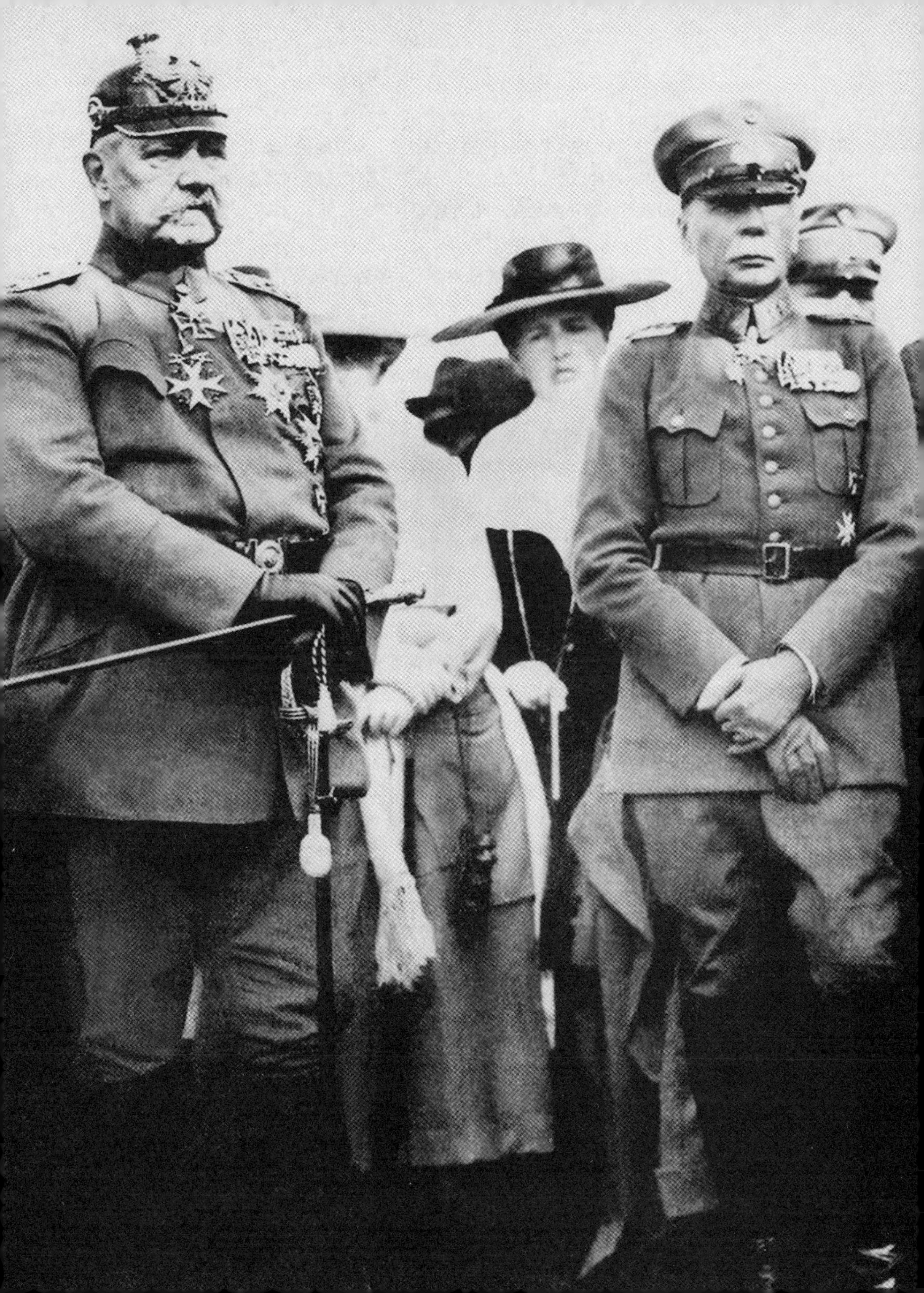

像这种近乎狂语的概念，我们评述时很难保持应有的礼貌。简单地说，戴高乐先生的话在几年前就被龙伯老头儿先声夺人地说过了。那位先生也是一个具有现代观念的战术家。他常说："当我们从波兰回国以后，就可以想象，借着物理科学的帮助，用一个风力机运送全部军队。"

如果保守分子由于守旧，从根本上就抱着敌对态度，那么进步党人的态度也不见得比他们好。

果然不出所料，部里的谴责牵涉到戴高乐个人身上来了。但这是一阵阵发作的，没有正式提出谴责。那时戴高乐在国防最高委员会当秘书！该会在总统府开会完毕时，莫林将军当场就严厉地对戴高乐说："再见吧，戴高乐！有我在的地方，就没有你的地位！"他的办公室如果有人提到戴高乐的名字，他就大叫道："他找到了一个听话的作家皮让诺，一个留声机保罗·雷诺。我要把他送到科西嘉去！"莫林将军虽然这样声如雷鸣，却能尊严自处，没有爆发为雷霆之怒。不久之后，法布利先生代替他在圣多明尼克街就职，甘默林将军又接替魏刚将军做了参谋总长兼陆军参谋长。他们对于这个计划仍然承继前人的否定政策，对戴高乐也抱着同样不高兴和愤怒的态度。

官方人士虽然维持着现状，但心中却不能不暗暗地为戴高乐的说法所感动。其实他们对当时的事情十分清楚，对自己的反对意见绝不可能完全相信。他们一边说戴高乐宣传的关于机械化部队的性能的概念是夸大其词，然而他们看到德国人建立机械化部队还是感到不安。他们声称要用7个防御性的普通大规模部队来代替7个突击师，由于兵员都用载重汽车装运，所以就可以称之为"摩托化"，然而他们比谁都清楚，这不过是玩弄一下字眼而已。他们说，如果采用特种兵团，陆军就会分裂成两部分。其实当他的书出版以后，就投票通过了两年兵役制，必要时可以在精锐部队中加入一部分新兵，而且那时已经有了海军、空军、殖民地部队、非洲军、警察部队和流动卫队等，这些都是特种部队，但全军的团结也没有因此受到损害，这些他们都装作没有看见。最后，国家部队的统一并不在于装备相同、来源相同，而在于他们同时为一个国家服务，同时处在一种法律和一面旗帜之下。

这些卓越的人物由于对谁忠诚已铸成大错，使他们不能成为名副其实的领导人，而只能成为安慰人心的喇叭筒，这一点使戴高乐感到非常遗憾。然而目前的局势在他们面前展开以后，戴高乐可以从他们那信心的背后移到他们沉闷不安的心里。这只是许多事件中的第一件，在这些事件中一部分法国的杰出人物对戴高乐所追求的全部目标都加以谴责。然而在他们内心深处，对于自己的效能极低仍然感到悲伤，因此便在苛责之外，由于悔恨而对戴高乐产生了一种难以解嘲的尊崇。

从两个方面来看，戴高乐的论著似乎是在十分有利的时机发表的。第一，1933年戴高乐写他那本书时，裁军会议正在伦敦举行。会上，纳粹德国一再坚持它急需武器，这成为会议关注的问题之一。尽管如此，占压倒优势的趋向是赞成裁减军队的数量。特别是英国人，他们给法国人施加压力，要法国裁减其庞大的军队。在这种情况下，戴高乐主张建立一支规模大为缩小的职业军，这既能满足裁军鼓吹者的愿望，又能增强法国的防御火力，还有什么比这更合时宜的呢？考虑到在单纯的数量竞赛中，法国肯定会被德国超过，那么这一点看来就更是不言而喻的了。另一个对戴高乐显然有利的因素是，他长期以来的保护人贝当元帅在1934年2月骚乱之后被任命为杜梅尔格政府的陆军部长。然而，在实际上，不论是局势发展的必然性，还是贝当在政府中的高官显位，都不足以消除人们对新思想的偏见和对戴高乐本人的敌意。

很自然，戴高乐的职业军在左翼看来很可能成为一支专搞夺权的御林军，而在右翼看来很可能成为"共产主义的温床"。在议会中，认为法国无力建设一支机械化部队的看法颇具影响。在总司令部，官方的看法则是，法国已经拥有足够数量的坦克，这指的是法国仅有的那个装甲师。

如果1934年担任陆军部长的贝当还是当年的贝当的话，可以想象法国以后10年的历史就会大不相同。20多年前，贝当和军界领袖在上刺刀冲锋和火炮威力孰优孰劣的问题上曾进行过激烈的争论。那时的贝当具有独立的性格，能接受并敢于提出新建议。1934年的贝当已经是78岁的人了，尽管身体还很健壮，并给偶尔会见他的人留下深刻的印象，但他的思想早已退化，注意力越来越难以集中，而且接受新思想的能力也日益减弱。当年的贝当是戴高乐心目中的英雄。在那些年代里，每逢谈到这位长者，他总是说："他可是个伟大的人哪。"但是近几年来，他改变了口气，说："以前他可是个伟人哪。"

戴高乐对他的保护人不如当年那样推崇备至，这只不过是他们关系冷下来的一个原因。戴高乐

▽ 贝当元帅一度是戴高乐心目中的英雄。

在遇到困难时总是求助于贝当的庇护，这已经使贝当对他失去了耐心。这时，戴高乐又向朋友们吹嘘说，老头子在成为法国科学院院士时将会请他起草接纳仪式上的演讲。戴高乐说这种话，无疑是很不明智的，因为这番话加上人们对戴高乐轻率做法的风言风语，一起传到了元帅的耳中。虽然贝当很少动笔，但他对怎样写出漂亮的法文自有一番见解。因此，他草拟了一个讲话提纲，委托他的两位幕僚按提纲写一篇讲稿。戴高乐由于自己的文才未受赏识而耿耿于怀。虽然他依然参加贝当每年为旧朋新友举行的宴会，但对元帅公馆的拜访就不那么勤了。

尽管戴高乐与政治家们打交道使他感到幻想破灭，但正是在这一时期里，他养成了对政治的终生兴趣，同时也形成了他对政客们的极端蔑视。他自己的思想也在变化。戴高乐曾经非常崇拜法兰西行动组织领袖夏尔·莫拉斯，但1936年3月，当他认为莫拉斯开始采取有害于法国民族利益的立场时，便毅然与莫拉斯决裂。甚至在那些日子里，戴高乐就不愿意和任何政治派别关系过于密切。尽管如此，他已开始阅读基督教民主党的《今日时报》周刊，并经常走访主办该刊的那些温和的反法西斯主义者。1937年年底，陆军部长达拉第不顾甘默林将军的反对，把戴高乐的名字重新列入晋升名册，之后任命他为驻梅斯的第507坦克团上校团长。

在一段时间内，戴高乐确实感到如鱼得水。他大搞坦克战和快速出击演习，并终于有机会在实际中去检验他的理论，他对此兴致勃勃，劲头十足。于是，人们半开玩笑半怀敬意地给他起了个外号，叫他"摩托上校"。尽管跟坦克打交道到处都是油污，戴高乐还是带着他那副操典上并未规定要戴的白手套。他在梅斯的经历给那个小小的传奇增添了新内容。1938年7月14日，在庆祝国庆日的演习中，戴着白手套的上校指挥他的坦克团，以别开生面的阵势大显神威。梅斯的军事长官出席观看。这位长官对戴高乐并无好感，他就坦克团如何训练有素向戴高乐说教。他说："亲爱的戴高乐，只要我还活者，你就别想在我的防区看到你的理论付诸实践。"

说这话的人虽比戴高乐矮一些，但也算得上是个高个子，后来他还要在一些戏剧性的场合与戴高乐再打交道，他就是吉罗将军（吉罗本人尽管对戴高乐十分反感，但他在1939年还是被人说服，同意将戴高乐的名字列入"适合"提升将军的军官名单，说服他的那个人正是戴高乐参加的那次国庆日演习的总指挥德拉波尔特迪泰伊将军）。

1937年11月，就在戴高乐上校到达梅斯的时候，由野心勃勃的工程师欧仁·德隆克尔领导的法西斯蒙面党头戴面罩的党徒们在巴黎图谋暴动。德隆克尔曾在陆军总参谋部里积极活动，而且据图尔努说，他已经把一位法国元帅和三名军区的将军网罗到他的"革命行动秘密委员会"里。暴动差点儿搞成，但蒙面党人低估了共和国保卫自己的能力。11月15日至16日夜间，政变刚刚发动就被粉碎了。

戴高乐上校从梅斯调到了阿尔萨斯，负责指挥第5集团军的坦克部队，该集团军的总参

∧1939年担任法第5集团军装甲部队指挥官的戴高乐上校与前来视察的总统勒布伦交谈。

谋长德拉特尔·德塔西尼将军是第二次世界大战中出名的少数几个法国籍将领之一。

大约在此前后，戴高乐夫妇在科隆贝双教堂村买下了一处占地很广的房产。因为有人曾向他们推荐说，那里绿树成荫、气候宜人，对他们那个白痴女儿安娜的健康有好处。那一年安娜已经10岁了，许多人建议他们把这个残废姑娘送到一所专门疗养院去，但上校夫妇都拒绝了。戴高乐总是说："安娜并非自己要求降生到人间来的。我们要想尽办法使她过得幸福一些。"在安娜面前，也只有在安娜面前，这位严峻刻板、目空一切的军官才会忘记自己的尊严。他一面跳舞，一面拍着大腿，唱着流行歌曲，还让安娜玩他的军帽。

这时，戴高乐的基督教民主党的朋友们正在给他提供著书立说的新机会，此事无意之中导致了他和贝当元帅的最后决裂。

《法国及其军队》一书尽管是按照贝当元帅的意思正式动笔的，但确凿无疑是夏尔·戴高乐的作品。此书整个说来资料丰富，而且内容精确，但绝不是军事教科书。它具有史诗般的气势，充满爱国主义的激情，体现了典型的戴高乐风格。也许在戴高乐所有著作中，此书最能引人入胜，甚至对这一题材没有特殊爱好的人读来也觉得兴趣盎然。虽然本书从心理方面提供了丰富的线索，有助于揭示作者的性格，但就重要性而言，无法与他的其他短篇著作相比。

在这本有争议的书出版前几天，戴高乐写信给保罗·雷诺，告诉他《法国及其军队》一书即将问世，并希望他得暇一读，信的日期是1938年9月24日，发于梅斯。5天后，希特勒、墨索里尼、张伯伦和达拉第签订了《慕尼黑协定》。

第四章
英雄显本色

第二次世界大战的全面爆发迫在眉睫，命运再一次注定了，戴高乐施展自己卓越才华的机会又一次来到了。

天下大乱，英雄显本色。然而，尽管他的第4装甲师捷报频传，但与溃败的法国相比，实在是无力回天。他能力挽狂澜、独撑大厦于既倒吗？

→

★德意志第三帝国

法西斯德国的非正式名称。德国民族沙文主义者布鲁克在其论文《第三帝国》中，首先提出这个名称。它反映了纳粹党对外扩张的意图。1933年1月，希特勒攫取政权，废除魏玛共和政体，对内实行法西斯独裁统治，对外进行侵略扩张战争。纳粹党梦想继神圣罗马帝国和德意志帝国之后，建立一个新的"千载帝国"。但第二次世界大战中德国战败，法西斯政权被粉碎。

>> 大战前夕

1939年，戴高乐已经49岁了，略微有些上了年纪，但是，由于长期的职业军旅生涯，造就了他强健的体魄，尤其对于抵御严寒来说，他在特里尔的岁月给了他坚定的信念，他相信只要人有足够的勇气，是可以抵御任何严寒的。可是，为什么，像他这样的一个人，在这么一个初秋的早晨，却突然感到了不可抵御的寒意呢？

答案只能是一个，那就是这几年以来，一直笼罩在欧洲上空的战争阴云和一天比一天更加复杂的局势。

一切都是因为那个一天比一天强大起来的德国，还有那个越来越疯狂的希特勒。戴高乐想，他非常清楚这对法国来说意味着什么。

是的，他想事情是明摆着的……法国和整个欧洲的命运都早已注定了，那个不可一世的希特勒，他已经懂得怎么估计法国这边所能做出的事情，并开始了一系列的武装侵占。1935年在萨尔的公民投票问题上，他就制造了紧张空气，说什么法国政府还没有上场，就打起退堂鼓来了。萨尔的人民一部分是被引诱，一部分是被德国的淫威所震慑，于是便集体投票赞成德意志第三帝国★；墨索里尼则由于赖伐尔政府的支持和博杜安内阁的纵容，悍然不顾日内瓦方面的制裁，向埃塞俄比亚进军。1936年3月7日，德国军队突然跨过莱茵河。

《凡尔赛和约》禁止德国军队进入莱茵河左岸，《洛迦诺公约》又使这一地区中立化。根据严格的法律观点来说，德国一旦破坏了它签字承认的公约，法国就可以马上重新占领。如果有特种兵团在（甚至只要有一部分），加上装备快速的机械，而且人员又随时可以出发的话，那时事实的自然趋势就会马上使它撤回去。那时他刚开始重新武装，无力

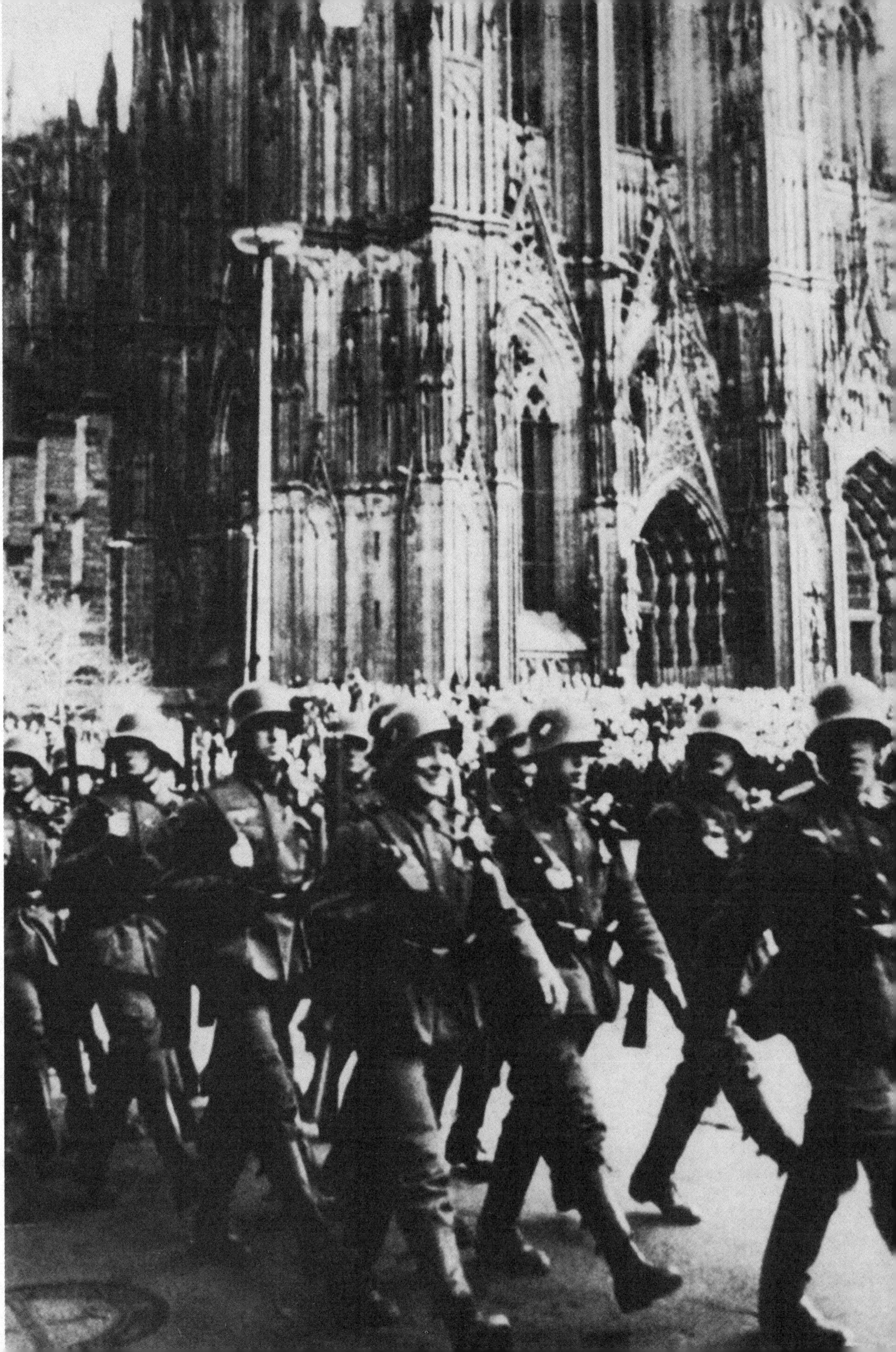

应付一个全面的冲突。如果法国那个时候在那个地点出面阻遏，对于希特勒和他的国家将带来毁灭性的后果。在这样一场赌博中，他将一下子全部输光。

可是他赢得了一切。法国的行政当局原来就已经极不愿意兴师动众，而法国的组织、资源的性质和国防的精神又迫使他们动弹不得，因此便使法国无法进兵。由于法国只打算守住国境线，而且给自己加上一条克己的戒条，在任何情形下不得逾越此线，因此德国便预计不会遭到法国的还击。希特勒对这一点是很有把握的。全世界都开始注意这件事情。德国发现自己非但没有必要把派出去的军队撤回，反而能够在与法、比接壤的莱茵地区，不受任何打击就站稳了脚跟。在这一事件以后，法国外交部长弗兰克先生诚然可以带着怨恨的心情到伦敦去了解英国人的意图；总理萨劳也可以声明巴黎政府"不能容忍斯特拉斯堡处在德国的大炮射程之内"；法国的外交方面也可以使国联在口头上对希特勒加以谴责。但在既成事实的面前，这些都是一种空喊和装腔作势而已。

在戴高乐看来，这个事件所激起的情绪是有益的。当局可趁这个机会利用这件事来填补一些无法弥补的空缺。法国的人民虽然被选举和选举带来的社会危机吸引住了，但每一个人都同意必须加强国防。假如法国集中精力来建立法国所缺少的军队，那么安危所系的事情还是可以得到挽救的，但这种情况没有出现。1936年的大量军事拨款都是用来加强现存制度，而不是用来改进它。

那时戴高乐仍然抱着某些希望。当时的骚动使得全国都惶惶不安，在政治上这种情绪导向一种在选举活动和议会活动两方面合作的联合阵线，叫做"人民阵线"。在这种情况之下，戴高乐看到一种可以摆脱消极状态的心理因素。很显然，柏林的纳粹胜利了，法西斯主义统治了罗马，长枪党主义在马德里取得了进展，法兰西共和国必然愿意在这个时候改进它的社会组织和军事力量。10月间，总理莱昂·勃鲁姆邀戴高乐去见他，会谈的时间是下午。恰恰在那一天，比利时国王公开宣布终止跟法国与英国的同盟。国王断言，如果他们的国家遭到德国人的进攻，这种同盟也不会保护它。他声称："实际上在现代化机械化部队所能发挥的威

< 1936 年，德军进入莱茵地区。

力面前，法国在任何情况下都会孤立。"

莱昂·勃鲁姆热情地对戴高乐说，他对他的看法极感兴趣。戴高乐说："不过你一直反对这些看法啊。"他答道："一个人做了政府领导人以后，他的看法是会改变的。"当时可以预见，希特勒如果进兵将会发生什么情况。"那还不简单吗，"戴高乐指出，"法国作一个局部动员或总动员，然后从法国的要塞的城墙垛子缝里，看着欧洲被奴役就得啦。""什么？"勃鲁姆大声说道，"难道你叫法国派一支远征军到奥地利、波希米亚和波兰去吗？""不！"戴高乐说道，"如果德国国防军沿着多瑙河和易北河前进，法国为什么不能进兵莱茵河呢？多瑙河既然流入维斯杜拉河，法国为什么不能进兵鲁尔区呢？同时，只要法国能作这些还击，无疑就能制止侵略行为。但法国的现存体系使法国动弹不得。相反，装甲兵团却能帮助法国这样做。一个政府的方针如果事先作了决策，难道不会因此得到一些安慰吗？"总理以极友好的态度同意了戴高乐的说法，但同时又说："如果法国在中欧和东欧的朋友暂时被征服了，那自然是很可悲的。但最后说来，希特勒如果打垮法国，他还是毫无所得的。他能怎样摆布那些地方呢？相信你也同意，法国的体系虽不宜于进攻，但在防守方面却是呱呱叫的。"

戴高乐指出情形并不如此，提醒他注意利奥波德三世在当天早晨所发表的声明。戴高乐说这是由于法国没有精锐部队，在对德国关系上处于劣势地位，所以才丧失了比利时的同盟。这位政府的首脑虽然认为布鲁塞尔的态度不仅是由于战略的动机，但也不多争论这一点。"在任何情况下，"他说，"法国的防线和要塞将保卫住法国的领土。""那才不见得哩，"戴高乐答道，"早在1918年就没有所谓不可攻破的防线存在了。请你看看从那时以来在坦克和飞机方面又有了多少进展！在明天的战争里，如果集中足够数量的机器行动起来，就能在任何选定的地段突破任何防御的壁垒。一旦打开了一个缺口，德国人就可以用空军支援一支快速机械化部队，远远地插到法国的战线后方来。如果法国也有这样的部队，一切就可以挽救；要是没有的话，一切都完了。"

总理告诉戴高乐说，政府在议会的支持下已经在平时预算之外拟订了一个庞大的国防开支计划，其中相当大的部分将用于坦克和空军。戴高乐提醒他说，一切预定的飞机设计都是截击用的，而不是攻击用的。至于坦克车，十之八九都是"雷诺"式的和1935年"哈乞开斯"式的。这些坦克虽然都是新式的，但却十分笨重而缓慢，炮也都是短射程的，只

∧ 法军装备的 H-35 型坦克。

能和步兵配合作战，而不能以大规模的单位形成一个完整的独立作战体系。同时法国根本就没有完整的独立作战体系这种观念。因此，法国的组织仍然会保持原来的状态。戴高乐说道，"我们会按照机械化部队所需要的数量制造出许多机器，花掉许多金钱，但法国是得不到那种部队的。""拨归国防部的款项如何用法是达拉第先生和甘默林将军的事。"总理答道。"这没有问题，"戴高乐答道，"但是不揣冒昧，我认为国防是政府的责任。"

谈话时，电话铃足足响了十来次，莱昂·勃鲁姆的注意力被分散到琐屑的议会和行政事务上去了。当戴高乐告别的时候，他又去接电话。他做了疲惫不堪的手势说："瞧，一个当政府首脑的人，根本没有 5 分钟能停留在同一个想法上，要坚持你所提出的计划，谈何容易！"

不久之后，戴高乐听说，总理对于那次会谈虽然深有所思，但并不打算采取大刀阔斧的步骤，老计划仍将照旧实行。从那时起，戴高乐就认为及时抵制德国新兴力量的时机已经大大地错过了。戴高乐坚信，以希特勒的性格，他所崇奉的理论、他的年龄、他"赋予德国人民的推动力"，实际上都不容许他等待。这时事态的发展太快了，法国已经无法弥补它所失去的时间，即使它的统治者愿意的话。

1937 年 5 月 1 日，一个完整的装甲师在柏林游行，上空飞过几百架飞机。这对观众所产生的印象，尤其是对法国大使弗朗索瓦·蓬塞和大使馆武官的印象是：这样一支军队，如果没有同类军队，是无法阻挡的。但他们的报告并没有使巴黎政府改变既定计划。然而在 1938 年，当戴高乐看到暴风雨快要来临的时候，他还是出版了《法国及其军队》一书。在这本书中，戴高乐说明若干世纪以来，国家的灵魂和命运何以一直都反映在军队这一面镜子里面。这便是戴高乐在那卑微的地位上，当大难临头的前夕，为法国提出的最后一次警告。

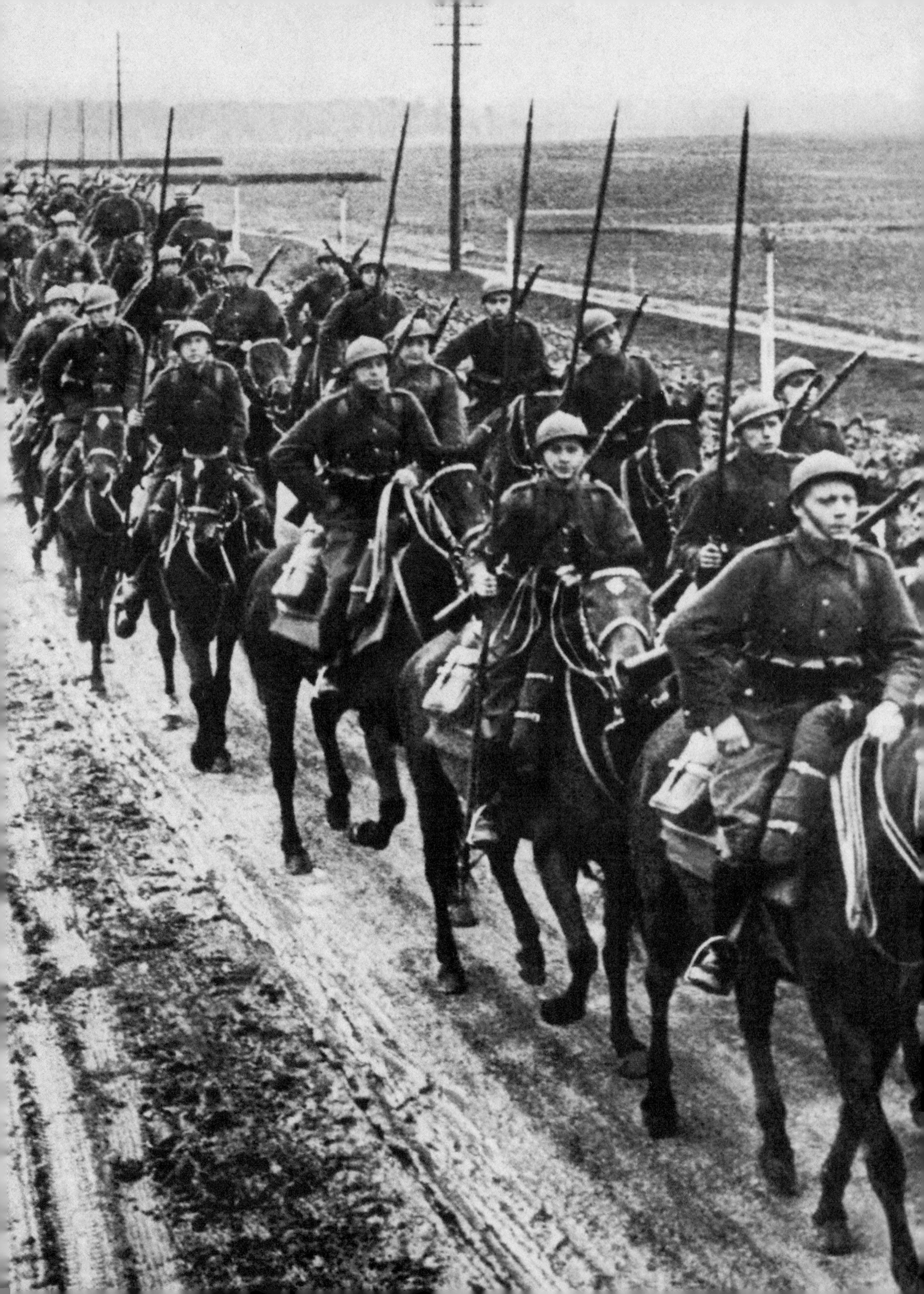

>> 德法开战

1939 年 9 月 1 日，这个初秋的早晨，戴高乐站在窗子前面，思绪如潮，想了很多，好像又什么都没有想。

秋天来到了，战争爆发了。

法德两国世代为仇，而且戴高乐在第一次世界大战中亲自参加了与德国人的战斗，他太了解德国人了。还有希特勒，那个疯狂的"战争天才"，戴高乐向来就把他视为最可怕的对手之一，虽然戴高乐还没有机会和他正式交手，但是他相信终究会有那么一天的。

这一天，在法国盟国波兰的上空，数百架飞机像没头苍蝇一样撞来撞去，把成吨成吨的炸弹倾泻在苍茫而辽阔的大地上、房屋上、城市的街道上、铁路上。顷刻之间，在大规模的

> 1939 年 9 月 1 日，德军从空中和地面向波兰发动了全面进攻。
< 波兰军队以如此简陋的装备怎能抵挡住德军钢铁猛兽的攻击。

空袭后，一队队钢铁巨兽——"坦克"，撕心裂肺般吼叫着，驶进了波兰的领土上，横冲直撞，扫荡了一切。

随后，150 多万德国军队在以坦克为先导下，如锋利而坚韧的巨剑，迅速在波军防线上撕开一道道口子，杀出一条条血路，直通波兰首都华沙。

被这突然袭击打得不知所措的波兰大地，顿时火光冲天，狂飙四起。

机场起火了，铁路枢纽被炸断了，天摇地颤中指挥和动员大楼被炸塌了。兵营里，军官和士兵乱作一团，惶惶然不知所措。突然间，醒悟过来的士兵们，急匆匆地跨上战马，操起钢枪和军刀，呐喊着冲向那疯跑着的钢铁怪物。只见残忍的剧烈滚动着的履带，继续吼叫着，

从士兵的肉体上碾压而过。浩浩荡荡的坦克集团军以其快速的机动力和前所未有的突破能力，向着波兰领土的纵深地带推进……

仅仅两周时间，波兰便被征服在德军隆隆的坦克集团军和轰炸机的手中。

英法两国同波兰订有同盟条约。根据条约规定，两国应当毫不迟疑地向波兰提供包括军援在内的一切援助。可是英法政府首脑，仍想继续推行"慕尼黑政策"，只是在国内外人民强烈的压力和反对下，才被迫于9月3日对德宣战。于是，第二次世界大战在欧洲全面爆发。

在希特勒的"闪电战"中，海因兹·古德里安将军的坦克部队初次显露头角，便震惊了世人。世界对"战场之王"坦克所组成的上有飞机掩护，下有火炮支援的集团军群的快速机动力和猛烈突击力刮目相看。

在希特勒疯狂进攻波兰的时候，戴高乐上校率部驻守阿尔萨斯。他目睹风云变幻，忧心如焚。他看到了德国运用装甲部队对波兰进行闪电战，风驰电掣，所向披靡。而西方呢？比利时前线不堪一击，因为它连马奇诺防线★那样的屏障都没有，而政治家们却盲目乐观，军队技术落后、缺乏斗志、战斗力日渐衰退。

这一场大对抗临头之时，双方力量相差悬殊。一方是一意孤行，无求于人的德国，其领袖是一个天生的狂人，他一直凭直觉行事，到那时为止从未受过挫折；另一方是士无斗志、四分五裂的法国，其军队貌似强大，但不堪一击，其领导人根本无意作战，而且对现代战争在技术方面提出的挑战熟视无睹；海峡彼岸的英国多年来满足现状，实力已大为削弱，但以海峡天堑自恃，陶醉于虚假的安全感之中。远方两强按兵不动：苏联由于签订了《苏德互不侵犯条约》，暂时保持中立；美国则希望置身事外。

英法协约外交说明两国对战争既没有准备，也下不了决心。两国政府在慕尼黑协定中采取了默认态度，他们作为大国已经信誉扫地。1939年3月31日，张伯伦在议会宣布，他的政府将保护波兰的独立，希特勒对此根本不予理

∧　法国马奇诺防线的一处工事。

★马奇诺防线

第二次世界大战前法国为防备德国进攻，在从瑞士到比利时之间的东部边境上所建筑的防御阵地体系。1929年始建，1940年全部竣工。以陆军部长马奇诺的名字命名。全线总长400公里，包括莱茵设防线、阿尔萨斯和洛林萨设防区及萨尔障碍区，共筑有5,600个永久性工事。1936－1940年又在法比边境建造达拉第防线。1940年5月德军在法比边境阿登山区发起进攻，绕过马奇诺防线，使其丧失作用。

∧ 1940年，时任法国政府财政部长的保罗·雷诺。

会。在《洛迦诺公约》中曾对波兰领土完整作出保证的法国人，5月19日明确表示对波兰承担军事义务，希特勒依然是置若罔闻。法英两国试图拉苏联缔结一项东西条约，以对付侵略。对于这种外交努力，斯大林同样无动于衷。相反，他却于1939年8月与希特勒签订了条约，使全世界为之瞠目。在这种情况下，希特勒的150万侵略军，由装甲师开路，在占绝对优势的空军掩护下，占领了半个波兰。第二天，9月17日，斯大林的军队从东部侵入波兰。又过了10天，波兰停止了一切抵抗。英法两国虽然已经在9月3日共同对德宣战，但这不过是他们对纳粹野蛮进攻波兰所作出的唯一反应。在军事上，他们则认为不可能采取任何行动。

这时戴高乐毫不怀疑，法国虽然在战争状态中采取这一步骤，但法国仍抱有不会打到底的幻想。戴高乐在阿尔萨斯任第5集团军的坦克部队司令。波兰在两个星期之内就被德国的装甲师和空军大队击溃了，而法国动员的军队都在阿尔萨斯停了下来。戴高乐对这种情况一点不感到奇怪。诚然，苏联的插手加速了波兰的崩溃。但人人都看得清楚，斯大林决定和希特勒合作的问题是因为他相信法国将按兵不动，于是德国就可以腾出另一只手来。苏联与其作为牺牲品，倒不如和希特勒共享一个牺牲品。当敌人倾巢来犯，把部队开往维斯杜拉河时，法国所做的只不过是几个象征性的动作，进军到莱茵。法国也没有阻止意大利，让他们在法国进军和确守中立两条道路之间任意选择。最后，法国也没有进军列日和亚尔伯运河，立即和比利时联合起来。

这时，占统治地位的党派，又企图把这种观望政策说成是一种卓越有成效的战略。政府人员，首先是总理本人，在无线电广播里大肆吹嘘静守政策的好处。报纸上有许多要人也随声附和。他们说："由于这个政策，法国才能不折一兵一卒而保住了国土的完整。"《费加罗报》的编辑布里逊先生到凡根堡来访问戴高乐，问戴高乐的意见如何。当他听见戴高乐抱怨法国的军队处于被动时，他大喊道，"难道你没有看见我们已经在马恩省内不战而胜吗？"

★保罗·雷诺

法国总理。出生于巴塞罗那。原为律师，第一次世界大战入伍。1928年被选为众议院议员。曾出任财政部长、殖民事务部部长、国务秘书、司法部长。是坚持反对对德意采取绥靖政策的人。1938年再度出任财政部长。1940年任法国总理。在德军进攻法国时，号召人民进行抵抗，并保持与英国的联盟，当贝当元帅与内阁部长们主张与纳粹停战时辞去总理职务。不久被维希政府和德军逮捕，整个战争期间一直被拘禁。战后任众议院议员。著有《战时财政》等。

1939年11月间，戴高乐在科隆贝双教堂村庄，购置了一座面积颇大的房产，因为伊冯娜考虑，此地的森林气候对他们的白痴女儿安娜的健康有好处。

然后在此段时间中，虽然家里事务不少，戴高乐还是抽出时间，给总参谋部写了信。他像以往毫不含糊地，十分有力地阐述了装甲部队的效能。并指出，一条漫长绵亘的战线是极难防守的。岂知，此信发出后，竟如石沉大海。当时担任步兵和坦克部队总监的迪菲厄将军断言："从此事的目前状况看，这些结论应予以否定。"戴高乐的建议再次被打入冷宫。

戴高乐的倔强脾气，促使他只身飞往巴黎。

1940年1月，戴高乐来到当时担任财政部长的保罗·雷诺的寓所赴宴。几年来，他一直保持着与保罗·雷诺★的友谊。同时在座的还有另一位客人，就是社会党领袖莱昂·勃鲁姆。他们心情沉重地交换了对战争形势的看法。

"高见如何？"莱昂·勃鲁姆问戴高乐说。

"问题在于春天的时候，德国人到底是西进而取巴黎，还是东进而取莫斯科。"戴高乐答道。"你是这样看法吗？"勃鲁姆先生吃惊地说道，"德国人东进？他们为什么要把自己深深地陷在俄国的领土里呢？他们西进？马奇诺防线怎么对付呢？"

总统勒伯伦来视察第5军时，戴高乐请他检阅他的坦克部队。"你的看法我很清楚，"他和颜悦色地对戴高乐说，"不过敌人要利用你的看法已经太晚了。"

1月26日，戴高乐还作了最后一次努力。他对政府80位要人各送了一份备忘录，其中包括最高统帅部和政治方面的人物。为的是要使他们相信敌人将从空中和陆地两方面以极强大的机械化部队大举进攻，法国的防线随时可以被突破。如果法国没有同样的部队进行还击，法国就将有被消灭的危险。建立必要部队的问题，必须立即作出决定。除制造必要的武器以外，必须赶快把各单位现有的和正在形成的机械化部队组成一个机械化总后备队，正在训练的机械化部队，必要时也可以构成部队的一部分。

在结束语中，戴高乐说："法国人民无论如何也不能幻想目前军事方面的静止状态和现代战争的性质是协调的。其实正好与此相反。内燃机使现代的破坏工具具有极大的威力、速度和射程。现代的冲突早晚会显示出，它的运动、奇袭、追歼等等的规模和速度都将远远地超过以往最迅速的战役……法国绝不可看错这一点！已经开始的冲突很可能成为曾破坏过世界的冲突中规模最大、性质最复杂和程度最激烈的一次。由此冲突所产生的政治、经济、社会与道德的危机是极其深刻而普遍的，最后必然会在人民的生活情况和社会的组织中引起一次彻底的剧变。隐隐欲现的事物秩序给这样一次革命准备了一个同它的巨大规模成正比地发展的军事工具——机械化部队。现在已经是法国作出决策的时候了。"

英法两国继续在他们政治领袖们编织的和平美梦中沉睡。

战争好像突然结束了，在局外不明真相的人看来，一切都已经成为过去。因此，在这种情况下，戴高乐的备忘录也就没有引起震动。

1939年末已经成立了2个轻装备机械化师，第3个也在形成中。然而这些只是进行侦察活动的单位，在引导大型装甲部队的活动方面很有用处。没有后一种部队时，作用就非常小了。1938年12月2日，国防最高委员会由于比洛特将军的坚持，决定建立2个装甲师。其中一个在1940年初建成，另一个应在3月建立。这些师将以30吨B型坦克装备。这种坦克最早在15年以前就出现了，这时已有300辆制成了。但每一辆坦克的机器质量不论如何好，都和戴高乐提出的威力相差很远。每师的坦克是120辆，而戴高乐所希望的却是500辆。用载重车运送的步兵是一个营，戴高乐却认为必须有7个营用履带车辆运送。炮兵是2个队，而戴高乐认为必须有装备着全射角炮的炮兵7个队。搜索队根本没有，而戴高乐认为必须有一个。最后，戴高乐主张的机械化单位

< 战前法国有关宣传军队装备精良的海报。

只能组成独立部队的形式，组织和指挥都必须和这种形式配合。但当时所计划的恰恰与此相反，装甲师将附属于各种旧式的军团。换句话说，要把它们混合到普通编制中去。

在军事部门出现的微小而缺乏目的性的变革愿望在政治部门也开始出现了。办公室里的人们起初用"假战"维持的一种安乐生活，这时也渐渐消失了。他们动员了几百万人，将工业用于军火制造，并负担庞大的开支。这一切都使得国家处于剧变中，其效果对心神不安的政治家来说日渐显著。此外，人们原先希望敌人会由于被封锁而日趋衰弱，但没有出现这种征兆。当时不能很响亮地提出另一种战争政策，因为根本没有条件。在这种情况下，人们还是把自己的不安和苦难都归罪于已经实行的战争政策上。正和往常一样，政府在无法采取措施来挽救当前局势的时候，就设法自欺并欺骗公众舆论了，于是发动了一次内阁危机。3月

∧ 意大利法西斯独裁者墨索里尼。

★墨索里尼

意大利法西斯独裁者，法西斯党党魁，第二次世界大战的主要战犯之一。师范学校毕业，后加入社会党。1914年因鼓吹参加战争被开除出党。1921年正式建立法西斯党。1922年10月武力迫使国王任命自己为首相，期间对内取消议会制度，实行法西斯独裁统治；对外进行一系列侵略战争。1940年出兵进攻法国，正式参加第二次世界大战。由于军事连续失利和国内反法西斯运动高涨，1943年被国王逮捕监禁。9月被德国伞兵劫走，在意大利北部罗沙建立所谓"社会共和国"。1945年被意大利游击队捕获处决。

21日，议会推翻了达拉第内阁。23日，由保罗·雷诺组织政府。

新总理召戴高乐到巴黎去见他，叫戴高乐写一份简单明了的说明。他一字不改地拿着这份报告到议会里去宣读。那时议会走廊中已经笼罩着阴谋。

当时的情景是很令人害怕的。当政府的首脑把政府的政策宣读给疑虑不定、冷淡无情的议会听时，几乎没有听见有人讨论它。只有自认为受到新组成的政府伤害的人或团体的代言人说话。人们谈到国家的危境、举国上下必须作出努力以及自由世界的合作这些话时，只是为了粉饰一下他们自己的要求和抱怨。莱昂·勃鲁姆虽然没有地位，却以伟大的精神发了言。多亏他，保罗·雷诺的议案才在极窘迫的情形下通过了。政府得到的信任票只是1票的多数。议会主席赫里欧先生后来告诉戴高乐说："我不大相信政府得到了那1票。"

在戴高乐回到凡根堡的指挥部以前，戴高乐和总理在一起住了几天。当时他住在凯道塞街。那几天使戴高乐充分看到政府腐败到了什么程度。在各党派、各报纸、各行政机构、各企业和各工会内，都有公开赞成停止战争的意见。消息灵通人士认为，这是贝当元帅的意见。他是法国驻马德里的大使，据说他从西班牙方面得知德国人极愿接受调停。到处都有人说："如果雷诺倒台，赖伐尔将由贝当抬出来执政。这位元帅实际上可以使最高统帅部接受停战条约。"有一种传单成千上万份地传开了，共有3页，上面完全是描绘贝当的。第一页把他描写成第一次世界大战中的胜利的领导者，标题是"昨天是一位伟大的军人！"接着又描写他做大使的情况，标题是"今天是一位伟大的外交家！"最后把他描绘成一个伟大而模糊的印象，标题是"明天呢？"

必须指出，某些人认为与其说希特勒是敌人，不如说斯大林是敌人。他们更加关心的是如何打击苏联，是通过援助芬兰的办法呢，还是轰炸巴库，或者从伊斯坦布尔登陆。至于如何对付德国则很少关心。有许多人露骨地表示他们赞赏墨索里尼★。有些人，甚至政府中的人士，主张把吉布提和乍得让给希特勒，并让他分享突尼斯地区的共治权，以便向魔鬼讨好。至于共产党人，当柏林和莫斯科作对的时候，就大事张扬地支持民族事业，当莫洛托夫和里宾特洛甫达成协议的时候又开始斥责资本家的"战争"。于是人民大众感到迷惑，感到领导国家的人和机构都不能解决问题，因此十分犹疑不定。显然，一股严重的逆流就会使全国受到一阵惊扰，就能把一切东西涤荡无遗。

保罗·雷诺企图在这种毒化了的空气中树立他的权威，更加使他为难的是，他不断和达拉第发生冲突。他接任了达拉第的总理职位，但达拉第还在政府中任国防部长和陆军部长。这种奇妙的局势是无法改变的。因为如果得不到激进社会党的支持，政府就会垮台，而他们又坚持自己的领袖必须留在政府中，以便待机恢复领导地位。

保罗·雷诺因为急于要扩大他那微弱的多数，所以便力图消除温和派对他的成见。那种局势是很微妙的：一大部分右翼分子情愿与希特勒讲和，与墨索里尼取得谅解。总理发现必须把保罗·博杜安先生请到身边来当国务部次长，并任命他当刚成立的战争委员会的秘书。此人在右翼的圈子里是很活跃的。

实际上保罗·雷诺先生本来预定把这个工作托付给戴高乐。战争委员会管的是作战问题，因之便将各主要部长、海陆空军总司令汇聚在一起。它将起决定性作用。秘书的任务在于安排讨论，出席会议，传达决议，监督执行。许多事情都要看这方面的工作来决定。雷诺先生虽然希望戴高乐来做这件事，达拉第先生却不同意。总理派人到圣多明尼克路把这个打算告诉他，他径直回答道，"如果戴高乐到这里来，那么我就离开这个办公室，跑下楼去打电话告诉雷诺先生，请他让戴高乐来代替我"。

达拉第先生对戴高乐个人并没有反感。不久以前，在他当部长的时候就曾证明过这一点。他要把戴高乐的名字列在提升名单上，而那一批职员则企图把戴高乐去掉。但他负责国防几年之后，就决心坚持这套旧体系。他看到事实早晚会

> 时任法军总司令的甘默林。

水落石出，就事先承担了他们那种判断的后果。他说，无论如何，要变动组织是太晚了。于是他便比以往更加坚决地死抱着他的论点。如果不顾国防部的反对，叫戴高乐来担任战争委员会的秘书，显然是不可能的。因此戴高乐又离开巴黎到前线去了。

>> 回到前线

戴高乐心灰意冷地离开了巴黎，忧伤使他的心情变得更加沉重。坐在车窗旁边，他抬眼仰望巴黎的上空，虽然天空只有淡淡的浮云，但是在他觉得，则正有无边的阴云在笼罩着，日色也昏昏无光了。

在从巴黎返回前线的途中，戴高乐奉召来到了设在万森城堡法军总司令甘默林将军的总部。

甘默林将军的司令部，办公环境很像一个修道院。他由几个军官陪伴着，有的在工作，有的在沉思，根本不忙于日常事务。他把东北线交给乔治将军去指挥，如果没有事情发生，这种安排固然可以行得通，一旦参战就办不到了。乔治将军带一部分参谋人员驻在弗尔代—苏—茹雅工作，其余军官由参谋长杜门斯将军领导在蒙物利工作。实际上最高指挥部被切成了三段。戴高乐的印象是，甘默林将军坐在那个象牙塔里，很像一个大科学家在一个实验室里试验他那战略的化学反应。

★霞 飞

法国元帅。第一次世界大战任法军总司令。1914年指挥英法联军在马恩河会战中取得重大胜利，打破德军战略计划，使西线的战争从机动作战转入持久的阵地战阶段，战局开始有利于法军。1916年指挥法军在凡尔登战役中严重消耗德军主力，使德军的战略计划彻底破产。同年晋升元帅。霞飞将军在素有"凡尔登绞肉机"之称的凡尔登战役中，表现出了快速、灵活、多变的指挥特点，其先进的防御经验，已为多数欧洲国家所借鉴。著有《战争准备与战役实施》等。

> 在法国上空肆虐的德军战机。

　　他首先告诉戴高乐，他准备把装甲师由2个增加到4个，并说他决定叫戴高乐指挥第4师，这一师将在5月15日以后成立。不管戴高乐对法国在机械化部队问题方面那种不可救药的迟缓有什么总的印象，作为一个团长而竟被任命指挥一个师，的确使戴高乐感到很骄傲。戴高乐把这一点告诉了甘默林将军。他简单地回答道："我很能理解你的满意心情，至于你的忧虑，我倒不相信有什么根据。"

　　这位将军接着把局势的看法告诉戴高乐。他把地图打开，指出双方的阵地，并说他估计德国人在不久的将来会发动进攻。

　　根据他的看法，矛头主要会指向荷兰与比利时，目标是加来海峡省，想把法国和英国的联系切断。

　　有许多迹象让他相信，敌人将首先声东击西地向斯堪的纳维亚各国进攻。他对自己的安排和部队的素质似乎不仅满意，而且急于要一试身手。戴高乐听了他的话，认为他由于带领着一批军队，而且花了自己的心血，于是便迷信了它。同时，他曾追随过霞飞★将军，在第一次世界大战初也曾见过一些世面；这时他便自拟于霞飞将军，认为在他那样的级别上，主要的事情是一劳永逸地把自己的目标固定在一个周密的计划上，纵使遇到天仙下凡也不放弃它。这个人的智慧、缜密和自制都达到了很高的程度。他对自己在未来的战争中将获得最后胜利这一点是坚信不疑的。

　　这位伟大的将领坐在修道院里准备好突然担负起一个莫大的责任，他孤注一掷地全赌在一个行动上，但在戴高乐看来，那个行动却是错误的。因此，当戴高乐向他告别的时候，心中有些不安。

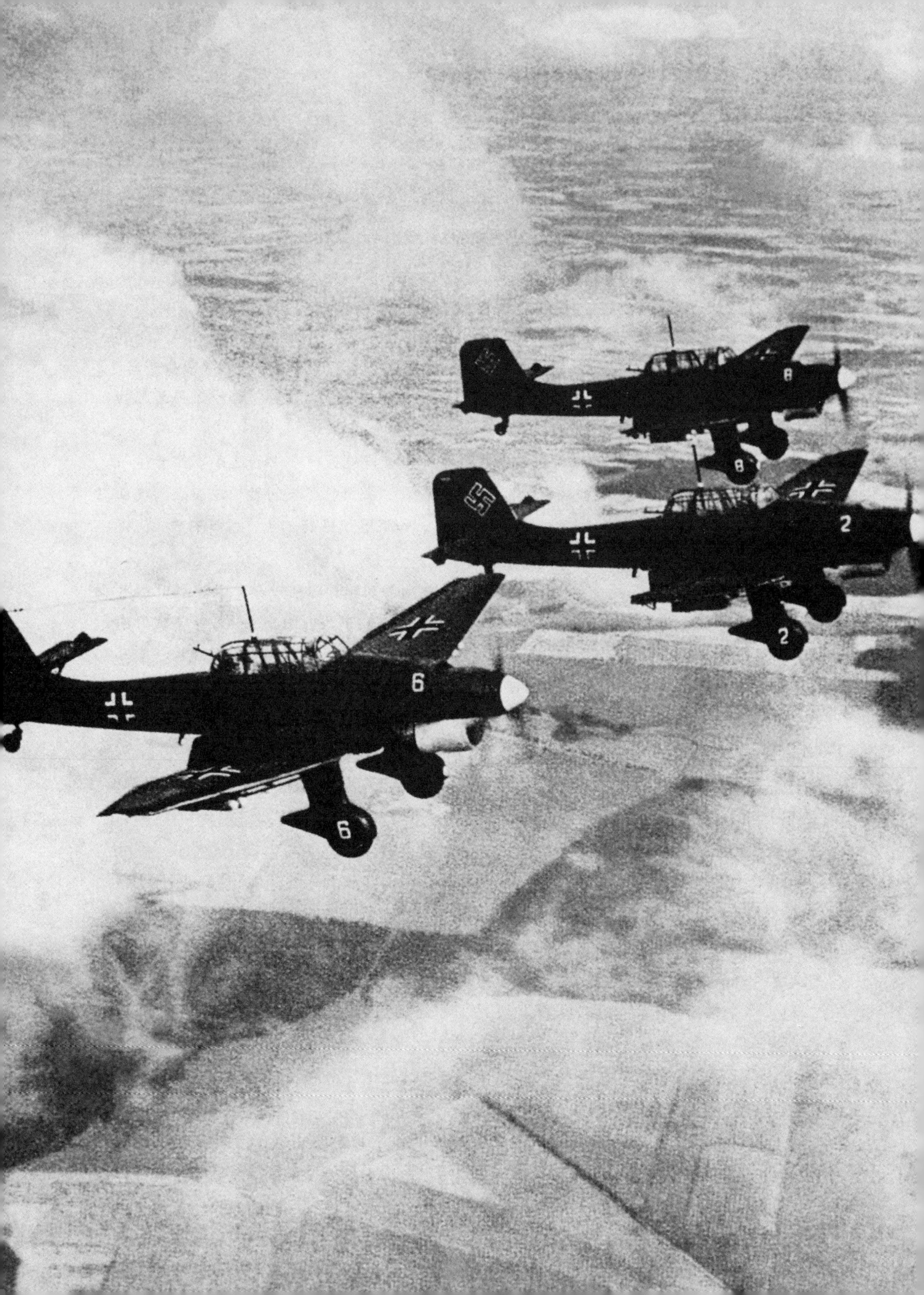

>> 战场上给自己正名

戴高乐在离开了甘默林总司令的总部以后,开始起身,告别家人,前往巴黎,再次踏上了血与火的征程。就在驶往巴黎的隆隆的列车上,他还没有忘记给雷诺总理兼军事会议主席写信。这是一封极其重要的信,戴高乐在信中写道:

"波兰之战及其以后的挪威之战均已证明,今日唯有根据现有的机械化部队的能力和规模方能定出作战计划。假定战火明天蔓延到瑞士领土,后天扩大到巴尔干,接着烧向乌克兰、比利时,最后又在西线燃起,不论是烧到齐格菲防线还是烧到马奇诺防线,这一显而易见的道理都将得到证明。"

"然而,法国的军事体制,从规划组织到装备指挥,都与现代战争中的这条规律背道而驰,彻底改革这一体制是当务之急,绝非其他任务可比。'法国的军事问题'过去是,现在是,将来仍然是我们在这场战争中的首要问题。但是,如果继续迟疑不决,趑趄不前,拖得愈久,改革就愈加困难,从而胜利也就愈加渺茫。"

"阁下……身居要职,品格高尚,且在过去6年中别具慧眼,深明改革之义,因此唯有你能够而且有责任成就此事业。我还要冒昧指出,倘若你以此事为内阁要务,必能使政府内外气象一新,并能使这套尚未用过的王牌在你手中发挥威力。从此时此刻起,每过一天,每经一事,时时事事都将有助于证明我们的理论。不过,应予指出的是,它也将有助于正在把这个理论付诸实践的敌人。"

就在戴高乐把这封信发出一个星期后,1940年5月10日,希特勒终于打破西线的平静,向荷兰、比利时、卢森堡发动了大规模的进攻。

戴高乐预料发生的可怕事情终于发生了……

1940年5月10日,当轻纱般的薄雾从法兰西的江河上向着碧绿的草地和鲜花盛开的果园弥漫开,预示着一个阳光明媚的春日即将来临的时候,一场可怕的暴风雨震撼了世界——纳粹德国猝然将西欧置于闪击战的狂飙之中。

德军集中了136个师,其中10个坦克师、7个摩托化师,2,580辆坦克,3,824架飞机,分A、B、C 3个集团军群向荷、比、卢发动了大规模的进攻。

A集团军群作为左翼,从亚琛与摩泽尔河一线发起进攻,通过比利时和卢森堡,将在迪南和色当之间强渡马斯河,穿过法国边界线,向松姆河口挺进;B集团军群作为右翼攻入法国;C集团军群对马奇诺发动佯攻,迷惑法军。

西欧诸国共140个师(其中,法国100个,荷兰10个,比利时22个,英国派往法国的远征军10个),2,300辆坦克,兵力总数不亚于德国。但由于战备不力,没有联合参谋部和统一指挥，加之比利时和荷兰又迷信希特勒的保证，恪守中立，所以仍处于劣势。

这种劣势还因战略计划失当而显得更为严重。英法认为，德国还会像第一次世界大战时那样取道比利时发动进攻，怎么也不会想到德国庞大的坦克部队会从马奇诺防线北端法、比边境的阿登山区突破，因为那里森林密布，道路难行，因此在阿登山区以南的色当一线防守极差。而这正是希特勒拟用重兵突破的地方。

德军主攻部队A集团军群的7个坦克师一天之内就夺取了迪南到色当之间的河岸峻峭、林木繁茂的缪斯河对岸的4个桥头堡，

∧ 德军装甲部队长驱直入，攻占了法国战略要地——色当。

并且进占了色当。这是1870年拿破仑三世向毛奇投降的场所，也是结束法兰西第三帝国命运的地方。

战略要地色当陷落，德军简直是唾手可得，犹如一声晴天霹雳，震惊法兰西内外。

在万森城堡，甘默林大元帅的司令部里，呈现出一片绝望的恐慌。法德两国刚一交战，法军的攻击行动即被德军彻底粉碎，总参谋部依仗"坚不可摧"的马奇诺防线的美梦，也化为了一枕黄

∧ 刚刚击溃了法军装甲部队的一支德军装甲部队正在集结待命。

梁。形势越发逼人！

暴风雨袭来了。敌人先攫取了丹麦，接着又几乎全部占领了挪威之后，就大举进攻。这次进攻，自然始终是用机械化部队和空军；兵团跟在后面，几乎用不着怎么交锋。全军分2个兵团，1个兵团由贺特指挥，另1个兵团由克莱斯特指挥，共10个装甲师和6个摩托化师，大举西进。10个装甲师中有7个在3天之内就跨过亚尔丁，到了缪斯河。5月14日那天，他们跨过缪斯河到了迪南、基维尔、芒特海和色当。进军时由4个大型摩托化部队支持和掩护。俯冲轰炸机不断地配合他们，并且轰炸法国前线后方的铁路和铁路交叉点，瘫痪了法国的运输。5月18日，这7个装甲师越过马奇诺防线，摧毁了法国的阵地，消灭了法军1个军之后，在圣康坦重新集结起来，准备一举攻下巴黎或敦刻尔克。这时候，另外3个装甲师由2个摩托化师配合着在荷兰布拉班等地作战。那里的盟军有1个荷兰军、1个比利时军、1个英国军和两个法国军。但他们一下子就把这80万兵员打得混乱不堪，一蹶不振。也可以说法国的命运在一个礼拜之内就决定了。法国犯下的致命性错误早就使法国的军队和国家处在一个危险的陡坡上，现在整个法国便一发不可收拾地滚下去了。

然而法国足有3,000辆现代化坦克和800架装着轻机关枪的坦克。德国人的这类武器并不比法国多。但法国的武器已按计划分配在整个前线的各个段落上了，其中绝大部分的建制和装备并不是为了构成机动兵团。甚至连投入战斗的几个较大的机械化部队，也是分散使用的。3个轻装备师开往旬日和布列达进行侦察活动，也很快就被迫撤回，分散开来守住一条战线。第1装甲师调到1个军团中去以后，5月16日那一天在那慕尔西边单独发动了一次反击，结果被包围并被歼灭了。同一天，第2装甲师由火车运往希尔逊。但下车后，各部队就由于一阵混乱而一个个地被吃掉了。前一天，刚成立的第3装甲师一开到色当以南，马上就被分配到1个步兵师的各营中去，在一次徒劳无功的反击中，也是一个个地被吃掉了。假如它们事先集结起来的话，再不行也能给予侵略者以沉重的打击。但兵力分散，在德国装甲兵团出动不到6天的光景，就被打得落花流水了。至于戴高乐个人，当他从零星的消息中打听出真相时，发现凡是他所不愿设想的事，没有一件不是真的。

那次战争虽然是毁灭性的，但却使军人拿出了军人气概。这种事情也轮到戴高乐头上来了。5月11日，戴高乐接到命令指挥第4装甲师。这个师其实还没有成立，但它所属各部队将从遥远的地方聚拢来由戴高乐逐步处理。戴高乐首先把指挥所设在维新涅，5月15日戴高乐从那里被召到总部去面授机宜。

这些指示都是参谋长通知戴高乐的，包括的范围极为广泛。杜门斯将军对戴高乐说："最高统帅部要在埃纳河与埃莱特设立一道防线来阻塞通向巴黎的道路。第6军也将开到那里去。这一军由杜孔将军指挥，是由法国东部聚集的各部队组成的。你的师预先在拉昂区单独作战一个时期，要争取一段时间，好让这道防线建立起来。东北线总司令乔治将军让你自己决定需要哪些条件。实际上你将单独直接向他负责。由司令官科美尔将军担任联络。"

乔治将军接待戴高乐的时候，态度宁静而客气，但显然很紧张。他一再指示戴高乐所应做的事，并且补充说，"戴高乐，你来了！你长期以来所持的见解，敌人已经实现，现在正是你大显身手的时候了"。行政部门这时想尽一切办法促使戴高乐所统率的部队尽快到拉昂去。戴高乐看到参谋人员，虽然忙于处理那些恐怖日子里到处都遇到袭击和混乱而发生的许多调运和交通问题，但他们还是尽量把这桩事情办好。其实人们早就看到希望已经没有了。

戴高乐急忙赶到拉昂，把他的指挥所设在城东南的布鲁叶尔，并巡视了一下周围的地方。那个地区的法国军队，只有第3骑兵师的零散部队，和防守拉昂城堡的很少几个人。还有第4独立炮兵队，他们曾受命在必要时使用化学武器，但由于偶然的机会被遗忘在那里了。他们的人员虽然十分精干，但只装备着马枪。戴高乐把这一队人归并过来，派到西松运河沿岸去防止袭击。当天晚上，他们就和敌人的巡逻部队发生了接触。

16日那一天，戴高乐那草创的参谋部也到这里来和他会合了。他进行了侦察，并搜集了一些情报。戴高乐得到的印象是大量德军从亚尔当倾泻出来，通过罗科罗亚和梅西耶尔，不是向南进而是向西进，右边由侧翼警戒部队掩护向塞尔河的南边挺进。狼狈不堪的难民一群又一群地把北方的路都堵塞了。戴高乐也看见许多士兵把武器丢了。他们都是前一天被装甲部队击溃的部队的士兵。他们逃跑时，被敌人的机械化分队追上了，叫他们放下武器赶快往南逃，免得挡住了路。敌人告诉他们说："我们没有时间来俘虏你们！"

戴高乐看到许多慌乱的人民、溃败的士兵，又听到敌人那样轻蔑地侮辱他们，心中不禁燃起了无名怒火。"唉，真是笨蛋！头一仗真是再坏也没有了，但是必须继续打下去。说打仗，世界宽得很。只要戴高乐还活着，他就要战斗；不论叫戴高乐打到哪里，不论叫戴高乐打多久，不打垮敌人，洗雪国耻，决不罢休。"往后他的一切努力，都在那一天决定了。

首先，戴高乐要用他所掌握的部队在第二天早晨发动攻势。他决定向东北推进20公里，攻取塞尔河上的蒙特康内。这是通往圣康坦、拉昂和兰斯路线的交叉点。他将切断第一条路线，使敌人在西进时无法利用它，而且还要堵住另外两条路，否则敌人就将通过这些路线进攻第6

> 法军装甲部队向前线开进途中。
< 法军骑兵部队正开赴前线迎敌。

军防守薄弱的阵地。5月17日拂晓时分，拨来了3营坦克。1个营是B型的（第46营），由第6旅的1个连D2型坦克加强，另外2个营都是雷诺35式的（第2营和第24营），组成第8旅。黎明时戴高乐就指挥他们前进。敌人有许多部队已经侵入到那个乡间，他们一路扫荡这些部队，到达了蒙特康内。到傍晚，他们在那里的郊区和城内战斗，消灭了许多狙击兵，包围了企图突围的护送部队，但塞尔河上的敌人却守住了。显然，法国的坦克如果没有后援是无法渡河的。

白天又拨来了轻步兵第4营。他们一到就被戴高乐派去消灭基维尔附近的敌军前哨部队。这些部队先把法国的坦克放过去，然后才出现。这一任务马上就完成了。但塞尔河北面德国的大炮在向法国轰击，而法国的大炮还远没有来得及进入阵地。那天下午，德国的"斯图卡"俯冲轰炸机片刻不停地在天空中冲过来又冲过去，攻击法国的坦克与载重汽车。法国却没有东西去还击。最后，德国人的机械化分遣队愈来愈多，愈来愈活跃，开始骚扰到法国的后方了。法国像一个迷路的孤儿，离埃纳河还有30公里远，但法国必须结束这种危险状况。

天黑时，戴高乐把刚到的搜索团、第10装甲队派去和敌人战斗，并把坦克和轻步兵撤回基维尔。德军死了几百人，田野里堆满了被烧毁的载重汽车。法国抓到了130个俘虏，而自己损失的则在2,000人左右。后方路上的难民已经停止逃跑了，有些甚至又往回走。因为谣言在他们那个悲惨的行列里传开了，说法军已经向前推进。

这时必须作战的地点已经不是拉昂的东北面而是北面。因为敌军的重要兵力由马尔往西推进，紧紧沿着塞尔河开到了拉斐尔。同时，德军的侧翼警戒部队又向南方展开，向爱莱特逼进。第4装甲师利用5月18日和19日两个夜晚进入了拉昂北面的阵地。这时戴高乐又获得了增援部队，其中包括第3装甲兵大队和两中队萨摩亚式坦克，还有322炮兵团，加上两队75毫米炮。同时指挥第3轻骑兵师的柏蒂将军答应在紧靠拉昂的阵地上用大炮来支援戴高乐。

说实在的，那时戴高乐指挥下的150辆坦克中，只有30辆是装有75毫米炮的B型坦克，有40辆D2型或装着47毫米炮的萨摩亚式坦克，其余都是雷纳特35型坦克，装着37毫米的短射程炮，有效射程最多只有600米。萨摩亚式坦克的车长从来没有开过炮，驾驶员也只开过4小时车。实际上这一师只有一营步兵，用普通大汽车运送，行动时很容易被敌人击中。炮兵是由许多不同地点派来的分遣队组成的，许多军官还是第一次在战场上和士兵见面。法国没有无线电通讯网，命令只能由摩托传令兵送到各下属梯队，而且主要是亲自去看。各单位非常缺乏一般应有的运输、补给和食物。然而，在这临时凑成的军队中，已经普遍地出现了士气昂扬的景象。没关系，源泉还没有枯竭！

19日拂晓进攻！师里的坦克通过了一系列的目标以后，就向克勒西、摩地耶和普力进击。他们要进到桥边，截断敌人通向拉斐尔的路。炮兵随着他们前进。右翼的轻步兵营和搜索团沿着巴伦顿河给他们做掩护，并向马尔方面挺进。早晨一切都很顺利。法军把渗入塞尔河区的各种敌军部队打退以后，到达塞尔河，但河北面敌人已经设了防。他们用火力控制了各渡口，法国企图夺取渡口的坦克都被击毁了。他们的重炮发挥了作用。实际上法军是和涌向圣康坦的敌军大部队发生了接触。要渡河使坦克推进就必须有步兵和更强大的炮兵，但法军没有步兵。在这种艰苦的时刻，戴高乐不禁想起他很久以来所梦想的机械化部队在这时能发挥多大作用。那天要是有机械化部队，就可以立即挺进到基斯那个方向，敌军的装甲师就会寸步难移，并且在他们的后方引起严重的混乱。这时在北方的法军就可以再度和中部以及东部的部队取得联系。

但拉昂北面的兵力很弱，所以德国人渡过了塞尔河。前一天，他们在法国从蒙特康内撤出以后就从那里渡了河。中午以后，他们又从马尔渡河。他们拥有大量的装甲车，还有自动推进炮、汽车载运的迫击

> 德军装甲部队正利用浮桥渡河。

炮、摩托化的步兵，沿着巴伦顿河向戴高乐右翼进击，并且向堪布利法军的后方进攻。这时"斯图卡"俯冲轰炸机也来了！一直轰炸到天黑，法国的车辆无法离开道路，大炮都被扔在野地上，他们的轰炸很可怕。午后不久，乔治将军下令叫戴高乐停止前进，因为第6军已经开到，他的师必须担任其他任务。戴高乐决定晚上在伏尔热附近集结队伍，再拖住敌人一天。如果他们打算从拉昂进向兰斯或苏瓦松，法军就进攻他们的侧翼。第二天再渡过埃纳河撤退。

敌人虽然到处企图阻挠法军，但法军一切都进行得很顺利。从驻扎到撤出时，小战斗通宵未息。5月20日，第4装甲师开向费斯姆和布雷纳。那时法军实际上是在德国人中间行军。他们一到那里，马上占据许多据点，用大量装甲车向法国的队伍进攻。由于有坦克开路并逼近敌方工事，所以行军到达埃纳河的时候并没有遇到重大的困难。即使如此，第10装甲队，与一营坦克组成后卫部队的搜索团，在费斯蒂伊还是经过了极大的困难才撤出来的。在克劳恩高地上，师辎重队受到猛烈攻击，不得不把几辆载重汽车放火烧掉扔在后面。

第4师在拉昂区作战时，北面的战争由于装甲师的推进而发展得很快。德军司令部决定在没有消灭中部和东部的部队以前先肃清北部的盟军，于是便把机械化部队开向敦刻尔克。这些机械化部队接着就开始进攻，他们从圣康坦出发分两路挺进：一路通过堪布莱和杜亚直取目标，另一路通过爱塔普尔和布伦沿着海岸穿过去。这时有2个装甲师已夺取了亚眠和阿布维尔，并在索姆河南面建立了日后将发生作用的桥头堡。在盟军方面，5月20日荷兰军被消灭了，比利时军往西撤，英国军队以及法军第1军和法国本土断绝了联系。

∨ 法军坦克部队顽强地向德军部队发起了反击。

法军司令部当然希望和这两部分部队恢复联系，办法是使北方的部队从阿拉斯进向亚眠，并使中央部队的左翼从亚眠进军阿拉斯。这是甘默林将军在19日下达的命令。5月20日魏刚将军接任甘默林将军的职务，他接受了这个计划。从理论上讲，这个计划是合乎逻辑的，但要执行起来，最高统帅都必须具有胜利的希望与信心。法国的将领原来所坚持的一套理论与组织体系被打垮了，使得他们丧失了主动地位。一种精神上的抑制力量突然使他们对一切都表示怀疑，尤其是对自己失去了信心。从那时起，离心力量很快就表现出来了。比利时国王急于考虑投降，戈特勋爵忙着撤退，而魏刚将军则想谈判停战。

　　当统帅部突然崩溃的时候，第4装甲师却在向西挺进。这时第一个问题就是如何渡过索姆河，在未来的北进中占先。不久这个念头便放弃了。接着又提出要用这个师配合其他部队击退从亚眠渡过索姆河的德军。虽然第4师有1营坦克被调去作这项工作，协同行动的办法还是放弃了。那时指挥第10军的罗伯脱·阿尔特梅耶将军正把仓促调到索姆河下游的部队聚集起来。在5月26日夜至27日，第4装甲师前两天刚升了将军的指挥官接到阿尔特梅耶将军的命令，火速开往阿布维尔进攻敌军，不得迟延。这里的敌军已经在城南建立了坚固的桥头堡。

　　那时戴高乐这一师正驻扎在格兰德威利叶附近。从5月22日出发，通过费斯姆、索亚松、维耶—科特勒、贡比涅、蒙狄迪耶和鲍维等地，5天之内走了180公里。平心而论，这支部队从在蒙特康内战场上建立以来，就一直没有停止过战斗和进军。坦克的情况就能说明这一点，大约有30辆扔在路上了。另一方面，当法国进军的时候，也得到了极有价值的增援：如第47坦克营（B型坦克），第19坦克营（D2型20吨重坦克），摩托化骑兵第7团，装备着105毫米炮的炮兵队、高射炮队、装有47毫米反坦克炮兵5队。不幸的是，2个坦克营在亚眠前面被迫分散了。除D2型坦克营以外，其余都是临时凑成的单位。但他们刚一来到就遇到师里的紧张气氛，最后，由于交给戴高乐的战斗任务，第22殖民地步兵团和第2骑兵师的炮兵也由戴高乐指挥。全部兵力共有可用的坦克140辆，步兵6个营，加上6个炮兵队支援，就用这些来攻击桥头堡的南端。

　　戴高乐决定当晚就开始进攻。因为敌人的飞机一直在监视着法国这一师，唯一取得袭击效果的机会，只有在预定时刻以前行动。德军实际上已经准备好迎击了。一个星期以来，他们在南线占领了偏西的雨比村和索姆河上偏东的布雷莱—马吕耶村以及东西两村这边的利摩与巴耶尔

∧ ∨ 尽管敌我军力悬殊，法军部队仍在殊死抵抗德军的进攻。

两个森林。在这前线的后方，他们把比安菲、维莱村、胡金涅维尔和马吕耶等村组织起来。最后，在索姆河这边的高伯山，可以俯瞰阿贝维尔城和河上的桥，它构成了他们防卫计划中的多角堡。这3道接连不断的防线就是戴高乐给全师划定的一连3个目标。

下午6时战斗展开了。第6联队重坦克加上第4轻步兵营进攻雨比村，第8联队轻坦克加第22殖民地营进攻利摩和巴耶尔森林，第3装甲队中型坦克和摩托兵第7团进攻布雷，中路主要由炮兵支援。天黑以后，第一个目标攻下来了。雨比村留守的德军一营残余部队向戴高乐投降，到利摩附近法军俘获甚众，其中包括许多反坦克炮兵队，并且看到了英军机械化旅前几天被德军破坏的许多车辆的残骸。

第二天黄昏时分，法军又出动了。左翼将攻取莫亚涅维尔和比安菲，中路攻取胡金涅维和维勒尔，右翼攻取马吕耶。进攻的关键在于B型坦克的行动，他们的任务在于从西面斜插到东面，紧紧地卡住敌人的后方。但各路的最后目标都是高伯山。那一天的战斗特别艰苦。敌人得到增援，坚守不退。他们的重炮架在索姆河右岸，向法军猛烈轰击。高伯山上的其他炮兵队也向法军还击。到傍晚时，目标被攻下来了，但是高伯山还在死守。德法双方死伤都很多。法国的坦克受到了严重的考验。只有100辆左右还能开动。但胜利的气氛还是弥漫了整个战场。每一个人都是斗志昂扬，伤兵也在微笑，仗打得非常漂亮。德军撤退了。

但是德军得到了增援。27日夜至28日，他们把防线所有的部队都替换下去了。死尸和俘虏就向法国说明了这一点。28日夜至29日又来了新的增援部队。所以在第二天和第三天，法国所面临的便全都是新部队。法方并没有得到任何增援。然而法国哪怕能得到一点增援就可以取得胜利。没有关系！5月29日法国便以当时的兵力再次进攻。

那一天，法军进攻高伯山的时候，主要的力量插过西坡。法国最后的B型坦克将从莫安涅维和比安菲出发，萨摩亚式坦克刚从右翼调到左翼。轻步兵营已经损失了一半以上，搜索团已经损失了2/3，这些兵力再加上1个摩托兵营，就将跟着坦克上去。剩下的雷诺式坦克和第22殖民地营都将从维勒尔出发。为了支援法军，阿尔特梅耶将军命令第5轻骑兵师的右翼进击堪布龙。这一师原来沿着索姆河从桥头堡一直往下伸展，但也实际上无法前进。阿尔特梅耶曾请求用轰炸机轰炸阿尔布维尔城郊来支援法军，但飞机已被调到别处去了。下午5时是法军约定行动的时间。山坡是夺下了，但山峰还由敌军守着。天黑时，德军在强大的炮火的掩护下向莫亚涅维尔与比安菲村反扑，但没有能夺回。

苏格兰第51师在福庆将军指挥下抵达法国之后不久，就在5月30日以生气勃勃的力量来接替第4师在布伐附近集结起来。坦克营的苏德、西蒙宁和弗朗斯瓦，搜索团的汉姆，摩托兵营的柏特兰，炮兵营的考德梭和安瑟伦，参谋部的科米尔上校和戴高乐一起估计战果。当时阿布维尔桥头堡还没有被肃清，但已缩小了2%。如果不夺回阵地，敌人就无法以武力突围。法国的损失是很重的，但比敌方少。法国除开在蒙特康内抓到的俘虏以外，又增加了500名，此外还俘获了大量的武器和物资。

法国的战事真是令人悲叹！除开这14公里深的狭长地带以外，其他战场的情况怎样呢？他们是如何赢得胜利的呢？除开法军阵地所打下的飞行员以外，又有多少德军被俘了呢？如果法军不是这样一支薄弱、残缺、没有补给孤军深入的可怜的部队，而有一支精锐的机械化部队，那么在这5月的最后几天，又有什么胜利不能赢得呢？组成这种部队的各种人员装备虽然是残缺的，而且是分散的，但实际上是存在的。如果国家起了作用，如果在时间允许的时候，国家没有把它的军事体系导向被动而是掌握了主动权，如果法国的将领因而掌握着人们一再向政治家与最高统帅部提出的那种打击力量与机动力量，那么法国的军队就可以有获胜的机会，法国也就可以东山再起了。戴高乐不由得想着这一切。

> 接替甘默林担任法军总司令的魏刚将军。

当戴高乐驻在毕加底时，心中是不抱任何幻想的，但他又决心不放弃希望。如果最后在国内不能恢复局势，那么到旁的地方也要恢复。法兰西帝国还在，可以作为避难所；军舰还在，可以保护；人民还在，万一被迫遭到侵略时，还可以在共和国号召下起来抵抗；那是一个危如累卵，需要团结的时候。全世界还在，可以重新供给法国武器，还可以给法国有力的支援。决定一切的只是一个问题：政府是不是有这个打算，不论在什么情况下，都不让国家遭到损害，以保持自己的独立和保卫自己的前途？或者是在丧魂落魄的崩溃中彻底投降？

戴高乐很容易就看出，这一问题大半要看最高统帅部的态度如何。如果最高统帅部按照军纪，"在天职和荣誉所规定的一切方法没有用尽以前"决不降下自己的旗帜，换句话说，如果决定最后走到非洲，那么它就能为这只遇难的海船——法国——提供一根救生的浮木。相反，如果它不忠于职守，加速摇摇欲坠的政府投降，那么它对法国的屈辱又有什么话可说呢？！

6月1日魏刚将军召戴高乐见他时，这个想法始终萦绕在他心头。这位总司令在蒙特利堡接见戴高乐。他的爽朗朴素的性格，这时还和往常一样溢于言表。一开头他就表扬戴高乐在阿贝维尔的战斗，不久之前他已经给过戴高乐一次嘉奖了。接着他便说我们还掌握着大约1,200辆旧式坦克，问戴高乐应当如何运用。

戴高乐对这位将军说，这些坦克应当立即集结起来组成两个兵团，主力兵团摆在巴黎北面，另一兵团摆在兰斯南面。余下的装甲部队应当组成核心。戴高乐提议让德勒斯特兰将军指挥第一个兵团，这个人原是坦克部队的总监。这2个兵团一个应当配属3个步兵师，另一个配属2个步兵师，运输问题应当安排好，炮应当增加1倍。当德军突破法军的前线而挺进的时候，他们的正面宽度太长就会不能配合，纵深太大，就难首尾相顾。这时法军就能拥有足以挽回颓局的力量来抗击德军的侧翼。魏刚将军注意了这个提议，后来他又和戴高乐谈起战争问题。

6月15日，戴高乐听说敌人又开始进攻了。那一天戴高乐到弗莱尔将军那里去请示。他在指挥第7军，戴高乐的师就在他的辖区内。当噩耗从四面八方传来时，在他那军人本色的外表镇静中，显然可以看出疑惧和沉寂的神情。这位杰出的军人告诉戴高乐说，"我们简直憋坏了！谣传你将去当部长。现在要来挽救也迟了。唉，至少也让我们挽救一下自己的荣誉吧！"

01

> 奥地利皇储斐迪南夫妇前往萨拉热窝访问。

两次摩洛哥危机

20世纪初期，法、德为争夺摩洛哥引起的两次帝国主义战争危机。第一次危机发生在1905年德皇威廉二世访问摩洛哥，声称摩洛哥苏丹是"独立君主"，列强在摩洛哥"地位绝对平等"，使德法关系紧张。次年在西班牙举行1880年《马德里公约》参加国会议，因英、俄支持法国，德国被迫让步，会议声称"承认摩洛哥独立"，但又承认法、西对摩洛哥的警察控制权。第二次危机发生于1911年，法国占领摩洛哥首都非斯，德国派遣炮舰"豹"号至阿加迪尔示威，战争一触即发。后由于英国干预，同年签订《法德协定》，德承认摩洛哥为法国保护国，但取得法属刚果一部分作为补偿。

萨拉热窝事件

此次事件是第一次世界大战的导火线。1914年6月28日，奥地利皇储弗朗茨·斐迪南在萨拉热窝检阅奥匈帝国军队演习时，被塞尔维亚民族主义组织"青年波斯尼亚"成员刺杀。奥匈帝国在德国支持下，于7月23日向塞尔维亚发出最后通牒，并于24日正式宣战，第一次世界大战爆发。

第一次世界大战落下帷幕

自1914年最终导致第一次世界大战爆发，奥匈帝国向塞尔维亚宣战后，德国先后向俄、法宣战，并大举进犯比利时。后英国向德国宣战。战争期间土耳其和保加利亚先后加入同盟国，相继加入协约国的则有日本、意大利、罗马尼亚、希腊、美国、中国等国家。经过4年多的战争，同盟国逐渐不支，1918年秋，保加利亚和奥匈帝国退出战争，德国于同年签订《停战协定》宣告投降，大战结束。

retrieval

塞瓦斯托波尔保卫战

克里米亚战争中的一次决定性战役。1854年3月，英、法、土订立攻守同盟，正式对俄宣战，并于同年9月，在黑海北岸的克里米亚半岛登陆，25日开始进攻黑海军港和要塞塞瓦斯托波尔。翌年，撒丁王国出兵参加联军一方作战，俄军更为孤立。但守城俄军英勇抵抗，直至防御力量消耗殆尽。9月9日，联军用700门大炮炸毁俄军全面防御工事后，法军占领南部制高点马拉霍夫岗。俄守军被迫北撤。此战是俄国在克里米亚战争中失败的标志。

∨ 签署《凡尔赛合约》的巴黎凡尔赛宫会址内景。

十月革命

俄国无产阶级在以列宁为首的布尔什维克党领导下进行的社会主义革命。因发生在1917年俄历十月而得名。20世纪初，沙皇俄国成为帝国主义一切矛盾的集合点，人民饱受痛苦，社会阶级矛盾激化。随着二月革命将沙皇专制统治推翻后，出现了资产阶级临时政府和苏维埃并存的局面。同年列宁回国，发表《四月提纲》，随着布尔什维克党的努力，革命形势在9到10月间成熟，10月25日晚至26日顺利占领冬宫，随后通过《告工人、士兵、农民书》，宣告临时政府被推翻，全部政权归苏维埃；又通过《和平法令》《土地法令》，组成以列宁为主席的第一届苏维埃政府——人民委员会，世界上第一个无产阶级专政的社会主义国家就此建立。

《凡尔赛合约》

第一次世界大战结束后，以英国、法国、美国、日本、意大利为首的协约国参战一方，同德国于1919年6月28日在巴黎凡尔赛宫签订的合约。该合约是在帝国主义矛盾与牺牲战败国和被压迫民族利益的基础上订立的。

03

希特勒上台执政

由于德国经济危机日益加深，共产党力量迅速壮大，影响不断增长，德国垄断资产阶级急于在德国结束混乱状态，扶持希特勒上台。在垄断资本家的支持下，1933年，原总理施莱歇尔被迫辞职，兴登堡总统1月30日任命希特勒出任总理，组织内阁。希特勒的上台，标志着魏玛共和国的结束，德国法西斯专政时期开始。

《慕尼黑协定》

1938年9月，英国首相张伯伦、法国总理达拉第同德国的希特勒、意大利墨索里尼在德国慕尼黑签订的关于捷克斯洛伐克割让苏台德领土给德国的协定。英、法在德国压力下，为免受德国入侵，不惜牺牲捷克斯洛伐克，以此换取德国进攻苏联。捷政府被迫接受这一协定。1939年3月，德国出兵吞并捷克斯洛伐克全部领土，并于9月进攻波兰，挑起第二次世界大战。

法国"二·六"法西斯政变失败

1934年初，斯达维基事件揭发后，法国法西斯趁机攻击共和国与议会制度，并不断制造事端，欲建立法西斯政权。2月3日，"火十字架"等法西斯组织乘机骚动，宣称要进行民族革命。6日，4万法西斯分子包围了国民议会所在地，发起冲击，企图解散议会，实行政变。警察被迫还击，双方发生激烈冲突，伤亡多人。7日，达拉第辞职。9日，巴黎50万工人举行反法西斯示威游行，12日，450万工人参加全国反法西斯大罢工，从而粉碎了法西斯组织夺取政权的阴谋。

∨ 希特勒当选德国总理后向民众发表演讲。

∧ 1939 年 9 月 1 日，德军向波兰发动进攻标志着二战的爆发。

《洛迦诺公约》的签订

1925 年 10 月 16 日，由英、法、德、意、比、捷、波七国代表在瑞士洛迦诺举行的会议上通过。同年 12 月 1 日在伦敦正式签字。公约宣称其目的是为了"巩固欧洲和平与安全"，实际上是英、法企图稳定战后德国西部边界，把德国的侵略矛头指向东方。希特勒上台后，于 1936 年 3 月 7 日派兵进驻莱茵非军事区，并于 1939 年 4 月正式宣布废除《洛迦诺公约》，随即发动了第二次世界大战。

第二次世界大战全面爆发

德意日法西斯国家发动的人类历史上空前规模的世界战争。先后有60多个国家和地区，20亿以上的人口卷入战争。日本于 1931 年侵占中国东北，1937 年全面发动侵华战争；德国在吞并奥地利和捷克斯洛伐克的同时，伙同意大利武装干涉西班牙内政；意大利则吞并埃塞俄比亚和阿尔巴尼亚。1939 年 9 月 1 日，德军向波兰发动进攻。9 月 3 日，英法向德宣战，世界大战全面爆发。

retrieval

"法郎区"建立

1939年形成的以法国法郎为中心的国际货币集团，包括法国及其当时的殖民地和托管地。区内各成员国货币与法国法郎保持固定比价，区内贸易以法郎结算，区内资金流动不受限制，黄金和外汇储备集中在法国保管。"法郎区"的建立，加强了法国和其殖民地及托管地的经济联系，有助于各自经济的发展，但从中获利最大的是法国。另外，这也是个排他性的货币集团，在一定程度上加剧了国际货币战。

第五章

在法国沦亡后的日子里

色当被德国人突破，盟军在敦刻尔克大撤退，巴黎被迫放弃⋯⋯只有退到海外去坚持，这是唯一的出路。

可就是这一点，也没有能够实现⋯⋯但是他在国外依然不断寻求各方面的最大支持。

> 德军入侵后，到处都是背井离乡逃难的法国民众。

>> 法国沦亡

　　丘吉尔在法国议会所作的著名演说，不仅有效地动员英国勇敢战斗，而且对全世界被法西斯侵略的国家和人民也产生了重要的影响。

　　在丘吉尔发表演说的第二天，6月5日，法国总理雷诺对战时内阁成员又作了新的调整，因为他越来越感到自己在内阁中日益陷于孤立。于是，他力排众议，毅然任命刚刚被提升为准将的戴高乐为法国国防和陆军部副部长。这是戴高乐首次担任政府职务。

　　当晚，戴高乐获悉此任命后，匆匆告别了部队，前往首都巴黎。

　　坐在通往巴黎的汽车上，戴高乐的心情久久不能平静，他并没有为自己职位的升迁而陶醉。他的心里想的更多的是法兰西的前途，因为在临启程之时，他获悉德军从色当到阿布维尔的弧形战线上又向法军发动了新的进攻。此刻，他眉头紧锁，思绪万千。

　　戴高乐将军坐在车窗后面，心情忧郁地注视着从眼前一一闪过的景象。当他路过城镇和乡村时，他看到的是惊慌失措的居民和一队队从前线溃退下来的法军。戴高乐将军的脸感到一阵阵的发烫。他感到无颜直视那些怀着默然无语的疑问、用期待和求助的目光看着这些溃退下来的保卫者的妇女和儿童。他看着那些茫然的目光，仿佛听到了他们心中那默然无语的疑问：为什么我们的军队老是撤退？为什么敌人的气焰那么的嚣张？为什么，为什么，为什么……

　　汽车越往巴黎方向开，戴高乐将军的心情就越发沉重。道路开始变得拥挤，车流流动缓慢。随着车流，戴高乐的汽车无可奈何地往前挪。

戴高乐探出车窗，四下打量了一下。"乱糟糟的一片，好家伙，人们全像疯了似的。"戴高乐喃喃自语。

在过去的8个多月的"静坐战"中，巴黎没有经历任何考验，至今为止，还没有任何一颗炸弹落在市区的屋顶上，也没有任何一个弹坑破坏街心花园的美丽和平静。眼下可好，由于德军突然发起强大攻势，一再突破法军防线，把实施致命打击的尖刀，直直对准法国首都巴黎。这危急的局势所引起的恐惧打破了巴黎的平静，使巴黎陷入丧魂落魄的混乱之中。发了疯的市民，包围了各个车站。更有甚者，则徒步越过各种关卡，尽快离开这座仿佛在蔓延鼠疫的可怕城市。人们像一群群野蜂，闹哄哄地冲出不祥的首都巴黎。事到如今，逐渐清醒的人们不再存在什么幻想，不再盼望会出现什么历史奇迹。只想争先恐后地冲出巴黎，一走就万事大吉。可是，事与愿违，连绵不断的车流越滚越大，最后几乎凝结不动了。

看着眼前的情景，戴高乐心里一阵阵发酸，百感交集。在近百年屈辱的历史风云中，法兰西首都的市民，曾先后五次，目睹过巴黎圣母院的钟楼可怜巴巴地在德国炮火轰击下燃起了冲天大火，化为一片炽热的废墟。巴黎市民也曾先后五次，亲耳听到愈来愈近的德军排炮的轰鸣声，声声叩击着他们的心房。历史的潮流，翻腾、咆哮、巨浪滔滔，整整几十年，难道这场可愤、可哀、可怕的悲剧，又要第六次重新上演吗？

此时，戴高乐将军更加深深地感到祖国和人民、亲人、朋友正面临着无法摆脱的可怕的危难。他顿时感到一副千斤重的担子压在了他的肩上。

汽车好不容易冲出了拥挤的道路，驶进了宽阔的星形广场。戴高乐如释重负，总算可以松口气了。

戴高乐到圣多明尼克路见到了总理雷诺。他还是像往常一样信心十足。他向戴高乐解释前几天他为什么要把贝当元帅邀到内阁里来。

"其实我们都不怀疑，贝当是对付那些要求停战的人的一块挡箭牌。"雷诺先生还是用他那老一套的公式

∧ 出任法国国防和陆军部副部长的戴高乐在巴黎。

★魏 刚

法国将军。历任法国国防部参谋长，武装部队总司令。毕业于圣西尔军校。在第一次世界大战中被任命为最高军事委员会委员和最高统帅的参谋长。1940年任法国国防部参谋长和武装部队总司令，参加过制定英法进攻苏联的计划。是法国投降的主谋者之一，9月任维希政府国防部长及驻法属非洲全权代表。1942年被捕，囚禁于德国。1948年宣告无罪释放。著有《法国军队史》《回忆录》等。

说，"我把他放在里面比在外面好。"

"可是，我只怕你会被迫改变自己的意见，"戴高乐回答道，"形势发展得很快，失败主义很容易淹没一切，这一来就更加有可能了。法国与德国之间兵力相差太悬殊，除非是出现奇迹，否则在法国本土无法获胜，甚至无法守住。而且最高统帅部已经被意外事件吓倒，再也镇静不下来了。还有，你比旁人更清楚，政府的周围笼罩着一种怎样绝望的气氛。贝当元帅和他的幕后人将使今后的局势按他们的方式发展。如果1940年的战争失败了，法国还可以赢得另外一仗。一方面法国要尽可能不放弃欧洲大陆上的战斗，同时还必须下定决心，作好准备，在法兰西帝国范围内继续战斗。这就需要有一个政策来安排以下各项事宜……"

戴高乐说到这儿，停顿了一下，喘了口气，然后又继续说道："把资源运往北非，选择适当的领导人来指挥这个行动。不论以往对英国人有什么样的宿怨，现在都要和他们保持密切联系。我愿意自告奋勇，来负责处理这些事宜。"

他告辞了出来，一边在心里盘算自己的伦敦之行。他知道肩上的担子并不轻松，因为此次伦敦之行，除了执行这项重大的任务之外，还要尽可能设法使英国皇家空军，特别是战斗机继续参加法国的战斗。最后，戴高乐还要像总理从前做过那样，探询一下英国军队自从敦刻尔克战败撤退后，还要多久才能重新武装起来，派回大陆战斗。这两个问题的答复都需要技术资料，参谋人员是可以提供这种资料的。但一切仍然有待于丘吉尔先生以国防大臣身份作出的答复来决定。

临走时戴高乐告诉魏刚★将军说，他的看法和政府的意图恰恰相反。纵使战争失利，政府也不应该放弃斗争。他没有再作评论，告别时，他表现得特别客气。

戴高乐动身回巴黎之前，还和那天早晨到魏刚将军这里来请示的各

参谋部的熟人闲谈了一会儿。他们肯定了戴高乐的印象，就是统帅部的高级人员认为这一场赌博已经输定了。大家一边在机械地执行自己的任务，一边在低声地议论，而且不久就将大声地提出：通过某种方式结束这一次倒霉的战争。如果要把这些人的思想和勇气扭转过来，使他们愿意在帝国中继续斗争，就必须由政府立即作出果敢的决定。

戴高乐回去以后，马上就把这件事告诉雷诺，并请他撤销魏刚将军的指挥权，因为这个人已经不打算赢得战争了。

"现在还不可能。"雷诺总理回答道，"但我们必须考虑一下继任人选，你看谁合适？"

"关于继任人选的问题，"戴高乐答道，"现在我所知道合格的只有亨特·齐格尔一人。他虽然不算很理想，但他也可以说是世界级战略水平了。"

雷诺点了点头，他在原则上同意戴高乐的见解，但显然不愿意马上作决定。

戴高乐不会看不出这一点，他决意不久就要把这个问题再提出来，于是便在回来后，着手拟订尽可能把部队都运往北非的计划。陆军参谋总部已经和海军、空军合并起来，开始准备把一切后备物资运往地中海彼岸。特别是法国西部和南部新兵训练站受训的两部分新兵，和在北部失败后逃出来的机械化部队的残余人员，总共是大约50万人，都是素质极高的人员。往后，当法国的残余部队撤回海岸时，许多战斗部队无疑可以用船载去。在任何情况下，法国余下的航程足可跨海的轰炸机，留下来使用的战斗机队，地面参谋人员，海军基地人员，最要紧的还有法国的舰队，都必须开向非洲。这项运输任务的护卫由海军担任，据他们估计，整个的运输除了法国所能支配的船只以外，还需要增加50万吨商船。这只有向英国求援了。

6月9日一早，戴高乐乘飞机前往了伦敦，和他一道随行的有他的副官乔弗洛·德古塞尔，以及总理的外交联络官罗朗·德·马尔热里先生。

>> 会晤丘吉尔

丘吉尔先生在唐宁街接见了戴高乐。这是戴高乐第一次和他接触，他给戴高乐的印象证实了他的信念：大不列颠在这样一位斗士的领导之下决不会畏缩。戴高乐认为丘吉尔先生能不辞辛苦，担当起任何崇高的任务。他的判断极其稳健，他的知识极其广博，他对有关问题、有关的国家与人物大都很清楚，他对战争问题又极其热情，这一切都将在战争中充分发挥作用。最重要的是他的禀赋，善于行动，善于冒险，他能坚决彻底地完成某种任务而毫无惧色。总之，戴高乐认为作为一个指导人和领袖，他是最理想的。这是戴高乐对丘吉尔的第一印象。

往后的事实只是证实了他的印象，此外还使戴高乐认识到丘吉尔先生具有滔滔不绝的辩才，并且懂得怎样应用它。他的对象不论是群众，是议会还是个别的来访客人，也不论是在麦克风前面，在议会里，在谈判桌前还是议事桌后，他的观念、理由和感觉总是以富于本色的、充满诗意的和激动人心的方式滔滔不绝地表达出来；每一次都能使得当时整个可怜的世界所笼罩的悲剧气氛有所缓和。在政治方面，他已经是久经考验，同时他又运用这种无与伦比的激情来感动英国的人心，并给外国人深刻的印象。他的言行都给人一种幽默感，他时而和蔼，时而震怒，使人感到他对于自己所参与的惊险局势是如何操纵自如。

但是，他们两人由于个性不同时而发生冲突，两国的某些利益又有抵触，因而彼此之间经常发生一种令人焦躁和痛苦的争执，同时英国人极不公正地在倒霉的法国的身上讨便宜，这都影响了戴高乐对丘吉尔的态度，但戴高乐对他个人的看法并没有因此而受影响。依戴高乐看来，总的说，温斯顿·丘吉尔是一个伟大事业的伟大斗士，也是一个伟大历史中的伟大艺术家。

那一天，戴高乐向这位首相解释说，法国总理已经明确表示，法国政府在必要时将在法兰西帝国范围内坚持斗争。丘吉尔先生对于这一决定表示很满意，但这是不是能够真的实现呢？他给戴高乐的印象是他不大相信，无论如何，他不再相信法国本土有重建防线的可能了。他坚决拒绝使用空军援助法国，这件事情本身就清楚地说明了这一点。

自从英军在敦刻尔克撤退以后，皇家空军除了偶尔出现以外，就根本不配合作战了。诚然，英国空军除一个战斗机大队还受法国空军节制以外，其余的基地都在英国本土，相距太远，对于日益南撤的战线起不了多大的作用。戴高乐要求他至少要派一部分配合陆军作战的空军到卢瓦尔河以南的飞机场去，丘吉尔先生正式拒绝了。

至于地面部队，他答应把刚从加拿大来到的加拿大师派到诺曼底去，让苏格兰的第51师和协同法国作战的机械化旅残余部队仍然留在法国那里。他们的远征军在比利时刚刚逃脱了覆灭，装备还丢在那里。他说关于这部分军队什么时候能够重上战场的问题，现在还无法肯定，甚至连大约的日期也无法确定。

因此，伦敦与巴黎之间战略上的配合实际上已经垮台了。这次大陆的形势逆转，就足以使英国只管自己的防务了。这就意味着德国人在1914至1918年失败以后，到现在终于达到了目的——分离法国与英国的失败主义者将作出什么样的估计是不难想见的。

除了同丘吉尔先生会见之外，这一天，戴高乐和外交大臣艾登，海军大臣亚历山大，空军大臣阿奇波德·辛克莱，帝国总参谋长约翰·迪尔将军等人进行了一场协商。此外，还有法国大使戈宾先生，英法战争物资购买合作委员会主席莫内先生。伦敦方面的群众虽然安之若素，可是，这些消息灵通的人士都在心里充满了大难临头的预感，并且对法国政府的坚定性表示怀疑。

晚间，在乱哄哄的嘈杂声中，飞机载着戴高乐离开了英国，回到勒布热，这儿的机场刚刚被炸过。

6月9至10日晚间，雷诺总理把戴高乐召到他的家里去。他刚接到一个严重的消息，敌

▽ 战争爆发后，接替张伯伦出任英国首相的丘吉尔。

人已经进到巴黎下方的塞纳河岸。同时所有的迹象都表明，德国装甲部队在任何时候都可能加入到香槟省的决定性攻击中去。因此，首都就受到了来自东、西、北三方敌人的威胁。还有，据最新消息称，很快就会听到意大利方面的宣战。这一切都是噩耗，面临这一切，戴高乐只能提供一点意见——尽最大努力，赶快迁往非洲，准备迎接联合作战及一切后果！

那一天的白天和夜间，当戴高乐在圣多明尼克路待了一些时候之后，他发现有许许多多的理由都在加强他的信念，没有别的路可走。事情发展得太快了，在这儿绝对无法重新振作起来，一切计划突然都落空了。法国原先援用的都是1914年至1918年战争的前例，现在都已陈腐了。人们还在装着认为有一个前线存在，有主动的指挥权，同时还有准备牺牲的人民。

★勒布伦

法国总统。曾就学于巴黎综合工科技术学校和高等矿业学校，原为采矿工程师。1900年当选洛林众议员。1932年任总统。任内支持法西斯分子，反对人民阵线。第二次世界大战期间，接受维希的宪法修正案与德国停战。1940年7月辞职，后退出政界。1943年被捕，1944年被盟军释放。著有回忆录《见证》。

这些都只是梦想和回忆。实际上政府处在被击溃和被吓昏了的国家中，处在失去信心、感到绝望的军队后面，已经陷入一种不可挽救的混乱中。

当戴高乐匆促拜访了共和国的要人以后，这一点就再清楚没有了。

首先戴高乐和新部长们一起去见了总统勒布伦★，接着又见了两院议长，最后见到了许多政府人员。他们都装出一副镇静和庄严的样子。但事实很明显，他们现在处在陈规旧矩所安排好的位置上，只是一些无用的人物。在那漩涡的中心里，内阁会议，下达的指示，上呈的报告，一切公告与军官、公务人员、外交家、议员、新闻记者等等的行列，都有事情报告或请求，让人们看出这是一种无目的、无效果的幻想。

当时法国所具有的假象和所处的环境，除了投降之外已经没有第二条路可走了。有些人已经在听天由命地这样做，而且这些都不是默默无闻的人。

是的，"投降"！法国除非采取这条路，否则就要不惜任何牺牲改变

∧ 1940 年 6 月，戴高乐与雷诺内阁成员们在一起。

法国的环境与假定。所谓"光复马恩"是可能的，但只有在地中海上才有可能。

到达布里亚尔总部以后，戴高乐找到了雷诺总理，并且把亨特·齐格尔的答复告诉了他。但是戴高乐也可以看出，总理实际上并不打算撤换魏刚。他又决定带着一位要走"和平道路"的最高统帅走上战争的道路。

会谈开始了，有许多将在战争的新阶段中起支配作用的看法和情绪，在会上公开地对立起来。当时的行动和态度的基础，都只是因袭老一套。英法的团结、法军的力量、政府的权威、最高统帅部的忠诚等等，这些都已经是不能算数的因素了。在场的人不像是一场共同游戏中的伙伴，而是从那时起就各走各的路，各管各的事了。

魏刚将军表明他所要求的是，尽快结束战争和战斗。他引证乔治将军和贝当将军的报告来支撑自己的见解，在会议上展示了军事局势完全绝望的景象。这位总司令在 1930 年至 1935 年就当过参谋总长，他说明他的部队失败的原因时，语调坚定而又咄咄逼人，就好像是一个专找岔子而不负责任的人。他的结论是：这一场考验必须停止，因为军队会突然垮台，无政府状态和革命会猖獗起来。

★贝 当

法国元帅，纳粹军队占领时期法国维希政府首脑。1856年生于加来海峡省一农民
家庭。1878年从圣西尔军校毕业。第一次世界大战中因作战有功屡获晋升，以"凡
尔登胜利者"名扬全国，后任法国总参谋长。1918年晋升法国元帅。一战结束后，
任最高军事委员会副主席，并兼任陆军总监。1940年德军大举入侵法国后，出任
内阁总理，主张对德投降，同德国签订丧权辱国的停战协定。后任亲法西斯的法
国维希政府总理，对内实行法西斯统治，镇压爱国力量。

这时，贝当★元帅也插进来讲话了，更加增加了悲观的景象。丘吉尔先生希望缓和一下
气氛，于是便和颜悦色地对他说："请听我说一句，元帅先生。"

他把注意力引向了自己这一边，"你不妨想一想，1918年3月的时候，事情那样糟糕，亚
眠之战是怎样打过来的。那时我到你的指挥部去见你，你把你的计划告诉了我，没过几天，
战线便重新建立起来了。"

"不错，"贝当元帅以粗暴的态度回答说，"战线是建立起来了，那一回是你们英国人被
打垮了，我曾派出40个师去拯救你们。可是今天当法国被打得四分五裂时，请问你们的40
个师在哪里呢？"

雷诺总理一再重复说法国决不退出这场战争，要求英国人派大量空军来援助法国；同时
他又说明他不打算跟贝当及魏刚分手，似乎是希望他们有一天会拥护他的政策。丘吉尔先生
看来丝毫不动声色，而且充满了活力。但是，他对于灾难临头的法国，似乎只限于一种试探
的保留态度。而对这时被孤立在岛上的英国，他已经意识到面临一种可怕而又宏伟的前景，
正在等他去领导斗争，以便得到拯救，或者可以说还因此而隐隐约约地有了一些自满的情绪。

至于对戴高乐来说，一想到即将到来的局势，便完全看透这种商谈是多么空虚而又无聊，
因为它完全不能得出真正的答案——在海外重整旗鼓。

讨论了3个小时，毫无结果。接着他们就共同进餐。戴高乐就坐在丘吉尔身旁，他们的
交谈加强了戴高乐对他的意志的信心，而丘吉尔最后起身告辞的时候，无疑也有了这样一种
印象：他认为戴高乐虽然条件不足，但是仍然非常坚决。

达尔朗海军上将没有参加商谈，但饭后却出现了。

他把空军参谋长维勒曼将军推在前面来见雷诺。他这次来访的目的肯定是不好的。海空
军准备好了对热那亚来一次联合轰击。按照计划将在那天晚上开始。但是达尔朗改变了主意，
想撤销这个计划。他的理由是维勒曼将军有些担心，怕意大利人对贝勒的石油仓库进行报复。
然而这位海军上将还是在征求政府的意见。

>> 寻求支持

6月12日，戴高乐住在博韦堡的勒普罗伏·德·劳内先生的田庄上，同科尔逊将军筹划迁往北非的事情。老实说，前一天他们得到的印象以及当时戴高乐所处的孤立境况，使戴高乐每况愈下地感到害怕和绝望。他的计划已经无法实现了。

然而戴高乐还是决定尽力使政府采纳这个计划，并把它交给最高统帅部执行。

计划的主要部分拟定以后，戴高乐就把它带到雷诺所住的地方琪斯去。那时已经很晚了，总理在堪格开内阁会议后——戴高乐没被邀出席——同博杜安一同回来，到11点左右才到家。

当他们和随行人员一起进餐的时候，戴高乐就坐在桌旁径直地把北非问题提出来。但其他的人却只愿谈论一个问题，也就是内阁会议方才提出的一个问题，而且是非常紧迫的问题——

政府下一步应当迁到哪里去？

实际上，德国人渡过塞纳河以后，不久就会到达卢瓦尔河。当时考虑的有两个地方，一个是昆贝，一个是波尔多。

席间讨论了一番，大家由于疲倦和烦恼，而且显得十分紊乱和激动。当时没有作正式的决定，雷诺休息去了，并约戴高乐在早晨去见他。

戴高乐自然赞成到昆贝去。他并不幻想可以在布列塔尼半岛支持下去。但政府如果退到那里，早晚就只有退到海上去的一条路。因为德国要对英国人作战，就必须占领这个半岛，在这儿不可能有"非交战地带"。一旦上了船之后，各部长无论如何，昆贝总是作出有力决定的一个阶段。

当戴高乐刚参加政府时，雷诺先生曾经对戴高乐谈起"布列塔尼多角堡"的问题，戴高乐支持他的意见。但是力主投降的贝当、魏刚、博杜安等人却都反对这一计划。他们的动机是由他们的政策产生的，无论他们自己怎么说，也不是从军事的观点出发的。

13日一早，戴高乐就回到琪斯去。经过一段很长的讨论以后，戴高乐虽然提出了理由，总理还是决定把政府迁往波尔多，声称这是前一晚部长们的意见。这一点使戴高乐只能更加坚持要求至少要签署一项命令，交给总司令部，叫他们视察并准备一下迁到非洲的问题。

戴高乐当然知道，这正是雷诺先生最后的意图。但是反对派的阴谋

∧ 1940 年 6 月，
戴高乐在前往议
会的路上。

和影响十分逼人而又很令人苦恼，而且经常在总理身上发生作用，所以戴高乐可以看到这个最后的希望已经在与时俱逝了。

然而那天中午，总理还是签署了一个公文给魏刚，说明政府希望他今后做些什么。第一，"尽量在中央高原和布列塔尼坚持。"第二，"万一失败的话……把他们自己安置在法兰西帝国中，并在那里组织斗争，利用海上自由。"

这个文件肯定地表现了有利的倾向。但戴高乐认为并不是当时环境所要求的那种坚决的命令。同时，签署以后又被幕后人物留难了一番，直到第二天才真正发出去。

13日早晨，上院议长詹伦内、下院议长赫里欧也到琪斯来了。前者在慌乱的情景中表现了一种镇定自若的风度，令人回忆起当年的克里蒙梭，他在1917年至1918年那个伟大的时期直接和克里蒙梭在政府里紧密合作；后者则态度和蔼，举止端方，滔滔不绝地说自己的千万种感想。他们两人都表示拥护总理，反对投降，并准备随同行政部门迁到阿尔及尔去。戴高乐又一次看出，雷诺先生不论身边有多少失败主义分子，只要他自己不让步，就能操纵全局。

中午刚过的时候，戴高乐正在博韦，雷诺先生的内政外交联络官德·马尔热里打电话给戴高乐说：

"丘吉尔先生和几个部长刚到，总理马上就要和他在图尔县公署开会。我自己接到通知要赶紧去，同时也通知你快去。虽然没有邀请你，但我提议你应当去。博杜安正在活动，我不爱看那种样子。"

接到了德·马尔热里先生的通知，于是戴高乐就驱车到图尔去。刚才戴高乐还和总理在一起待了几个小时，他没有把这件事告诉马尔热里。所以像这样突如其来地去会见，戴高乐是预料到可能有许多不方便的。

县公署的走廊上和院子里挤满了被这个消息吸引来的议员、公务人员、新闻记者等人群。他们就好像一出戏快要出现悲惨场面时的一支喧嚣的管弦乐队。戴高乐走进雷诺先生所在的办公室，在博杜安和德·马尔热里两人之间坐下来。商谈已经完毕了。马尔热里很快地告诉戴高乐说，英国的大臣们现在在英国花园里密谈，准备答复法国人提出的问题："尽管1940年3月28日的协议规定双方不得单独放下武器，但是英国能不能让法国问一问敌人：对法国来说，停战条件是什么呢？"

　　丘吉尔先生坐下来以后，哈里法克斯勋爵、比维布鲁克勋爵、亚历山大·贾德甘爵士等也就座了，还有随行的斯皮尔斯将军也跟着坐下。沉寂了一阵子，首相先生说话时用的是法语。他嘴里含着一支雪茄，摇摇头，然后用一种平稳而沉寂的声调，表示了他的人民和政府对法国所具有的同情。

　　"法国的情形我们很清楚，"他说，"我们很能理解你们处境的窘迫。我们对你们的友谊仍然丝毫没有动摇。请你们相信，英国人在任何情形之下都不会放弃斗争。不论怎么样，不论在什么地方，甚至就是你们抛弃了他们以后，他们仍然会战斗到底。"

> 坚持不与德国求和的雷诺被迫辞去了总理职务。
< 1940 年 6 月，丘吉尔赴法国与雷诺政府商讨战争对策。

谈到德法之间的停战问题时，戴高乐原先估计这会使他暴跳如雷的。但相反地，丘吉尔却表现出了一种同情的谅解。

只是在一说到舰队问题时，他马上变得非常严谨，非常坚定。虽然，英国政府很怕看到法国舰队交给德国，所以只要有时间就想以废弃 3 月 28 日的协议为条件来换取关于法国军舰命运的保证。实际上，这就是那次不祥的会议所得出的结论。

丘吉尔先生在离开那间房子以前，还坚持要法国在停火以前，把 400 个德国空军俘虏转交给英国，这一点法国人马上答应了。

这时，雷诺总理把这些英国人引到隔壁房间去，两位议长和几个部长都在那里等着。这儿的语气完全不同，特别是詹伦内、赫里欧和路易·马林等先生，只谈论如何继续战斗。

戴高乐走到雷诺总理身旁，用相当强硬的语气问道："你难道能考虑法国求和吗？"

"当然不会，"雷诺回答，"但是我们必须让英国人震动一下，以便取得更多的援助。"

虽然戴高乐并不能把这个答复当成真话。他们在纷乱的县府院中分别了。

戴高乐思虑重重地回到博韦，这时总理正在打电报给罗斯福总统，请他出面斡旋，并使他理解到，不出面法国就完蛋了。晚间，雷诺先生在广播中说，如果必须有一个奇迹才能挽救法国，那么他就相信有奇迹。

在戴高乐看来，一切马上就会过去的说法是已经过时了。就像一个被围的城堡只要指挥官一下令就会投降一样，法国正在酝酿停战谈判。因为政府的首脑已在正式考虑这个问题。

★乔治·曼德尔

法国政府内政部长。曾为乔治·克雷孟梭总理秘书，在两次世界大战之间是位有影响的议员。1940年5月出任保罗·雷诺政府内政部长，主张把抗德战争进行到底，设想将法国政府建立在非洲。贝当政府组成后辞去部长职务，离开法国。后被法国人在摩洛哥北部城市梅克内斯逮捕，1944年在维希政府监禁中被杀害。

那时戴高乐虽然做了次长，但出席内阁会议已经渐渐成为不可能了。当天晚上戴高乐正准备提出辞呈时，曾被他的内阁联络官让·劳伦提出警告的乔治·曼德尔★先生，请戴高乐去见他。

安德列·迪特尔姆把戴高乐引到内政部。曼德尔的声调十分沉痛而坚决，给人的印象很深刻。

他和戴高乐一样坚信，法国的独立和荣誉只有继续战斗才能维护。正因为国家在这方面的需要，他才建议戴高乐保留原职。

他说："谁能预料他们不能最后使政府迁往阿尔及尔呢？"

他告诉戴高乐，英国人走了以后，内阁中发生了一些什么事情。魏刚将军虽然跑来绘声绘色地描述了一番，但坚持的气氛还是占了上风。

他还告诉戴高乐一个消息说，首批德军正在开进巴黎。然后他又指出未来的情景，他说道："无论如何，我们只是处在一次世界大战的开端。将军，你有重大的任务要完成！但你要在他们之中保持没有污点的身份。你不妨想一想，我们要为法国政府做什么事？请你想想，在某种情况下，你现有的职位将使你得到多大的便利？"

当时，戴高乐必须承认，正是这一席话使他延缓了辞职问题。而老实地说，往后戴高乐所能做的一切也正是有赖于这一点。

6月14日，政府撤退了。戴高乐向勒普罗沃·德·劳内一家告别。他们不打算离开，周围的人民没有动，也不能动。他们将在家乡等候吃败仗和侵略者的来临。

戴高乐深信贝当元帅在其他时候如果遇着国家投降的事情，是不会出山的。戴高乐相信只要他还没有失去本色，一旦他看到了自己的错误，看到胜利仍然是可能的，况且法国也非常不幸！但岁月的流逝已经腐蚀了他那外壳下的性格，年龄已经把他交付给某些人操作，这些人善于利用他那尊严的倦意作为自己的挡箭牌。晚年就好像船在海上遇难，祸不单行，贝当元帅的晚年正好和法国的遇难同时发生。

当戴高乐驱车前往布列塔尼时，心里一直想着这些事。同时戴高乐也坚定自己的决心，不论战况如何，他都要坚持下去，6月15日早晨到勒恩时，戴高乐见到了指挥许多军队在美伊尼东边作战的勒内·阿尔特梅耶将军，还有军区司令季特利将军以及豪勒－埃－维朗的省长。他们3个人都在自己的范围内尽力工作。戴高乐尽量加以组织，使他们的人力物资能配合起来保卫那一部分国土。接着戴高乐又到布雷斯特去，途中赶上一些英国供应队，它们正到那里去准备撤退。戴高乐在海军军区司令部跟海军上将特劳普和兰波德（作者绰号"西方海军上将"）等研究可能得到的船只。下午戴高乐登上了驱逐舰"米兰"号。这艘舰把戴高乐和以勒穆万将军为首的人员送到普利茅斯去。勒穆万将军是军备部长劳尔·道特利派去的，任务是将"重水"送到英国安全地带保存起来。当他们离开布雷斯特碇泊处时，正准备开往达喀尔的"黎塞留"号曾向戴高乐致敬。戴高乐离开普利茅斯后就到伦敦去，16日黎明时分到达了目的地。

几分钟以后，戈宾和莫内先生到海德公园饭店来看戴高乐，那时戴高乐正在洗澡。大使先生说戴高乐要和英国人接头的许多事情以及运输问题的讨论，都已经安排在早晨举行。那时也有一种说法：除非法国向德国投降，否则丘吉尔将在第二天早晨到康加诺去和雷诺先生会见，共同决定如何进行海路撤退。接着那两位访客就扯到别的事情上去了。

他们说："我们知道，波尔多方面的投降情绪发展得很快。的确，当你到这里来的时候，法国政府就用申报证实了雷诺先生在13日向丘吉尔先生口头提出的要求——让法国解除3月28日的协议。那时我们还不知道英国人的答复是什么，因为要到早晨才能送到。但我们认为在舰队问题获得保证后，英国人是会同意的。所以我们已经逐渐接近最后关头了。尤其是那天将在波尔多开内阁会议，而那次会议又非常可能是有决定意义的。"

戈宾和莫内两位先生又说，"我们想到，如果在这种局势中加进一些新的因素，引起一些激荡人心的刺激，就可能改变人们的看法，或者至少可以坚定雷诺先生去阿尔及尔的意向。因此，我们便和外交部常任副大臣罗伯特·凡西塔先生拟订了一个看来惊人的计划，即由伦敦政府向波尔多政府庄严地提出一个英法联合议案。两国应决定将行政事务合为一体，共同管理资源，共同负担损失。总之，两国应当把命运完全互相结合起来。在这种情形下提出这种议案，也许就能使我们的部长们重新考虑。或者至少也要拖延投降时间。但我们首先要使英国政府采取这个计划，唯有你能从丘吉尔先生那里得到这个答复。如果他赞同这个看法的话，那就是一个难得的机会了。"

戴高乐把他们拿来的条文看了一下，马上觉得这件事情的规模太大，不可能马上实现。显然，两国即使只在原则上把英国和法国以及他们的制度、利益和帝国融合起来，这样做好处也很大，但这种大事光靠交换照会是无法办到的。提案中的几点，纵使能实际确定（如共同负担战争的损失），也需要进行复杂的谈判。但英国政府如果向法国提出这样一个提案，就的确表示了一种团结精神，可能具有真正意义。最重要的是，戴高乐跟戈宾和莫内先生的想法一样，认为这种提案的性质在雷诺先生所处的那种千钧一发的关头可能起一些安慰作用，同时，他对于自己的部长们也就有了坚持的理由。因此，戴高乐同意尽力使丘吉尔先生接受这个计划。

这一天早晨非常忙。首先是决定"巴斯德"号的目的地，那时它刚把1,000门75毫米大炮，几千挺机枪和几千箱弹药等从美国运出来。它将接受戴高乐的命令，转到英国某个港口。这宗

∧ 法国风雨飘摇，即将沦陷。
戴高乐无奈之中只得离开自己
的祖国远走他乡。

货物当时已经是无价之宝了。在那种局势的变化下，决不能让它落在敌人的手中。事实上，"巴斯德"号运来的武器重新装备了英军，因为他们在敦刻尔克几乎把物资丢光了。

至于运输问题，戴高乐发现英国人有诚意帮助强化他们的工具，把军队撤出来并保护供应队。执行这项任务的机构将由英国海军部和法国阿登道尔海军上将领导的海军代表团联系成立。但是伦敦方面，显然不大相信法国官方会振作起来。戴高乐在接触中感到，许多事实表明，他们的盟国在各方面的措施都是在假定法国即将退出战斗的前提下决定的。最要紧的是，法国海军的命运始终盘桓在他们的心头。在这危险的时刻，每一个法国人遇到任何英国人时，似乎都可以感到有一个若隐若现的问题压在他的心头。

晚上9点半，戴高乐在波尔多着陆。他的办公室中的亨伯特和奥比尔坦上校在机场迎接他。

他们告诉了戴高乐一件可怕的事情——雷诺总理被迫辞职了，总统勒布伦让贝当元帅组织了新的政府。

这就意味着投降已成定局。戴高乐当时的第一反应就是——自己的处境已经很危险了，必须当机立断，一到天明马上离开。

戴高乐去见了雷诺先生，发现他对于贝当掌权的后果问题根本不抱幻想。同时，他也像是卸下了千钧重担一样。只有亲眼见到的人才能体会在危难的时候掌权是一种多么残酷的考验。总理先生这些天来一直是废寝忘食，呕心沥血，感到法国命运的重担完全压在他一人身上。

一个领导人在危险之秋总是特别孤立无援，他首当其冲地经历了法国沦亡的各阶段中的逆流——色当被德国人突破，敦刻尔克败退，巴黎的放弃，波尔多的瓦解，但他只是在法国大难临头的前夕才掌权的，根本没有时间来应付局面的变幻。他以坚定不移的态度面对了这一场暴风雨。在这些剧变的日子里，雷诺先生从没失去把握，也从没有失去过自制而暴躁或抱怨。这样一个高尚的人物不幸被过分沉重的事物压垮了，这种情景是令人悲痛的。

晚间，戴高乐来到英国大使罗纳德·坎贝尔所住的饭店去告诉他，自己打算到伦敦去。前来参加会议的斯皮尔斯将军也说要和戴高乐一道乘飞机走。戴高乐通知了雷诺先生，他在秘密款项下支了10万法郎给戴高乐。戴高乐要求马尔热里立即把一张到英国的护照送到卡朗特斯去，给自己的妻子和孩子，让他们乘最后一班船离开那儿，到英国去。

6月17日早晨9时，戴高乐和斯皮尔斯将军及副官德·古塞尔一道，乘前一天晚上从英国开来的飞机离开了法国。

他们飞过了罗舍福尔和另外的一个港口，这儿的船只被德国飞机轰炸得起了火，正熊熊燃烧着。接着他们又飞过了班朋，在泽西停了一下之后，就在下午来到了伦敦。

对戴高乐来说，他一生中最重要的一个时期，从此开始了。而从这一天开始，1940年6月17日，戴高乐才算是真正地开始了他奇峰迭起的一生，无数的惊涛骇浪、风云激荡，好像一部传奇。

第六章

自由的海外岁月

1890-1970 戴高乐

1940 年 6 月 17 日晚，贝当元帅要求停战，4 天后，法国向希特勒投降了！

他成立了"自由法国"，从此以后，他和贝当政府及其军队的关系永远结束了。

他苦苦为之奋斗半生，取得的辉煌、荣誉，一切都消失了。

> 1940年8月，戴高乐被贝当政府缺席判处死刑。

>> 流亡英国

1940年8月2日，在历史上是普普通通的一天，但是这一天，对流亡英国的戴高乐来说，却是一个非同一般的日子。因为就在这一天，当他坐在英国卡尔顿花园，自己一手创建的"自由法国"的办公室里时，在大洋彼岸，在法国，投降的贝当政府的图卢兹第17区军事法庭，缺席审判，宣布了戴高乐将军的死刑。

这真是一个莫大的讽刺，戴高乐听到了这一消息后，没有什么情绪过激的表示，只是冷冰冰地说了一句话：

"贝当元帅是卖国贼，我要枪毙他；魏刚将军是卖国贼，我也要枪毙他。凡是叛徒都要被枪毙。"

说着这一番话的时候，戴高乐将军已经不再是2个月前那个刚刚从即将投降纳粹德国的已经土崩瓦解的法国逃来伦敦的无名将军了，他现在已经是法国的"战地旗手"，闻名世界的反法西斯英雄。

虽然只有2个月不到的时间，但是，在这短短的2个月时间里，发生的事情却实在是太多了，这些事情从根本上扭转和改变了戴高乐此后的生活。

现在，在英国伦敦卡尔顿花园的办公楼里，戴高乐不由自主地又回想起了自己在这两个月里经历的一系列事件……

1940年6月，是法国内阁就战与降的问题斗争最为激烈的时候。贝当元帅下令严密监视主战派人物戴高乐将军。精明强干的戴高乐将军曾是贝当元帅手下的一名团长。贝当深知他才智过人，随时都会作出意想不到的举动，为此，贝当元帅特地下了一道命令，组织了强有力的班子，严密控制这个与众不同的将军。

当戴高乐看到主战派领袖雷诺总理被逼下台，投降派领袖贝当上台后，他清楚地意识到，贝当上台意味着投降，大局已定，无可挽回。于是他毅然决定出走英国，去另辟坚持斗争的道路，抗战到底。然而，他的周围早已埋伏着贝当的密探，戴高乐的一举一动都在他们的严密控制之下，如何才能甩掉他们，出走成功呢？

戴高乐不愧是才智过人，计高胆大，他很快想出了一个高妙的主意，以迷惑密探们的嗅觉。

第二天，即6月17日上午9时，戴高乐经过头天晚上的紧张安排后，借口陪同丘吉尔来法国的斯皮尔斯将军需要送行，就一道去了机场。

在飞机场的停机坪上，主宾们相互握别，眼看专机已经滑到了起跑线上。戴高乐将军自如地和那位将军说着话，交换着必不可少的外交辞令。周围站满着大批的法国保安局的警员，以及贝当派来监视戴高乐的暗探。

突然，就在飞机轰隆起飞的最后时刻，舱门猛地打开了，从里边伸出一双强有力的大手，握住戴高乐将军的胳膊，把他提了上去。戴高乐顺势往上一跃，就进了舱门。这一举动真是突如其来，在场的暗探们"啊"地齐声惊叫，还没有明白过来究竟发生了什么，戴高乐已经变成了"飞将军"，腾空而去。"砰"一声舱门关上了，飞机离地而起，渐渐远去，消失在了空中。

地面上，目睹这番情景的法国官员们目瞪口呆。他们能怎么办呢？只能是望空兴叹。就这样，戴高乐勇敢果断地逃脱了贝当等投降派的魔掌。

初来伦敦，戴高乐感到自己是这样的孤单，一切都被剥光了。就像面对一片茫茫的大海，后退已经不可能了，在他面前只有一条路，就是跳到波涛汹涌的大海中去搏击，去奋斗，最终达到光明的彼岸。

戴高乐已经破釜沉舟了，但是，如何战斗呢？在什么范围内进行呢？要走到什么目的地呢？戴高乐茫然了。他此时是两手空空，"拔剑四顾心茫然"。在他身旁连一个军队和组织的影子也没有。在法国，他没有人拥护，也没有声誉，在国外同样没有名望和地位。但正是由于缺乏这些，他才找到了自己行动的方针，唯有毫不动摇地担负起光复法国的使命，才能获得权威；唯有成为国家和民族不屈服的战士，才能获得法国人民的承认和拥护，并获得外国人的尊敬和重视。他暗暗鼓励自己说：

"我虽力量有限，孤立无援，但正因为如此，我才必须爬上顶峰，不能后退！"

经过反复考虑，戴高乐确定了自己的目标、步骤和计划。

他想自己首要的工作是升起国旗，宣布奋斗的目标；其次是取得武器，然后建立起一支队伍。

这时候，对戴高乐来说最为幸运的是，英国首相丘吉尔同他的态度一样坚决。丘吉尔此时也是在敌我力量极端悬殊的情况下进行战斗的。陆军已是残兵败将，飞机不多，主要盟国已经屈服投降，他正准备迎接德国人随时可能发动的进攻来保卫他的岛国。但是，相比较而言，丘吉尔的资本还是要比戴高乐雄厚得多。毕竟，英国的领土完整无缺，人民的斗志依然旺盛，丘吉尔可以支配国家全部的武装和力量，而戴高乐则一无所有。

然而，即便是这样，不管怎么说，丘吉尔立即看到了戴高乐所具有的巨大的潜在价值。几天之前，丘吉尔在图尔几乎是自言自语地低声说过，戴高乐是个应运而生的人。

6月17日下午，戴高乐出现在了丘吉尔首相的对面。这已经不是两个人第一次见面，因此，戴高乐也就没有怎么客气，开门见山地提出："丘吉尔先生，我希望能够使用英国广播公司的电台，这是我所能抱有的最后的期望了。"

"当然，"丘吉尔说。他又能说什么呢？当时戴高乐就像是在英国的海岸边刚刚遇了难，一切都荡然无存，没有自己的帮助他又能做什么呢？因此，他慨然允诺说道，"好吧，一旦贝当向德国人求和之后，我就立即答应你进行广播。"

事情远比想象的要来得快，就在当天的晚些时候，他们得到消息说，贝当已经要求停火，一切都不可挽回了。

第二天（6月18日）下午6时，戴高乐根据和丘吉尔的事先约定，来到了布什大厦的B2播音室，坐在麦克风前，开始了他首次对法国全国人民的广播。

这是一个历史性的时刻，在历史上是如此，在戴高乐的生命中更是如此。这是他生命里最为关键的一个转折点，从这一刻起，他就变了，不再是一个普通的法国公民，不再是一个到处受到排挤、英雄无用武之地的将军，他变成了一个真正意义上法国的战地旗手，成了举世闻名的反法西斯英雄。他生涯中又一次漫长而辉煌的旅途，从此又进入了一片广阔而又崭新的天地。

然而在当时，戴高乐是没有时间想这么多的，他只是一心一意，饱含感情，用沙哑的嗓音，发表这场面向整个法国，整个欧洲，也是整个世界的演说。

他说道：

"许多年来指挥法国武装力量的领袖们已经成立了政府。"

"这一政府断定我国军队失败，已经开始和敌人进行交涉，以便停止敌对行动。完全可以肯定，无论是在地面还是天空，我们过去和现在都被敌人的机械化部队压倒，迫使我国军队撤退的是德国人的坦克、飞机和技术，而远远不是我们人数不足。正是德国的坦克、飞机和技术提供了突袭的因素，才使我国的领袖们落到现在这种不幸的境地。"

"但这是最终的结局吗？我们是否必须放弃一切希望呢？我们的失败是否已成定局而无法挽救了呢？我对这些问题的回答是：'不，决不！'"

"我是根据对于事实的充分了解在说话，我说法国的事业没有失败，我请求你们相信我。使我们失败的那些因素，终有一天会使我们转败为胜。"

∧ 1940年6月18日，戴高乐在伦敦英国广播公司（BBC）发表演说，呼吁民众抵抗侵略。

"因为，你们要记住，法国不是孤单的。它没有被孤立。在它的后面是一个广大的帝国，并且它还可以和大英帝国结成同盟。大英帝国控制着海洋，正在继续斗争。和英国一样，法国还能够毫无保留地利用美国的取之不尽的资源。"

"这场战争并不局限于我们这个不幸的国家。法国之战没有决定战争的结局。这是一场世界大战。错误是犯过的，曾经有过迟延和说不尽的苦难。但是，事实仍旧是，我们来日粉碎敌人所需要的每一件东西依然在世界上存在着。今天我们被机械化实力无情地击败了，但是我们还能展望未来，更加强大的机械化实力将给我们带来胜利。世界的命运还有待决定。"

"我是戴高乐将军，我现在在伦敦，我向目前在英国土地上和将来可能来到英国土地上的持有武器和没有武器的法国官兵发出号召，我向目前在英国土地上和将来可能来到英国土地上的军火工厂的一切工程师和技术工人发出号召，请你们和我取得联系。"

"无论发生什么事，法国抵抗的火焰不能熄灭，也决不会熄灭！"

演讲完了，很久，很久，戴高乐还在麦克风前，呆呆地、默默地坐着。

他好像想了很多，又好像什么都没有想。但是，在他的血管里面，确实有一种灼热的东西在沸腾。同时，他也感到一丝微微的酸楚。

是的，从此以后，他和波尔多政府以及军队的关系，将永远结束了。此前他苦苦为之奋斗半生，取得的所有的辉煌，荣誉，一切都消失了。就像空气，再也看不见，摸不着了。现在，他只是一个人，孤零零一个人，在将近半百的时候，又开始了漫漫而又未知的冒险生涯。他觉得是命运把自己抛弃了，丢掉了一切他可以依靠的东西。

但他还是渴望波尔多政府在最后的时刻会选择革命的道路，即使只有最小的可能，也必须加以鼓励。

这一天就这样过去了，戴高乐激昂动人的演说，通过无线电台传遍了英国，也越过海洋传遍了法国领土上的各个角落。虽然，他的讲话充满激情，但听的人并不怎么信服。他们怀疑一个不知名的新提拔的年轻准将，能否领导法国人民进行抗战，更怀疑他在国外的极其困难的条件下，能否建立起一支强大的反法西斯武装。

这就是1940年6月的情形。这真是一个令人备感煎熬的6月。

在这段时间里，戴高乐焦急如焚，吃不安、睡不着。他脑子里只有一个念头：坚持抗战，反对投降。在这段令人焦虑不安的日子里，只有少数人与戴高乐的观点相同，认为政府一旦投降就丧失了一切权力，而大多数人对贝当政府的合法性并没有认真提出过疑问。诺盖★将军倒是想打下去，但就连他也认为没有理由非得响应戴高乐的呼吁不可。这些高级的旧官僚基于陈腐的等级观念和传统思想，确实感到自己有充分的理由保持沉默。

是的，沉默，沉默！不是在沉默中爆发，就是在沉默中灭亡……6月21日，决定法兰西命运的时刻到了。

法国崩溃了，彻底崩溃了！

★诺 盖

法国将军。1897年毕业于炮兵技术学院。曾在北非服役。1924年晋升上校。1926年任枫丹白露军校校长。翌年到摩洛哥主管当地事务。此后回国任师长。1936年任摩洛哥总督。第二次世界大战中指挥北非战场的作战。法德停战协定签订后支持维希政权。1942年11月主张阻止盟军在摩洛哥沿海登陆。1943年辞去职务去葡萄牙。1947年被法国高等法院判处20年徒刑。

这一消息震惊了全世界。全世界的人民都触目惊心地看着这个伟大的国家走到了最后的陨落。大多数法国人在听到广播之后凄然泪下,无可奈何。不少爱国志士虽然不甘心战败,可又束手无策。

就在这时,人们听到了来自海峡彼岸的召唤。戴高乐——一个陌生的名字,就在贝当同德国政府签订停战协定的当天,戴高乐在伦敦又一次发表声明,严正指出维希政府由于投降已失去合法性,并正式宣布成立"自由法国",发誓"要把自由还给世界,把荣誉归还祖国"!

法国沦陷了,代表"自由法国行动"的洛林十字旗却在海峡彼岸高高树立起来。

6月28日,英国正式承认临时的法兰西民族委员会,承认戴高乐为"一切自由法国人的领袖"。当时,不少欧洲国家的合法政府流亡到伦敦,但像戴高乐那样,在国内存在着表面上"合法"的,并获得美国、苏联等多数国家承认的维希政府,而在伦敦又另起炉灶别树一帜的,却绝无仅有。

< 1940年6月17日,贝当元帅代表法国政府宣布战败投降。
> 1940年6月28日,英国首相丘吉尔代表政府正式承认临时的法兰西民族委员会,承认戴高乐为"一切自由法国人的领袖"。

当时,戴高乐面对的是接二连三的挫败,但他仍然坚韧不拔。他说:"我力量有限,孤立无援。但正因为如此,我才必须爬上高峰,永不后退!"

继续战斗?当然!但要达到什么目的呢?在什么范围之内进行呢?许多人,甚至包括赞成这一举动的人在内,都认为只能是一小群法国人来帮助屹立不动、坚持作战的不列颠帝国。戴高乐个人决不这样看问题。对戴高乐来说,应当为之服务并挽救的是他们自己的国家和民族。

如果他们承认在这次世界大战中只有法国投降,而且事情就是这样不变的话,那么他们的光荣、团结和独立便全都完结了。这样一来不论法国在此次冲突中结局如何,是彻底遭到失败后借外国的兵力赶走侵略者,还是继续被奴役,它的自暴自弃以及它使别人发生的自暴

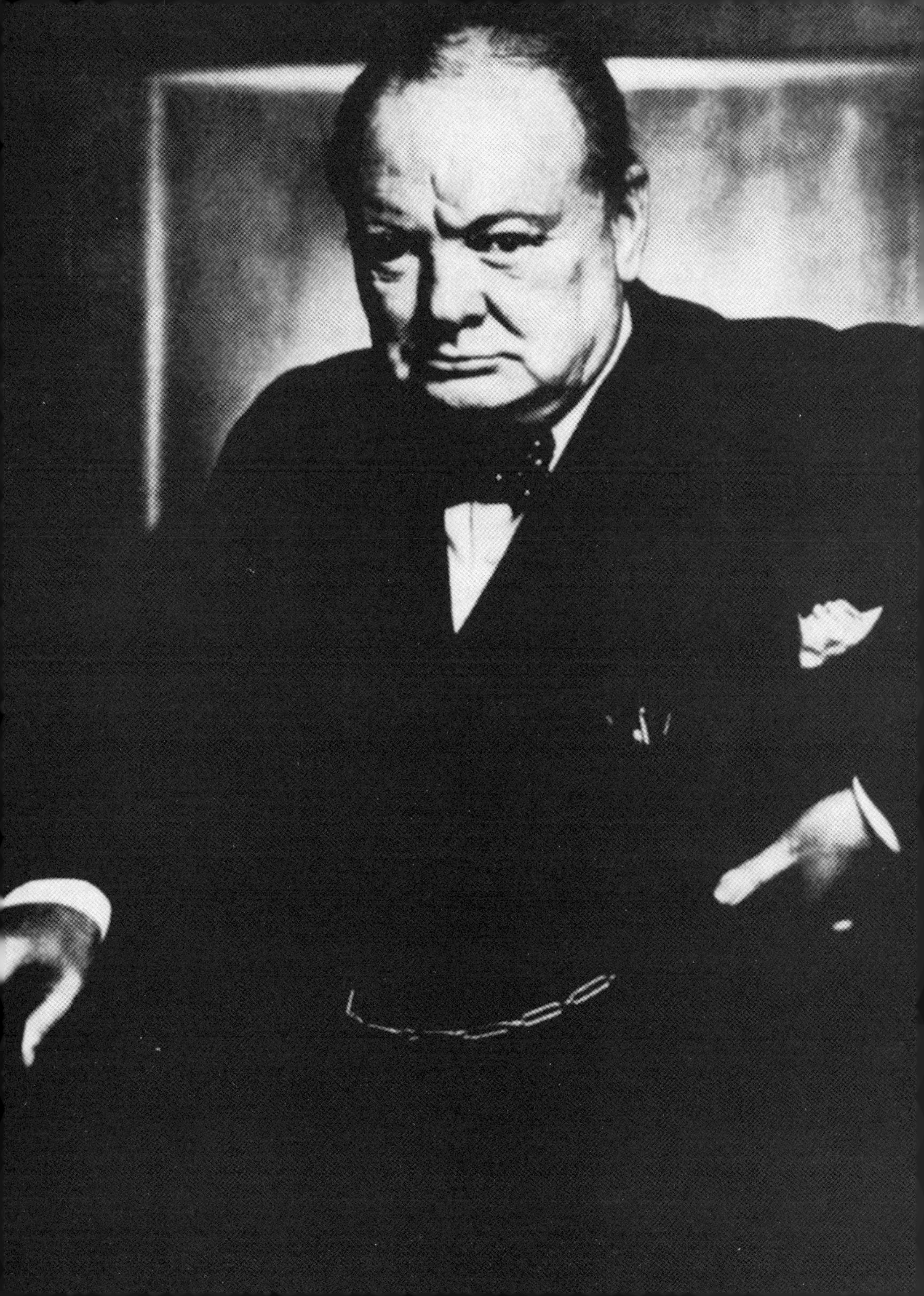

自弃，都将在许多世代中毒害它自己的生命和灵魂。只就最近的将来来说，如果战斗已经不是为了法国，那么他们又用什么名义来号召法国的儿女参加这场战斗呢？给另一个强国的军队提供附庸兵，又有什么好处呢？不能这样！如果要使这个事业有意义，那就不单要使几个法国人回到战争里来，而是要使整个法国回到战争里来。

这就必须做到下列各点：让他们的军队重新在战场上出现；让他们的国土上重新恢复战争状态；国家本身支援战斗者的行动；列强承认法国在这种情形下已经继续参加战斗。简单地说，要让他们的政府从崩溃和观望政策中回到战争中来，以便有一天取得胜利。

当戴高乐开始从事这一史无前例的事业以后，他有责任首先确定，没有比他更有资格的权力当局出来使法兰西帝国回到斗争中去。当时停战协定还没有生效，虽然可能性不大，但他们还是渴望波尔多政府在最后的时刻会选择战争的道路。即使只有极微小的可能，他们也必须加以鼓励。这就是为什么戴高乐在17日下午刚一到伦敦，马上就打电报给波尔多，表明他愿意继续效劳，愿意在伦敦进行前一天开始的谈判——关于从美国运来战争物资问题、德国俘虏问题以及迁往北非的问题。

回答是一个召戴高乐马上回去的电文。6月20日戴高乐写信给魏刚，叫他来领导抵抗运动，并保证只要他来领导，戴高乐自己完全服从。那时，魏刚在投降过程中已经给自己安上了令人惊讶的头衔——"国防部长"。这封信在几星期之后又退回给戴高乐了，上面加上了几句话，谁也看不出他在那些话中表示了敌意。6月30日，所谓"法国大使馆"转来了一项命令，叫戴高乐到图卢兹的圣米歇尔监狱去投降，交战争委员会审判。这个委员会起初判戴高乐4年徒刑。后来根据魏刚"部长"要求加刑的上诉，把戴高乐判处了死刑。

对于波尔多方面的这种态度，戴高乐完全置之不理，这是正确的！他已经通知海外的殖民地当局。早在6月19日，戴高乐就打电报给北非总司令兼摩洛哥总督诺盖将军，如果他拒绝停战条件，戴高乐就服从他的指挥。当晚戴高乐又在广播里力促"克劳塞尔、布高德、李约堤、诺盖等人领导下的非洲拒绝敌人的条件"。6月24日，戴高乐又打电报给诺盖重新提出他的要求，并且向在东地中海地区的总司令米特尔豪塞将军以及该地的高级专员鲍克斯将军、印度支那总督贾德鲁将军提出声明。他提议这些高级官员建立一个组织来保卫帝国，他可以马上保证和伦敦方面联系。6月27日，戴高乐听到突尼斯总督贝鲁东先生发表了一篇很富于战斗性的演说，便立即邀请他也来参加"抵抗委员会"，同时又向米特尔豪塞和鲍克斯将军再度提出他的敦请。那一天，由于情况的需要，戴高乐为他自己和随员在一个法国货船上订了舱位，打算到摩洛哥去。

>> 东山再起

法国的崩溃震惊了全世界，全世界的人民都触目惊心地看着这个伟大明星的陨落。

∧ 在戴高乐的号召下，来自法国的志愿者聚集在他周围，这些人组成了"自由法国"的基本力量。

　　因此，法国人中间就像其他民族内部一样，恐惧、悲观和失望交织成一种错综复杂的情绪，普遍地对法国抱着一种放任的态度。虽然有许多人的感情仍然忠于法国往昔的传统，许多利益集团还急于要从现在的残羹剩饭中捞一把，但没有一个权要人物在任何地方挺身出来，表明他仍然坚信法国的独立、光荣和伟大。世界上的名人都认为，法国今后受奴役、侮辱和愚弄是理所当然的事了。这种普遍的绝望造成了一种可怕的空虚情绪，在这种情绪面前，顿使戴高乐感到自己的使命是明确的、沉重的。在这一段最黑暗的历史时期里，要由戴高乐来肩负起全法国的重任。

　　但没有武装就没有法国，建立一支战斗部队比什么都重要。戴高乐马上着手进行这项工作。在英国还有一些军事人员。首先他们还有阿尔卑斯轻装备师的部队，这一师由贝多亚特将军指挥着在挪威打了几次漂亮仗之后，于6月中旬回到布列塔尼半岛，接着便和最后一批英国部队一起在那里登陆。此外还有海军的一些船只，总共约有10万吨位左右。这些都是从瑟堡、布雷斯特、洛里昂等港口逃出来的。船上除了船员外，还有许多官兵，至少有10,000名水手。此外还有几千名在比利时受伤的士兵，被送到英国医院去治疗。法国军事代表团就这些人员组织了一个指挥部和管理机构，以使他们服从维希政府，并准备把他们一起遣送回国。

光是和这些零散的部队接头，就使戴高乐感到非常困难。首先，他的随员很少，几乎都是副官。他们虽然满心怀着好意，但叫他们去推动官场中的事情还是无能为力的。他们所能做的，只是在他们遇到的官兵里面做做宣传，而这些他们都已经做了，效果自然是很小的。戴高乐在6月18日发出号召，一星期以后，在英国人借给他们的奥林匹亚广场上扎营的志愿军，总共只有几百人。

应当指出的是，英国当局对他们的事情没有给予多大帮助。当然他们散发过一些传单，告诉法国军人，他们可以自己决定遣送回国，还是参加戴高乐的军队或参加英国皇家部队。丘吉尔本人所做的指示，以及他派来负责使自由法国与英国海陆空军联络的斯皮尔斯将军所做的一些活动，有时也确实消除了一些惰性和对立情绪。报纸，无线电广播，许多协会和成千上万的个人都对他们的事业表示了热烈的欢迎。至于英国的最高统帅部，则每天都在提防德国人的进攻甚至入侵，忙于对这方面的准备工作，像他们这种"次要"的事情更无暇顾及了。同时，由于外交礼节和习惯，它倾向于尊重事物的常规，也就是说，尊重维希政府和他们的使节。最后，它对他们这一批昨天的同盟者是不敢相信的，因为这一批人受到了灾难的屈辱，对于自己和旁人都感到不满，而且都是满腹牢骚。如果敌人建立了桥头堡，这些人能做些什么呢？难道最聪明的办法不是尽快地把他们用船装走吗？戴高乐将军所能争取的，只是几营士兵而没有干部，只是一些水手而没有军官。这又有什么用处呢？

这时每天都有单个的志愿者到英国来。他们大都来自法国。有些是乘最后的班船离开的，有些是弄到一只小船之后逃出来的，还有些则是克服重重困难通过西班牙逃来的。他们要躲过警察，不然被抓住的人，就会被关进米朗达集中营。有些飞行人员掌握着飞机，没有让它沦入维希政府的控制，并且设法飞离北非而到达直布罗陀。有些商船的海员抓住出航的机会就开出法国港口，或者是用小船逃出来，如"卡博·奥尔摩"号（船长维勒曼）就是这样。他们都要求当战斗员。有些侨居海外的法国人到这里来要求入伍。在敦刻尔克受伤后在英国医院疗养的2,000人，现在已经逐渐复原了。戴高乐在白城召集他们开了一个会，报名入伍的共有200人。有一个殖民地营凑巧驻扎在塞浦路斯，他们脱离了东地中海地区的部队，自动地团结在罗斯特队长的周围。6月末有一个渔船队到了康沃尔，把塞翁岛上所有强壮的人都带到戴高乐将军这边来了。这些热情充沛的青年，有许多是经过千辛万苦才到达他这边的。这样的人与日俱增地参加到他的行列中来，加强了他的决心。同时世界各地的信件，在他的桌上堆积如山：有些是个人寄来的，有些是小团体发来的，他们都要求入伍。戴高乐的部下和斯皮尔斯代表团的军官进行了大量艰苦卓绝的工作来安排他们的交通工具问题。

>> "民族委员会"

忙忙碌碌之中，1940年7月14日，法国国庆日悄悄来到了。戴高乐采取了果敢而又不无想象力的运动,决定举行自由法国战斗队伍阅兵仪式。

这真是一大创举!

7月14日上午,拥有7,000余人的自由法国战斗队伍齐集日厅。戴高乐威严地站在台阶上,他的身后是一幅巨大的福煦★元帅画像。戴高乐用他那特有的犀利的目光注视着这支队伍。在微风的吹拂下,洛林十字旗高高飘扬。

10点钟,戴高乐宣布阅兵开始。在伦敦公众赞许的目光之下,一列列队伍英姿勃勃地走过主席台前。

戴高乐默默地注视着这支年轻的队伍。他的外表看起来是那么峻冷,可是他的内心却燃烧着一团火。他在心灵深处意识到,光复祖国的重任就要落在他们的肩上,任重而道远。

随后,戴高乐率领这支队伍,在福煦元帅的像前敬献了三色花圈。

这是戴高乐以及他的部队第一次在伦敦公开亮相,他向人们宣告了"自由法国"的成立,从此将与维希政府分庭抗礼。同时,为了完成自由法国的抗德大业,他希望得到全世界人民的更多支持。

7月21日,在戴高乐的要求下,有几个飞行员参加了鲁尔区的轰炸,戴高乐宣布"自由法国"重新投入战斗了。他们所有的军队都接受达让吕所提出的意见,用洛林十字作标志。8月24日,英王乔治六世来检阅他们这支小队伍。看到这支队伍时,人们就会相信,"剑身"淬火很硬。天啊,这剑身又是如何短哟!

7月末,戴高乐的现役人员还只有7,000人。这就是戴高乐在英国本

★福 煦

法国元帅,军事家。1873年巴黎综合工科学院毕业后入炮兵学校。1887年毕业于军事学校。先后在第16军参谋部、总参谋部、第13炮兵团任职。1896年至1900年任军事学院教授,1908年起任该院院长,同时在总参谋部兼职,对第一次世界大战前法国的军事思想有一定影响。后参加第一次世界大战,因其突出贡献多次晋升,1918年8月晋元帅,入选法兰西科学院院士。1919年获英国元帅称号,1923年获波兰元帅称号。著有《战争原则》及《战争回忆录》。

部所能征集的全体人员。没有参加他们这一边的法国军队，那时都被遣送回国了。他们还冲破种种困难，要回了不是被英国人拿走，便是被其他盟国拿走的他们所留下的武器和其他物资。至于船只，他们只能将其中的一部分配备船员。其他的船便插着外国旗帜航行，看来真是令人痛心。即使如此，他们第一支部队终于渐次形成了。他们的武器是陈旧的，但人员却是坚强的。

实际上，法国抵抗运动的全体斗士，不论在什么地方都必然属于强者之列。他们敢于冒险，甚至达到了像爱好艺术那样爱好冒险的地步，对于懦弱和淡漠怀着鄙视的态度。他们也有一种抑郁的心情，在没有危险的时候就互相争吵，但遇事却能热烈地团结在一起，由于祖国的厄运以及跟装备优良的盟友相接触，他们具有高度爱国心。最要紧的是，他们对自己的计谋和策划都具有极大的信心。以上便是这一批从无到有，从小到大的精锐部队的心理状态。它将渐次成长，直到拉着整个国家和帝国跟着它前进。

当他们试图创立他们自己的军队时，确定他们和英政府之间的关系这一问题就成了一个极端重要的问题。他们不是为了法律上的定义问题，而是希望看到英王陛下领土内有一批同情他们的困窘的人——战斗的法国人的权利和义务能得到实际的解决。英国政府倒的确愿意这样做。

一开始，戴高乐就告诉丘吉尔说，他希望在可能范围内倡议成立一个"民族委员会"来指挥他们作战。为了促成这件事，英国政府在6月23日发表了两个公告：第一个公告否认波尔多政府是独立的政府；第二个提到了组织法兰西民族委员会的建议，并预先表示愿意承认

> 戴高乐陪同英王乔治六世视察"自由法国"抵抗部队。

★贝奈斯

捷克斯洛伐克共和国总统。出身贫苦，接受良好教育。1922年任布拉格大学社会学教授。第一次世界大战中与马萨里克一起领导捷克复国运动。从1915年起曾出任民族委员秘书长，捷克斯洛伐克共和国外交部长、总理。1935年继马萨里克任总统。1938年在英法压力下，接受《慕尼黑协定》后辞职出国。1940年在伦敦领导捷克资产阶级流亡政府。二战后1946年当选总统，1948年参与二月事件，同年6月下台。著有《德国和捷克斯洛伐克》等。

它，往后一切有关进行战争的事务都将与它发生关系。6月25日英国政府发表了一项公告，承认法兰西帝国某些高级负责人士所表示的抗战愿望，并向他们提供援助。这时任何方面都没有反应，伦敦的内阁会议作出决定，公开承认戴高乐是"自由法国的领袖"。

于是戴高乐便以这种身份和英国首相以及外交部进行必要的谈判。以戴高乐自己在6月26日交给丘吉尔先生和哈里法克斯勋爵的一份备忘录为起点，结果达成了1940年8月7日的协议。

在协议中，"自由法国"军队的开支当然暂时由英国政府负担。由于初期他们没有财源，所以戴高乐坚持载明这只是借用，将来再来归还，但他们已经供应英国人的东西也应当计算在内。实际上还没有等到战争结束，他们就把全部借款归还了。所以结算起来，他们的经费并不是由英国负担的。

最后，英国人虽然一心留恋海船的吨位，但经过一番周折之后，仍然同意在他们和法国军事部门之间建立"永久的联系"，解决"法国商船及其水手"的使用问题。

戴高乐和丘吉尔在首相别墅共同签署了这份文件。

一无所有的"自由法国"是一个有趣的尝试。首先受它吸引的是最急切和最不幸的波兰人和捷克人。在他们看来，他们这批忠于法国传统的人，正是由于这种忠诚才代表一种希望，成为吸引力的中心。尤其是锡奈尔斯基和贝奈斯★，他们虽然处在错综而微妙的局势中，到处受人怀疑因而使自己的处境变得复杂，却和戴高乐建立了经常的联系。法国的使命对全世界究竟具有什么意义，戴高乐从没有像在那个陷于深渊的时候认识得那样清楚。

他们在努力使法国获得国际重视的同时，设法使政治和行政机构的雏形活动起来。戴高乐当时既无声望又无资源，如果把他身边形成的那个初

125

步组织称为"政府"，那简直是很可笑的。此外，他深信维希政府一直坠落下去，直到彻底垮台为止。他也曾宣布，仰承敌人鼻息的政府是不合法的政府。但戴高乐不愿心怀成见，认为国家机器在机会来临的时候仍然不可能根据战争的要求重新改组。所以他尽可能不建立在任何情况下足以妨碍国家重建的任何东西，甚至在名义上也不愿意这样做。他对帝国领导人所提出的一切，只是叫他们联合起来共御外敌。当事实证明他们已经无可挽救的时候，他便决定尽快组织一个简单的"民族委员会"。

他们必须使有充分代表性的杰出人物支持他们。起初有些乐观主义者认为这样的人很容易找到。他们不时地听到某某著名政治家、将军或声誉昭著的学者通过里斯本来了，或者在利物浦登了岸。但是马上就有人出来否认。即使在伦敦，由于公务或者偶然的机会来到这里的许多著名的法国人，除开少数几个人以外，大多数不参加"自由法国"。有些人径直回国了。有些留在这里的人，则声明服从维希政府。至于反对投降的人，有些自动地在英国或美国安排自己的流亡生活，有些则在英国或美国的政府中工作。到他的旗帜下来的"经得起考验的人"毕竟是很少的。

那时，许多人都认为他的事业是一个险象丛生的冒险，斯皮尔斯却马上理解了它的性质和范围。他负责和"自由法国"及其领导人打交道时，是具有热忱的。但他为他们服务的愿望，却使他更加嫉妒他们。他赞成"自由法国"脱离一切而独立，但当"自由法国"在他面前站起来时却又使他恼怒。所以他在开始时虽然竭力帮助他们，却命定终有一日要离开他们的事业，并和他们作对。从他对"自由法国"所表现的热情来看，他难道没有因为不能领导它而感到遗憾吗？他难道没有因为离开它而感到悲伤吗？

但是"自由法国"在诞生时并没有遇到他成功时所遇到的那种敌手。它只是在弱者的命运必然遭到的苦难中挣扎。戴高乐和他的助手起初在伦敦的圣斯蒂芬大厦工作。他们在这里租了一层楼房，摆了几张桌椅。后来英国当局又把卡尔顿花园一所更方便的房子交给他们使用。后来他们的主要中心就设在那所房子里。那儿每天都有失望的浪潮向他们冲击，但也有大量振奋人心的消息使他们喜出望外。

> 1940 年 7 月，戴高乐与"自由法国"战士交谈，右起第三人为其子。

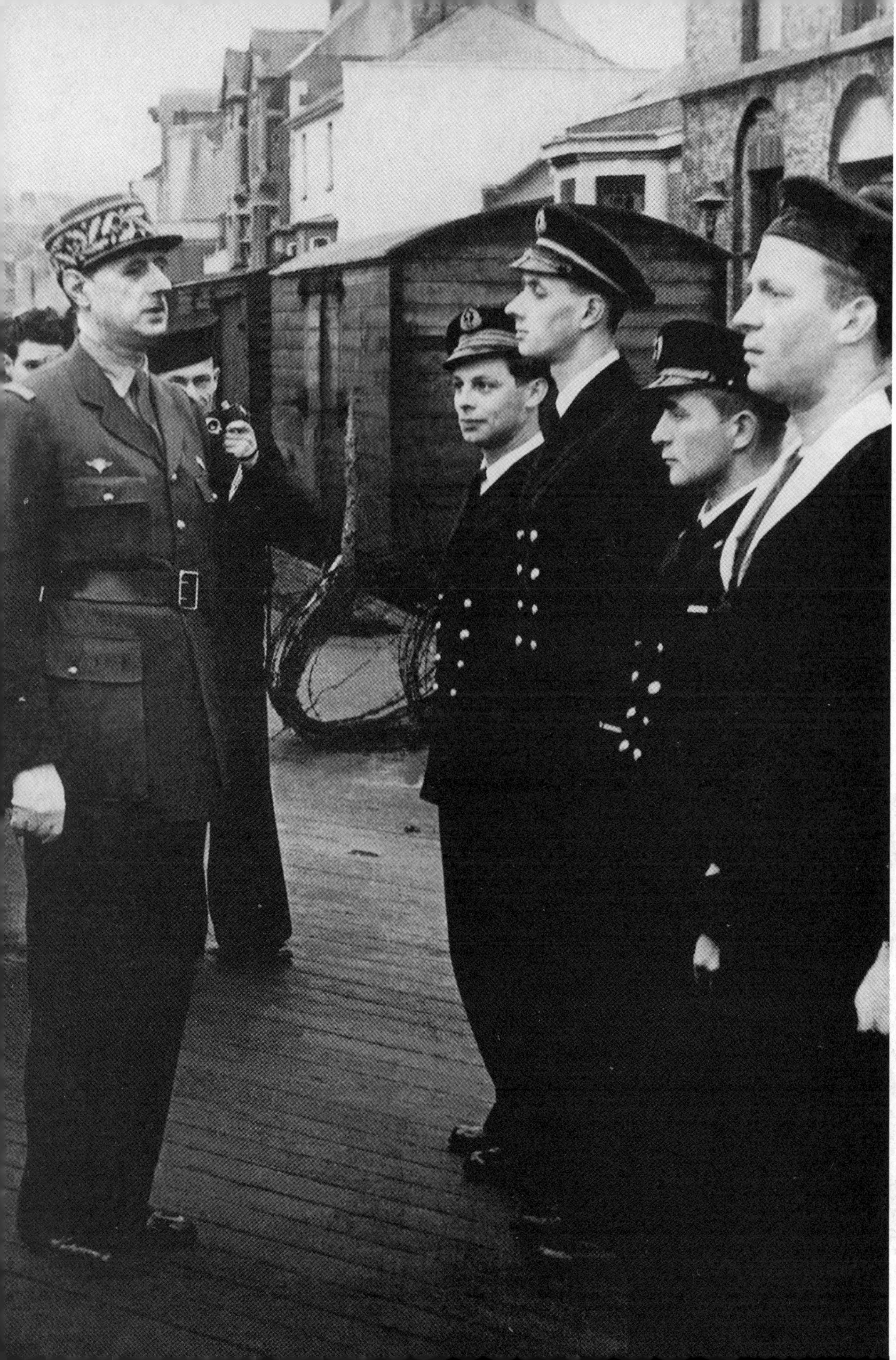

第七章

筹谋非洲

1890-1970 戴高乐

1941 至 1942 年，在戴高乐的号召和鼓舞下，一大批秘密抗战的组织纷纷成立了，戴高乐决心把这些组织统一在自由法国的领导下。

1943 年 5 月，由法共发起，成立了"抵抗运动委员会"。戴高乐被确认为法国抵抗运动的唯一领袖。

不久之后，自由法国更名为"战斗法国"，戴高乐最终统一了国内外抗德力量。

> 戴高乐不断奔走于世界各地，号召流亡的法国人加入"自由法国"运动。

>> 在非洲继续战斗

到了 8 月的时候，"自由法国"有了一些资源，也有了一个初步的组织，而且获得了一定的声誉。戴高乐必须立即运用这一切。

在别的方面戴高乐也许会感到迷惑，可对于应当立即采取什么行动的问题，戴高乐倒丝毫没有怀疑。希特勒已经在欧洲赢得了第一回合。这时已开始第二回合了，这次必须是全世界规模的。总有一天会有机会让他们在可能的地方——旧大陆上赢得一次决定性的战争。目前他们法国人必须在非洲继续战斗。几星期以前戴高乐枉费心机地企图把政府和最高统帅部引向这条路。现在当戴高乐发现政府和最高统帅部继续坚持作战的责任完全落在他肩上时，他便毅然走上这条路。

法国的军队和领地参加非洲的战争，就等于法国的一部分重新参加抗战，也就是直接抵抗敌人，保卫领土。这也是在可能范围内打动英国，或许有一天还要打动美国，让他们认识到了自己在战斗中的需要和本身的利益，不能只顾自己。最后，这也是使"自由法国"结束流亡状态，使它的统治权充分地在自己的土地上行使。

但他们到非洲应当从什么地方着手呢？在最近的将来，阿尔及利亚—摩洛哥—突尼斯地区方面是无法指望得到什么肯定结果的。起初确实有许多市府、协会、军官组织、退伍军人团体都写信给戴高乐表示拥护，但要求退出的声明也很快就寄来了。检查制度和惩罚正在展开，米尔斯克比尔的悲剧使最后的抵抗计划瓦解。在那里，人们还抱着一种"胆怯的轻松情绪"，认为停战条件使北非处于占领之外。法国当局在这里显然以一种军事的和具体的形式存在着,这使法国侨民有了信心，而又没有得罪当地人。最后，维希政府所谓的"民族革命"的某些方面——如对有产阶级的号召、对行政方面的慰藉、退伍军人的示威、反犹太主义的表现等等，都和很多人的愿望相符合。总之，人们从不停下来想想北非总有一天能"起一些作用"，反而坐在那儿观望。出于内部自发的运动，是无法指望的。至于从外部采取行动夺取政权又显然不是戴高乐所能考虑的。

非洲的情形则完全不同。自由法国刚一成立，达喀尔、圣路易、瓦加杜加、阿比让、科纳克里、洛美、杜阿拉、布拉柴维尔、塔那纳利佛等地就进行了游行示威，同时这些地区也写了许多信件给戴高乐。这些

★奥兰事件

亦称米尔斯克比尔之战。法国沦亡前，英国为保持制海权，要求法国舰队开往英国。在遭到维希政府拒绝后，1940年7月3日，英国对停泊在阿尔及利亚西北部的米尔斯克比尔（亦称奥兰）以及其他港口的法国舰队进行突然袭击，将大部分舰只击沉和重创，约1,300多名法国水兵丧生。4日，英国将停泊在其所控制的港口的所有法国舰只全部没收。次日，法国维希政府宣布与英国断交。

都说明，在那富于进取精神的新领土上，坚持作战看来是不成问题的，但是诺盖最后采取了顺从的态度。奥兰事件★又产生了不良影响，再加上布伊松（先是赤道北非洲的总督、后是达喀尔的高级专员）态度暧昧以至他的部属的热情消失了。这些都减低了非洲人的激昂情绪。但是在他们的殖民地中，仍有大部分在燃烧着战火。

有美好前景的主要是在他们的赤道非洲地区。喀麦隆的反对停战协定运动，更是深入到各阶层。这个生气勃勃的国家，不论是法国人还是本地人，都对投降非常愤慨。诚然，他们毫不怀疑，要是希特勒得到胜利，第一次世界大战前他们所遭受的德国统治又会卷土重来。有几个过去的德国殖民者不久前刚撤退到西班牙的斐南多岛上去，这时就发表文章声称，在最近的将来要回来重操旧业和恢复种植园。这些文章传看以后，群情哗然。一个行动委员会在政务部主任蒙克拉尔先生的领导下建

立了，并向戴高乐声明加入"自由法国"。领地长官布鲁诺由于看不清局势的变化而拒绝参加。但是可以肯定，如果有外界的坚决推动，这个问题是可以得到解决的。

乍得的情形比这里还要好。总督费利克斯·艾布厄立即赞同抵抗运动。这位有良心有智慧的、热烈维护法国的黑人，这位人道主义的哲学家，全力以赴地反对法国的屈服，不承认纳粹种族歧视的胜利。从戴高乐第一次拜访艾布厄起，他就在他的秘书长劳朗梯的同意下原则上作出了决定。法国的部队和平民都倾向于同一目标。对于许多人说来，鼓起勇气就是运用理智。坚持岗位的士兵和利比亚的意大利人保持着接触。他们的战斗意志丝毫没有受影响，迫切希望戴高乐将军给他们派来援军。法国的公务人员和商人也和非洲人的酋长一样，不安地推测着，乍得经济生活会变成什么样子。当艾布厄把这种情况告诉戴高乐以后，戴高乐在7月16日打了一个电报给他。他回复了一个很详细的报告，声明他愿意公开加入他们这边，并说明在法国托付给他保卫的土地上，生活和防卫事宜决定于哪些条件。最后他问戴高乐有什么办法帮助他，使他可以在洛林十字旗下完成自己的义务。

刚果方面的局势比较暧昧，领地长官伊松在布拉柴维尔一直住到7月中。后来到喀尔任职时，仍然保留着管理整个赤道地区的权力，他把胡松将军留下来当作继任者。这个人是一个崇高的军人，但却受着错误的纪律观念的束缚。这次灾难虽然使他陷于悲寂的状态中，但却不愿放弃对维希的服从。乌班吉有许多人拥护抵抗路线，问题完全要看刚果方面的态度。从另一方面说来，在加蓬这个古老而拘泥的殖民地——在传统上就自以为和这些领土中的其他地区不同——某些圈子里的人物坚持一种暧昧的保留态度。

估计一下法属非洲的情况以后，戴高乐决定尽快地尝试一下，首先把赤道地区号召起来。戴高乐确信，可能除了加蓬地区以外，这一行动无须使用武力。如果头一炮打响了，戴高乐就到西非去采取行动。但后一件事除非是经过长期的努力，并具有相当的力量，戴高乐不想首先在那里进行。

当他们把洛林十字旗在乍得与喀麦隆升起的时候，还必须把刚果、乌班吉和加蓬等3个殖民地拉过来。而这实际上就要把赤道非洲的首府、权威的象征——布拉柴维尔夺下来。戴高乐把这个任务交给德·拉尔米纳上校。这位杰出而机敏的军官那时在开罗。在6月末，他就以法国中东军区参谋长的资格劝说他的领导米特尔豪塞将军坚持战斗，但没有成功。后来他自己便把不接受停战的部队组织起来搞到巴勒斯坦去。但米特尔豪塞又把他们叫回来了，那次的确得到了英国中东总司令魏菲尔将军的帮助。它害怕这支流亡的军队会给他带来麻烦，而不会给他带来便利。这支部队只有一小部分保留下来，到达了英国的领土。拉尔米纳被捕后又逃走了。他跑到吉布提以后，当勒让蒂约姆将军的助手。他曾努力使法属索马里坚持战斗，但没有得到成功，后来便退休到埃及去了。

他在埃及接到了戴高乐叫他到伦敦报到的命令。但途中又接到另一命令，叫他到利奥波德维尔去。他到比属刚果之后，领地长官黎克曼很慎重但极坚决地帮助了他，这件事得到了舆论的同情。住在当地的精神上团结在斯道伯博士周围的法国公民也都支持他。拉尔米纳根据他的指示，将从刚果河的一岸到对岸准备他在布拉柴维尔的基地，并准备在整个赤道地区配合行动。

一切准备就绪之后，拉尔米纳、普利文、勒克莱尔和布瓦斯朗贝，加上经过迂回曲折的道路从乍得来的多朗诺队长在拉各斯会面。这次尼日利亚总督贝尔纳·布尔迪隆和往常一样，给予"自由法国"以积极和明智的协助。大家商定首先要使乍得倒向他们这一方面来。第二天杜阿拉的事情就要着手进行。第三天则解决布拉柴维尔的问题。

8月26日，总督艾布尼和该地区军队的指挥官马尔尚上校，在拉密堡郑重庄严地宣布乍得参加戴高乐将军的阵营。前一天普利文就坐飞机来了，他以戴高乐的名义批准了这件事。戴高乐自己在伦敦的广播中又宣布此事，并把乍得当成帝国的榜样。

27日，勒克莱尔与布瓦斯朗贝出色地按照预定计划在喀麦隆完成了突击战斗任务。但他们出发时，兵力是很小的。

起初戴高乐打算派一个分遣队去支援他们。他们在英国一个兵营里物色了1,000名黑人枪手。他们在法国战争时期从象牙海岸送来增援某些殖民地部队，但由于来迟了，只好待在英国等候遣送回去。戴高乐征得英国人的同意，把这个分遣队送到阿克拉去，到那里之后归巴朗队长指挥。他们完全有理由相信这些黑人队伍回到非洲不会惊动维希政府。这些士兵终于在黄金海岸登了陆。他们的军容十分整齐，英国军官忍不住把他们编到自己的队伍中去了。因此，勒克莱尔和布瓦斯朗贝手中只能掌握很少几个士兵和从杜阿拉逃来的几个人。即便如此，当他们离开维多利亚的时候，英军总司令吉法德忽然害怕这一行动所带来的后果，命令他们停止进行。戴高乐用电报通知他们应当独立行动。他们得到戴高乐的完全同意后，就没有理会英国人的命令。多亏维多利亚方面英国人的谅解，他们乘土人的独木船到杜阿拉去了。

戴高乐认为要紧的是，避免大规模的冲突。这倒不是幻想着解放一个国家可以不让法国人与法国人之间流一滴血，当然这是令人遗憾的事！但如果在那个时候和那个地方进行大规模战斗，不论结果如何，总是会严重地影响他们的前途。如果不了解上述看法是他的主要信念，那么达喀尔事件的过程便无法理解了。

因此，戴高乐的计划一开始就不打算直接进攻。他的看法是用一支坚强的纵队在离要塞很远的地方登陆，然后在向目标挺进的途中把它所

> 1940 年，戴高乐与丘吉尔在一起。

通过的地区和所遇到的部队团结起来。自由法国的军队通过这种方式，一边接触一边扩充，由陆地通往达喀尔，这是完全有把握的。戴高乐准备派部队在科内纳克里登陆。从这里就可以利用公路和铁路的联系向西非的首府挺进。但为了避免远征军被达喀尔的海军分遣舰队消灭掉，就必须从海上加以掩护。戴高乐必须要求英国舰队来担任这项掩护工作。

7 月末，戴高乐把他的意见告诉了丘吉尔先生。他当时没有给戴高乐明确答复，过了一些时候他邀戴高乐去商谈这件事。8 月 6 日，戴高乐在唐宁街一间大厅里会见了他。那间大厅按传统是兼作首相的办公室和会议室两用的。厅里摆着一张老大的桌子，桌子上铺着几张地图，丘吉尔在桌子前面一边神采奕奕地走来走去，一边和戴高乐谈话。

他对戴高乐说："我们必须共同控制达喀尔，对你说这是非常重要的。因为事情要是进行得顺利的话，就意味着大量的法军将回到战争里来。对于他们来说，这也很重要。因为如果能利用达喀尔作基地，就能使艰巨的大西洋战斗中许多困难的问题得到顺利解决。所以和海军部队以及许多参谋长商议以后，我就可以答复你。我们准备帮助你们这次远征。我们打算派出一支相当强大的海军，但却不能把这支兵力留在非洲海岸边很久。我们必须把它调回来掩护英国本土并进行地中海的战斗，所以行动必须十分迅速。这就是为什么我们不同意你们在科纳克里登陆然后慢慢地通过灌木林的理由。因为那样我们的舰队就必须在附近停好几个月之久。"

>> 非洲的"法国"

　　戴高乐认为,在非洲达喀尔如果被炮火所毁,最后不得不以断瓦残垣向英国人投降。那他们完全有理由认为,这一场战斗最后是法国的主权受损害。戴高乐和英国舰队指挥官约翰·坎宁安海军上将共同制定了作战计划。在这一艰巨的事情中,戴高乐发现他有时是不好共事的,但却是一个卓越的航海家和富于感情的人。同时戴高乐又把他们法国人所能用在这次事件中的实力组织一下,他们的力量的确小得可怜! 其中包括3艘护航舰("萨伏龙·德·布拉札"号、"杜博队长"号、"多明内队长"号)和2艘武装拖船("维伦号"号、"维金"号)。法国人那时自己没有邮船,于是便借了荷兰人两艘("潘兰德"号和"威斯特兰德"号),装载1营外籍军团,1连募兵、1连海军陆战队、1个坦克连和1个炮兵连的官兵。还有1支临时组织的后勤部队,总共有2,000人。此外还有2个空军中队的驾驶员。有4艘法国货船("阿纳迪尔"号、"卡桑芒斯"号、"拉密堡"号以及"内华达"号)装着这样一些辎重:坦克、大炮、装箱的吕山达式、飓风式和布兰罕姆式飞机、各种车辆以及一些食品。

　　在启航前几天,英国人对于戴高乐在获胜后如何使用巴马科的大量黄金储备的问题引起了一场激烈的争论。这些都是法兰西银行和比利时与波兰国家银行存在那里的金条。法兰西银行的储备和存款事实上在德寇入侵时一部分撤到塞内加尔,另一部分则在联合储备银行的金库中保存着,其余的正在运往马提尼克途中。各交战国的情报机关正在通过封锁线、国境线和哨卡密切地监视着巴马科的黄金。

　　比利时人与波兰人都希望他们那一份能给他们。这是非常合理合法的,戴高乐对斯巴克和札勒斯基先生都作了必要的保证。英国人自然无权占有,但他们也同样要求用这笔黄金来直接支付他们在美国所购买的物资,并声称这样做是为

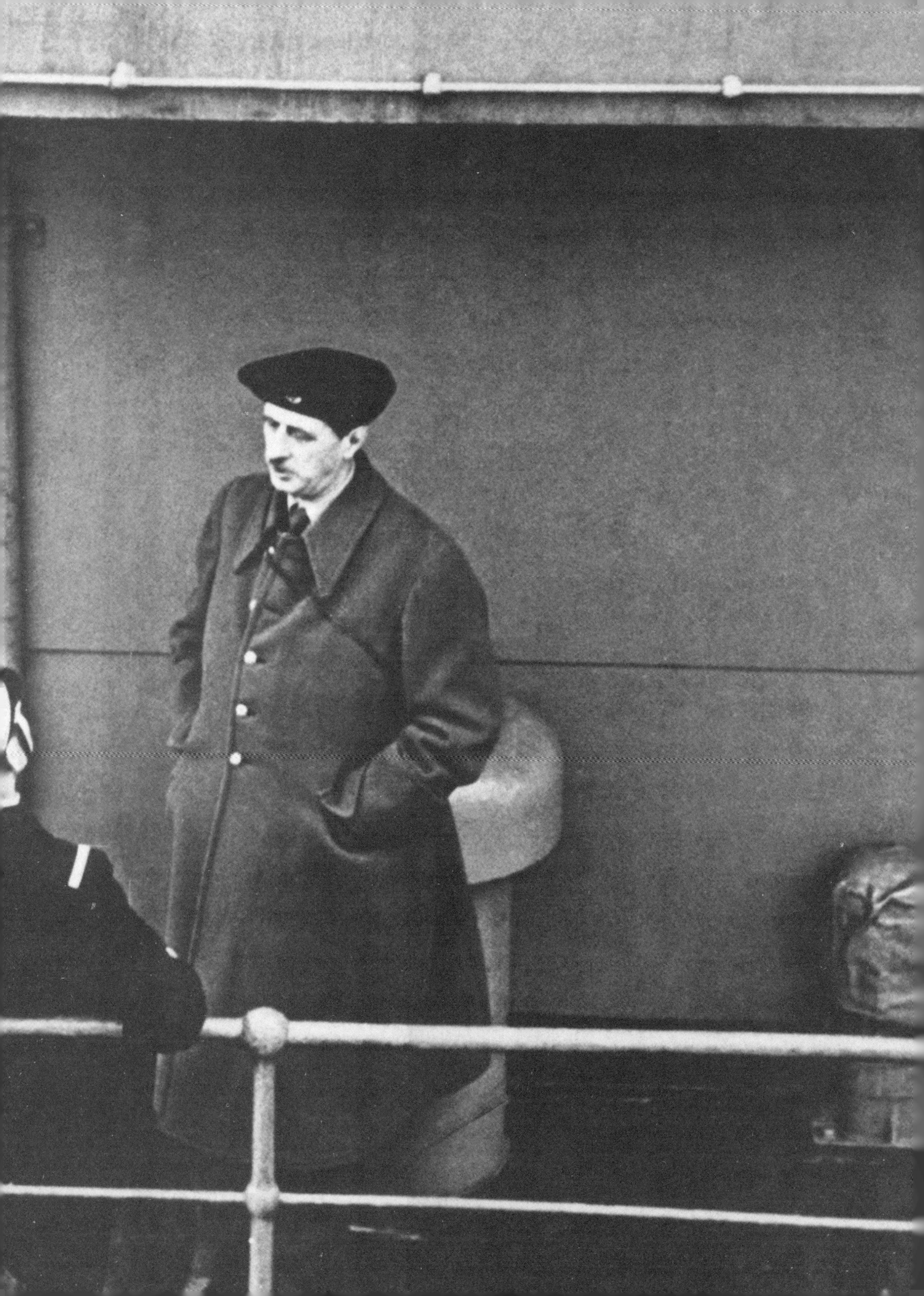

了整个盟国的利益。实际上，在这一个时期，除非付现款，美国根本就不卖东西给任何人。可是斯皮尔斯将军十分坚持，而且还威胁说，英国人将放弃已经取得协议的远征，但戴高乐还是拒绝了这个要求。最后就像戴高乐起初建议的那样，法国在巴马科的黄金只能用来偿付英国为"战斗法国"在美国购买的物资。

登船以前，乍得、喀麦隆、刚果和乌班吉归附的消息传来，正好加强了他们的信心。即使他们攻占达喀尔没成功，至少也可以指望由于率领这样多增援部队，就能把非洲的中心地区组织起来，成为战斗法国的作战基地和领土。

8月31日远征队从利物浦出发了。戴高乐自己和部分法国部队加上一个小参谋部坐在"威斯特兰德"号上。这船上有一面法国国旗挂在荷兰国旗旁边飘扬着。船上的指挥官（布拉加舰长）、军官和水手跟"潘兰德"号一样，都是友爱互助的典型。斯皮尔斯和戴高乐同行，他是丘吉尔派来做联络官、外交官和情报官的。在英国，戴高乐把正在建立中的军队交给穆兹利埃指挥，初步的行政组织交给安东尼领导，联络与直接情报则由德瓦兰负责。此外，贾德鲁将军不久也将从印度支那来到。戴高乐留了一封信，在他到达时交给他。信中把戴高乐的全盘计划和戴高乐所期望于他的都告诉了他。戴高乐认识到，自己虽然离开了，只要时间不长，戴高乐的伙伴们所积累的智慧是可防止内部争吵和外部阴谋的，不让这个根基未固的大厦受到过多的震撼！然而当戴高乐登上"威斯特兰德"号的甲板，在空袭警报声中带着一小批军队与船只离港时，心中仍然感到任重而道远。在那辽阔的海洋中，在那一片漆黑的夜里，在那汹涌澎湃的浪涛上，一只可怜的外国海船，没有装炮，也没有一点灯光，却载着法国的命运在航行。

他们第一个目的地是弗里敦。按计划他们将在这里集合，并收集最新的情报。他们的货船走得很慢，而且为了避开德国飞机和潜艇的袭击，在大西洋绕了一个大圈子，所以直至9月17日才到达。在航行中，他们从伦敦接到一个无线电报，是有关维希政府军队的消息，这一消息很可能使一切事情都必须重新考虑。9月11日，3艘巨型现代巡洋舰（"乔治·莱格"号，"光荣"号和"蒙特卡尔姆"号）和3艘轻巡舰（"勇敢"号、"幻变"号和"马兰"号）都从土伦出发，通过了直布罗陀，英国舰队没有阻挡住它们。他们刚在弗里敦停泊，又有一个严重的消息使他们更加步调紊乱。达喀尔的舰队得到巡洋舰"普里毛格"号增援，并已经起锚

★坎宁安

英国海军大臣，海军上将。第二次世界大战爆发时，任皇家海军第1巡洋舰分舰队司令。1940年率部支援戴高乐进攻达喀尔。1943年任英国驻地中海海军部队司令。1946年至1948年任海军大臣。

全速开往南方。英国一艘驱逐舰被派去监视它，正同它保持一段距离。

　　戴高乐肯定这支强大的海军力量是开到赤道非洲去的。那边的利伯维尔港可以供他们利用，于是他们便可以很容易地夺回黑角和杜阿拉。如果这样一次震动还不能扭转刚果和喀麦隆的局势，那么这些强大的船只就可以运送从达喀尔、科纳克里和阿比让开来的镇压部队，并掩护他们登陆。这个假定几乎马上就被证实了。因为货船"普亚迪尔"号从达喀尔开到利伯维尔，受到英国人轰击以后，船长下令把它凿沉了。显然，维希政府正在发动一次大规模的战役，企图重新在归向"自由法国"的领地上站稳脚跟，派遣7艘巡洋舰到赤道非洲去，纵使没有德国人的命令，也必须得到他们的完全同意才行。坝宁安海军上将同意戴高乐的看法，认为必须立即把维希的舰队截住。

　　戴高乐承认，他们在非洲方面已经得到的归附，使他暗中充满了希望。他们离开伦敦以后，又有其他地方传来佳音。这就更加强了他的希望。9月2日，大洋洲的法国殖民地在阿涅·拉加尔德和马丁等先生的临时政府下，参加了"自由法国"。9月9日，彭万宣布印度的法国殖民地参加到他们这一边。9月14日圣皮埃尔和密克隆退伍军人大会寄给戴高乐一份正式归附的声明。接着不列颠政府又敦促加拿大政府支持他们的运动。领地长官沙托在7月18日使新喀里多尼亚归附过来以后，9月20日又接受戴高乐的命令至努美阿去。那儿有一个"戴高乐委员会"，由米克尔·维吉斯主持。他们掌握了局势，并得到人民的热烈拥护。因此使得沙托顺利地把政府接收过来。最后戴高乐看到布拉奎的舰队在听到第一次号召之后就回转了。谁又能确定他们在达喀尔就找不到有利于最正式的命令下达的那种归顺气氛呢？无论如何，他们必须尝试一下。

　　坎宁安★海军上将也有同样的看法。于是他们便打电报到伦敦，十分恳切地申述必须让他们有机会去试试看。后来丘吉尔先生告诉戴高乐，当时他完全没有想到他们的坚决态度，他十分高兴。丘吉尔很乐意采取行动。

但在出发以前，戴高乐受到坎宁安一次粗暴的干预。他要把戴高乐和那一部分微弱的力量置于他的指挥之下，并准备在他的旗舰"巴哈姆"号上招待戴高乐作为代价。戴高乐当然把他的要求和邀请一并谢绝了，当天傍晚他们在"威斯特兰德"号上搞外交谈判。晚间，坎宁安上将给戴高乐一个十分谦恭的字条，放弃了他的要求。9月21日他们启航。23日黎明时分，在浓雾中他们已经临近达喀尔。

　　英国的海军上将与陆军将领都同意戴高乐对于目前局势的看法。当夜幕降临的时候，戴高乐离开"巴哈姆"号到一艘汽艇上去，艇身在海浪上颠簸着。军官和水手们站在栏杆边，悲寂地向戴高乐敬礼送别。

　　但那天晚上有两桩事情使坎宁安上将收回了他们共同议定的意见。第一是丘吉尔先生又来了一个电报，明确地要他采取行动。这位首相在电文中对此事毫无结果表示震惊和不安。伦敦、尤其是华盛顿的政界人士，听到维希和柏林的广播宣传之后，开始激动了。这就使首相的情绪更加激动。这时雾已经消散，似乎马上又给轰击提供了一个机会。于是拂晓时分战斗又开始了。这回英国人根本没有和戴高乐商量就同对方要塞互相轰击起来了。到傍晚时分，战舰"坚决"号被潜水艇用鱼雷击中了，这艘战舰有沉没的危险，必须用拖船拖走。另外几只英国船也受了重创。"皇家橡树"号上起飞的飞机有4架被击落了。对方的"黎塞留"号和许多其他船只也受到了严重的惩罚。驱逐舰"勇敢"号，潜艇"柏尔西"号和"爱甲克斯"号都被击沉了。有一艘英国驱逐舰想援救后者的船员。要塞里的顽固派还在继续开火。坎宁安上将决定避免损失，戴高乐不得不表示同意，于是他们便开往弗里敦去。

　　往后几天对戴高乐说来是难以忍受的。戴高乐所经历的心情正好像地震剧烈地震撼一个人的房子，房顶上的瓦片纷纷打在他的头上。

　　伦敦方面向戴高乐发出了一阵狂风暴雨般的愤怒，华盛顿刚向戴高乐发出了一阵飓风式的讽刺。对于美国的新闻界和英国的许多报纸说来，这次失败当然是戴高乐造成的。"就是他，"人们议论纷纷地说，"想出了这个荒唐的冒险，他对达喀尔的形势作了虚构的报告，害苦了英国人。当达尔朗已经派来援军，成功已经成为不可能的时候，他还以唐吉诃德式的精神，坚持必须进攻这个地方……此外，土伦开来的巡洋舰也完全是由于'自由法国'不断泄露机密所造成的后果，这样就使维希政府警惕起来了……这一下可看明白了，不能保守秘密的人是不足信任的。"不久之后，丘吉尔先生也受到了激烈的攻击。因为据说他轻易上了别人的当。斯皮尔斯则板着一副面孔不断把他的通讯员拍给他的电讯交给戴高乐，暗示戴高乐可能绝望了，被他的党人抛弃了，同时又被英国人遗弃了。他将放弃一切行动，而英国政府则将物色贾德鲁和穆兹利埃，以更小的规模来招募法国辅助部队。

　　至于维希的宣传，更是喋喋不休地大肆喧嚷起来。达喀尔的公报则宣扬这是一次伟大的海军胜利。无数的信件都寄来祝贺总督布伊松和达喀尔英勇的战士们，这些都在两个地区的报上发表出来并加以评论，而且还由所谓"法国广播电台"广播了。戴高乐自己则待在狭小的船舱中，在一个热得使人受不了的港口里，着手研究在那些感到恐惧后进行报复的敌方和遭到失败后突然感到震惊的盟国中，对这次恐惧的反应究竟如何。

　　然而戴高乐很快就看清楚了，虽然处在这种逆境中，"自由法国"仍是不可动摇的。他们的船刚一下锚，戴高乐就去看他们，其中没有一个人是愿意离开戴高乐的。相反地，每一个人都由于维希方面的敌对态度而更加坚强了。所以当一架从达喀尔起飞的飞机从他们这些抛了锚的船上飞过时，每一艘船都愤怒地开了炮。一个星期以前是决不会有这种情形的。不久之后，拉尔米纳和勒克莱尔也打了一个热情的电报给戴高乐，说他们和他们周围的人比以往更加忠诚了。伦敦方面纵使对法国人民痛加指责，但没有背弃他的消息传来。跟随戴高乐的人对他这样信任，使戴高乐得到了极大的安慰。这意味着"自由法国"的基础确实是稳固的。好吧，他们必须继续前进！斯皮尔斯恢复了平静之后，向戴高乐吟了一句维克多·雨果的话："第二天，爱末里占据了这座城市。"

　　应当指出的是，伦敦方面的反感虽然很多，政府却在设法避免引起反感。丘吉尔先生虽然受到了严厉的责难，但却没有抛弃戴高乐，正如同戴高乐没有抛弃他一样。9月28日他在

∨ 英军袭击了法国舰队，此举挑起了法国内的反英情绪，加速了法国与德国在政治上的合作。

下院发表了一篇演说，极其客观地说明了事情的经过，他声称："所有发生的事情只是加强了英王陛下政府对戴高乐将军的信任。"诚然，首相那时已经知道土伦开来的舰队是怎样通过直布罗陀海峡的，只是不愿意说而已。2个月以后，当戴高乐回到英国时，他亲口对戴高乐这样说。

法国的情报官路易兹上尉秘密地参加了"自由法国"，他从丹吉尔打了一个电报给伦敦和直布罗陀两方面，告诉他们关于维希舰队的动向。但这个消息到达时，德机正在轰炸白厅，工作人员一连几个钟头躲在地洞里出不来，使得参谋人员在一段相当长的时间里不能恢复工作。电讯翻译出来以后，海军大臣已经通知直布罗陀的舰队了。更糟糕的是，那时维希政府驻马德里的海军武官还曾亲口无意地提醒了英国武官。因此直布罗陀的司令官便从两个来源得到了警报，但仍然没有采取措施来堵截这些危害盟军的船只。

首相对待戴高乐的公开态度，大大地促使议会和报纸方面把愤怒平息下去。但无论如何，达喀尔事件注定要在英国人心中留下一道难以愈合的伤痕。而美国人则因此认为，将来进攻维希政府的领土，一定不能让"自由法国"参加，也不能让英国人参加。

目前，他们的英国盟友决定无论如何不再参与这些事情了。坎宁安公开地告诉戴高乐说，他们不应当再有用任何方式重新进行这一项工作的打算了。他自己所能做的是把戴高乐

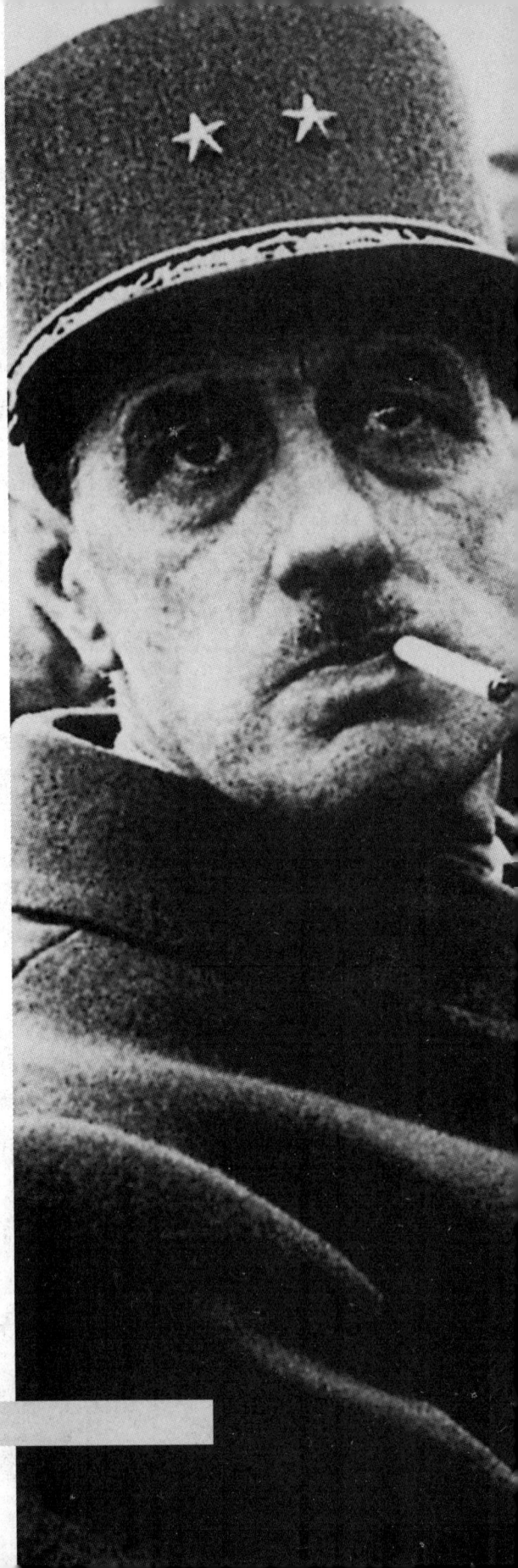

> 戴高乐此时正承受着来自世界舆论的压力。

护送到喀麦隆去。于是他们便朝杜阿拉进发。10月8日，当法国船只准备进入吴利港时，英国人向他们致敬，然后就开往辽阔的海洋去了。

当戴高乐乘着"杜博队长"号进入杜阿拉港时，这个城市所爆发的一片热情是空前的。勒克莱尔在那里迎接戴高乐。检阅过当地军队之后，戴高乐进入政府大厦。这时从英国开来的军队正在下船。戴高乐所接触到的公务人员、法国殖民者、本地人的领袖，都充满乐观的爱国主义精神，但是他们并没有忘记自己的具体问题。其中最主要的就是如何保持本地产品的出口，并换来本地所欠缺的生活必需品。除了这些焦虑和意见的差异之外，"自由法国"的人们，不论是在伦敦参加的，还是在非洲的事业中团结起来的，在道义上的团结一直是很显然的。

团结在洛林十字旗下的人，在性格上的这种同一性，从此以后就成了他们共同事业的永恒基础。不论在什么地方和发生什么事，从实际的观点出发，人们可以预先肯定"戴高乐派"将怎样想和怎样活动。比方说，戴高乐那一次所遇到的热烈欢呼的情况，在其他任何情形下，只要有群众集合的地方就经常出现。戴高乐必须承认，对他来说，这种结果是一个永恒的纽带。戴高乐对自己的同志来说体现着事业的命运，对于一大群法国人来说则象征着希望，而对外国人来说则成了法国的严酷的考验下坚强不屈的精神的化身。这一切将指导着他的方向，并在他的性情和人格上留下永不磨灭的印象。对戴高乐来说，这就等于催促他进行坚决的自我检查，也等于给他加上了一副十分沉重的担子。

那时，要紧的是整个法属赤道非洲维持下去，并动员他们参加非洲战争。戴高乐的意图是，在乍得和利比亚边境上建立一个撒哈拉沙漠作战地带。准备有一天当时机成熟的时候，就让一支法国纵队去攻取费赞，并从那里打到地中海去。但由于有沙漠，使通讯和供应工作极端困难，所以便只能派少数特种部队去执行这项任务。戴高乐同时还打算派一个远征队到中东去和英国人配合作战。大家的未来目标都是法属北非。然而，首先还必须肃清加蓬的敌人据点。10月21日，戴高乐在杜阿拉发出了必要的命令。

当准备这个艰苦的战斗时，戴高乐离开喀麦隆到其他地方视察去了。戴高乐在雅温得稍事停留后，首先到了乍得。在这次旅途中，"自由法国"的领导人和随员的生命几乎完结了。因为他们乘坐波特兹540式飞机去视察拉堡时，中途机器出了故障。然而就像一个奇迹，这架飞机设法落在一个沼泽的中间，没有受到多大的损坏。

戴高乐在乍得看到一种极端紧张而兴奋的气氛。每一个人都感到历史的曙光开始照耀到这片功勋卓著而苦难深重的土地上。这儿由于地势偏僻、与外界隔绝、气候恶劣、缺乏资源，所以便受到了严重的限制。唯有艰苦卓绝的努力才能在这儿取得成果。为了补救这一点，产生伟大行动的英雄气概已经在这里出现了。

艾布厄在拉密堡官邸接待了戴高乐。戴高乐体会到他矢志不渝地向自己表示他的忠诚和信任。同时戴高乐也看到他胸襟开阔，能够接受自己交给他的伟大任务。他提出的见解是稳健而平庸的，但对于冒险或艰苦的事也决不畏惧。在那位领地长官看来，杜阿拉、拉格斯接受"自由法国"在进行积极战争时必需的物资和供应，然后还要把这些东西直接送到意属利比亚边境去，这就是要完成一桩极为艰巨的工作。在这个地区必须依靠自己的力量来开辟或维护6,400公里的道路。同时还要发展自己的经济来供养战斗人员和工作人员，并且要输出物资来抵偿开支。尤其困难的是，一大部分殖民者和公务人员都将被动员去参加战斗，不能参加这项工作。

戴高乐和乍得的司令官马尔尚上校一直飞到了费雅和沙漠中的据点。在这些地方，戴高乐发现军心十分坚决，但给养十分缺乏。交通工具只有骆驼队和少数摩托化的运输队。所以当戴高乐告诉那些军官们，他将指望他们有一天攻取费赞并直下地中海时，他看到他们显然有些恍然若失。在他们看来，意大利人和德国人打来的可能比戴高乐向他们描述的法国人去远征的可能更大。万一敌人来了的时候，要把它打退是很困难的。诚然，他们没有一个人对于坚持作战有任何犹豫。洛林十字旗已经到处飘扬了。

这时，在更西边的领地里，像尼日尔和撒哈拉沙漠的绿洲，这些军官的同志们也跟他们一样地驻守利比亚的边境，但他们的上级却没有一个人敢于打破沉闷发出号令。他们已经打定主意，如果有人带头要他们向法兰西的敌人开火，他们就向他开枪。维希的那些罪恶的错误给戴高乐带来了许多精神上的痛苦，但没有一种错误比这种死气沉沉的景象更使戴高乐痛苦的了。

与此相反，当戴高乐回到拉密堡那头时，就受到一种动人心弦的鼓舞。这是由贾德鲁将军带给戴高乐的。当戴高乐去非洲后，他就来到了伦敦。某些专找内幕新闻的人认为，英国人将把这位素居高位的上将作为自己的另一张王牌。还有一些拘泥于形式的人，则在考虑自己是不是愿意在一个准将手下服务。他见过丘吉尔不止一次。关于他们的会谈情况，众说纷纭。在会谈中英国首相可能向他提出，叫他来代替戴高乐。无疑，那并不是叫他插手到这桩事情里面来，而是为了一贯的目的——分而治之。在达喀尔事件之前几天，丘吉尔忽然打了一个电报给戴高乐，说他正把贾德鲁送到开罗去对东地中海地区做工作，那边已经有希望出现一些有利的机会。戴高乐对此反应很强烈。这意见本身戴高乐倒不反对，因为戴高乐认为它并不坏；但提出这桩事情之前应当取得戴高乐的同意。后来丘吉尔先生给了戴高乐一个满意的解释，他说那是由于事情过于急迫。

∧ 1940年，戴高乐与"自由法国"运动委员会的领导成员们在一起。

　　这时贾德鲁从开罗到戴高乐这里来了。戴高乐和他一起进餐时，举杯向这位伟大的领导人祝贺，戴高乐对于他素来具有一种尊敬的亲切感情。他以极高贵而诚恳的态度回答戴高乐说，他愿意接受他的指示。在场的艾布厄和其他人都十分感动地认识到，对于贾德鲁来说，戴高乐已经超越于官阶范围之外了，而且负起了一种非等级制度所能局限的责任。谁也不会低估这一事例的分量。当戴高乐和他决定了他的任务以后，便在送他回开罗的飞机旁向他告别，戴高乐认为他去的时候比来的时候更伟大了。

　　10月24日，戴高乐到了布拉柴维尔。这儿的事情，总的看来跟杜阿拉，以及拉密堡等地一样有信心，但显得十分稳健。对于一个首府来说，这是很自然的。行政当局、参谋总部、各机关、实业界和各代表团都在考虑帝国中这一最贫乏的地带——赤道非洲和祖国切断联系后，如果要生活若干年或支援作战的话要克服多大的困难。它们的许多产品如油类、橡胶、木材、棉花、咖啡和生皮等自然很容易卖给英国和美国。但那儿没有工厂，除开一些金矿以外，也没有任何矿产。全部的出口和必须从外国购入的东西之间根本无法平衡。

整体说来，他们在非洲的事业纵使没有达到预定的全部目标，至少他们也从撒哈拉沙漠到刚果、大西洋到尼罗河盆地巩固地建立了作战基地。11月初，戴高乐成立了指挥部来指导这方面的行动。艾布厄被派为法属赤道非洲的总督，驻布拉柴维尔办公，以马尔尚为军队的指挥。拉比从伦敦召来当乍得的总督、行政长官古尔纳利代替勒克莱尔当了喀麦隆的总督。勒克莱尔本人有意继续他在杜阿拉的工作，但戴高乐也勉强派他到乍得去指挥撒哈拉沙漠作战。他注定要在这里面经过一段艰苦而惊心动魄的过程才能获得荣誉。最后，拉尔兰纳被任命为高级专员，兼掌内政与军事的权力，指挥全局。

戴高乐去伦敦以前和他拟订了以后几个月的行动计划。他们的目标一方面是用第一批空军和摩托化部队对迈尔祖格和库夫拉发动攻势，同时也打算把一个混成旅和轰炸机队派到厄立特里亚去，以便对意大利作战。后一远征队将是法国参加中东战事的开端。这样他们就必须把愿意去的军官集结起来，兵员装备起来。当这一切都准备好之后，就要设法支援撒哈拉和尼罗河上的这些先锋部队。在那辽阔无边的中非地带，赤道的气候是那么炎热，为了建立一支军队，从遥远的地方送去投入战斗，他们将在动员、训练、装备、运送等方面作出多大的努力是难以设想的。同时，这样一个事业将带来多少奇迹似的行为是无法估量的。

11月17日，戴高乐离开自由法属非洲到英国去，途中经过拉各斯、弗里敦、巴塞斯特和直布罗陀。那时正秋雨霏霏，飞机在海面上掠过。戴高乐不禁想起"战斗法国"往后在一场奇异的战争中，将要经历一段多么迂回曲折的道路才能跟德国人与意大利人交锋。戴高乐在估计着这条道路中的障碍有多大。令人痛心的是，最大的障碍竟是另一部分法国人造成的。但戴高乐想到那些可以自由地为民族事业而奋斗的人具有多么大的热忱，心中又振奋起来。戴高乐在思索着一切能鼓舞他们在世界规模的冒险中前进的东西。现实虽然是残酷的，但戴高乐仍然可以掌握它。因为用夏托布里昂的话说来，戴高乐可以"用梦想来引导法国人奔向目标"。

>> 重新崛起

人民清楚地看到，当国家和民族处于危亡的时刻，是戴高乐将军发出了战斗的号召，举起了抗战的大旗；是戴高乐他们为了国家的利益和民族的解放，在和法西斯匪徒们浴血奋战。同时，人们也愈来愈清楚地认识到，正是由于维希政府的投降政策，才使150万法国战俘在法西斯的铁蹄下经受着各种各样的苦难；正是由于贝当等人的不抵抗政策，才使德国人吞并了阿尔萨斯、洛林及法国北部地区的广大领土；正是由于赖伐尔等人的卖国求荣的政策，才使希特勒匪徒得以在法国横征暴敛，使法国的经济遭到严重破坏；正是由于维希头目奉行投降卖国哲学，才使德国法西斯驱使愈来愈多的法国人为他们服苦役。特别是当人们看到希特勒的飞机在阿勒颇和大马士革着陆，日本侵占了河内和印度支那的时候，看到维希军队残酷镇压抗战人民的时候，维希头目所说的"为了保卫法兰西帝国不惜与任何人作战"的说法就不能欺骗任何人了。

这时，贝当元帅也处于万分苦恼之中。1941年8月，他在广播中悲伤地说："我感到吹起了一阵歪风。人们感到心神不安的疑虑占据了他们的心灵。政府的威信成了问题，命令不能贯彻。一种真正的焦虑冲击着法国人民。"

在戴高乐的召唤和抗战组织的影响下，法国本土的地下抵抗运动，也在秘密地发展起来。但限于当时德国占领的残酷斗争条件，抵抗运动处于极为分散的状态。他们在极其困难的条件下，以不同的方式参加抗战运动。有的在积极编写、印刷和散发传单；有的在秘密监视敌人，为抗战组织提供情报；有的在冒着生命的危险，掩护或护送地下工作人员；有的在运输及分散空投或偷运过来的军用物资；有的在袭扰敌人，或破坏敌人要害部门的通讯联系。总之，在法国本土生活萎靡消沉的外表下面，秘密的抗敌活动正热烈蓬勃地展开。

1941年8月发生了一系列枪杀德国官兵的事件。第一批被杀的有：一个刚从地下车站上来的少校军官、南特城卫戍司令，驻防波尔多的一个德国军官和巴黎塞宾莱大街上的两名德国兵。其他地区的暗杀也跟着开始了。

为了报复，法西斯强盗枪毙了几百名人质，将近千名爱国者关进监狱，随后又把他们送往德国服苦役。敌人还以极重的罚金和劳役来惩罚、蹂躏有德国人遭到暗杀的城镇居民。

当戴高乐听到这些用冒着巨大危险的代价取得的单独抗敌的战绩的时候，心情是骄傲而又沉重的。同时对那些在德国复仇怒火下的法国人的牺牲，戴高乐的内心深感悲痛。但这并不是绝望。戴高乐认为，在敌强我弱的情况下，应当注意保存力量，尽量避免得不偿失的牺牲，以备将来有效地配合全国的大反攻或大起义。

戴高乐原来并未设想在国内组织抗德斗争。1940年6月18日当他站在麦克风前发出号召时，他也只是要求沦陷中的法国人不要一无所知。他向他们解释失败的原因，剖析停战的危害。这最初的号召仍是一个军事领袖的号召，它最直接的目的是壮大新生的"自由法国"力量。但当他获悉法国本土内的抵抗运动蓬勃发展的情况后，他便竭力设法加以控制和利用。

戴高乐一方面要限制得不偿失的牺牲，同时也必须利用这种由德国人的镇压而激起的法国人民的愤怒情绪，以鼓起民族的斗志和加强团结。10月25日，德国法西斯匪徒在南特和波尔多各杀害50名人质的第二天，戴高乐在广播中说："敌人以为枪毙我爱国志士便可以吓倒法国。我们将让他们知道，法国是吓不倒的。我现在吁请全法国的男子和妇女，在10月31日星期五这天，从4时到4时5分，在他们当时所站立的地方停止一切活动，静默5分钟。这是一个巨大的警告。同时也是法国精诚团结的证明。"

事实证明，在许多地区，特别是在工厂里，这次示威是非常有力的。这一行动表明，战斗的法兰西人民是听从召唤的，是永远不会向敌人屈服的。

戴高乐的号召点燃了"怒火"，他开始发动一场法国人在法国本土上的战斗。他也深知，赤手空拳去公开点燃法国的怒火要冒多大的风险,但他在这一风险中看到了胜利的曙光,因为他看到了抗战精神依然存在:"民族没有屈服于灾难。"

在戴高乐的号召下,在法国大陆,各种各样的战斗组织如雨后春笋般勃发而出。

面对着法国本土抗战组织的纷纷出现,戴高乐极力想把这些组织统一起来,纳入他的"自由法国"的统一领导之下。就在这时,一个与他志同道合的反法西斯战士闯进了他的生活,他的名字叫让·穆兰。

让·穆兰曾任法国埃尔-罗伯尔省省长。当纳粹德国的铁蹄踏入他所在的沙特尔城时,他表现了卓绝的坚定和高贵的品质。

就是这种坚强不屈的品格激怒了法西斯匪徒。敌人侮辱了他,把他殴伤,并将他关进监狱。具有坚强意志的穆兰在敌人面前永不低头。凭着这股不可征服的威慑力量,敌人终于向他妥协,让·穆兰得以释放。从此,他一直住在法国的未被占领区,他在那里同抗战运动取得了联系。

1941年9月9日,让·穆兰偷越国境线,取道西班牙准备投奔"自由法国"。这时在里斯本的英国当局立刻看中了他的才干,花了6个星期的时间,试图争取他回法国为英国服务。但他决心已定:他要到伦敦,为戴高乐效劳。

1941年11月底，让·穆兰终于从里斯本到达伦敦。一到伦敦，他便迫不及待地要求会见戴高乐将军。这一天终于等到了。

12月的一天，让·穆兰应邀来到卡尔登花园。带着紧张的心情，穆兰走进戴高乐的办公室。他一眼看到戴高乐将军坐在办公桌后的沙发椅上，身材显得十分修长，脸上呈现出的是一副冷峻的面孔。

戴高乐轻轻做了一个手势，让·穆兰便坐在了他对面的一把椅子上。这时，穆兰仔细地打量了一下"自由法国"总部的办公室。屋内的东西像是临时凑合在一起的，处处给人不经久、不可靠的印象。不过，一张红木办公桌却十分讲究，旁边摆着几把刺目的、粗糙

< 1941年，贝当与其支持者在一起。
< 德军对法国国内的抵抗运动进行了残酷镇压。

不堪的木椅。墙角塞着一个书柜，堆满书籍。墙上挂着一张引人瞩目的拿破仑肖像，皇帝头戴三角帽，双手交叉在胸前，不可一世！

看到这里，让·穆兰心里明白：这位威震寰宇的法国伟大君王，是戴高乐将军崇拜、模仿的偶像。

戴高乐出于礼貌，首先说了几句恭维话。在这之前，戴高乐曾经了解过让·穆兰的为人，他对穆兰所遭受的德国人的侮辱深表同情，同时对他那种坚强不屈的品质表示由衷的敬意。

戴高乐将军与穆兰进行了长时间的谈话。戴高乐很快发现眼前这位年轻人，具有天生的

∧ 法国国内抵抗运动的领导人让·穆兰。

辩才和决断能力。从交谈中可以感觉出他心中洋溢着深厚的热爱法国的感情。戴高乐已经意识到了这位年轻人的潜在重要性，他下定决心把一件考虑了很久的重要任务交给了这位年轻人去完成。

回到法国，让·穆兰开始了他的秘密活动。他的使命是组织秘密军事小组，设立空投武器接收站，分发经费，用无线电同伦敦保持联系。抗战运动组织很需要经费，而他手中就掌握着经费，就等于他握有一张王牌。他在随后几个月的耐心组织工作中，以及在同那些不如他那样相信戴高乐是唯一可靠领袖的人们进行谈判时，发挥了巨大作用。

在穆兰的推动以及基层人员的支援之下，南方地区抵抗运动组织的领导人很快就组成了一个委员会，由民族委员会的代表担任主席。3月间，他们发表了以戴高乐为抗战领袖的共同宣言。

穆兰历尽艰险，终于实现了南方和北方抵抗运动的统一。1943年5月，由法共发起，成立了以穆兰为主席的全国抵抗运动委员会，戴高乐被确认为法国抵抗运动的唯一领袖。从此，实现了法国内外抗德运动的合流，并把国内抵抗运动纳入了"自由法国"运动的轨道。接着，"自由法国"更名为"战斗法国"，不仅在政治上而且在军事上进一步统一了国内外抗德运动，壮大了法国抗德力量的声势。

1943年2月，当穆兰再次来伦敦与戴高乐会面时，戴高乐在他的官邸举行的仪式上，亲自将一枚"解放十字勋章"戴在了这位抵抗运动领导人的胸前。他觉得这次仪式比其他任何同类仪式都更加动人。

但是，正当穆兰发挥更大作用时，他不幸被人出卖，遭到逮捕，丧失人性的德国法西斯匪徒对他施加了惨无人道的酷刑。他为法国的解放事业英勇地牺牲了。

穆兰牺牲的消息传到伦敦，戴高乐感到一股深重难言的悲痛从心底涌起。对于一个久经艰难的领袖来说，此时悲痛在他的身上，激起的已经不是眼泪，而是长久的沉默……穆兰之死的确让戴高乐感到痛心，他的死使戴高乐失去了一位志同道合的战友。此时的戴高乐并不孤独，因为在他的周围聚集着众多的有志于法国民族解放事业的人们。

在伦敦，戴高乐经常受到在伦敦的法国人团体的帮助。"法国学院"从一开始就在拉长索拉教授的主持下向戴高乐靠拢，这个学院为法国同胞提供了一个宝贵的教育园地和一个活跃的学术团体。"法国联盟"在戴曼和莎蒙小姐领导下继续工作。"法国研究大厦"的图书馆截止到它被炸、负责人罗伯特·克吕牺牲以前，一直供给"自由法国"的工作所需

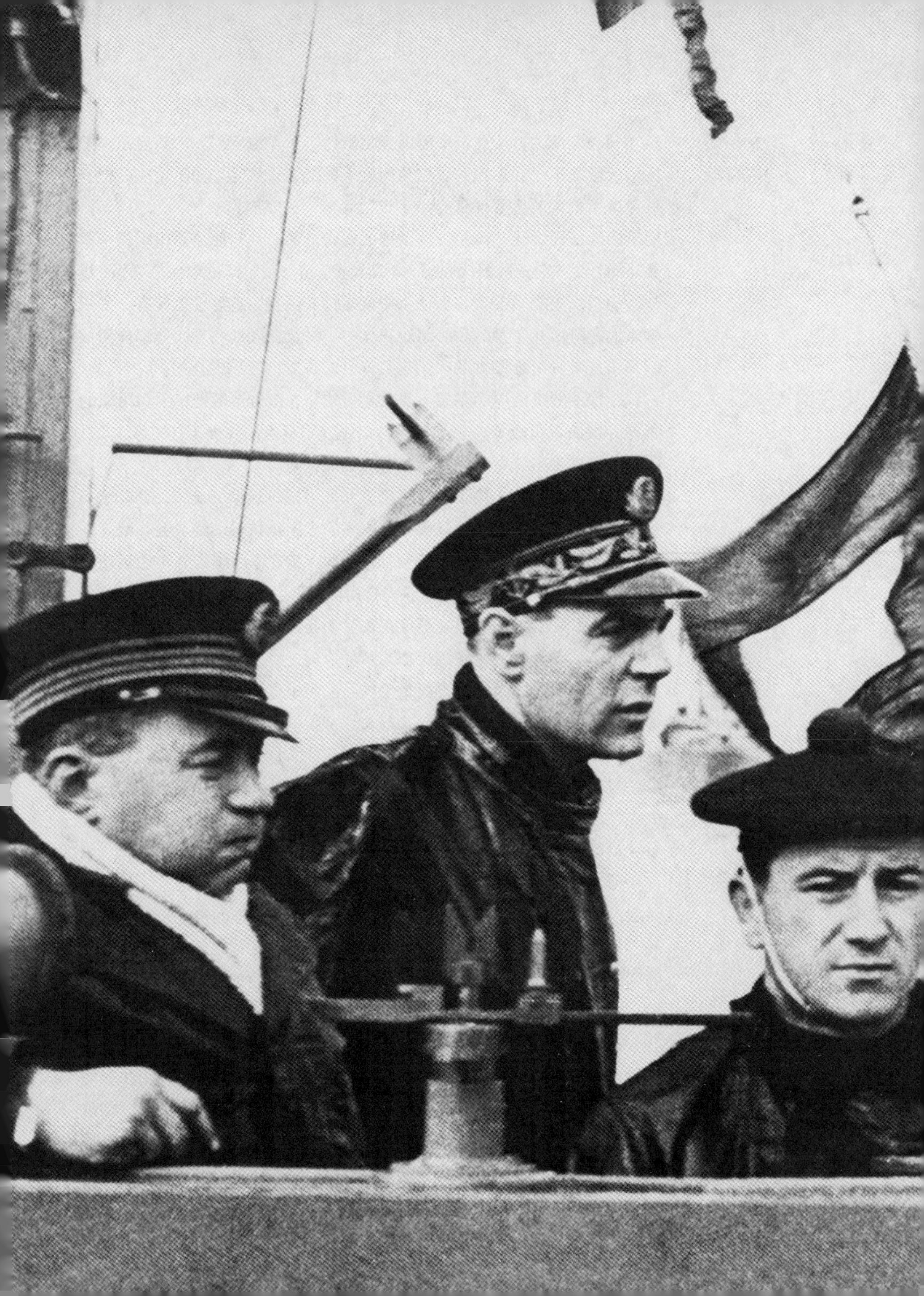

∧ 戴高乐与"自由法国"的海军官兵们在一起。

要的文件材料。"法国志愿军之友"和在苏格兰的"法国战斗合作委员"给戴高乐以大量的慷慨而又有价值的帮助。"自由法国中心招待站"负责接待从法国来的侨民。"法国医院"则医治和护理了自由法国战斗部队很大一部分伤员。

"大不列颠法兰西大协会"更是给戴高乐以极大的帮助。特别是它组织了好几次有军民踊跃参加的集会,在会上戴高乐同侨居英国的法国人见了面。他们向戴高乐表达了他们的爱国热情并坚定了对争取胜利的信心。

对于大不列颠岛,戴高乐有着特殊的感情。这里不仅是"自由法国"的发源地,是戴高乐和本土及海外抗战组织联系的纽带,而且也是自由法国反法西斯战士的训练中心。

大批抗战骨干在这里接受训练,并由这里出发分赴前线。在坎伯雷营地,由雷纳上校指挥的轻骑兵、炮兵团、装甲队、工兵支队和信号组,每6个月负责培养一批士官和专家。

戴高乐怀着崇敬的心情说:"没有再比和这些年轻人会面能给'自由法国'领袖以更多安慰的了。他们是镶嵌在法国晦暗了的光荣之上的光芒四射的希望宝石。"

在英国这块基地上,还培训了数以千计的海军人员。他们大部分从英国港口出发,参加在大西洋、英吉利海峡、北海和极地一带进行的海上战斗。到1942年6月,已有700名自由法国的海军将士英勇献身。当时海军感到最困难的是军官的补充问题。紧张的战争环境不允许他们按部就班地遵循专业化的原则进行训练,只能边战斗、边学习,从战争实践中总结提高。由海军中校威泽尔和加拉尔领导的"学校舰队",积极地在"戴奥多尔·迪西埃总统"号、"行星"号和"美丽的火鸡"号舰上进行训练。在这里共毕业了4批学员。从这座实践学校培养出来的学员,都怀有强烈的责任感和使命感。他们在对敌作战中英勇顽强,成了"自由法国"海军的中坚力量。

自由法国的空军,从无到有,是在极其困难的条件下成长起来的。1941年,戴高乐首先在英国成立了"法兰西之岛"空军战斗队。司令员为西威杜。当他的飞机在法兰西上空被击落后,便由杜贝叶继任。在叙利亚战斗的第二天,在埃及成立了"阿尔萨斯"战斗队。它最终在布里格指挥下在利比亚进行战斗,以后调到大不列颠,由摩绍特担任指挥官。就在保卫伦敦的空战中,摩绍特光荣牺牲了。洛林轰炸队是在东地中海地区成立的,由毕若担任指挥。他在敌人后方执行轰炸任务时牺牲了。盖尼良·摩里尼接替了他的职务。"布列塔尼"混合队在乍得成立,由圣贝鲁领导,支援盟军在撒哈拉作战。这些年轻的飞行员,英勇奋战,前赴后继,不怕流血牺牲。

在北非战场上,戴高乐的第1轻装师在和隆美尔★率领的德军交战中创造了光辉的战绩。这支部队在1942年6月初在比耳哈亥依木地区被敌人重重包围后,接着又遭到德军重炮和飞机的轮番轰炸。时间在一天天地过去,法军的军火储备日益减少,食物缺乏,水源几乎断绝。在炽热的阳光下,在浩瀚的沙漠上,法军一直奋勇拼杀。

> 德国元帅隆美尔。二战期间，其领导的德军在北非作战初期战绩斐然，史上有"沙漠之狐"之称。

★隆美尔

德国陆军元帅。1911年从但泽皇家军官预备学校毕业。1912年入军供职。1941年任驻北非德国远征军司令，指挥德军在北非击退英军，逼近亚历山大和苏伊士。因其指挥的装甲部队机动迅速，善于穿插，能迅速突破对方战线，夺取并保持战场主动权，被称为"沙漠之狐"。同年在阿拉曼战役中被蒙哥马利指挥的英军第8集团军击败。1943年指挥诺曼底抗登陆战役。后因与密谋刺杀希特勒事件有关，被迫自杀身亡。

6月3日，隆美尔写信要求法军投降，以免痛遭歼灭。6月5日，德国军官又重申其最后通牒。对于敌人的投降要求，法军都以炮火做了回答。

6月8日和9日，德军又连续向法军发起了猛烈攻击，企图把这支部队消灭在沙漠里。法军的处境越来越困难了，他们不仅子弹快打光了，对他们威胁最大的是水源完全断绝了。他们每人每天只能得到2公升水，在这么炎热的地带里作战显然是不够的。

在遥远的伦敦，戴高乐将军密切地注视着战局的发展。他发给前方的电报说："盖尼将军，希望你知道，并转告你的军队，全法国注视着你们，你们是它的骄傲！"

戴高乐将军的号召鼓舞了前线的战士。这支部队终于在6月11日奇迹般地突破重围。全军5,500人，经过11天的拼杀，死伤1,109人，但德军却遭受了3倍于法军的损失。比耳哈亥依木法军的胜利突围，成为大家议论和报纸新闻的中心。第二天，所有在伦敦、纽约、蒙特利尔、开罗、里约热内卢与布宜诺斯艾利斯的新闻号角，都震天动地地响起来："法军的英勇防御！""辉煌的战绩！""在比耳哈亥依木德国人被打败了！"

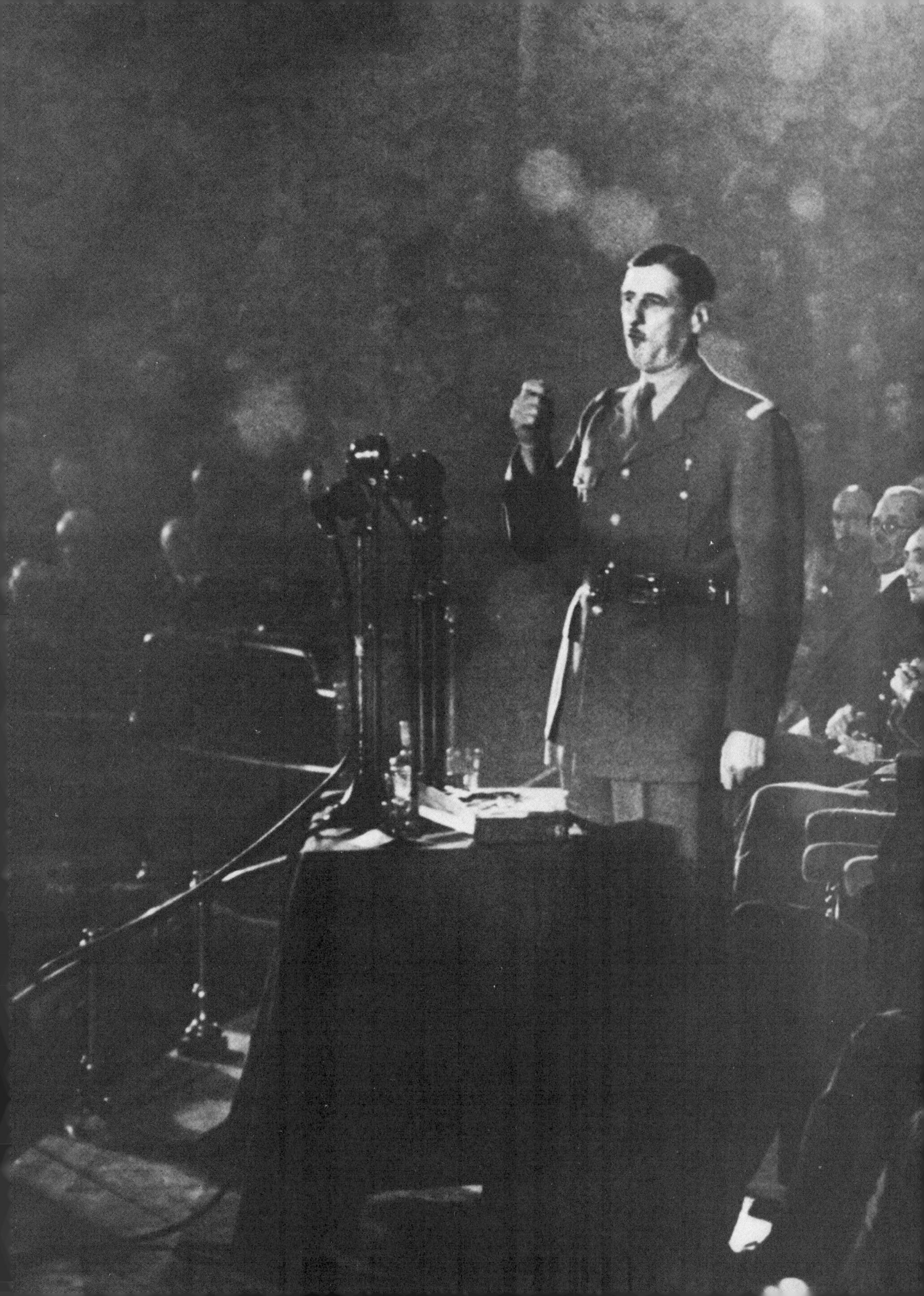

< 1942年，戴高乐在伦敦艾伯特大厅发表演说，庆祝6月18日号召发布两周年。

戴高乐对此次战役总结说："我们已经接近一直所向往的目的，那就是为我们的自由法国军队——虽然他们在数量上力量有限——取得一个伟大时期的伟大任务。比耳哈亥依木的炮火向全世界宣布了法国复兴的开端。"

6月18日，对于自由法国人来说是个值得纪念的日子。

1942年这天，1万余法国军民在伦敦举行集会，庆祝6月18日发布号召2周年。这天，伦敦艾伯特大厅的4层看台都挤满了人。一个有洛林十字旗的三色帷幕悬挂在演说台后面，显得格外引人瞩目。

人们盼望的时刻来到了。伴随着雄壮的马赛曲和洛林进行曲，自由法国领袖戴高乐将军健步登上演说台。52岁的戴高乐依然是面色红润，双目炯炯有神。

>> 戴高乐对美苏政策

战争局面的改变使戴高乐看到了新的希望。12月7日，当戴高乐获悉日本联合舰队袭击了珍珠港的时候，他的第一个反应是，这是一桩最大的喜讯。这样一来，"自由法国"终将赢得胜利。

由日本偷袭珍珠港事件，戴高乐又不由联想起了半年之前，也就是1941年6月22日，德军突然向苏联宣战的一幕——

1941年6月22日，也是这样一个悠闲的周末。凌晨，4点30分。

德军虽然与苏联在两年半前签订了《互不侵犯条约》，苏联不仅严守协议，而且还给德国送去了小麦和石油等物资。

但是，就在今天，德国190个师团在4,900多架飞机的掩护下，由北中南三个方面闪电般地侵入苏联。

大祸临头终不察，无尽战火滚滚来。

午间12时，苏联外长莫洛托夫受苏共和政府的委托，从克里姆林宫向全国发表广播演说，号召苏联红军和苏联人民团结在共产党的周围，粉碎德国法西斯的进攻，把德寇赶出苏联国土。随后，成立了国防委员会，斯大林为苏联武装力量的最高统帅。

苏联人民团结起来。怒火中烧的苏联士兵急匆匆地跨上战马，血气方刚的热血青年拿起了钢枪，奔赴前线。

6月23日，叙利亚首都大马士革，随"自由法国"部队进驻大马士革的戴高乐从电讯中得知德国进攻苏联的消息时，他便暂时收起了反苏反共的念头。他的秘书曾不解地探询：在对德国战争中支持苏联，是否违背了他自己一贯强硬地反对布尔什维克的原则。戴高乐毫不迟疑地回答道："我只有一个目标，就是消灭希特勒！"

第二天，戴高乐向苏联驻伦敦的代表发了一份电报："我们目前不想说苏维埃政权的种种恶行，甚至罪行。我们应当像丘吉尔那样声明：我们毫不隐讳地站在俄国人一边，他们正在与德国人作战……蹂躏法国，占领巴黎、兰斯、波尔多和斯特拉斯堡的不是俄国人……俄国人正在消灭和将要消灭的德国飞机、坦克和士兵，就再也不可能用来阻止我们解放法国了。"

戴高乐发出这封电报之后，紧接着在外交上采取了行动。卡森和德让奉戴高乐之命前往苏联驻英国领事馆会晤伊凡·麦斯基大使，向他保证"自由法国"一定支持苏联，并要求与莫斯科建立军事关系。

8月2日，戴高乐从贝鲁特给卡森和德让发出指示，要他们询问麦斯基，莫斯科是否准备发表声明表示愿意恢复法国的独立和伟大，如果可能的话恢复法国的领土完整。

当"自由法国"人第一次来访时，麦斯基对他们的欢迎是诚挚的，但是有所保留。麦斯基蓄有山羊胡子，目光炯炯有神，十分讨人喜欢。当"自由法国"人第二次来访时，麦斯基的态度则是十分热烈，毫无保留。

> 戴高乐深知要将法国从德国侵略者的手中解放，除了英国之外还要团结诸如苏联、美国等大国。

戴高乐欣喜地看到，斯大林的宣传部门一夜之间来了个180度的大转弯。在德国进攻之前，莫斯科电台天天都在谩骂英国和他们的"戴派雇佣军"。现在却对他们大加赞扬了。在自由法国人于6月底第一次拜访苏联大使到8月初第二次拜访期间，克里姆林宫显然明确无误地给麦斯基开了绿灯。

戴高乐的态度，终于引来了斯大林的积极响应。9月26日，苏联政府正式声明：承认戴高乐将军为整个"自由法国"的领袖，并声明愿意同法兰西帝国防务委员会建立关系。此外，莫斯科愿意在反对希特勒德国及其同伙的共同斗争中帮助自由法国。至于法国，苏联政府强调了它坚定不移的决心，保证在战胜共同敌人之后，充分而完整地恢复法国的独立和伟大。

和苏联结成军事联盟一举，不仅给戴高乐带来了希望，而且带来了战胜希特勒、解放法国的信心。

不久，苏联政府正式任命鲍戈莫洛夫建立友好委员会作为打交道的代表。戴高乐一有机会就尽他有限的能力帮俄国人的忙。随即，戴高乐派珀蒂将军为他驻莫斯科的军事代表。珀蒂将军立即受到俄国人一系列表示友好的待遇，如由参谋部给他介绍情况，请他访问前线并让他拜会了斯大林。

如果说，1941年6月22日对斯大林来说是国难临头的一天，那么对于戴高乐来说，则是"自由法国"新的转机的一天。希特勒悍然进攻苏联，使战争局面与初期大不相同。这就为自由法国的抗德大业提供了极为有利的国际条件。

戴高乐这天在听到珍珠港被日本突然袭击之后，想了很久，也想了很多，而这其中主要的问题，就是关于同美国的关系问题。

回想起来，为了叩响美国这扇难开的大门，戴高乐走过了一条相当坎坷而曲折的道路。

不是吗？

当"自由法国"在世界人民的心目中，不再是那个"使人惊奇的逃亡者"的形象的时候，美国官方却坚持以一种冷淡和漠不关心的态度对待它。罗斯福政府一直和维希保持亲善关系，希望以此抵制德国的影响。对此，戴高乐的评价是8个字：

"姑息养奸，自寻失败。"

为了发展与美国的关系，戴高乐曾经多次采取主动。1941年5月19日，戴高乐从布拉柴维尔致电勒内·普利文：

"由于美国所采取的近乎交战的态度，由于维希和德国的勾结越来越明显，而且，最后由于我们在非洲和大洋洲的自由殖民地的特有的经济情况，因此我们和美国建立关系的时机已经到来。我想亲自把这个任务交给您。"

在电文中，戴高乐指示普利文，让他由伦敦前往华盛顿，在美国需要待多久就待多久，主要执行六项任务：与国务院建立正常性的联系；建立自由法国所属非洲和大洋洲与美国之间的经济和财政联系；购买作战物资；组织或改组那里的自由法国委员会；建立一个新闻宣传机构并与可能乐于帮助自由法国的美国非官方人士建立联系。

1941年6月初，普利文带着戴高乐的重托由伦敦前往美国。当普利文踏上美国的土地时，他却发现那里对"自由法国"几乎一无所知，即使听到一星半点，也多半是对"自由法国"不利的消息。但是，普利文并不是完全空着手到美国来的。"自由法国"运动事实上控制着太平洋和非洲的一些法国属地，这就是他的资本。普利文受戴高乐之命主动提出在喀麦隆、乍得、刚果以及在太平洋的一些岛屿上为美国建立空军基地提供方便。这对美国可能具有很大的诱惑力，因为北非在维希的控制之下，美国人将来有可能需要在非洲建立这样的基地，以便在欧洲采取战争行动。另一方面，日本人在太平洋进一步扩大战争的威胁在当时看来也已十分明显。

事实上，美国政府也就马上为他们的空军要求使用"自由法国"控制着的非洲某些基地，后来又要求使用新赫布里底群岛和新喀里多尼亚岛两处的基地。由于当时美国还不是交战国，所以这个要求是以"泛美航空公司"的名义提出的，但其最终目的几乎是毋庸置疑的。

尽管戴高乐很想得到美国实际上而不是形式上的支持和承认，但他并不准备在由他代表整个法国这一要求上做出任何让步。戴高乐坚信：他不仅代表法兰西，而且他就是法兰西。

多年以前，戴高乐在《剑刃》一书中就提及并颂扬了凯撒和拿破仑的表演才能。他自己扮演的角色是法兰西本身，这是历史使他在力所能及的范围内扮演的一个伟大角色。尚未亲自领教过戴高乐的罗斯福，从来不相信也不承认戴高乐的这种自诩。与戴高乐交往颇深的丘吉尔却亲自领教过这一点。一次丘吉尔在与戴高乐会谈时对于戴高乐的傲慢曾直言不讳地说："你说你是法兰西？你并不是法兰西！法兰西？她在哪里？当然，我承认戴高乐将军和他的追随者是法兰西民族的一个重要而又值得尊重的部分。但是，除他们以外，我们无疑可以找到另外的权威，它也有它的价值。"戴高乐打断了他的话："如果在你看来我不代表法兰西，你为什么，又有什么权利来同我商讨法国的世界利益呢？"丘吉尔不吭声了。

无论何时何地，戴高乐表现出的都是这种坚定的不妥协的态度。当普利文告诉戴高乐，国务院邀请他"以专家身份而不以代表身份"参加同英国领事馆的会谈时，戴高乐叫他坚持原则。

戴高乐的强硬态度同样产生了效果。8月，美国人向乍得派了一个军事联络团。9月，科德尔·赫尔公开宣布，美国与"自由法国"之间存在着共同利益。他当时说："我们与这个组织的关系从各方面讲都是极为诚恳的。"10月1日，普利文在国务院正式会见了美国副国务卿萨姆纳·韦尔斯。11月11日，罗斯福总统在给斯特蒂纽斯的信中，把"租借法案"★的利益扩大到自由法国。理由是"保卫与'自由法国'有关的地区对于保卫美国有重要的关系"。从此，"自由法国"可以从美国获得一切战争物资。这使戴高乐不禁额手称庆。

然而，戴高乐在高兴之余，依然认为有必要让普利文向萨姆纳·韦尔斯和科德尔·赫尔

> 1941 年，英美两国首脑丘吉尔、罗斯福共同签署了建立反法西斯同盟的《大西洋宪章》。

说明在伦敦组成的自由法国政权的性质。1941 年 9 月 22 日，他在给普利文的电报中说：

"戴高乐将军一向庄严声明，他只是作为法国遗产的管理人，在基本上属于临时性质的基础上履行其责任。而且他预先声明，一旦法国国民的代表们有可能自由地举行会议，他将服从这些代表。"

9 月 23 日，普利文被召回伦敦。戴高乐任命国际劳动局法国代表阿德里安·蒂克西埃接替普利文为驻美代表，这个职务也可以说是一个未被承认的国家大使。同时在伦敦，自由法国和驻伦敦美国负责与外国流亡政府联系的大使德雷克塞尔·比德尔建立了正常关系。

至此，戴高乐有种种理由认为，与美国保持工作关系的基础已经牢固地建立起来了。但是，美国承认自由法国政权性质的问题依然遥遥无期。

戴高乐将军和美国人之间，掺杂着一些私人恩怨。这使他们之间的关系若离若合，绵长而不自然。

著名的美国历史学家米尔顿·维奥斯特在他的《敌对的同盟国》一书中分析了罗斯福和戴高乐这两位活动家的性格，认为他们当中只要有一个人不过分以我为中心，彼此就可能达成谅解。

戴高乐与罗斯福在出身、性格和经历上迥然不同。富兰克林·罗斯福出身豪门巨富。他在格罗通中学毕业后，进入哈佛大学学习。他很早就接受了"自由民主"思想。他所接触的作家、思想家和理论家都具有"新的民主思想"，他成为"新政"的总统，实现了震撼美国的"罗斯福新政运动"。他是一位资产阶级杰出的政治家，精明强干，身残志坚，又是一位出色的谈判能手，善于施展他的魅力。战争使美国在军事和经济活动上占据了优势，使罗斯福总统成为世界上最强有力的人物之一。

戴高乐将军完全是另一种类型的人。他出身于一个严厉的、爱国的、信奉天主教的知识分子家庭。青年时代，他已经懂得了责任感和为祖国献身的精神。直到战争爆发前，他一直从事军事艺术和作战行动的研究。他的著作表明他对快速攻击型的现代战争有着独到的见解。很久以后，他才同政界接触。战争开始后，他被任命为副国务秘书和国防部副部长。

1940 年贝当政府投降后的 6 月 18 日，他在伦敦向军人和民众发出呼吁，要求他们与他并肩战斗，在近一年的时间里，他致力于这一事业，

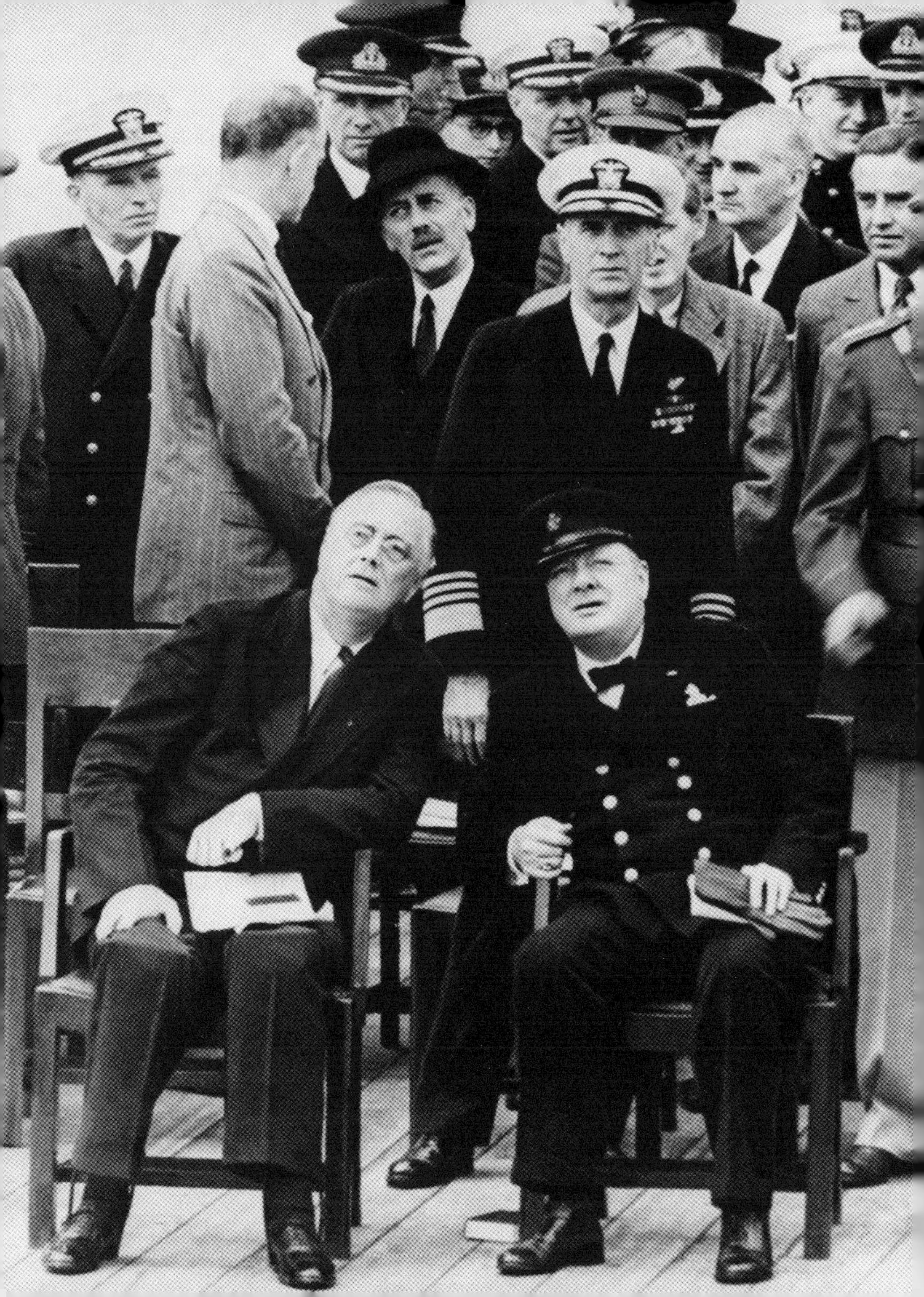

没有从事政治活动。随着法兰西帝国的众多领地宣布归顺"自由法国"，他"身不由己地卷进了政治舞台"。他把军人采取攻势和切断敌人退路的品质带到他的政治活动中。他与盟友的关系不是在于谈判的地位，而是挑战和对抗。

正是这种差异，使得戴高乐与罗斯福的关系一直处不好。罗斯福认为戴高乐性情高傲，难以相处。而在戴高乐看来，罗斯福则是一个倨傲的人，有着大国优越感，希望由他扮演上帝的角色。更由于政治上的分歧而造成了他们之间的种种困难。

说到政治上的分歧，主要表现在如何看待自由法国问题上。法国的崩溃在英国引起很大冲击，同时也深深震动了罗斯福总统。一支被认为是欧洲最好的军队投降了，一支完整无损尚未参战的现代化的海军宣告"中立"了，法国可耻地接受了希特勒的停战条件，这使罗斯福认为，多年来政府连续更迭的法国已经完全分崩离析。一段时间，罗斯福曾希望法国海军和法兰西帝国继续同英国人并肩作战，但这也使他失望了。罗斯福认为法兰西永远不会再成为第一流的国家，因而没有必要投入军事力量和在外交上给予支持，以使它恢复旧颜。目前的法国是纳粹帝国的一个附庸国，不适应新世界节奏的国家。罗斯福的对法政策就是与贝当主持的维希政府保持亲善关系，希望以此抵制德国的影响。

罗斯福如何看待戴高乐呢？他认为戴高乐的代表性远不如贝当，贝当身边派驻有教廷大使、苏联、美国、加拿大、比利时、葡萄牙、瑞士、巴西、瑞士大使……贝当统治着半个法国。他无可争辩地统帅着一支军队，特别是一支完整无损的海军，并且控制着大片海外领地和头等重要的战略要地。罗斯福从戴高乐的敌对分子身上获得的情报中得出结论，戴高乐被国外流亡的极少数法国人承认，在伦敦指挥着一支很小的部队，武器、经费全靠英国。在罗斯福看来，戴高乐是一个利己主义者、心胸狭窄的人和沙文主义分子，戴高乐唯一的愿望就是夺取并保持绝对权力。与丘吉尔相反，丘吉尔把戴高乐看作是法国"命运的主宰"，而罗斯福却不愿把为了保卫国家主权和尊严而准备冒任何危险的戴高乐视为捍卫法兰西荣誉的勇士。

虽然是罗斯福与丘吉尔的会晤，但戴高乐依然以紧张的心情注视着局势的发展。《大西洋宪章》的签订，使戴高乐看到了希望。因为这个宣言有利于反法西斯同盟的形成和发展，对反抗纳粹暴政的斗争起了有力的推动作用。

于是，戴高乐抓住时机，以主动的姿态，频频向罗斯福发动攻势，以消除他们之间长久的隔阂，增进美国与"自由法国"之间的联系。戴高乐的不懈努力，终于打动了罗斯福，美国政府改变了以往对"自由法国"保持缄默或是怀有恶意的态度。但是形势的发展仍不容戴高乐乐观。

12月7日，与德意结盟的日本对珍珠港的美国舰队发动了毁灭性的突然袭击。戴高乐心想，美国人为了采取联合行动抗击共同敌人，从此会把和它自己的敌人作战的"自由法国"看作盟国。一旦那样，美国、苏联、英国、"自由法国"，这些伙伴们都将因为战争的暂时关系而不得不风雨同舟，时候到了，"自由法国"的机会来了……戴高乐想道。

但是，他还是把形势估计得有些过于乐观了一些。

时候真的到了吗?

虽然,日本在珍珠港袭击了美国舰队,就事件本身来说,这是海军的一场灾难,至少带来了美国参战的好消息。但是3天之后,日本飞机又在马来西亚海域炸沉了英国军舰"威尔士亲王"号和"劫敌"号。1942年2月15日,军事要塞新加坡的大批英军也向日本侵略军投降。此外,奥金莱克在北非的胜利为时不长,隆美尔的反攻很快就要再度突破英军在沙漠中的防线。戴高乐记载道,1942年6月21日托卜鲁克的陷落结束了6个月灾难史,在这出悲剧的尾声中,丘吉尔——无可否认,他仍然掌握着内阁、议会和人民——在公众心目中的地位比他上台以来的任何时候都更加动摇了。不能指望这种状况会有助于改善他和戴高乐的关系。

在戴高乐重返伦敦后的整个困难时期中,法英两国在地中海东部地区的关系一直危机重重;同时在非洲之角,戴高乐的代表加斯东·帕莱夫斯与英国当局和在与埃塞俄比亚皇帝的关系上以及在亚的斯亚贝巴至吉布提的铁路问题上也经常发生冲突。更糟糕的情况还在后面。1942年5月5日,一场新的危机爆发了,凌晨3时,一家通讯社打电话给戴高乐,告诉他一支英国特遣部队正在马达加斯加东北海岸线上的战略要港迪耶果－苏瓦雷斯登陆。由于这次在法国领地上的登陆事前竟未与戴高乐商量过,他顿时愤慨到了极点。事实上,自日本参战以来,将军就一直敦促盟国让"自由法国"对马达加斯加采取军事行动。1941年12月16日,他首次就这件事写信给丘吉尔。1942年2月19

< 戴高乐与"自由法国"运动官兵们在一起。

日，他再次写信催促做出决定，并向英国总参谋部提交了一份详细计划。4月9日，他又就此向安东尼·艾登发出了一个催办的照会。

这个岛屿显然将具有重大的战略意义，因此有被日本占领的危险。然而，在戴高乐初次提出建议时，马达加斯加还不在丘吉尔优先考虑之列。日军在东南亚的神速进展以及由此造成的对孟加拉湾、锡兰和印度洋的威胁，使首相改变了他的看法。问题在于"自由法国"是否该参加任何登陆行动。从他们本身的情况看，他们显然缺乏登陆的手段，这就需要英国海军和空军的支持。但丘吉尔和他的军事顾问们对于达喀尔的惨败和由于"自由法国"人员的极为轻率的行动致使这次战役受到破坏一事记忆犹新。因此在同美国商量后，他们决定自己干，不让戴高乐参与其事。

从事情的前前后后来看，这样做是很有道理的，但这个决定势必要惹火戴高乐将军。英军登陆的当天，发自华盛顿的一份公报宣称：美国和英国同意，马达加斯加应在占领该岛对于共同事业不再必要时，立即归还法国。这份公报便使他怒气倍增。一想到法国的一块领地将在这一段时期中被人夺去，戴高乐将军怎么也按捺不住胸中怒火。艾登要求与他会面，戴高乐竟让他等了6天。5月11日，他们会晤时，将军看出外交大臣有些局促不安。"我向你保证，"艾登说，"我们对于马达加斯加没有任何要求，我们希望法国行政当局继续行使职权。"

"哪一个法国行政当局？"戴高乐问道。他听说英国打算与维希总督安内进行谈判，以便达成一个临时协议，划定迪耶果－苏瓦雷斯为英方的活动范围，而把岛屿的其余部分让给维希行政当局统辖，戴高乐立即反对这个计划。他说，如果这个计划得以实现，其结果将是法国领地在盟国的保证下中立化，这是他永远不能接受的。反之，如果这个计划不能实现，德国人迫使维希作战的可能性将会更大。艾登反驳说，他认识到"自由法国"的协助是必要的。英国政府随时准备公开宣布将在马达加斯加建立"自由法国"的政权。5月14日，英方声明，法兰西全国委员会在这个已经解放了的法国领地上具有应有的行政权。

戴高乐立即命令在赤道非洲集结一个混合旅，时机一到就开往马达加斯加。但是，看来在英国官方声明与执行政策的军人和特派人员的行动之间总是存在差距，这将使戴高乐再次遭受挫折。他在回忆录中回忆说，在这场事件中，一个叫勒计的先生率领他的一个情报组，从东非被派往马达加斯加。当戴高乐打算将他自己的特使佩什科夫上校派到迪耶果—苏瓦雷斯去观察事态的发展时，英方拒绝让他离开。已经决定到利比亚视察法国军队的戴高乐自己也接到紧急通知，要求他延期出发。他把这个通知解释为即使他一定要走也不能得到交通工具。这个解释无疑是正确的。

与对付先前所有这类危机一样，戴高乐又采取了丝毫不做让步的做法。6月6日，他责成查尔斯·皮克向丘吉尔和艾登阐明他的立场。他说："如果在马达加斯加、叙利亚或其他地方，法国由于盟国的行动而被迫失掉它固有的任何领土，那么我们将没有任何理由再和大英帝国甚至和美国直接合作下去。"他接着威胁说，要撤回到自由法国统治下的领土上去单独进行斗争，并随即把这些强硬的言词电告他驻北非和中东的军政代表。

同往常一样，他的办法奏效了。6月10日，丘吉尔邀他去谈谈。后来他们进行了一个小时的亲切会晤。首相向他热烈祝贺法国军队在比尔哈凯姆英勇阻击了德军的推进。然后首相把话题转到了马达加斯加，他向戴高乐保证，英国对马达加斯加没有任何企图。他大声说道：我是法兰西的朋友！

自由法国军队在比尔哈凯姆的行动受到各方面的称赞，这第一次为戴高乐在与盟国打交道时提供了毫不含糊的军事资本。达喀尔之役已经失败；叙利亚之役未竟全功，令人羞愧；勒克莱尔在撒哈拉的推进规模又太小，不足以鼓励士气。比尔哈凯姆一战虽然也是规模不大，但它却发生在众目注视的中心地区。隆美尔正在向托卜鲁克方向发动进攻。由柯尼希将军率领的自由法国第一旅，负责据守沙漠中的一个通道交叉口，那就是离海岸56公里，没有水源、没有树林，在大多数地图上都找不到的比尔哈凯姆。柯尼希就在这个荒凉的地方设防，由3,500人防守，英军在更远的东面要重新集结起来，还需要一些时日。分享着少量可怜的配给饮水，一直坚守阵地，大大超出了英国人最初要求他们阻止德军前进的6天期限。6月10日，英方才通知他们可以撤离这个据点。部队损失了96人，柯尼希下令毁坏了一切无法带走的装备，于11日夜间撤离该地。可是，在他们赶往英军防线的途中，又有900人左右伤亡或失踪。

比尔哈凯姆战役规模甚小，但它表明自由法国战士是能够为共同的事业英勇奋战乃至献身的。消息传到法国本土，那里的抵抗运动大受鼓舞，这次胜利提高了整个"自由法国"运动的地位，相应地降低了维希政府的威望。消息传开，戴高乐独自在办公室里流下了喜悦而自豪的眼泪。为柯尼希的大部人员安全脱险感到宽慰。

一时之间，戴高乐与华盛顿的关系有了迅速的改善，看来的确有取得真正谅解的可能性。1942年5月21日，美国新任驻伦敦大使约翰·怀南特在伦敦同他会晤，恭听他对开辟欧洲第二战场的见解。接着在6月1日又举行了一次会谈，艾登也参加了。戴高乐打电报给他的驻华盛顿代表阿德里安·蒂克西埃说，现在看来美国国务院的科德尔·赫尔和萨姆纳·韦尔斯已开始意识到他们对待"自由法国"的态度是不现实的了。29日，英国外交大臣告诉将军，美国政府正在考虑改变它对法兰西全国委员会的政策。次日，怀南特与戴高乐共进晚餐，他表达了对将军的同情，并答应在美国尽力宣传将军的人格。

这时丘吉尔正在华盛顿，他正竭力劝说罗斯福总统缓和他对这位"自由法国"领袖的态度。结果华盛顿于7月9日发表了一个公报，给戴高乐的运动以某种承认。公报的全文曾于事前送交戴高乐，征求他的同意。斯塔克海军上将和博尔特将军被指派为美国政府代表，与在伦敦的法兰西全国委员会协商有关指挥战争的一切问题。美国方面承认戴高乐将军的贡献和全国委员会为维持法国的传统精神和制度所作出的努力。全国委员会"作为法国抗击轴心国的法国各种抗战力量的象征"，将得到一切可能的援助。可是接着还有一段话，隐隐约约地暗示罗斯福总统猜疑戴高乐将军在追求个人政治野心。公报上载明，美国政府和英国政府一致

认为——"它确信法兰西全国委员会也会认为"——该国的政治前途只能在自由和没有强迫的条件下决定。

戴高乐对这份公报十分满意，在给蒂克西埃的信上也是这样讲的。但他很快就发现它的实际价值很有限。公报宣称，美国愿意同"自由法国"官员在他们各自管辖的领地上打交道，只要他们在那里行使着有效的职权。但它却只字未提非常重要的其他领地，特别是仍在维希控制下的法属北非。7月23日，戴高乐将军会见了美国海陆军将领：总参谋长马歇尔上将，海军总司令金上将，美国驻欧陆军总司令艾森豪威尔中将，告诉他们盟国在法国领地上登陆时自由法国能够作出的贡献。他发现他们沉默不语，而且已被"美国心目中的一个新的，称之为世界大战的庞然大物弄得不知所措"。

事实上，英国和美国都还没有为在欧洲开辟第二战场作好思想上或军事上的准备，更不用说进军法国了。他们的注意力正转向法属北非，并且对戴高乐将军毫无信赖之意。他在华盛顿的成功只不过是瞬息即逝的一种幻想。科德尔·赫尔对自由法国"解放"圣皮埃尔岛和蜜克隆岛的事一直耿耿于怀，愤愤不已。当美国在太平洋的司令官帕奇将军到达新喀里多尼亚时，又出现了一件新的事件。当地的政客们趁美国人在场的机会企图争权夺利，戴高乐的行政长官达尔让利厄海军上将一度被迫到丛林中忍辱避难。1942年2月25日，美国发表声明承认太平洋诸岛上的领地"是在设立于伦敦的法兰西全国委员会的有效控制之下"，整个事件才令人满意地结束了。

然而，戴高乐现在却看到了令人振奋的迹象：国内抗战组织已开始希望他进行全面领导。这些组织中有几个领导人到伦敦来见他。其中一位就是埃马纽尔·达斯蒂埃·德拉维吉里。1942年4月，他在伦敦见到了戴高乐，戴高乐决定派他去华盛顿完成一项半秘密的使命：解释和说明法国人民的心理状况。他接受的指示之一是使蒂克西埃本人放心，全国委员会有法国的劳工组织作后盾，另外就是劝说莱热加入全国委员会，并主持外交工作。可是，虽然莱热仍然持反维希观点，却直到最后也未能承认戴高乐有任何合法性。蒂克西埃倒是确实放心了，而且达斯蒂埃也可以自称在促成美国发表7月9日公报方面立下一些功劳。但是连他也未能见到罗斯福总统，虽然他得到了与总统的私人秘书哈里·霍普金斯会谈的机会。5月,李海海军上将回到了美国。他在靠近白宫的原国务院大厦里得到了一间办公室，这就使他容易接近总统，总统是经常咨询他的意见的。

GHARLES DE GAULLE

>> 在英美"屋檐"下翻身

戴高乐不愿在这样的恫吓面前屈从,他选择了战斗——"在受人拥护的伙伴中我是孤立的,在富翁当中我是个穷鬼,在这种情况下,法国的问题不仅仅是把敌人赶出国土的问题,而是决定民族与国家的前途问题。"

1942年夏天过去了,戴高乐将军越发注意中东的局势。卡特鲁的报告告诉他,法英两国在叙利亚和黎巴嫩不断发生争端。戴高乐决定亲自去看一看,他亲临前线也许能给他的战斗部队带来安慰和激励。7月中旬,他把他的运动由"自由法国"更名为"战斗法国",以标志他现在不仅得到了海外,而且也得到了国内抵抗者的忠诚。7月底,戴高乐果然把三大抗战组织的领导人召集到了伦敦。27日,他改组了全国委员会。已经到达英国的法国社会主义领导人安德烈·菲力浦受命负责内政;成功地出使过墨西哥和操西班牙语的美洲国家的雅克·苏斯戴尔被任命为情报委员。全国委员会的事务现在已是井井有条,戴高乐认为他可以离开伦敦了。29日,他去拜访了首相丘吉尔,并向他辞行。

接着是一场关于达喀尔和马达加斯加的毫无结果的争论。首相报告了关于叙利亚和黎巴嫩并没有真正独立的情况,以此来非难戴高乐。将军则反唇相讥说,当地居民至少和生活在英国保护下的伊拉克、巴勒斯坦或埃及领地上的居民一样愉快。

法英两国在地中海东部地区争论的实质在于,"自由法国"关心的主要是维护法国对那些领地的统治权,而英国关心的主要在于进行战争。然而戴高乐并不这样看问题。对他来说,真正的问题是他怀疑英国对于法国托管下的领土有所图谋。每当英国对他施加压力,要在叙利亚和黎巴嫩举行自由选举,他就考虑这样做的后果:这两个国家现在独立还不到时候,英国人会干脆对它们实行接管。而且,他从丘吉尔和艾登的某种不自然的神态上也感到有些重大的事情瞒着他。8月5日,在飞往开罗的途中,他的怀疑得到了证实。罗斯福的新任驻莫斯科大使艾夫里尔·哈里曼与他同乘一架飞机。平素坦率而健谈的哈里曼却沉默不语,有意回避。在直布罗陀,戴高乐看到正在进行大规模的战斗准备,总督梅森·麦克法兰将军平常总是轻松自在的,这时却显得非常神秘。

最近的军事失利使隆美尔占领了阿拉曼,从那里驱车到亚历山大只有两个小时。"自由法国"军队在比尔哈凯姆作战英勇,如今只有他们的士气还高昂一些。戴高乐于8日和11日视察了他们。在他看来,来自地中海东部的消息仍然不妙。英国依然坚持要进行将军认为为时过早的选举,而且还要关闭法国设在伊拉克石油公司输油管出口处的设施,从而使自由法国的行政机构只有依靠英国的善意才能维护下去。面对这种形势,戴高乐将军决定通过精心安排的几个步骤,有意地制造一场逐步升级的危机。这是一出效果很好的政治交响乐。他首先从在中东的英国新任国务大臣、澳大利亚人理查德·凯西身上发难。8月8日,他向凯西表示了"自由法国"方面的不快。他在贝鲁特和大马士革逗留了2天之后,于14日致电丘吉尔提出正式抗议，要求结束"英国政府代表的不断干涉"，他认为英国的做法是违背法英协议的。

首相在莫斯科看到了戴高乐的电文，23日返回伦敦途中在开罗答复了他，但他那字斟句酌、抚慰备至的言词并未能使将军息怒。戴高乐立即打电报以更强硬的措词提出第二次抗议："我无法接受你的观点，照你的看法，英国代表在地中海东部地区的政治干涉，竟然与英国政府所作的关于尊重法国地位和法国托管的保证并无矛盾。"为了加重这一抗议的分量，他把他采取的立场通知了俄国和美国。在他看来，不仅叙利亚和地中海东部地区，连马达加斯加和法属北非也成了赌注。

尽管伦敦和华盛顿对"自由法国"的代表仍然保密，某种军事行动

∧ 1942年7月底，戴高乐在伦敦与"战斗法国"运动领导人商讨政局。

正在计划中的迹象已越来越明显了。丘吉尔在开罗时，已任命亚历山大将军担任总司令，不久蒙哥马利将军接任第8集团军司令。坦克和飞机集结从未中断。8月27日，戴高乐致电他在伦敦的委员会，宣布了他的结论：美军已决定在法属北非登陆，以配合英军从埃及发动的攻势。

在此期间，美国总领事格温先生于16日拜访了戴高乐，显然他对法英关系的恶化颇为担心。"我没有说什么使他放心的话。"戴高乐在回忆录中这样写道。这是戴高乐危机交响乐中的又一支乐曲。

8月29日，理查德·凯西建议在开罗举行一次"开诚布公的会议"，

◁ 1942年，戴高乐赴
法属北非视察。

并恫吓说：如果会谈不成，他将把自己对局势的看法报告首相。戴高乐提出反建议说，会谈应在贝鲁特举行。

在戴高乐看来，现在危机涌现，真是妙极了。31 日，丘吉尔从伦敦来电说，他也认为局势是严重的，并邀请戴高乐从速返回英国。戴高乐却镇定自若地答复说，他此时还不能返英。这真把他气坏了。9 月 7 日，他给凯西一份备忘录，详细谈出了他的不满意见，这就使形势紧张到了极点（他在回忆录中如此说）。当天，在伦敦方面，艾登告诉普利文，英国政府对戴高乐在地中海东部地区的态度极为愤慨。尽管如此，在紧接着的几天中，外交部在与维希当局达成协议的全部努力都告失败之后，向法兰西全国委员会表明了在马达加斯加恢复军事行动的意图，同时宣布准备在该岛建立一个"自由法国"政府机构。9 月 10 日清晨，行动开始了。戴高乐断定事情正在按照他的意图发展。他给艾登写了一封友好的信，说他希望很快能与艾登和首相讨论法国和英国在地中海东部地区的关系以及马达加斯加将来的民政事宜。

可是，戴高乐仍然不准备返回伦敦。他却在法属北非停留了 10 天。在那里，他向勒克莱尔简要地介绍了"自由法国"军队未来的军事计划，这一计划以进军的黎波里为结束。"自由法国"军队只有到达那里时才归亚历山大和蒙哥马利指挥。

后来，戴高乐直到 9 月 25 日才回伦敦。鲍戈莫洛夫好像是为了加强戴高乐反抗盎格鲁撒克逊人的信心似的，给他带来了苏联政府的消息，指出目前处在和侵略者的殊死斗争中，苏联爱莫能助，但是一旦时机到来，它将随时准备插手帮助"自由法国"抗拒美国的过分压力。9 月 28 日，一份苏方公报宣称，苏维埃社会主义共和国联盟承认法兰西全国委员会是"战斗法国的领导机构，只有它有权组织法国公民及其领地参加战争"。

事到如今，果然如戴高乐所料到的那样，温斯顿·丘吉尔心中早已积满了怒火。9 月 29 日，戴高乐与普利文到达唐宁街 10 号拜访丘吉尔和艾登。丘吉尔当着他们两人，把满腔怒火全都发泄出来了。戴高乐更是不同意年内在叙利亚和黎巴嫩进行选举。丘吉尔便说，既然这样，他看不出有什么理由要在马达加斯加帮助建立戴高乐派的指挥部。在后来的舌战中，丘吉尔大声说道："你不是法兰西！"外交大臣也参加进来为首相助威。法国领导人在极其紧张的气氛中告辞而去。

压力照例随之而来。在后来的 11 天中，英国人停止发送戴高乐派给非洲、地中海东部地区和太平洋各地的"自由法国"据点的电报。戴高乐的外交委员莫里斯·德让恳求他对英国做出让步,以避免完全断交——当时英国外交部正以此相威胁。但戴高乐一如既往地说:决不让步。德让因此辞职了,虽然他未与戴高乐发生争执。几周以后,戴高乐又让其负责处理法国和同在英国的各盟国流亡政府的关系。普利文主持外交工作,在马西格利从法国本土来到伦敦之前,由迪特尔姆负责财政工作。

戴高乐这次寸步不让,又像过去一样奏效了。发报机又响起来了。10月23日,丘吉尔派他的私人秘书德斯蒙德·莫顿少校向他道贺:自由法国的"朱戎"号潜艇最近在挪威海岸附近击沉了敌人的两艘巨舰。莫顿态度十分亲切,表示英国感谢法国对刚刚开始的阿拉曼大战作出的贡献。其后又举行了关于马达加斯加未来政权的谈判。戴高乐的计

★亨利·吉罗

法国将军。圣西尔军校毕业。参加过第一次世界大战。1936年任法国最高军事委员会委员。第二次世界大战期间先后任第7和第9集团军司令。1940年被俘,后逃至阿尔及利亚。1942年英美在北非登陆后,任北非法军总司令。1943年与戴高乐同任法兰西民族解放阵线委员会主席,因政见不同于同年底辞职。1945—1948年任最高军事委员会主席。著有《我的脱险》《胜利,阿尔及利亚1942—1944》等。

划早已准备好了。他已指派勒让蒂约姆将军为印度洋地区高级专员,派当时担任乌班吉行政官的皮埃尔·德圣马尔为马达加斯加总督。

戴高乐将军已经推断英国这时必定会对他让步,以此作为他们排斥"自由法国"参加未来的北非军事行动的补偿。11月6日,安东尼·艾登"满口甜言蜜语"地向他提议发表一个联合公报,宣布对勒让蒂约姆的任命。戴高乐断定对北非的登陆即将开始。第二天,他得知他的判断没有错。

1942年这年秋天,戴高乐虽然猜测到盟国的军事意图,然而对于盟国的计划和密谋却一无所知。他察觉到,打破他孤立状态的关键在于罗斯福。他已派他的特使达斯蒂埃到过华盛顿,但成效甚微。现在他决定派第二个特使,已在伦敦参加他的阵线的社会党的抗战运动领导人安德烈·菲力浦,让他带去一封给美国总统的私人信件。这封信开门见山地谈到一些根本问题:美国总统应该与哪一个法国打交道?昨天的法国?

维希的法国？还是明天的法国，人们尚未看到其形状的法国？不，他申辩道，战争期间算得上法国的唯有现在的"战斗法国"。戴高乐要求罗斯福"采纳对美国和战斗法国之间的关系进行直接和全面审查的意见"。

信上日期是 10 月 26 日，及时交到了，但罗斯福总统没有答复。

总统在政治和军事上的计划，在此以前都早已确定了，戴高乐根本没有排上号。罗斯福已物色了另一个人——亨利·吉罗★，作为他执行北非政策的工具。

把戴高乐弄到卡萨布兰卡，倒确实是罗斯福同意了。不过正如可以想象的那样。这不是一件轻而易举的事。戴高乐一直在期望和等待重新邀请他去华盛顿，而丝毫没有想到罗斯福已经到了摩洛哥。1 月 17 日，戴高乐接到的却是由安东尼·艾登交给他和丘吉尔的一封电报。首相要求戴高乐与他一起到摩洛哥，并说在那里他可以"在完全秘密的条件下"与吉罗会晤。

戴高乐没有征询全国委员会的意见，就马上回电予以拒绝，并提醒丘吉尔，他曾一直找机会与吉罗会晤，他不喜欢"盟国高级法庭"的气氛，而盟国却正式建议用这样的"法庭"来代替，最好由法国人自己安排自己的会议。同时他又打电话给吉罗，重申他随时准备与他会谈，但要在"法国领土上，在法国人之间进行，何时何地由你选择"。

戴高乐的第一次拒绝，使丘吉尔受尽了罗斯福的讥讽。丘吉尔深感屈辱，1 月 19 日，又给戴高乐发出第二封电报。首相声称他受权说明，要戴高乐赴卡萨布兰卡不仅是他本人的邀请，也是美国总统的邀请。电文显然带有一种威胁口吻。

戴高乐不愿在这样的恫吓面前屈服，于是他决定把这件事提交他的委员会全体会议讨论。经过故意拖长时间的辩论，决定即使仅仅为了与罗斯福会晤，戴高乐也应该走一趟。因此，戴高乐告诉丘吉尔说，大战的形势和法国"暂时的"处境不允许他拒绝与美利坚合众国的总统和英王陛下的首相会晤。这种毫无热情的俗套话出现在一份相当长的电文结尾。在这份电文中，戴高乐将军大发了一通牢骚，说盟国事先未同他磋商就作出了安排，并且在他不知道会谈的议程，也不知道举行会谈条件的情况下，就突然邀请他去参加有关重大问题的讨论。

戴高乐一行于 1943 年 1 月 22 日抵达卡萨布兰卡的费达拉机场。

戴高乐立即发现使他火冒三丈的种种情况。在这儿，在法国的土地上，他们却被隔离，受到全副武装的美国兵的包围，四周还布满了铁丝网。吉罗邀请戴高乐及其随员共进午餐，他们发现吉罗住所周围也是如此。这两人初次见面就缺乏热忱，吉罗只简短寒暄了一句"你好，戴高乐。"就好像他还是当年梅斯的军事长官，戴高乐还是他的下属。戴高乐有意使吉罗难堪，向他指出了他们的会见是在被外国人和铁丝网包围着的"可憎的"环境中进行的。进餐时，戴高乐渐渐心平气和下来，以至要求吉罗讲述他轰动一时的脱险经历。但是，当话题转到时事时，这位将军告诉他们说，他丝毫不反对维希政府，他所要做的事就是打德国人。

说到这番话，戴高乐的随员们全靠他们的领袖所表现出的冷静的克制才按捺下来。打德国人这一点，他们并不怀疑，然而很难指望他们会同情吉罗的这一观点：维希政府在北非的总督——诺盖、佩卢东、布瓦松和贝尔热雷——还应该留任原职。至于抗战运动，吉罗觉得他的革命思想不可理解，或者说不合口味。

戴高乐与往常他和盟国发生纠葛时的做法一样，决定摆出他那精心制作的一脸颜色。那天下午，哈罗德·麦克米伦看到他又憋着这股劲了。这位"自由法国"的领袖听说哈罗德·麦克米伦和墨菲正在努力制定一项使戴高乐与吉罗和解的方案，便竭力使麦克米伦懂得，只有"法国人之间"的协议才能算数。不过，他还是答应去见丘吉尔。

在与丘吉尔的重大冲突中，戴高乐此时已成老手，而且是获胜的老手了。这一次，他一进门就先发制人。他大声说，如果他早知道在法国的土地上会被美国人的刺刀团团围住，他决不会到这里来。他说明了这一点后，便平静下来了。丘吉尔接着向他说明总统与他苦心孤诣制定的"解决"方案：戴高乐和吉罗将共同担任执行委员会主席。他们的权力是平等的，但是吉罗还将兼任最高军事长官，负责装备已经统一起来的法国军队，美国人是坚持这一点的。也许，"我的非乔治将军"将成为委员会的第三个主席。这个委员会将包括现任法属北非高级官员的诺盖、佩卢东、布瓦松和贝尔热雷。

戴高乐彬彬有礼地议论道，这些安排对于可敬的美国军士长一级的人来说，似乎倒是称心如意的，但是丘吉尔很难指望他会认真考虑。他对罗斯福本人非常崇敬，然而他不承认他们有任何资格来决定法兰西帝国的权力问题。盟国在没有同他商议，实际上是在违反他意志的情况下，便在阿尔及尔设置了一套机构，现在他们发觉这套机构并不起作用了，因此又想使"战斗法国"淹死在里面。"战斗法国"是决不允许这样做的。假使它必须消亡，它情愿光荣地消亡。

最后，丘吉尔答应对那个有关联合的方案作进一步的考虑。送戴高乐出来时，他指出，站岗的是英国兵，不是美国兵。

第八章

重建法兰西

1890-1970 戴高乐

1943 年 5 月 30 日，戴高乐在"战斗法国"的首都——阿尔及尔。在这个普遍充满敌意的地方时，他实际上是单人独骑。

然而仅仅半年后，他却成了阿尔及尔和法国人抵抗精神的主人，这或许是他最惊人的一次胜利了。1945 年 9 月 9 日，戴高乐宣告了他的政府已经在巴黎成立。

∧ 1943 年 2 月 24 日，卡萨布兰卡会议期间戴高乐与罗斯福、丘吉尔、吉罗合影。

>> 没有硝烟的战争

戴高乐后来回忆说，1943 年实在是他职业生涯中最艰难的一年。

1943 年初的时候，国内的抗战运动已承认了戴高乐的领袖地位。但是，后来很快发生的一些事情，又使局势发生了某些变化。

当然了，说戴高乐"独裁"，或者说是"极权主义"，这都有点不怎么准确。但是，由于戴高乐对导致法兰西共和国倒台的"多党制"持否定态度，这对那些依旧存在的政党和组织，无疑是一个沉重的打击。这是他们与自由法国之间裂痕加深的主要原因。

从根本上说，戴高乐应该算是一个"激进主义者"，这从他与英美的斗争，与吉罗的斗争中，都可以看出来。从一份 1942 年 6 月戴高乐发表的致抗战人员的文告中，可以看出戴高乐的政治观点。他在文中痛斥前政权，也对现政权即维希政权，给予了无情的揭露。他进行革命的目的是为了恢复领土完整，恢复民主自由权利并自由选举最高国民议会。

可是那些政治组织往往只看表象，而不看实质，对戴高乐与他们的相似之处视而不见。

穆兰如果没有死的话，他们与戴高乐或许还有"沟通的可能"。但现

177

在不可能了。戴高乐虽然又找了几个"总代表"试图恢复以前的来往，但都失败了。这些总代表不具有穆兰的百分之一的能力。

戴高乐将军最初试图用军事观点对待各党派，使他们为他所用。这种想法最初也似乎有所成效，但是形势的发展，却很快就超出了他的预料。

戴高乐在1943年时的情形就是这样，他对法国本土的抗战运动几乎完全失控了。

但是，这又是无力顾及和进行重新调整的，他没有时间。

由于刚刚击败了吉罗，挫败了英美的阴谋，戴高乐在海外暂时站稳脚跟，控制了局面，成了名副其实的法国领袖和最高军事统帅。但是，他同美国的严酷较量还在后头，届时，鹿死谁手还需拭目以待。

1943年6月26日，戴高乐来到突尼斯。就在同月中旬，盟军取得了突尼斯战役的全面胜利，法国抗战部队也参加了这一战役。经过18天的战斗，分别攻占了突尼斯城和比塞大港。25万德意军队由于没有运输船只可供撤退，便于5月13日宣告投降。至此，盟军在北非已全部肃清德意军队，墨索里尼所要建立的"非洲大帝国"的梦想以彻底的失败而告终。

戴高乐感到欣慰的是，通过这次战役，他所领导的抗战武装力量有了新的发展，并得到了极大的锻炼。戴高乐本人的威信也较前大大提高了。

6月27日星期天，在举行阅兵典礼和在主教堂做过礼拜之后，戴高乐在群众的欢呼声中来到冈比大的广场上。在这里向围着许多突尼斯人的无数法国侨民发表讲话：

"我们对法兰西、对自己的母亲法兰西只有一件事，除了为她服务以外，再也没有其他重要的事情。我们应该把她从敌人手中解放出来，应该打击敌人，应该惩办叛徒，应该为她保留自己的朋友，应该摘掉她嘴上的箝套，斩断这身上的锁链，使人们能够听到她的声音，并要重新掌握自己的命运，奔向光明的前程。我们对她没有任何的要求，除了在解放的那一天我们要求她张开那双仁慈的臂膀抱着我们欢乐地痛哭一场，而在将来我们有一天与世长辞的时候，她把我们轻轻地埋藏在可爱的祖国神圣的土地上。"

戴高乐怀着一颗对祖国母亲真挚的爱，所抒发的一番肺腑之言，深

∧ 1943 年抵达北非视察的戴高乐。

< 1943年6月，戴高乐抵达阿尔及尔时受到民众的热烈欢迎。

深地感染了在场聆听他讲话的每一位群众，他们报以排山倒海般的掌声。

这时，戴高乐已打定主意，把他的法国战斗部队继续投入下一场即将开始的意大利之战并为进一步解放自己的祖国——法兰西积蓄力量，作出重要的贡献。

突尼斯战役的枪声刚刚平息、地中海最大的岛屿——西西里岛又火光四起。根据卡萨布兰卡会议的决定，盟军一旦在突尼斯的军事行动结束，下一步的进攻目标应是意大利的西西里岛。作战行动代号为"哈斯基"。

就在戴高乐的部分战斗部队配合盟军取得攻占西西里岛战役的胜利时，7月14日，在法兰西帝国和"战斗法国"的首都阿尔及尔，举行了国家复兴和恢复全国统一的示威游行。

传统的阅兵典礼呈现了复兴的气象。当戴高乐对走过的队伍回礼时，仿佛看到人群中间有一股渴望投入战斗的炽烈火焰迎面扑来。戴高乐感到在军队和人民的上空飘荡着坚定的信心。就是这些东西融合在一起，毁灭了昨日的灾难，带来了充满希望的今天。随后，戴高乐激动地站到话筒前，对广场上聚集的一望无际的群众发表讲话：

"经受了3年无法形容的痛苦，法国人民又站起来了。它又高举着祖国的旗帜，团结一致、热血沸腾地站起来了。这一次它是以团结一致的姿态出现的。今天在帝国首都，以一种光荣的形式所表现出来的团结，明天在我们的所有城市和乡村一旦从敌人及其帮凶的手中解放出来时，也会出现同样的团结。"

这时，广场上响起雷鸣般的掌声。戴高乐作了一个向下的手势后，接着说道：

"世界上有些人曾认为可以把我国军队的行动看成与我国人民大众的感情和意志毫无联系的事情。他们可以认为我们的陆军、海军、空军与世界上其他国家的陆军、海军、空军完全不同，他们不考虑上战场是为了什么而去冒生命的危险。总之，这些理论家、冒牌的现实论者，替法国人想出一种理论：国家作战的力量可以在国家政治和民族精神之外独立存在。我们可以向这些现实论者指出，他们不懂事实。一切法国公民，无论在任何地方，从4年来或8个月对敌作战，都是响应法国的召唤。为了达到法国的目的和为了符合法国的要求而作战的。"

戴高乐的这番话是针对盟军的战略行动而言的。盟军在攻占西西里岛取得意大利战役第一阶段胜利后，对下一步的战略行动自然悬而未决。丘吉尔极力主张乘胜前进，攻占罗马，在意大利尽可能向北挺进，并进而向巴尔干进军；而美方则认为应及早横渡英吉利海峡，开辟第二战场。戴高乐本人也不赞成丘吉尔的主张，从军事观点来看，从地中海向中欧进军，戴高乐认为这太冒险了。他认为应该从法国领土上来考虑。在法国，换句话说，在有利于速战的土地上，既接近海空军基地，又有抵抗运动在敌后活动，给予盟军以有力的帮助。然而，对于戴高乐的意见，盟国置之不理，他们只要求法国军队作战，而不参加计划的制定和重大问题的讨论。对于这种企图利用法国军事力量而又想排除法国的荒诞阴谋，戴高乐非常愤慨，他在演讲中便一针见血地揭穿了他们的阴谋。

戴高乐激动地指出，"法国不是解放之神将要轻轻唤醒的睡意惺忪的公主。法国是一个备受折磨的女囚，她在牢狱中受尽鞭笞，深深体验到自己的灾难的原因和虐待她的那些暴君的无耻。法国早就选定了一条复兴的道路！"接着，戴高乐又指出了抵抗运动一旦胜利后在国内外必须达到目标。

在结束讲话时，戴高乐挥着手高声喊着："法国人啊！法国人！祖国在痛苦和光荣中，生龙活虎般地经历了1,500年。目前的考验虽然还没有结束，但我们历史上的最悲惨的一幕却快要结束了，昂起头来，大家像兄弟般紧密团结在一起，通过斗争，通过胜利，奔向新的前途。"

这时，广场上沸腾起来了，这种群情激奋的盛况使戴高乐对法国未来的前途更加坚定了信心，这就是在配合盟军反攻解放法国的同时，必须保住法国的独立和主权，任何企图把法国变成附庸国的阴谋都将彻底破产。

在讲演台上，墨菲先生显得有些激动地向戴高乐来表示祝贺说："这样多的人啊！"戴高乐平静地说："这只是你在阿尔及尔所看到的10%的戴高乐分子。"

离开突尼斯，1943年8月8日，戴高乐又来到了卡萨布兰卡。

一进入这个城市，戴高乐便感受到这里的气氛与6个月以前他秘密来到这个城市的景象大不相同。当时的卡萨布兰卡到处充斥着美国兵和美国岗哨，如今城墙上飘扬着国旗与彩色缤纷的旗帜。更使戴高乐值得欣慰的是，今天，他是作为法国权力的象征和中心重新出现在这个城市。

9月3日，趁战争4周年纪念日之际，戴高乐在广播中宣布了这些情况，他指出："有26个国家承认法兰西民族解放委员会，为我们争取胜利和和平的团结一致提供了鲜明的证据。"

然而，在正在进行中的意大利战役期间，美英在刚刚正式承认法兰西民族解放委员会后没有几天，却肆无忌惮地对它采取排斥措施。

随着7月25日墨索里尼的垮台，美、英、法三国军队以势如破竹之势横扫意大利，意大利即将投降。8月29日，麦克米伦和墨菲交给马西格利一份备忘录，要求法兰西民族解放委员会"承认艾森豪威尔将军代表法国正如同代表所有盟国一样，有权和巴多格里奥元帅签订一份停战协定，这个协定包括盟国的利益，其中特别包括法国的利益。"并指出："联合王国和合众国政府将尽可能使法兰西民族解放委员会派遣一位代表参加签字仪式，如果它愿意的话。"

9月1日，法兰西民族解放委员会用照会提出答复，同意艾森豪威尔代表法国正如代表所有盟国一样，签订停战协定；同时要求马上把草案全文通知他们，同时还声明，无论在哪里签字，民族解放委员会随时准备派遣一位法国最高统帅部的代表参加签字仪式。

因此，对于华盛顿和伦敦来说，这就是表明他们不愿意承认法国在结束战争行动的一系列规定中，具有同它们一样的平等使用者的机会。然而，9月8日，麦克米伦和墨菲来向马西格利说，意大利的投降已成事实。半点钟以后，艾森豪威尔★公布"他同意意大利政府停战的要求，停战条件是由英、美、苏三国政府批准的"。并把这一声明的全文交给了马西格利。

9月9日，戴高乐召集民族解放委员会会议。外交委员马西格利的报

★艾森豪威尔

美国总统兼武装部队总司令，陆军五星上将。1915年毕业于西点军校，后在步兵团服役。1943年起，先后任驻北非和地中海盟军总司令、最高统帅。1944年指挥美英盟军横渡英吉利海峡，取得诺曼底登陆战役的重大胜利。随后向德国本土进军，同年晋升五星上将。1948年退出现役，1953年至1961年就任美国总统。任内继续推行军备竞赛和"冷战"策略，加速研制核武器，大力发展战略空军。并对他国进行干涉和控制。1969年在华盛顿逝世。

告自然引起了大家对英美当局做法的激愤和不满，毫无疑问，大家对他们的企图也表示愤慨。第二天，麦克米伦又跑来道歉。

一点疑问也没有！在整个意大利战役期间，盟国只要求法国军队参战，而不参加计划的制定和重大问题的讨论，一致打算尽力把法国从有关意大利的决定中推开。

戴高乐清楚地估计到，将来盟国在决定欧洲命运时，还会排挤法国。但是，他们必须知道，法国决不允许它被推出去。

9月12日，在访问奥兰时，戴高乐在演讲中严正指出："祖国将加倍努力来加速敌人的失败，使法国根据自己的地位参与作战的安排和世界的重建。""法国为了一切人的利益，在目前开始进行解决战争问题的过程中应有自己的地位。"

不管怎样，从麦克米伦和墨菲的行动中可以得出这样的结论，盟国往往利用法兰西民族解放委员会双头领导的畸形现象来掩盖他们的阴谋。这使戴高乐下决心加紧摆脱政府双头领导的局面。

10月中旬，解放委员会根据戴高乐的请求颁布了一项法令。按照这项法令，政府只有一个主席。委员会考虑到当时的实际情况，正式任命戴高乐为该委员会的唯一主席。

11月9日，委员会进行了改组。同时宣告新的法兰西民族解放委员会正式成立。

1943年5月30日，戴高乐在到达阿尔及尔这个普遍充满敌意的地方时，他实际上是单人独骑。然而，仅仅5个月的时间，他却成了民族解放委员会唯一的主席，成了阿尔及尔和法国的主人，这或许是他最惊人的一次胜利。

∧ 1943 年 11 月，在戴高乐主持下新的法兰西民族解放委员会在阿尔及尔正式成立。

>> 三国之争

1943 年 11 月 28 日，世界三巨头——斯大林、罗斯福、丘吉尔在德黑兰聚会，这里成了"全球的中心"。

此时，诺曼底登陆即将发动，艾森豪威尔对法国的未来解放作了种种设计。

于是，应该在法国建立一个什么样的国家，便在英、美、苏三大国之间展开了一场激烈的斗争。

冬天来到了，1943 年，这个多灾多难的一年哟，就要过去了。

一切迹象都显示着，这将是战争结束前最后的一个冬天。风仍然在凛冽地吹着，气候虽然是寒冷异常，走在街道上的人们，也仍然穿着臃肿的棉衣，把脖子缩在高高的衣领里。车辆川流不息，路边的树木光秃秃的，地面上的草干枯了，一切依然与去年的这个时候没有什么两样。但是，对于伫立在院子里，目光热烈而急切地注视着阴沉沉的天空的戴高乐来说，一切却都在发生着根本的变化。

这儿是阿尔及尔，戴高乐一家都住在这幢朴素但是优雅洁净、环境很是不错的别墅里。

正是德黑兰会议确定了同盟国在法国开辟第二战场的计划，这样战后法国的地位问题便提上了战事日程。罗斯福关于战后世界的梦想是要把法国变成其附庸。因此，在1943年9月到1944年6月这一关键时期中，盟国在作出重大决议时，戴高乐以及法兰西民族解放委员会被排斥在外。戴高乐颇为辛酸地注意到了，无论经由北非乘船去开罗的丘吉尔，或由开罗飞往德黑兰的罗斯福，都不屑与他接触。甚至没有人征询他对欧洲前途的意见和欧洲解放的计划，就是在法国登陆的事宜也不让戴高乐与闻。这样被排斥所产生的痛楚深深地刺伤了戴高乐的心。

戴高乐在失去了进入列强圈子的门路后，只好靠与次要人物联系聊以自慰。这样的人物有：南斯拉夫"采特尼克斯"组织首领米海洛维奇、捷克斯洛伐克的贝奈斯博士以及波兰的索森科夫斯基将军。

1944年2月，当盟国的援助转向铁托的游击队，而米海洛维奇逐步失势的时候，戴高乐授予米海洛维奇一块战斗十字勋章以示支持。法国与波兰之间有着感情上的联系，戴高乐在20年代曾在波兰服役过。当斯大林企图在华沙设立一个他支持的政府时，戴高乐积极地呼吁盟国起来反对苏联对波兰的做法，但是，盟国却对此置之不理，无动于衷，这使戴高乐尤为懊丧。

不过有一件小事是戴高乐能办到的，他确实也办到了。1939年9月，波兰政府存放了大批黄金在法兰西银行。1940年6月，这批黄金又转到了当时的法属苏丹（现为马里）的巴马科。当波兰的流亡总理米科拉伊齐克要求法国民族解放委员会归还这批黄金时，戴高乐答应了这一要求。苏联代表鲍戈莫洛夫听到此事的风声后，就给法国政府施加压力，要他们拒绝这个要求。然而，这样做却毫无结果。于是，鲍戈莫洛夫拜会戴高乐，并说："苏联政府对于把波兰的黄金转交给流亡到伦敦的政府表示强烈的抗议，因为它不是将来的波兰政府。"

戴高乐终于有了一个可以对俄国人表示傲慢态度的机会。他回答说，流亡在伦敦的政府，由于得到了包括苏联在内的盟国的承认，仍然是合法政府。最后，他表示不明白苏联人有什么权力能够干预一个纯属法国和波兰两国的问题。鲍戈莫洛夫先生告退时毫不掩饰他的不快。

在这段时期中，戴高乐与索森科夫斯基将军、安德尔斯将军、波兰共和国总统拉茨基埃维兹以及前外交部长罗梅尔等波兰领导人保持了亲密友善的关系。1944年3月，戴高乐在意大利夫亚诺山前曾与率领波军的安德尔斯见过面。

在这些异常艰难的日子里，对戴高乐来说，事关荣誉的问题是，他的军队在解放他的国家事业中应该发挥作用，盟国的计划应该请他参与意见，他的法兰西民族解放委员会的权威应该得到毫无保留的承认，以及他本人应尽早地在法国领土上出现。

1944年3月，戴高乐任命了柯尼希将军和科歇将军分别为北方战场和地中海战场盟军总司令的助手，同时还任命了安德烈·勒特罗克埃为解放区的民族解放委员会的代表。

所有这些措施表达了戴高乐渴望他的军队在解放他的国家的事业中发挥作用的愿望。实际上，盟军参谋部也对这些措施表示满意，但是，要使这些措施收到实际效果，还必须有华盛顿和伦敦的同意。可是，这两个政府对戴高乐提出的备忘录始终不肯答复。

实际上，罗斯福总统一月复一月地把法兰西民族解放委员会的文件束之高阁了。

这时候，一个新情况出现了，它使戴高乐经受了更为严重的折磨和屈辱。

就在戴高乐急切地等待着盟国对其备忘录予以答复的时候，美国出现了一个"盟国军政府"。

罗斯福直到最后也不承认戴高乐政府，哪怕临时承认也不行。他打算对法国采取类似意大利南部的那种"盟国军政府"方案，实行军管。所谓"盟国军政府"就是对战败国实行全面军管而设立的政府。在法国设立的"盟国军政府"，它是由技术人员、商人、理论家、宣传家以及一些新近归化美国的法国人迅速建立起来的机构，用以取代戴高乐的政府，以掌握法国的政权。

1944年4月，罗斯福总统颁布命令，指令艾森豪威尔以盟军总司令的身份亲自掌握法国的一切权力。总司令可以自己选择与他合作的法国当局。当艾森豪威尔恳求不要让他背上政府包袱时，罗斯福只是在文字上稍微修改了一下他的指示，但没有改变这一指令的实质。

在戴高乐看来，罗斯福的企图与《爱丽斯漫游奇境记》中的梦境一样不现实。罗斯福早在北非就精心策划类似他现在梦想在法国推行的政策，当时的条件要比现在对他的图谋有利得多。但他在那次尝试中完全落空了。戴高乐的政府在科西嘉岛，在阿尔及利亚，在摩洛哥，在突尼斯，在非洲都顺利地行使着主权。《达尔朗－克拉克协定》早已成为一纸空文。

很显然，罗斯福在非洲政策失败后，并没有放弃他的幻想。但是，从目前法国的形势来看，戴高乐可以肯定地说，如果罗斯福企图在法国本土玩弄同样的花招，那么他将面临这样一个事实：盟国在法国除了戴高乐委任的部长和公职人员以外，他将找不到任何其他的人；除了戴高乐统率的部队以外，他找不到任何其他的部队。戴高乐也决不相信艾森豪威尔能同不是他指定的人在那里顺利地进行合作。

在法国的领土上，照一般惯例，英国首相应当拜见法国政府的主席，但是丘吉尔毕竟是丘吉尔，况且健康状况不佳，于是戴高乐放弃了在阿尔及尔见他的权利。

1月12日，戴高乐独自前往马拉喀什，并接受了与首相共进午餐的邀请。这是半年来的第一次会谈。他们谈了很长时间。

席间，丘吉尔试着软化戴高乐，他用使别人都听得清楚的声音咕哝着说："我的法语讲得不错吧，是不是？既然将军的英语说得那么流畅，那么你一定能完全听懂我的法语的。"戴高乐报之以一阵大笑。

然后，丘吉尔生动而热情地给戴高乐描述顺从总统观点的好处。总之，他竭力要使戴高乐承认罗斯福在法国事务上的最高权力。他问道：为什么自由法国当局逮捕了佩卢东、布瓦松和佛兰亭？为什么他要把吉诺将军和乔治将军赶出委员会？他提醒戴高乐，佩卢东是罗斯福总统挑选的阿尔及尔总督，罗斯福也曾保证要维持布瓦松的地位。至于吉诺和乔治，前者是罗斯福选中的，后者则是丘吉尔拉过来的。

∨ 1944 年 1 月，戴高乐与丘吉尔在马拉喀什举行了会谈。

∧ 1944年，戴高乐在伦敦检阅法国抵抗运动部队。

从丘吉尔的话里，似乎应该确认，对于由美国总统和英国首相为法国所做的选择，必须在法国照办。而他们对戴高乐将军主要不满的地方，就是他不接受这一点。戴高乐用最好的态度回答了丘吉尔。他说："好好打仗吧！不要操心其他的事情！"

第一次会谈就这样结束了，丘吉尔依然没有说服戴高乐。相反，戴高乐感到罗斯福与丘吉尔如此对法国内政表示出关心，正是法兰西复兴的一个明证。因此，戴高乐更加坚定了自己的信心，他说："我要沿着我的道路——独立的道路前进，我相信，不仅对于我们负责的国家和民族，而且对于我所珍视的联盟，这都是一条正确的道路。"

4月14日和17日，达夫·库柏带着丘吉尔的口信再次登门拜访戴高乐。丘吉尔又一次自告奋勇，充当戴高乐与罗斯福之间的调解人。他说，如果戴高乐能够与总统直接会谈，承认民族解放委员会的问题就可能得到解决，并说他乐于为戴高乐应邀去华盛顿作好安排。

戴高乐告诉达夫·库柏，他对这样不算邀请的邀请并不感兴趣，这样的邀请以前就有过。如果美国总统希望会见法国政府的首脑，他只管请他去就行了。但是，在罗斯福公开扬言任何法国当局都要对他负责的这个时候，戴高乐为什么要通过丘吉尔去乞求罗斯福给他一个请帖呢？他这方面无求于总统。民族解放委员会对于形式上的承认已经不再感兴趣。重要的是取得法兰西民族的承认，而这一点现在完全可以说是不成问题了。过去盟国本来是有能力帮助民族解放委员会获得地位的，但他们没有那样做，现在承认与否已无关大局了。

戴高乐最后警告大使说，如果盟军司令部试图篡夺他的政府权力，在法国将出现混乱的局面。

就像在战争中那些最黑暗的日子里一样，报复说到就到。一件事是英国政府限制戴高乐用密码和法国驻伦敦的办事机构联系；另一件事情是，一位名叫达福的英国人控告戴高乐犯有刑事罪。为此，戴高乐与英国的危机达到了顶点。

达福是英国情报机关的间谍，曾试图打入法国在伦敦的情报部门。由于冒名顶替，戴高乐在英国的指挥官对他进行了军法审判，并将他关押在伦敦郊外坎伯利的法军拘留营。然而，达福逃出了拘留营，并向英国法庭控告戴高乐和其他法国领导人，说他在坎伯利遭到了虐待。英国政府"无权撤销"这一起诉，并扬言除非原告本人撤诉，法院一经备案，必须开庭审判。如果戴高乐回到英国，很可能会被逮捕，甚至在被宣判有罪之后，不得不去坐班房。

面对英国人的这两起报复行为，戴高乐十分愤慨，他奋起还击。关于限制使用密码联络一事，戴高乐以禁止法国在伦敦的大使维埃诺和他们的军事代表柯尼希将军与盟军打任何交道的方式来报复；对于他被控告犯有刑事罪一事，戴高乐以攻为守，也提出了一项控告。1943年初，一位名叫斯蒂芬·梅尼埃的自由法国人从阿克拉回到英国，梅尼埃受雇于戴高乐主义者，在阿克拉英国广播公司发射台负责向法国本土广播。因为他是外国人，因而受到英国安全部门的拘留和盘问，拘留期间，梅尼埃突然死去。戴高乐宣布，梅尼埃的儿子准备向法国领土上所有的英国秘密情报局官员，向丘吉尔和整个英国政府起诉。既然英国人能抓戴高乐，法国人也能逮捕丘吉尔。

此时已是5月份，离盟军总参谋部决定要登陆的6月份越来越迫近了，整个西方世界即将投入历史上最为冒险的规模巨大的军事行动，军情火急，英国人越发地希望澄清目前已陷入僵局的政治局势。

为了缓和同民族解放委员会的关系，丘吉尔政府决定付给达福1,000英镑，作为他撤回起诉的代价。5月23日，达夫·库柏带着丘吉尔的请帖，请戴高乐前去伦敦解决承认法国政府以及与法国进行行政合作的问题，僵局才算打破。

自从英国政府限制戴高乐与伦敦传递密码电报以后，戴高乐就很遗憾地拒绝接见英国大使。这次，戴高乐敞开了大门，只因他声明有了"新方针"。达夫·库柏同时向戴高乐声明，英国政府希望在盟军登陆时，戴高乐能在英国。

5月26日，法国解放委员会通过了戴高乐对英国大使提出的主张。它声明戴高乐去伦敦是参加发动反攻战役并在适当时间内去慰问战地的法国民众，而绝不是为了协商什么事情。第三天，戴高乐又接见了达夫·库柏大使，并向他重申了上次的立场。关于密码电报，英方同意使用，并为此向戴高乐作出了"书面保证"。

6月3日，法兰西民族解放委员会通过一项法令，正式将法兰西民族解放委员会改名为法兰西共和国临时政府，正式声明盟军必须尊重法国主权，决不同意任何其他政府存在，坚决抵制美国政府企图在登陆后宣布在法国建立占领区军政府和强制发行货币的决定。

至此，种种事态表明，戴高乐将军在"盟国军政府"问题的较量中再次成为获胜者。今后，虽然可能还会遇到危机，但结局已不容置疑：戴高乐关于法国独立的观点将占上风。

1944年6月4日，戴高乐应丘吉尔的邀请，乘英国首相的私人飞机离开阿尔及尔，来到伦敦。

在此之前，丘吉尔叫人改装了一列火车用作他的司令部。火车把他本人，他的随从以及三位大臣——史末资陆军元帅、欧内斯特·贝文以及伊斯梅将军送到紧挨着艾森豪威尔将军在朴茨茅斯附近的司令部的一条支线上。从那里，丘吉尔可以观察到为进攻被占领了的法国所作的准备工作情况。

当戴高乐一行的飞机在伦敦着陆时，艾登便陪同戴高乐将军驱车来到了丘吉尔的火车司令部。两位领导人就在车厢里举行了会谈。丘吉尔首先对戴高乐的到达表示热烈欢迎。站在一旁的史末资元帅对于戴高乐的来访则表现得相当尴尬。因为几个月以前，他曾在一个团体中说：法国已经不是一个强国，它应该与英帝国并在一起。同时盎格鲁萨克逊的报纸也曾经对此事大肆宣传。

丘吉尔陪同戴高乐一起回到列车中，戴高乐对丘吉尔毫不隐讳地谈了自己内心的忧虑。因为在光明的战斗前景上，又一次出现了笼罩在戴高乐政府上的阴影。

的确，华盛顿为艾森豪威尔撰写的声明，戴高乐是不能接受的。按照这个声明的原文，艾森豪威尔对挪威、荷兰、比利时、卢森堡人民所讲的话严格地限于军事问题，这是无可非议的。但他转过来对法国人民讲话时，调子改变了，他要求法国人民执行他的命令。他的讲话中根本没提到戴高乐或者民族解放委员会，更不消说临时政府这一新名称。法国人民将被告知："如果没有相反的指示，在行政机关中，人人应继续执行自己的任务。"等法国全境解放后，由"法国人自己来选举他们的代表和政府"。

戴高乐对这一声明甚为反感。他说：艾森豪威尔"在表面上自命为担负我们国家的责任，其实只不过是一个有权指挥军队的盟国将军。他没有任何资格来干涉我们的内政，何况他也是无法进一步干涉的。在这个声明中，它对法国的政权只字不提，这个政权几年来是鼓舞和领导我国人民作战的力量。这个政权也把大部分法国军队荣誉委托给艾森豪威尔指挥。无论如何，我在6月5日上午，交给盟军总部一份我们能够接受的文本。正如我所估计的那样，他们答复我说，这个声明文件来得太晚了，因为声明文件都已经印制妥当，随时准备要投掷到法国的本土上"。

这一天晚上，戴高乐怀着沉重的心情来到了伦敦。他几乎一夜都不能入睡。子夜的时候，他仿佛听到了海峡对岸隐约的炮火轰鸣声。他不知道，就在这天晚上，世界历史上最大规模的一次两栖作战——诺曼底登陆战役，正在拉开帷幕……

>> 大反攻

1944 年 7 月 6 日，戴高乐来到了华盛顿，经过和罗斯福的一番长谈，"盟国军政府"方案彻底破产，法国保住了独立和主权。

在伦敦，却有一个人感觉到了这一切。在临近市区的一处偏僻而又安静的小楼里，最顶层的窗户后面，正站着一个人。

屋子里没有开灯，他自从住进这个地方后，已经将近 10 个小时了，可是，他还是没有动过地方，就这么直挺挺地始终站在这儿。天黑了，屋子里完全暗了，漆黑一片，他还是一动不动，没有去开灯。

他只是在拼命地抽烟。一支雪茄接一支雪茄，他的嘴里都失去知觉了。窗台上，地毯上，到处都是烟蒂。屋子里烟雾弥漫，像是着了火。他没有察觉，只是用一双像鹰隼一样的眼睛，死死地盯着外面漆黑的夜空，盯着遥远的诺曼底方向。

他，当然就是戴高乐。

虽然，没有人通知戴高乐盟军将在这个晚上发动进攻，但是，戴高乐还是敏感地感觉到了。

他了解总司令艾森豪威尔，知道他是真正的军人，一个像自己一样真正的职业军人。他不是不明白当前局势的危险性，相信他也不会不考虑自己劝告他的那句话——"如果我是您的话，我决不推迟。我认为天气的危险比推迟几个星期的危险要小一些，不是吗？"

"如果我是他，"戴高乐站在窗前，不由喃喃自语道，"那么，我将选择的就是今夜，不，应该就是现在，是的，现在！"

……

盟军登陆成功！

抢滩！抢滩！！抢滩成功！！！

成功了，终于成功了！

这真是令人激动的历史性时刻——

凌晨。

伦敦，英国广播电台向全世界播发了这一振奋人心的消息。

卡尔顿花园。

戴高乐依旧站在那里，一动不动，他已经整整站了一夜。

天亮了，东方的天空渐渐出现一抹曙光。这是黎明的曙光，这是胜利的曙光，戴高乐从来没有像现在这一刻这样激动不已。

　　这是怎样梦寐以求的一天啊！

　　为了这一天的到来，戴高乐等待了多少个日日夜夜，而法国人民等待了多少个日日夜夜，世界人民又是等待了多少个日日夜夜啊！

　　胜利了，戴高乐这样一个坚韧不拔的钢铁铸就的汉子，如今也不禁觉得眼眶里有点微微的湿润。这是幸福的泪水，这是高兴的泪水，流吧，就让这泪水尽情地流吧！

　　在戴高乐的号召下，法国的各种爱国力量迅速行动起来，复仇的烈火燃烧在全国各个地方。

　　法国游击队怀着满腔仇恨袭击德军的桥梁和临时军火库，切断电话线，拆毁铁路线，为了配合盟军的进攻，在法国各地执行着进行游击破坏活动的使命。布列塔尼半岛上的游击队更是成为盟军最高司令部密切关注的焦点。

　　此外的游击队负有一项不仅对"霸王"战役，而且对"坚韧"行动意义十分重大的使命。为了配合诺曼底登陆，游击队的任务是切断布列塔尼同法国其他地区的联系，尤其要设法阻挠驻守该半岛的14.5万德军向诺曼底增援。同时，为了配合"坚韧"行动，游击队还加强了活动，给德军造成一种错觉，以为布列塔尼地区也可能出现大规模登陆作战。因此，布列塔尼游击队的秘密活动，比起法国任何其他地区，都更加广泛和频繁。

　　自从登陆日以来，盟军向布列塔尼半岛投了大批特种作战小分队，负责武装、训练和领导该地区的游击队。空降非常顺利，而且数小时之后基地就在杜沃特森林建立起来，特种作战部队和当地游击队便开始出击骚扰德军。当他们听到电台广播的行动指示——"拿破仑的旗子难道总是在佩罗斯—基勒克的上空飘扬吗？"——之后，便发起全面出击，和盟军大部队开入半岛的时间基本吻合。

< > 法国游击队员们在国内集结起来，投身于袭击德军的战斗中。

　　6月18日拂晓，德军以一个旅的兵力向游击队据点发起了进攻。穷凶极恶的德军用曳光弹引着了干柴，点起了森林之火，300多名游击队员不是英勇战死就是失踪了。据说德军捉到了35名俘虏，让一名德国牧师给他们集体做了忏悔后全部枪杀了，数10座农庄被烧毁。但是德军的暴行并没有吓倒法国爱国者，他们喊出："血债必须用血偿还！"很快地，布列塔尼半岛又组织起8,000名武装的和22,000名没有武装的"马基"游击队。

　　布列塔尼半岛的法国游击队，他们积极响应戴高乐的战斗号召，为了自己祖国的解放，不惜付出重大牺牲。他们以自己的英勇斗争大大推迟了德国装甲师到达前线的时间。该师在登陆日之后第17天才到达诺曼底。据法国官方公布的战报，德国装甲师从佩里高到诺曼底途中，共死伤4,000人。此外，几十辆克虏伯工厂的骄傲——"风暴"式坦克和宽履带坦克被击毁、烧掉，充分证实了诗人拜伦说过的，那些"衣不遮体的爱国者们"发动游击战争的威力。

　　为了更好地把法国本土内的爱国力量统一组织起来，1944年初，戴高乐正式建立了内地军，把地下抵抗运动的一切武装和非武装的军事组织，都统一在"法国内地军"之中。内地军没有一个全国总参谋部，只有一个地区的司令部，有省一级的司令部。内地军是由志愿人员组成的。为了加强对这支军队的统一指挥和领导，1944年4月，柯尼希将军被任命为总司令，管辖住在英国的全部法军，以及能够配合盟军登陆部队作战的法国内地军。尽管地下力量的行动必须从外部由一个非常集中的司令部来指挥，但是，游击队由于本身的性质，活动却是分散的。他们在不同的地区和不同的时间展开活动，机动灵活地配合盟军和法国主力部队的军事行动。

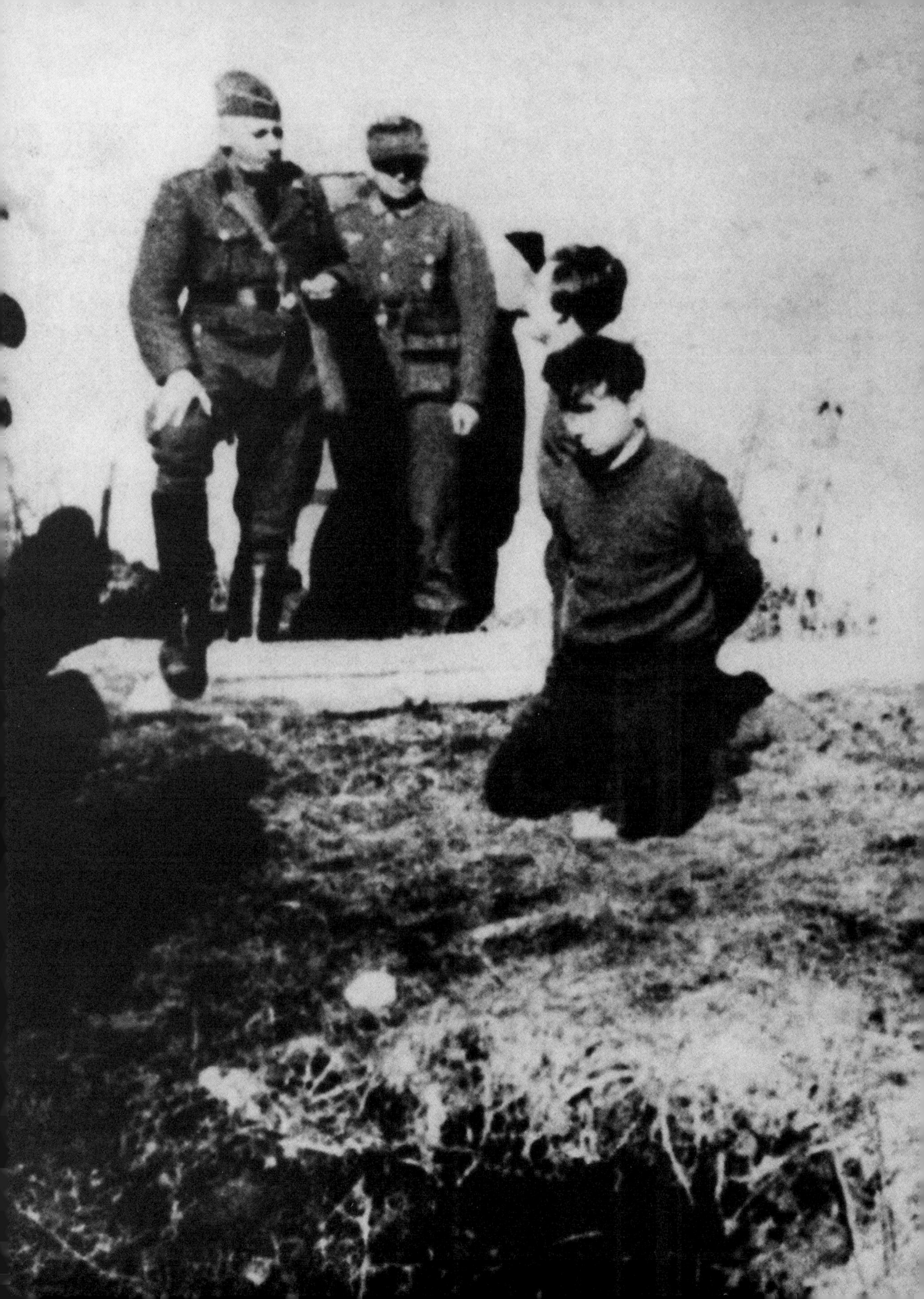

< ∧ 德军残酷镇压法国游击队的反抗，这是他们枪杀游击队员的一幕。

< 1944年6月14日，戴高乐重返法国领土在贝叶受到民众的热烈欢迎。
> 戴高乐向民众发表了热情洋溢、鼓舞人心的讲话。

　　由于地下游击战的特点，很难估计游击队在这样大规模作战中取得的成绩。因此，要估计抵抗运动在解放法国的战役中起到了多大的作用，最好还是听听他们的敌人和盟友是怎样说的。

　　戴高乐在伦敦的几天中，不断地接到战区的喜讯。特别是当他得知贝叶城成为法国被占领区第一个获得解放的城市时，他更是彻夜难眠，激动万分。

　　6月14日，戴高乐怀着激动的心情，在朴茨茅斯港湾登上"战斗"号驱逐舰。随着汽笛的一声长鸣，舰艇剖开深蓝色的海面，激起雪白的浪花，驶向一望无垠的大海。

　　站在甲板上，戴高乐挺直身子，双手紧紧握住扶手。风声呼呼，愈吹愈烈，浪花泛起的泡沫不时地拍打在甲板上。这个时候，戴高乐将军却没有心思留意这些，他那副专注的面孔一直盯着前方。

　　渐渐地，海平面上出现了贝叶的轮廓。这时，戴高乐只感到激动的心情像海浪一样汹涌激荡，他真想大声地呼唤："我的苦难深重的祖国啊，您的儿子回来了！"话没喊出来，但它却像烈火一样在他的心中燃烧，像雷电一样，在他的周身震荡。

　　"战斗"号驱逐舰终于靠岸了。一上岸戴高乐便受到法国人民和武装人员的热烈欢迎。当戴高乐进入贝叶城时，他从一条街步行到另一条街。居民们看到戴高乐将军都甚为惊讶，随后是热烈欢呼，或泪流如注。他们走出家门，怀着无比激动的心情跟着他走。人越来越多，渐渐地汇成了一股长长的人流。孩子们把他包围起来，妇女和老人则向他诉说4年来的痛苦生活和法西斯匪徒在这里犯下的滔天罪行。望着纯朴的法国人民，戴高乐顿时心头感到从苦难的深渊中涌起民族的喜悦、自豪和希望。他时时刻刻都沉醉在这种爱国激情之中。

　　在一个钟头前还悬挂着贝当肖像的县政府大楼前的广场上，戴高乐向聚集在这里的居民发表讲演。当地县长莫里斯·舒曼在戴高乐发表讲演前，激动地向群众宣布道："荣誉和祖国！我们的戴高乐将军回来了！"

在群众的欢呼声中，戴高乐对他的人民说："敌人毕竟是敌人，我们的任务就是击败他们。法国一定会胜利的。实际上，这就是一场民族革命。"

广场上的群众沸腾起来了。4年来，在德国法西斯铁蹄下饱受苦难的人民，今天第一次听到一个法国领导人在他们的面前讲话。

戴高乐号召人民积极支援盟军作战，积极支援法国内地军和正规军作战，狠狠打击敌人，为解放自己的祖国作出贡献。戴高乐说："我们法国人要永远记住6月6日这一天，这是伟大解放战争的第一天。从这一天起，我们在法国本土上开始了反攻；从这一天起，我们要获得胜利，我们的国家和民族从法西斯的铁蹄下要获得解放！"

戴高乐的话音刚落，广场上又一次掀起暴风雨般的欢呼声。当地居民不仅记住了6月6日这难忘的日子，也记住了6月14日，戴高乐进入贝叶这激动人心的一天。

1944年6月15日清晨，戴高乐乘"战斗"号回到朴茨茅斯，其后又回到伦敦。他高兴地看到英国报纸用大字标题报道他重返法国的消息。

当日下午，艾登来到卡尔顿花园拜访戴高乐，这是戴高乐结束伦敦之行的最后一天。在艾登看来，罗斯福只等戴高乐去华盛顿就会改变他的看法。戴高乐也非常清楚，法英合作至今未能建立在更好的基础上，华盛顿的影响是很大的。可以说，在对外关系中，美国是所有链条中最重要的一环，这个环节打开了，其他问题就可迎刃而解。

于是，在结束了伦敦之行后，戴高乐决定接受罗斯福的邀请，到美国访问。

在此期间，比利时、卢森堡、南斯拉夫、挪威、波兰和捷克的流亡政府均承认了法兰西共和国临时政府。此外，戴高乐又以国家元首的身份访问了意大利和梵蒂冈。所有这些都有效地提高了他的地位。因此，在戴高乐决定对美国出访的时候，他依然坚持他是代表法国去向最强大的西方国家对战争作出的贡献并向法美两国人民的

> 1944 年 7 月 6 日，罗斯福会见了访美的戴高乐。

友谊表示个人敬意的。任何会谈都只是两国政府首脑之间彼此平等地交换意见。6 月 24 日，戴高乐将军在致驻华盛顿代表的电报中明确地表示了他的立场："我既不需要什么，也不打算特别要求什么，尤其是关于让美国承认临时政府的问题，我认为是无关紧要的。因此，我不准备提出这一问题。"

1944 年 7 月 6 日下午，戴高乐乘罗斯福总统派来的专机抵达华盛顿。在机场，他被当作一位高级军事领导人，受到鸣礼炮 17 响的欢迎，没有得到给予国家元首鸣礼炮 21 响的礼遇。从戴高乐走下舷梯的那一刻起，他便从欢迎的阵容中感受到了，尽管是正式邀请，但罗斯福总统对他的立场并没有改变。

迎宾车队经过市区，直抵白宫。罗斯福总统笑容可掬，带着他那为人所熟知的魅力站在白宫门前迎接，国务卿科德尔·赫尔站在他旁边。罗斯福再次用法语欢迎他的客人："我见到你是多么高兴啊！"

用茶以后，罗斯福和戴高乐进行了第一次长时间谈话。首次会谈之后，戴高乐被送至布莱尔大厦，这是美国政府惯常用作接待贵宾的一座古老而奇特的寓所。一年前，罗斯福总统的意中人吉罗将军曾在此受到同样的礼遇。身败名裂的吉罗如今已经销声匿迹了，而这位勉强为总统承认的低级将领这次成了座上客，并置身于美国官场的巨大权力中心。罗斯福总统恐怕也没有想到局势发展变化得会是如此之快。

戴高乐在美访问期间，共和罗斯福举行了两次单独会谈，他们两人是在罗斯福书房里的写字台旁会见的。戴高乐发现总统的办公桌上堆满了纪念品、勋章、祈福消灾的偶像等古怪的玩意儿。

7月10日，戴高乐结束了华盛顿之行，随后访问了加拿大。7月13日，他乘飞机回到了阿尔及尔，在那里等待着他的是在法国行政管理权上他终于取得了胜利的消息。关于法国行政管理权问题，阿尔及尔、华盛顿和伦敦终于达成一致协议。协议承认只有法兰西共和国临时政府才有管理法国的权力，只有它才享有与盟国取得联络以及向盟军提供必需的劳动的资格，只有它发行的货币可以兑换解放法国盟军所持的美元和英镑。至此，"盟国军政府"方案彻底破产，法国保住了独立和主权。

这天晚上，戴高乐激动地在日记中写道："现在，让法国的大战展开吧！让在我们的内地军协助下的盟军与我们的军队一道从诺曼底冲向巴黎和罗纳河谷吧！"

>> "戴高乐万岁！"

1944年8月22日，艾森豪威尔命令第2装甲师向巴黎挺进。

第三天，戴高乐在经历了4年流亡伦敦、非洲之后，终于又回到了巴黎。

戴高乐于8月26日精心安排了人们对他的膜拜活动。他所到之处，旗帜飘扬，群众高呼"戴高乐万岁！"

9月9日，戴高乐宣告了他的政府已经在巴黎成立。

一个新的时代开始了。

无论如何，赖伐尔★计划的破产，意味着在戴高乐的道路上今后只有两个障碍：巴黎抗战运动中的共产党领导人和美国最后可能表现出来的恶意。他与艾森豪威尔20日的谈话增加了他的怀疑。最高统帅简要地介绍了军事形势。形势

★赖伐尔

法国总理。1931至1932年和1935至1936年两度出任总理。1935年曾出访罗马，为满足意大利的侵略野心，先后与墨索里尼和英国外交大臣签订出卖埃塞俄比亚人民利益的《赖伐尔－墨索里尼协定》和《霍尔－赖伐尔协定》。是绥靖政策的推行者和将法国出卖给纳粹德国的主要策划者。

∧ 1944 年 8 日，戴高乐与艾森豪威尔在一起交谈。

当然很好，但有一点使戴高乐大为震动：巴顿的第 3 集团军已兵分两路，一个纵队在塞纳河北岸向洛林进军；另一个纵队向南推进直指默伦。但是，一点进攻巴黎的迹象也没有。为什么不进攻巴黎呢？戴高乐问道。

艾森豪威尔仿佛很窘。他解释说，攻打巴黎会造成严重的破坏和居民生命的重大损失。戴高乐同意这点，但他争辩说，既然抗战运动已经起事，再不进攻就没道理了。

艾森豪威尔听了回答说，抗战运动动手太早了。

"既然你的军队此刻已经到了塞纳河，怎么能说动手太早呢？"戴高乐反问他。

最高统帅这才向戴高乐保证，向巴黎进军的命令很快就会下达，并且这项任务将留给勒克莱尔和他那一师人去执行。

戴高乐和他分别时警告说，巴黎的解放对全国具有十分重大的意义，如果再无故推迟下达进军令，他自己就命令第 2 装甲师去进攻了。

戴高乐从这次不能令人满意的会见推断，推迟进攻是罗斯福下的命令，因为他指望赖伐尔让埃里奥重新召集议会的阴谋会成功。他在得悉一直隶属于巴顿部队的勒克莱尔 3 天前已被调到霍奇斯将军的第 1 集团军并受到严密监视时，他的怀疑更大了。还有一点，因为最高统帅尚未得到华盛顿授予他的必要权利，罗斯福 7 月 11 日宣布的盟军和法国政府之间的合作协议仍未由柯尼希★和艾森豪威尔签字。

戴高乐非常了解巴黎的情况，但他对某些事态的发展还是不知道。其中之一与德国人对首都的政策有关。8 月初，希特勒新任命了一个巴黎的司令官去代替冯·施蒂尔普纳格尔将军，据他说与 7 月 20 日暗杀希特勒的爆炸有牵连。继任者是冯·肖尔蒂茨。他来时带着希特勒的手令：如果遭到来自城内的攻击，就全面破坏巴黎，并断然实行"最广泛的血腥报复"。巴黎城内一切纪念建筑物都要变成废墟，水源都要切断，让伤寒、霍乱四处流行。

★柯尼希

法国国防部长，上将。1917 年参军。第一次世界大战结束时晋升少尉，至 1932 年升上尉。法国失陷后，参加了戴高乐领导的"自由法国"部队。1941 年晋升上校，同年晋准将。任"自由法国"军队第 1 师师长，参加了反击北非德军的进攻战斗。1944 年任法国内地军总司令，次年 7 月起任驻德法军上将司令。1954 年起任法国国防部长，1958 年引退。

< 戴高乐听时任法国第2装甲师指挥官的勒克莱尔汇报战况。

还有一件事戴高乐也是后来才知道的：他在巴黎的两个主要代表帕罗迪和沙邦·戴尔在发动起义是否合适的问题上曾发生过一次冲突。当然，对所有有关人员来说，这都是一个需要作出令人痛苦的抉择的时候。抗战运动在这个问题上发生了分歧。以共产党人、好斗的工会领导人托莱为首的巴黎解放委员会，认为必须用起义的方式解放这个城市。戴高乐派代表团则只准备听候柯尼希从伦敦给他们下达命令：如果命令起义，他们就起义；如果命令等待，他们就等待。但在有一点上他们得到的命令是很明确的，如果要起义，就必须与勒克莱尔军队即将进军巴黎的时间相吻合。

在这些事件发生的期间，戴高乐正在诺曼底、布列塔尼和通往巴黎的路上巡视那些解放了的城镇。戴高乐在雷恩给艾森豪威尔写了一封私人信件，把他所获得的来自巴黎的一系列消息转告给了艾森豪威尔，同时催促他立即向首都进军。

看了戴高乐的信以后几个小时，艾森豪威尔终于命令第2装甲师向巴黎推进。在勒芒，更多来自巴黎的电报等待着戴高乐。他从这些电文中获悉了停战的情况。使他更生气的是，这个停战与迟迟作出的向勒克莱尔发出进军令的决定很不协调。但是第二天（23日）早上，他正要离开勒芒的时候，又来了一份电报，告诉他停战已告失败，尽管它已使帕罗迪和与他同时被捕的其他戴高乐分子被释放。

> 侵占巴黎的德军向法军投降。

戴高乐继续前进。他所到之处，旗帜飘扬，群众高呼"戴高乐万岁"！他感到自己"卷进了某种欢乐的洪流之中"。当天下午，戴高乐的车队赶上了勒克莱尔师。

在朗布依埃，两人相会了，勒克莱尔向戴高乐解释了他的作战计划。戴高乐指示他在蒙帕纳斯车站设立指挥部。"你真幸运啊！"戴高乐对这位比他年轻的人说，他想到的是在顺利条件下作战的欢迎，但是国事缠身的他现在再也享受不到这样的欢乐了。

24日晚，勒克莱尔师在郊外经过激烈的战斗后进入巴黎。戴高乐在他的朗布依埃住处的平台上来回踱着，为随后几天的行动拟订计划，不时地看看战地消息。有一件事是肯定的：在中央，决不能再出现造成1940年那种灾难的权力真空。

25日，戴高乐乘车至奥尔良门，驶进了黑压压地挤满了欢呼人群的奥尔良大街。他并没有像人群所预料的那样把车开到市政厅，而是驱车驶向蒙帕纳斯。在那里，勒克莱尔告诉戴高乐，冯·肖尔蒂茨刚签署了投降书，现正在给他的驻军下达放下武器的命令。这时，戴高乐看到了他的儿子，海军陆战队第1团的海军少尉。他由一个德国少校陪同去波旁宫接受占领军的投降。

戴高乐到了陆军部所在地，感到不安全的是这个地方原封未动。没有一把椅子变动了位置，服务人员也仍旧是从前的那些人。戴高乐搬进了他和雷诺于1940年6月10日夜间一起撤离的那间部长办公室，感到只有一样东西不在了，那就是政府。他要在那里把它恢复起来。

吕泽和帕罗迪喜形于色地向戴高乐作了汇报，不过他们一周来彻夜不眠已经精疲力竭了。他们说感到麻烦的是两个问题：一个是公共秩序，一个是食物供应。还有一件事也值得注意：由于戴高乐没有接着到市政厅去同全国抗战运动委员会和解放委员会的成员们会面，他们很不高兴。戴高乐作了解释，并说现在应该是他们来拜访他的时候了。戴高乐被帕罗迪和吕泽说服了，依从了他们的看法，不应该使等候在市政厅外的广大群众失望。

然后，他们为戴高乐打算第二天亲自主持的盛大阅兵式作了安排。戴高乐在去市政厅以前收到了柯尼希将军的一份电报。他为没有来迎接戴高乐而表示歉意。他的理由很充分，艾森豪威尔邀请他去出席签订那个著名的盟军和法国政府之间的合作协议。晚则晚矣，总比没有协议强。戴高乐这样想。

　　在去市政厅的路上，戴高乐到警察厅检阅了警察队伍。在一片喜气洋洋但又十分危险的首都中，他必须依靠他们来维持公共秩序。然后，他在帕罗迪、勒特罗凯、朱安和吕泽的陪同下，步行穿过那拥挤的热情的人群到了市政厅。

　　戴高乐在高兴得热泪盈眶的抗战人员的欢呼声中，被引进了客厅，那里聚集着抗战委员会和解放委员会的成员。这是一次充满了戏剧性和复杂性的会面。其戏剧性不言而喻：国内抗战运动的领导人面对面地见到了这位在国外鼓舞和领导他们的人，其中许多人还是第一次见到他。其复杂性则是根深蒂固的，因为在场者的动机和抱负不一样。

　　马拉内，一个共产党人，他代表拖莱发表了热情洋溢的讲话；历史学家皮杜尔发表了一篇博学的讲话；戴高乐即席致了答词。这篇讲话的内容有好几个版本。他在回忆录中只强调了这次集会的情感方面，而掩饰了当时的紧张气氛。然而，他的确提到他在讲话里曾号召大家团结。在收进附录的讲话全文中有这样一句意味深长的话："在当前的形势下，国家不容许这种团结遭到破坏。"

　　阿隆认为戴高乐的讲话被当时沉浸于激情之中的听众忽略了，这看来不大可能。后来，皮杜尔请将军到阳台上，向巴黎人民宣布共和国的成立。将军并不反对接受巴黎人民的欢呼，但是他断然拒绝宣布共和国的成立。因为，这样做，按照推理，就是承认维希政权这一插曲；同样也是承认了全国抗战运动委员会的权力。然而，他自己的权力才是唯一的权力。戴高乐用最尖刻的语调厉声对皮杜尔说："不，共和国从来没有不存在。"

　　然后，他跨过一扇窗户的铁栏，使那些注视他的人们都为他捏了一把汗，担心他会摔下来。接着，将军用他那著名的独特方式伸开双臂致意，下面的人们响起了热烈的欢呼声。

　　跨回办公室后，将军没有等别人给他介绍全国抗战运动委员会的成员就离开了。

　　戴高乐于 8 月 26 日（星期六）精心安排了人们对他的膜拜活动。他不顾安全、礼仪和习惯，徒步走完从凯旋门到中心岛圣母院大教堂的大部分路程。他知道这样做会冒个人风险，但他认为，这与他所需要的群众欢呼相比，是值得的。然而，他还是指示勒克莱尔★从第 2 装甲师抽调一些部队布置在沿途的战略要点上。杰罗将军知道这个命令后，写信给勒克莱尔抗议这种做法，叫他不要执行戴高乐的指示，并且把部队调回战斗岗位上去。这封信的抄件由一个美国信使交给了戴高乐本人。对这种不友好的干预，戴高乐和勒克莱尔当然不予理睬。

　　将军没有操心去把他的安排告诉全国抗战运动委员会。尽管如此，皮杜尔还是在预定的时间站到了戴高乐身旁他认为是他应该站的位置上。下午 3 时，戴高乐来到了凯旋门，会见了包括共产党人在内的抗战运动领导人：帕罗迪和勒特罗凯两位部长；朱安、柯尼希、勒克莱尔和达尔让利厄等高级将领；弗洛雷和吕泽两新上任的地方长官；军事代表沙邦－戴马尔；还有许多次要人物。星形广场和爱丽舍田园大街上人山人海，阳台上和房顶上也黑压压的一片。

将军不时地举起长臂向含泪欢呼的巴黎人民致意。他缓慢而镇静地朝着中世纪法国的哥特式大教堂走去。在他眼里，这个教堂是法国历史的象征。

在里沃利路，戴高乐坐上汽车走完了最后一段路程。在市政厅前稍停片刻后，他到了教堂广场。他刚一下车，就响起了枪声。人们惊慌失措，许多人卧倒在地，另一些人则推挤着戴高乐。将军若无其事，依旧是那么镇静而威严，从容不迫地走进了教堂。地面上的内地军和勒克莱尔的军队在一起，向着他们认为是最初响枪的方向射击。在教堂里面，子弹是从屋檐上打下来的。

★勒克莱尔

法国元帅。毕业于圣西尔军校和索米尔军事学院。曾在驻摩洛哥的法军中服役，后在军校任教官。第二次世界大战初期任步兵师参谋，在法德战场作战。参加戴高乐将军的"自由法国"军队后，晋升上校。后晋将军。1944年参加诺曼底登陆战役，同年接受德军冯·肖尔蒂茨的降书。1945年任驻远东法军总司令，代表法国在日本投降书上签字。战后任驻北非法军总监。1947年死于飞机失事，后被追授法军元帅军衔。

究竟是谁向谁开枪呢？有人曾经试图把事件归罪于德国人和垂死挣扎的国民军。但是，既没有发现德国人，也没有发现国民军。

巴黎的絮阿尔大主教没有在他的教堂里迎接戴高乐。他本来希望在教堂里迎接将军，但是由于他曾经把贝当作为国家元首隆重地接待过，又主持过维希政权宣传部长菲力浦·昂里奥的葬礼，因而激怒了抗战运动组织，他们要求他到别处去。戴高乐本人是愿意在教堂里会见絮阿尔的。一者因为这能象征民族统一；再者，因为他尊重教会有承认现政权的传统。但是，为了避免发生不愉快的事件，将军还是同意他不来教堂。他向大主教传达了他个人的歉意，并约定不久以后会见他。

由于没有电，大风琴寂然无声，但是还是唱了一首动听的圣母玛利亚赞美歌。由于射击还在继续，戴高乐提前结束了仪式。

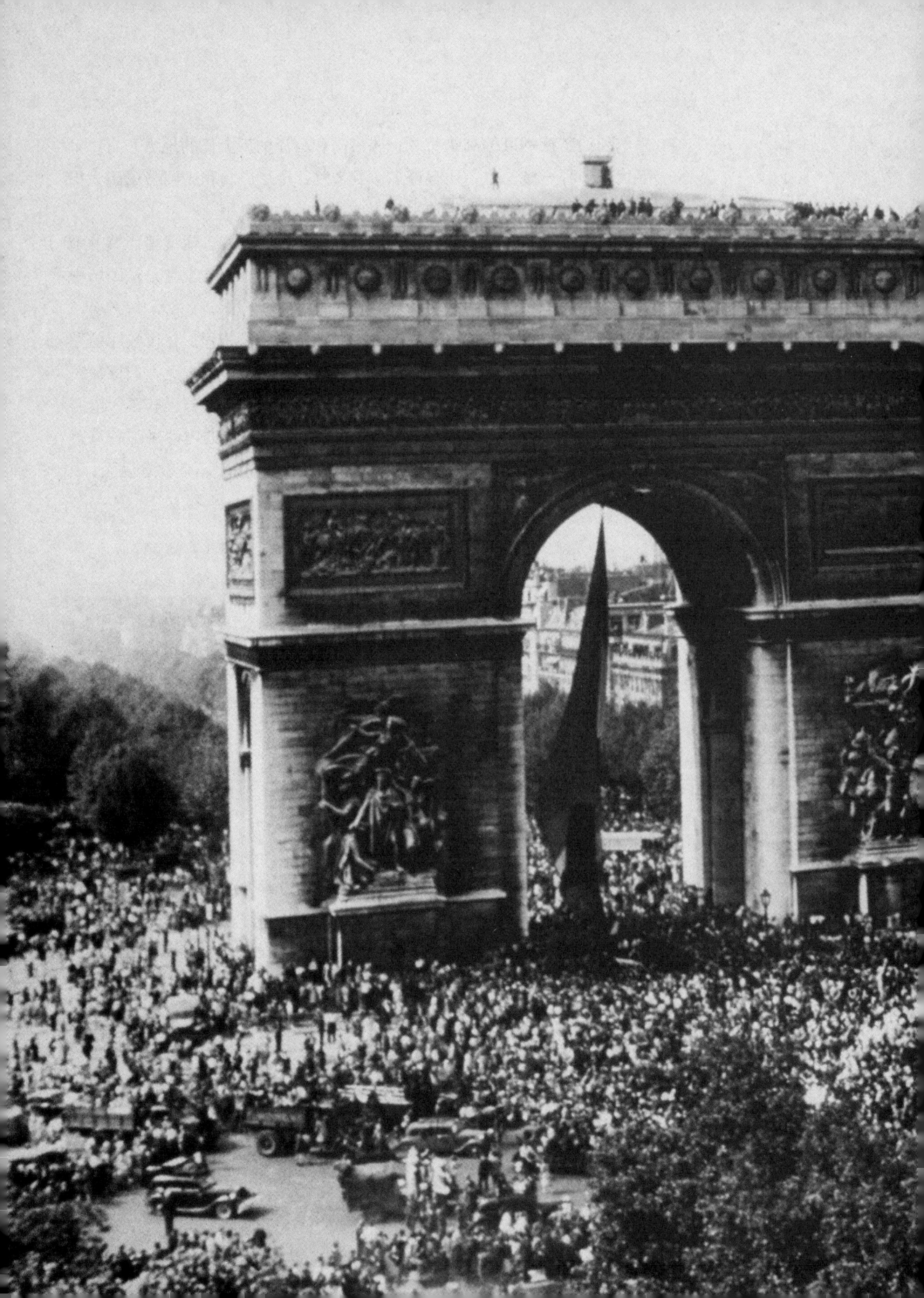

＜ Ⅴ 一组1944年8月26日，戴高乐在巴黎受到民众欢迎的照片。

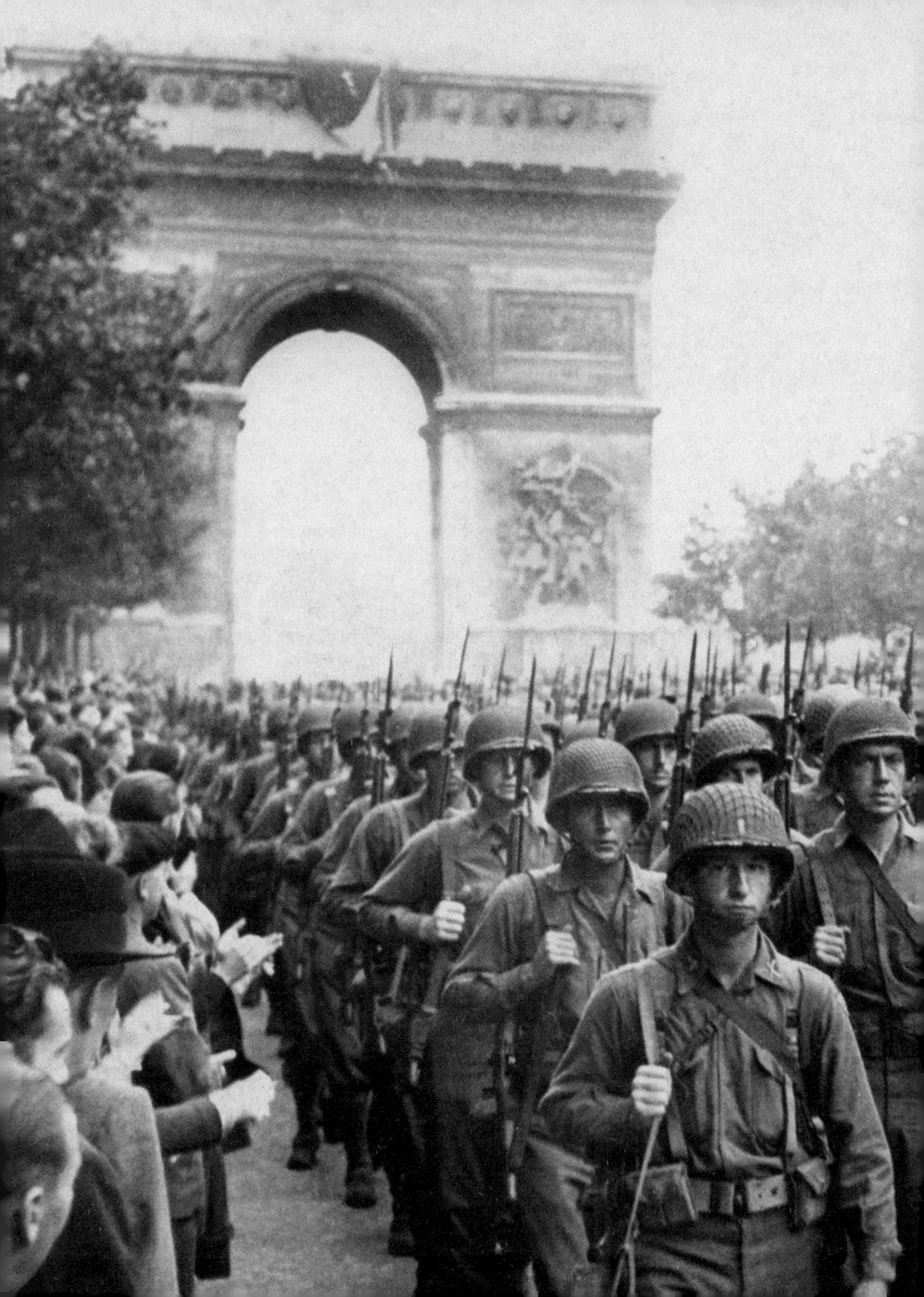

＜ 美军在香榭丽舍大街举行了分列式。

戴高乐认为，现在正是趁热打铁的时候，必须使抗战运动认识到，除了他的权力外，不能有其他的中央权力存在。28 日上午，他决定摊牌了。首先，他把巴黎游击队的 20 个主要领导人召集在他的办公室里。他向他们表示祝贺后，便宣布要把他们的部队编入正规军。接着，秘书长们进来了，他们是临时政府任命的，到这里来只是想得到戴高乐的指示。最后，抗战运动的中央委员被带到了将军面前。

摊牌的时候到了。并非所有的委员都是怀有对抗之心，但是戴高乐知道，有些人正在策划把全国抗战运动委员会变成一个永久性的权力机构，实际上就是变成一个平行的政府，而从抗战运动战士中精心挑选出来的爱国民军便会强制推行他们的革命秩序。全国抗战运动委员会已经起草了他们自己的旨在指导政府的立法草案。所有这一切都是不能容忍的。

在表示了他们所期待的祝贺之后，戴高乐指出了委员会的命运。他说，既然巴黎已经解放，全国抗战运动委员会已成历史了，因而失去了存在的理由。它应该解散并合并到将从阿尔及尔迁来的临时议会中去，从而扩大该机构。一切行政管理权必须由政府行使。内地军将并入国家军队，因此今后将对陆军部负责。行动委员会应当撤销。治安由警察和宪兵维持，必要时由正规军协助。任何民军均不需要，应立即解散。柯尼希将军已奉命担任巴黎军事长官，监督非正规军合并到军队的工作。

一些委员听从了这些苛刻的处理办法，另一些人则激烈反对。然而，戴高乐不是召集抗战委员会的人来辩论的，他打断了反对者的发言，宣布接见到此结束。

当时艾森豪威尔在当天晚些时候拜访戴高乐时，戴高乐告诉他，为了维持治安，他打算把勒克莱尔师多留几天。他在回忆录中也谈到了这一点。但无须这样保持缄默的艾森豪威尔将军透露：当时戴高乐急切地要求暂借美军 2 个师来显示他的力量。最高统帅虽然了解戴高乐的处境，但是借不出两个师来。他们同意采取一个折中的办法：让美军的两个师在第二天开赴前线的途中参加香榭丽舍大街的分列式，接受布莱德雷将军和戴高乐的检阅。他们希望，这样既有显示力量的效果，又不削弱盟军的战斗力。

艾森豪威尔离开戴高乐后，耳里还回响着戴高乐对他表示信赖和尊重的话音。他发出了一份公告，大意是：盟军司令部根据以前缔结的协议，已经把它在法国所行使的权力移交给法国政府。戴高乐问道，盟国怎么能够交出他们从未掌握过、从未行使过的权力呢？他自己在解答这个问题时把这一点归之于美国总统的自尊心，尤其是因为美国已经开始了竞选行动。

这时戴高乐又获得了另一种胜利。他收到贝当的一封信，严格地讲，这封信是维希政权前任部长奥方海军上将托朱安将军转告戴高乐的。贝当在被德国人拘禁起来以前，给这位海军上将下达了一个 1944 年 8 月 11 日签署的秘密文件，授权他代表贝当本人去同戴高乐取得联系，以便使"所有善良的法国人"重归于好。但他又加了一个附言："只要我所体现的法统得到了维护。"

他们两人所扮演的角色调了个个儿！一度是戴高乐上司的法国元帅，现在却希望与他曾批准判处死刑的人取得谅解。戴高乐又一次面临着在个人感情和国家利益之间作出抉择的问题。这一次他也没有犹豫。他决不予以答复。

他觉得，有资格自称正统的，绝不是这个曾经让外国侵略者篡夺了法国政权的老头子。只有一个人才体现了法统：这个人不承认失败，并引导整个民族恢复了尊严。这个人就是戴高乐将军。

>> 重建法兰西帝国

战后在经济上，国家已濒于绝境。在心理上，人们茫然不知所措，但却欣喜若狂，渴望新生。在登陆后的几周内，实际上整个法国已被解放了。在德军占领下的4年中，人们饱受压迫，而今重获自由，激动得如痴如狂。许多人把解放视为和平的降临，但战争仍在进行，法国军队仍在战斗，虽然战火已日益远离法国首都了。

对于法国大多数公民来说，解放意味着有了畅所欲言和自由集会的权利，不必向占领军当局或法奸说明情况、不必担心在肉体上受到惩罚了。对于少数人来讲，这就意味着他们有了权利，至少有了机会，去对那些曾告发或迫害过自己的人进行报复。有的人甚至对在占领期间并未介入政治的仇人也大报私仇。在德军撤走以前的几个月里，尤其是在诺曼底和米迪登陆以后的几周和几个月里，在内奸和抗德军之间郁积已久的敌对情绪就已爆发成为内战，虽然从来没有人把它正式称为内战。

游击队的法庭于1944年6月开始工作，甚至在9月13日特别法庭已经接替了抗战运动的"即决裁判"而正式进行肃奸工作以后，这种法庭依然存在。在整个法国，特别是在南方，被这种法庭不加审讯就判处死刑并立即处死者数以千计。

＜ 戴高乐前往饱受战争摧残的城市视察。

许多私人谋杀事件或多或少是在政治报复的掩盖下进行的，这就更增添了恐怖色彩。

戴高乐在 1944 年 8 月底所面临的解放后法国的现实状况就是如此。

9 月中旬，他到各省去视察。这时事态正在起着迅速的变化。8 月 31 日，临时政府从阿尔及尔迁到了巴黎，但并不是所有的部长都在那一天到达了巴黎，有些还停留在南方视察法国的第 1 集团军。另一位部长——马西格利——为了促进解放了的法国与外国之间的联系，已前往伦敦去了。戴高乐希望尽可能让他在阿尔及尔的部长们留任，但他懂得是该把国内抗战运动的成员吸收到政府里来的时候了。在两周内，所有在阿尔及尔的部长们都到了巴黎，戴高乐可以与他们会商并对新的人选进行摸底了。9 月 9 日，他宣布了他的政府已经成立。

宣布了他的新政府成立以后，戴高乐打算在动身视察各省之前阐明他的政策。他知道这次视察在为恢复国家中央权力而进行的斗争中将是关键而又困难的一步。9 月 12 日，戴高乐在夏乐宫举行的各界代表应邀出席的大会上发表了演说。出席会议的代表是按团体选出来的，事实上就构成了一个代表会议。全国抗战运动委员会有代表，各个运动和系统的指导机构有代表，市议会、巴黎大学、工商界、工会、新闻界、律师公会以及其他联合团体也都派有代表。这些行将管理法国的来自各阶层的代表们，不像他在伦敦时，甚至也不像他在阿尔及尔的临时议会上所看到的听众那样温顺，他们对戴高乐的支持并不是靠得住的。尽管开会之初掌声雷动，但是戴高乐从听众互相传送的眼神中，从其热情的"色调"和掌声的大小并非一成不变（随着他讲话的内容而起着颇有鉴别力的变化）中充分觉察到这一点。

戴高乐第一次从巴黎出巡是最为艰苦的。他到了里昂、马赛、土伦、图卢兹、波尔多、桑特（拉罗舍尔附近）和奥尔良。戴高乐是北方人，外表冷漠而严肃，他总感到不适应南方城市里那种闹哄哄的和自来就是混乱的状况。阿尔及尔如此，马赛、土伦和图卢兹也是如此。但性格上的格格不入仅是他生气的一个因素。新提升的抗战官员们的装模作样，共产党人（特别是在图卢兹）成立了与政府平行的机构，以及有些英国间谍把"特别行动执行组织"当作管理法国的机构等等，都是他感到恼火的原因。对当地居民所遭受的物资短缺所抱有的同情之心丝毫没有减轻他的暴躁情绪，因为他知道，只有保持安定的社会秩序，从事艰苦的工作，才能使国家开始复兴。进行的阴谋，普遍不守纪律，干事疲疲沓沓，以及南方人夸夸其谈的风气，都是应克服的障碍。

战争带来的破坏和苦难几乎到处可见。在里昂，横跨罗纳河的桥梁除了两座以外，都被炸毁了，火车站已不能使用，工厂都已化为废墟。在马赛，旧港已被德寇夷平，盟军的炮击和争夺这个城市的战斗使得大片大片的地区成为瓦砾。戴高乐发现共产党在那里建立了一个"无其名而有其实的机构"。他便下令把那些愿意作战的抗战运动部队都送到阿尔萨斯前线去，其他有明显企图的部队都予以解散。

戴高乐于9日到达图卢兹，这是个受起义狂潮威胁最大的地区。以前被他指责过的那个年轻人拉瓦内尔已在这里建立了一个近乎苏维埃的机构,局部控制着这个城市和周围的乡村。使戴高乐伤脑筋的不只是抗战运动。1个西班牙共和师已组成,目的是要向巴塞罗那进军。被派到热尔地区的游击队去的一位英国高级军官现在已神气活现地逞起威风来了。此外,他还得处理因为不愿和纳粹共同作战而逃离了弗拉索夫将军的队伍的1营俄国人的问题。

戴高乐分批视察了武装人员——抗战运动各部队、俄国人和西班牙人。他向他们一一致谢。但他告诉那些西班牙人,他不允许他们越过比利牛斯山。随后他又采取了切实可行的措施以确保他所要建立的秩序。那些原已解散了的宪兵奉命重返岗位,从摩洛哥调来的科莱将军受命负责军区工作,第1集团军的一支部队被派到塔布和佩皮尼扬去,以防止那些西班牙人越境。

到了更北边的秩序比较好的城市,戴高乐觉得心情愉快些了。18日他回到巴黎,25日又离开巴黎到洛林去(那地方对德国人怀有天生的敌意,因此避免了各种政治问题)。30日,戴高乐到了他的出生地里尔。人们苍白而消瘦的面庞深深触动了他,使他比以往任何时候都更加确信,全国解放后,必须"进行一次深刻的社会变革"。随后他又到了诺曼底、肯巴尼和阿尔卑斯山地区。在过去几个星期里与他见面的法国人据他估计不下1,000万。他从他们热烈的欢迎声中得到了力量。

1944年9月,法国领土上的敌人基本肃清,战争结束了。

重建法兰西成了戴高乐政府面临的头等大事。

戴高乐说:"我们要继续过苦日子,解放法国是不容易的,重建法国则更加困难。我们要进行艰苦的劳动,服从严格的组织和纪律。"

到1944年9月底,除阿尔萨斯、阿尔卑斯山口和大西洋沿岸少数德军的据点外,法国领土上的敌人均已肃清。

战争的洪流一卷而过,留下的只是荒芜和痛苦,到处是伤痕累累、百废待兴。战后重建法国是戴高乐政府所面临的首要大事。

9月12日,戴高乐在沙约宫召开了一次大会,与会的有全国各抗战委员会、各运动组织、市议会等负责人,以及巴黎大学的经济界、法律界、新闻界等代表,共8,000多人。

戴高乐为了深入了解情况,曾走遍了全国大部分地方,利用各种场合同人民群众见面并会谈,虚心听取他们对重建法国的意见。故此,这次大会他的施政纲领、他为临时政府规定的目标无不切合实际,受到与会者的赞扬。

按法国的大多数公民的理解,解放了就意味着畅所欲言,意味着政治经济上享有从前未有的优越性。那么,戴高乐的施政纲领就是为了解决这些问题的,于是人们满足了,他们投身到重建法兰西的热潮中去。

而对少数法国人来说,解放意味着他们有了权利,意味着有了机会对那些曾告发过或迫害过自己的人进行报复。有的借机对别人进行诬告陷害。

许多游击队设立了自己的法庭,对一些有内奸嫌疑和通敌行为的人进行镇压,他们可以不加审讯就判处死刑。有许多人只要被人告发,抓住后当场处死。9月13日戴高乐政府设立的特别法庭已开始工作时,这种情况还依然大量存在。许多谋杀事件也被政治报复掩盖了。这在解放后的法国造成了恐怖气氛。

戴高乐对这种形势负有不可推脱的责任,尽管造成这种形势的原因很多。因为在他看来,那些曾站在维希政权一边的人事实上不再是法国人。国家领导人思想如此,给下面造成的影响也就可想而知了。

戴高乐年底访问莫斯科,有一个原因就是要劝斯大林少插手法国。为了讨好斯大林和对法国共产党起安抚作用,戴高乐对多列士这位叛逃的共产党人进行特赦,允许他回到法国。

这一特赦加上访问莫斯科起了很大的作用,法国共产党取消了他们的过激行为。他们的目标变成了在政府和议会中争取席位,以确保他们的利益。

虽然共产党人仍攻击不已,但多是政治上,而不是军事上了。戴高乐不再担心会革命了。在事实上,他执政期间,罢工斗争也未发生过。

尽管戴高乐确立了自己的地位和权力,但他和他的政府在国际上所受到的屈辱仍没有结束。

盟国在讨论联合国的筹建问题时没有他的代表,雅尔塔首脑会议也没有让他参加,波茨坦首脑会议也把他排斥在外。这一切够他受了。

这并不能归咎于因为是戴高乐掌握法国政权,英美对他进行报复。盟国是从军事方面考虑问题的,在他们看来,法国虽已立国,他的军队在向德国推进的过程中作用是微小的,对共同事业的贡献也是微不足道的。相反,如果不是强硬的戴高乐执政,那么法国的地位还会更低。

戴高乐为法国的利益和地位费尽了心思。

1944年10月,戴高乐邀请丘吉尔和艾登于11月访问巴黎。他也向罗斯福总统和赫尔国务卿发了邀请,但他们婉言回绝了。

丘吉尔对戴高乐依然是隔阂未除,成见很深。几经犹豫,他终于成行了。他说即使不邀请他访问法国,他也要去法国看望艾森豪威尔。

而英国情报部门却要求他不要去,即使要去,也必须推迟。他们担心混乱中的法国还依旧存在着德国的特务。但丘吉尔是不会轻易改变决定的。

1944年11月10日,丘吉尔和艾登一行飞抵巴黎,随行的还有他的夫人和女儿。

戴高乐与皮杜尔亲到机场迎接,然后把他们送到凯道赛去休息。

丘吉尔到达住处后即感到满意,因为他发现房间的布置和服务都达到奢华的程度,他大概还未有享受过如此的礼遇。

第二天,11月11日,丘吉尔更满意了。在他,这一天是值得纪念的日子。

戴高乐和丘吉尔坐着敞篷车,在身着军礼服的共和国卫队的护送下,越过塞纳河和协和广场。仪仗队有好几百人,雄壮的军乐声惊天动地。著名的香榭丽舍大街上挤满了欢呼的人群,大街两边是整齐的士兵队伍,到处是飘扬的旗帜。

丘吉尔被这盛大的场面感动了。人群的欢呼声响彻云霄。"戴高乐万岁","丘吉尔万岁"。丘吉尔不停地向欢呼的群众挥手致意。他好像才发现"法国人民是如此的可亲可爱可敬"!

在凯旋门,丘吉尔和戴高乐向无名英雄墓献了花圈。

然后他们沿香榭丽舍大街步行向协和广场走去。戴高乐、丘吉尔走在前头。皮杜尔和艾登随后,后面跟着他们的将军和官员。

他们走上协和广场的检阅台。场上50万巴黎群众爆发出像海涛一样的欢呼声。所有的人都在高呼"丘吉尔万岁!""戴高乐万岁!""英国万岁!""法兰西万岁!"

丘吉尔与戴高乐曾私下密谈。丘吉尔建议缔结一项英法联盟条约。

戴高乐不同意。他说:"我们两国在以后要解决什么问题时,只要是共同意志就能在一起协商和行动。否则,即使签订同盟条约,也是没有用的,其他国家也是同样……"

这是戴高乐第一次表明他对战后世界的看法。

丘吉尔返回英国不久,俄国人便邀请戴高乐访问莫斯科。

戴高乐希望在斯大林那里得到在丘吉尔那里得不到的东西。他接受了邀请。他认为法国建国后外交对国家利益和国际地位都是有益的。

戴高乐有一深刻的痛处。早在9月,英、美、苏、中四国代表在加利福尼亚会晤,制定联合国的成立规划,而法国人被排斥在外,并且与会代表同意设立安全理事会由美、英、苏、中四国组成,没有法国的份。因为他们认为:美、英、中、苏在世界上为其他国家流了血,而法国在战争中所起的作用只相当于一个小国。

他出访莫斯科其中一个目的就是要解决这个问题。

11月24日,戴高乐在皮杜尔、朱安等陪同下,由苏联大使鲍戈莫洛夫作向导乘机前往苏联。他们从巴黎到开罗再到德黑兰,再到巴库,再到斯大林格勒,于12月2日才到达莫斯科。

∧ 1944年12月,戴高乐访苏期间与斯大林主持签署了苏法友好条约。

∧ 1944 年 11 月 11 日，戴高乐陪同丘吉尔接受民众的欢呼。

12 月 2 日当晚，戴高乐将军与斯大林进行了第一次会谈。

戴高乐一走进斯大林会见大楼就有一种森严的感觉，长廊两侧警卫林立。苏联外交部长莫洛托夫表情严肃地在办公室门外等候。

他们跨进大门，斯大林正衔着烟斗盯着大门口。戴高乐看到了他温和的外表，也看到了一股咄咄逼人的盛气。

会谈平静、平淡而没有生气。斯大林无论是别人讲话还是自己讲话总喜欢在纸上乱写乱画。没有人知道他写些什么，却会给人一种心不在焉、似听非听的感觉。

戴高乐又一次用自己的坚韧和坚强的性格面对一个强国。

斯大林对法国的要求没有什么支持也没有什么反对，他只是说必须通过英美苏三国会谈来解决。相反，对苏联的领土要求，斯大林就自行决定了，如苏联的西部边界向波兰方面延伸，波兰的领土损失从德国得以补偿。

这些戴高乐是无力说什么的，他也不用去管，但当斯大林提出为防止德国将来进行新的侵略，让我们共同研究签订一个《苏法条约》时，他给了斯大林一个不轻不重的反击。

>> 检索……相关事件

敦刻尔克大撤退

1940年5月10日，德国法西斯大举入侵西欧各国。5月24日，德军将英法联军约40个师包围在法比边境的敦刻尔克。26日，英军统帅部下达了从敦刻尔克撤退的"发电机"计划，开始了现代战争史上有名的"敦刻尔克大撤退"。至6月4日，共撤出英军22万人、法军8万人及比利时的少数军队。6月4日，德军占领了敦刻尔克，俘虏了担任掩护撤退任务的法军4万人。

> 从法国撤回国内的英军部队。
> 1940年6月14日，德军占领巴黎。

《康边停战协定》签署及法国投降

1940年，英法联军自敦刻尔克撤退后，德军于6月5日自法国北部向南发动新的攻势。意大利在6月也向法国宣战。法国仓促修筑的"魏刚防线"不足3天即被德军全线突破。6月10日，法国政府迁往波尔多。6月14日德军进入巴黎。6月16日雷诺总理辞职，贝当接任后向德军求和。22日，法德签署停战协定，是为《康边停战协定》。法兰西第三共和国灭亡了。

法国维希政府成立

1940年6月22日，法国贝当政府向德国投降，德法签订了停战协议。根据协定要求，贝当政府于7月1日迁至法国中南部城市维希。7月2日定维希为法国首都，故称维希政府。10日，贝当制定新宪法，成立了"法兰西国家"，代替了原来的"法兰西共和国"。贝当被授予"国家元首"的称号，兼任总理。该政府是一个反动的傀儡政权，在国内推行法西斯统治。1944年8月，维希政府垮台。

218

比利时国王利奥波德三世向德国投降

1940 年 5 月 10 日，德国闪击西欧各国。比利时是德军的重点进攻目标之一，因此，比利时也成了决定这次战争胜负的主要战场之一。战役开始后第二天，德军突破比军防线，后又于阿登山区发动突袭，将英、法、比部队同法国中央部队拦腰切断。5 月 28 日，比利时国王利奥波德三世正式向德国投降。

戴高乐竖起"自由法国"旗帜

1940 年 6 月 16 日，担任法国总理的贝当主动向德国乞和。对此，担任国防部副部长的戴高乐将军坚决主张战斗到底。6 月 17 日，戴高乐将军毅然和投降派决裂，飞往伦敦。18 日，他在伦敦发表了《告法国人民书》，号召法国人民为维护法国的自由和独立而战斗。贝当政府投降后，戴高乐于同年 6 月 23 日再次在伦敦发表广播声明，宣布成立"法国民族解放委员会"，抵抗法西斯运动。由此，戴高乐竖起"自由法国"的旗帜。

etrieval

06

《德意日三国同盟条约》签订

德国灭亡法国后，世界战略格局发生了很大变化，法西斯国家之间和反法西斯国家之间的联合趋势都有了很大发展。为了发动更大的侵略战争以及在瓜分世界的过程中进行协调，1940 年 9 月 27 日，德国、日本和意大利在柏林签订了《德意日三国同盟条约》，又称为《柏林公约》。这一条约的签订标志着德、意、日三国轴心军事同盟的最终形成。

珍珠港事件

日本全面侵华之后，触犯了美英等西方国家在华的利益，导致美日关系日趋紧张。1941年3月开始的美日谈判陷入僵局，日本决定以战略地位极其重要的珍珠港为目标对美开战。1941年12月7日，日本经过长期策划和准备，以大批军力袭击珍珠港，约2小时的轰炸，令美国损失惨重。12月8日，美国向日本宣战。英国、中国随即也向日本宣战，随后又有20多个国家对日宣战。珍珠港事件标志着太平洋战争的爆发。

07

< 1941年12月7日，日军偷袭珍珠港，标志着太平洋战争爆发。
> 美国总统罗斯福下令制造原子弹。

《大西洋宪章》的签订

1941年8月9日至13日，英国首相丘吉尔和美国总统罗斯福在大西洋的一艘军舰上举行了有两国的政治和军事官员参加的会议。8月14日，双方发表了《罗斯福丘吉尔联合宣言》，即《大西洋宪章》。其后，苏联、中国、比利时、波兰、希腊等国家陆续发表声明，表示同意《大西洋宪章》的基本原则。宪章中一些民主自由原则成为后来联合国宪章的基础。

罗斯福下令制造原子武器

1938年至1939年，欧美科学家已肯定了"核裂变"将产生巨大能量的概念。这一认识表明，人类已经打开了原子核的大门，下一步就是如何实现人工利用原子能的问题。为了避免法西斯国家抢先制造出原子弹，1939年8月2日，由英国核物理学家希拉德起草、爱因斯坦签名，向美国总统罗斯福写了一封信，敦促美国政府加紧研制原子弹。经过考虑，1941年12月，罗斯福批准了研制原子弹的"曼哈顿工程"计划。

萨特提出"存在主义"

萨特，法国哲学家，剧作家，小说家，当代文化生活中的国际知名人物。1939年第二次世界大战爆发后应征入伍，1940年被俘，次年遣返。积极参加法国抵抗运动。深受德国存在主义创始人海德格尔哲学思想的影响。1943年，发表本体论著作《存在与虚无》，系统地阐述了他的存在主义思想。1964年被授予诺贝尔文学奖，但他拒绝接受。

> 苏美英三国领导人在德黑兰会议期间接受采访。

德黑兰会议举行

第二次世界大战期间，苏、美、英三国首脑首次举行的讨论盟国战略及战后世界安排的会议。1943年11月28日至12月1日在伊朗首都德黑兰举行。在德黑兰会议结束时三国首脑签订了《德黑兰宣言》。宣言声明三国决心在战争方面及在战后的和平方面将协调立场、共同合作；会议已经拟定了关于将德国法西斯军队消灭的计划，已就从东、西及南面进行军事行动的规模和事件达成了全面的协议。

联合国成立

从1943年德黑兰会议讨论战后建立国际组织以维护世界和平与安全问题，到1944年美英苏三国签署了《关于建立普遍意义的国际组织的建议案》，直至1945年雅尔塔会议解决联合国机制最后的遗留问题后，1945年4月25日至6月26日，在美国旧金山召开了联合国制宪会议，51个与会国最终签署了《联合国宪章》。同年10月该宪章正式生效，联合国宣告正式成立。

第九章

紧握大权稳固地位

1890-1970 戴高乐

自从 1945 年 7 月，丘吉尔大选失败之后，戴高乐就意识到自己不得不放弃权力的
日子不会太远了。

因为他和丘吉尔是相似的——他们都开创了一个新局面，而维持这个新局面的通
常是局外人。

>> 最后的审判

服刑期间，贝当常常谈论起戴高乐，表示钦佩他的能力，但也为戴高乐野心太大而感到不安。

他说"我判处了他死刑，他也判处了我死刑，我们俩人谁也不欠谁的。"

1945年10月9日宣布了赖伐尔的死刑，一直持续到1949年审判结束，被审判的维希部长和官员共为108人。

在戴高乐作为临时政府首脑执政期间，他一直为他统治法国人民的权力的合法性伤着脑筋。戴派的神话中根本的一条，是维希政权的人物由于在法国历史上第一次放弃国家主权而丧失了统治的权力。相反，戴高乐则因捍卫了法国的主权而赢得了至少说是临时的统治权。虽然在开始时他几乎是单枪匹马。

他为民族和国家所做的和将要做的一切都是以人们承认这个神话为前提的。因此不难理解，他长期以来梦寐以求的就是使其权力合法化。

在这种强烈欲望的支配下，他决定对维希政权的主要人物进行审判或缺席审判，因为要使他自己权力的合法性得以成立，就必须公开谴责维希政权不合法。为此，戴高乐于1944年11月18日下令成立一个最高法庭，专门审理维希政府的高级官员通敌卖国的罪行。

戴高乐虽然坦率地承认，在这种情况下成立的司法机构只能是带政治色彩的，但对这个机构不符合一般公正无私的立法标准到了什么程度，他却作了掩饰。最高法庭由5名高级职业法官和24名陪审员组成。这些陪审员是从两份名单中随意抽选出来的。第一份名单包括50个旧参议员或旧众议员，这些人曾在有名的1940年7月10日大选中拒绝投赞成票把权力交给贝当元帅；第二份名单由抗战运动的人选组成。任何一个名单上的人都不能说是中立的，更说不上对被告者没有任何偏向了。

埃斯特瓦和当茨还是比较小的人物。全世界公众的目光都集中在后面，在8月和10月对贝当和赖伐尔的审判上。

以上事实在戴高乐的《战争回忆录》中记载得很清楚，不过他对自己的动机保持沉默，对有关事实也讳莫如深，这就需要到别处找材料来填补空白。戴高乐希望对贝当进行缺席审判（这就有可能使审判成为一场在没有辩护人的情况下对贝当罪行的谴责），不仅是为了不使自己为

< 1945 年 8 月，正在法庭接受审判的贝当。

难，而且因为在缺席审判的情况下，可以将重点不放在维希政权本身，而是放在元帅接受总参谋部与德国人妥协的决定一事上。他认为，那个决定导致了这一切：维希政权的不断腐败，在德国人的压力下他们的行为日益残暴，为纳粹提供劳工和炮灰；告发、拷打和处决法国人。戴高乐实际上是想通过对贝当的审判来使他对法国现代史的解释得到法律上的承认。当然，假使贝当不在场，这个目的就比较容易达到。他最不希望的是让一位 89 岁高龄的民族要人亲自出庭受审。他的出庭势必会引起怜悯或同情。德拉特尔将军问过戴高乐，如果他的军队进入德国后，在济克马林根地区与在那里避难的贝当及其部下相遇时，他该怎么办。戴高乐回答说，把所有前维希部长都抓起来，但是不抓贝当，因为他不想与贝当见面。实际上，他希望发生一些意外的事情，能使贝当留在国外。

然而贝当本人却挫败了戴高乐的回避战术。他说服了德国人把他送到瑞士，于 4 月 23 日到达那里。瑞士驻巴黎大使卡尔·布克哈特立即把这消息转告给戴高乐，戴高乐表示法国政府并不急于引渡贝当。但几小时后，布克哈特又来说，贝当本人现在要求把他带回法国。木已成舟，戴高乐只好派柯尼希将军到边境监护贝当，然后把他送到蒙特鲁日监禁。

结果，审判使戴高乐大失所望，贝当也不很满意。因为贝当回来也是有其原因的，他看到审判是不可避免的，但他认为他可以通过审判在法国和世界舆论面前重申他的政府的合法性，并为其所作所为进行辩护，包括为任命赖伐尔为总理一事进行辩护——他打算把

224

这个做法解释为蒙蔽德国人的两面手法的一部分。戴高乐和那位受托为贝当辩护的年老律师费尔南·帕扬都将乐意看到他以年事已高、负责不多为理由来为自己辩护。假使这样，他就有可能被宣判无罪。可是这与贝当本人愿意受审的理由和他对自己尊严的看法不相容。因而他拒绝了帕扬的建议。后来由他的年轻辩护律师伊索尼帮他草拟了一个初步声明。这个声明成了一个类似政治遗嘱以及为他自己开脱罪责的答辩状的东西。

元帅和他的夫人在押期间的生活条件连一般像样的程度都不够，并且他是由一辆押送普通犯人，俗称为"生菜篮子"的囚车带到法庭的。由于缺乏维修得很好的房屋，审判在法庭的一个小法庭里进行。在那塞满了不舒适的条凳的房间里为被告设了一把椅子。被告身穿法国元帅战地服，只佩戴了一枚勋章——军功章。审判于 7 月 23 日开始，保安措施很严密，警察不但包围了法院，而且控制了附近建筑物的屋顶。

审判一开始，贝当就宣读了为他自己辩护的声明，此后，他一直不回答任何问题，在听取了全部证词后，他只作了又一个更简短的声明。这场审判与其说是在执行法律，还不如说是在演戏。第三共和国的知名人士——或者说臭名昭著的头面人物——都出庭作了证，达拉第、雷诺和魏刚也在此列。不过，他们每个人主要关心的都是为自己在最近发生的那一系列悲惨事件中所扮演的角色进行辩护，而不是去协助弄清楚贝当的所作所为。最轰动的是皮埃尔·赖伐尔的出庭作证。在这以前，一架德国飞机把他送到西班牙避难，但佛朗哥把他送回了德国，美国军队又把他转交给戴高乐政府。现在他本人也将面临审判。他驼着背，老态龙钟，和往常一样地衣冠不整，脸色与几乎全白了的头发相比显得更黑了。但是，他依然能言善辩。他企图通过他的证词使控告维希政权的人们体会到要在德国征服者的铁蹄下治理法国实际上是多么艰难。

8 月 15 日，法庭审判贝当有罪并定为死刑，但建议从宽发落。戴高乐早已决定不把这老头子处死，所以签署了特赦令，改判为无期徒刑。于是元帅先被飞机送到比利牛斯山中的波尔塔莱特堡，然后被送到大西洋岸边的耶岛上。在那里，他一直待到 1951 年 7 月 23 日去世。时年 95 岁。

在他漫长的监禁期间，贝当经常谈到戴高乐，表示钦佩他的能力，特别羡慕他那惊人的记忆力。但他也为戴高乐野心太大而感到不安。有一次他对监狱的忏悔神父蓬托罗牧师说："我判处了他死刑，他也判处了我死刑。我们两人谁也不欠谁的账。我在他的死刑判决书上批了不要执行，他肯定也是这样做的，因为我现在还在这里。"

尽管如此，对贝当的审判使戴高乐非常失望。因为审判并没有像他所希望的那样对停战给予明确的谴责，使他自己权力的"合法性"得到确认，它仅仅是揭露了维希政权的肮脏面目，这并非戴高乐的主要目的。

>> 尘埃落定

1945年5月2日，苏联红军攻克柏林，希特勒的老巢被一举攻破，柏林守军宣布投降。5月8日，德国在无条件投降书上签字。

戴高乐从来都认为法兰西是一个强大的国家，然而英、美、苏三国都认为如果没有他们的帮助，法国不可能恢复主权和独立。

因此，第二次世界大战后，法国的国际地位让戴高乐感到很是头痛。

战争仍在继续进行。

盟军原以为大军四面八方向德国逼近，德国军心民心必然瓦解，因为任何一个人都可以看到最后的结局。然而他们未曾料到德国军民直到最后一刻都未松懈，对他们来说只有一句话：血战到底。

艾森豪威尔将军担心阿登攻势会使德国人从两翼包围美法军队。为了防止这种危险，他命令法国第一集团军放弃斯特拉斯堡，退守孚日山脉。

斯特拉斯堡是法军在11月23日经过血战之后才占领的。

在戴高乐看来，这个命令无论在战略上意义多么重大，他都不能接受。

这个阿尔萨斯的首府是法兰西民族和精神的象征。在一代人的记忆中，阿尔萨斯这块法国领土几经沧桑，法德之间经历了三次战争，阿尔萨斯便三易其手。如今，如果不战而退，在法国人民心中该是怎样的创伤。这对法国来说，将是一场严重的政治灾难和空前的人间悲剧。

戴高乐是决不会在自己的手上丢失斯特拉斯堡的。

12月30日，戴高乐派遣他任命的斯特拉斯堡司令官迪维吉埃将军，给法国第一集团司令德拉特尔和美国德弗斯★将军两封急信，要求他们必须保卫斯特拉斯堡。

同时，他把5万名只配有轻武器装备的新军调往斯特拉斯堡附近的梅斯地区，以掩护美军的撤退，并守住美国撤退的阵地。

他一方面给艾森豪威尔写信请他改变决定，另一方面他打电报给丘吉尔和罗斯福，请求他们的支持。

↑

*德弗斯

美国陆军地面部队司令,上将。毕业于西点军校,后在炮兵部队服役。1917年升少校。1925年毕业于陆军军事学院。1934年晋中校,1940年晋准将。第二次世界大战期间,1943年任欧洲战区美军司令。1944年任北非战区司令和地中海战区盟军最高副司令。1945年挥军扫荡阿尔萨斯,横扫德国南部,直至瑞士边境,最后进入奥地利。在意大利北部与盟军会师。同年晋升上将,1949年退役。

罗斯福照例拒绝了。他不会干预他的司令官的决定。

丘吉尔立刻前往法国。

1945年1月7日,戴高乐来到艾森豪威尔的司令部,丘吉尔已经等在那里。

戴高乐对丘吉尔前来求情并不领情。

司令官终于有些动摇,但他对法国第1集团军不服从他的命令而单独行动不满。他威胁说:"第1集团军如单独行动,美国方面将停止军事物资的供应。"

戴高乐也不客气,说:"请你考虑一下后果!你要知道你是在法国境内活动,如果你听任德军进攻法军,法兰西人民会拒绝你们使用铁路和其他交通设施。"

在丘吉尔的帮助劝说下,艾森豪威尔屈服了,他命令德弗斯暂时停止撤退。

这场危机终于过去。

戴高乐从来就认为法兰西是一个骄傲的强大国家,然而国际地位的实际处境让他很痛苦。

英、美、苏都很清楚,没有他们的援助,戴高乐及其信徒们是不可能恢复法国的主权和独立的。因此在他们的眼里法国的作用和地位微小,并不像戴高乐说的那样。

面对德国必将被占领的局势,戴高乐认为法国必须在德国站稳脚跟。

他以一贯的方式进行他的计划,他的压倒一切的目的是造成既定事实,确立法国地位,这样别人就无法把他的军队赶走。

1945年3月29日,戴高乐用电报命令他的将军德拉特尔率领他的第1集团军必须抢在帕奇军队之前赶到斯图加特。

到4月4日,13万法军渡过莱茵河,并在当天占领了卡尔斯鲁厄。德拉特尔仓促之中在黑森林地区放过了一支强大的德国军队。于是他准备回兵予以歼灭。戴高乐电报提醒德拉特尔说:"我们只希望你夺取斯图加特。"

美国德弗斯将军命令自己的部队火速占领斯图加特,他警告法军不要过早东进。他说,法军的任务是留在黑森林地区歼灭德军。

德拉特尔当然不会理睬德弗斯的命令，他命令自己的部队向斯图加特挺进，并于20日抢先占领了这个已经成为废墟的城市。

美国方面气愤已极，德弗斯命令他立即撤出斯图加特。

戴高乐却给他相反的命令："在斯图加特留驻一支法军，并立即成立政府。不用管美军的干涉，用本国政府命令你驻防为理由，直到划定法国占领区为止。"

艾森豪威尔闻知这一事件后十分为难。他知道法国的苦心，他同意维持现状，但他写信给戴高乐指责其违背了有关协议。他希望此件事不要影响美法军队并肩作战。

戴高乐对总司令的态度很满意。他回信解释说这是英美两国政府和法国之间对德占领区的划分协议还未达成的结果。

法军仍旧占领着斯图加特，但美军可以顺畅通过这座城市。

当戴高乐将军正致力于德国占领问题时，远东发生了意外的事。

日本军队突然向东京地区、安南、交趾支那（三部分合成即今日越南）的法国驻军发动进攻。这是1945年3月9日。

戴高乐从未到过远方法属印度支那，但他一直关心着法属印度支那的命运。他清楚地记得在1940年6月18日他发出抗战号召后，在印度支那响起了第一声回应。那是卡特鲁将军，他当时是法属印度支那总督。卡特鲁将军回到伦敦后，德古上将继任维希政府的总督，此人曾为日本法西斯卖命，后来看到了戴高乐的力量在增长，曾向戴高乐表示过归属之意。但将军已不再信任他。

戴高乐将军早就认为如果在远东日本军队要占领法属领地的话，势必会打一仗，但只能是用戴高乐自己的力量来打。这可不是只考虑一下而已，如果法国不尽快采取行动保卫自己的利益，战争一结束，这些地方将会听任盟国的瓜分。

早在1943年，戴高乐就派了实际是戴派人物的莫登特将军去做维希政权印度支那驻军司令，当然是暗中指示。这样莫登特将军就成了既指挥维希军队，又指挥戴派武装的总司令。

这样，戴高乐就希望日本人对法属印度支那开战。因为一开战，就是向世界表明法军在维护自己的领地，戴高乐以后就有理由维护法国对印度支那的殖民统治了。

但是日军闪电般的袭击使法军损失惨重是他始料不及的。

德古总督、莫登特将军都遭到俘虏。大部分法军被很快击溃，少数损失较小的法军进行了英勇抵抗。许多孤立无援的小股军队用游击方式坚持斗争。到4月底，幸存法军逃往中国边境。

英国对此表示了同情和支持，即只能是口头上，因为它最近的军队都在缅甸，无力支援什么。如果英国人能帮上什么忙，他们会慷慨相助的。

美国一直就不同意武装法国远征部队，这次他们更不肯救助了，甚至法军残部奋战退往

→

★塔西尼

法国将领，元帅。第二次世界大战期间任驻突尼斯法军司令。后与法抵抗运动取得联系。1944年率第1军在法国南方登陆并攻入德国。1945年5月8日，代表法国在德国投降书上签字。

中国边境的时候，他们也不肯提供一点空中掩护。

这一战，法军损失惨重，1.2万名法国人和3.8万名当地新兵组成的法国远东军只剩下6,000余人撤退到了中国。

戴高乐政府无能为力了，但他已明确提出了对印度支那的主权要求，这一要求因法国士兵的鲜血而变得更有力了。

1945年5月2日，苏联红军攻克柏林，希特勒的老巢被一举攻破，柏林守军宣布投降。

在柏林战争平息以后，苏军暂时全部接管了这座城市。经苏联红军总参谋长安东诺夫大将通过外交途径与英美军联系，盟国商定，德国无条件投降仪式，5月8日将于柏林正式举行。

戴高乐听到这一振奋人心的消息后，亲自委派塔西尼★将军代表法国参加即将在柏林举行的德国无条件投降仪式。

戴高乐与每一位爱好和平的人民一样，都在为这得来不易的胜利而欢呼雀跃。同时，他在心中也默默地祈祷：

"和平已在世界上恢复，我祈求上帝永远保佑它，愿和平永驻……"

1945年5月8日，欧洲胜利纪念日那天。戴高乐正沉浸在胜利的喜悦里，却闻知在阿尔及利亚和地中海东部地区同时发生了问题。

早在1941年，"自由法国"就同意叙利亚独立，并逐渐把行政、财政、外交等权力移交给叙利亚政府。法国军队之所以仍留在利凡里以及自由法国仍保持对特种部队的指挥权，按戴高乐的解释完全是因为法国作为委任统治国要为叙利亚的安全和秩序负责。

戴高乐与卡鲁特将军也同意在联合国成立后，使叙利亚和黎巴嫩完全独立。

可是法国人统治惯了这块土地，习惯于把叙利亚看作是被征服国家，习惯于把叙利亚人民看做贱民。他们经常干预叙利亚内政，法军甚至阻止警察进行正常的追捕行动。这些渐渐引起叙利亚的强烈不满。

∧ 塔西尼（右）作为法国的代表在德国投降仪式上签字。

戴高乐考虑到大局不得不下令停火。

无论戴高乐怎么为自己辩护，他对叙利亚事件的处理也算得上暴行。

法国的附属国人民原以为盟国胜利会带来他们的独立和解放，可是戴高乐政府根本没有准备让他们民族独立的倾向。于是5月8日这天，趁庆祝欧洲胜利日的时候，阿尔及利亚人很快将庆祝改为对当地（塞提夫）和其他城镇的法国居民进行有组织的攻击。

戴高乐政府的镇压是残酷的，动用了陆海空部队，成千上万的阿尔及利亚人在镇压之中伤亡。对此事件，戴高乐极力掩饰，却终掩盖不住历史的血腥味，也成为戴高乐执政以后可耻的一笔。

很多人以为这事件整个过程，政府并没参与，但镇压的规模只有巴黎政府才可以做出。这与戴高乐的一贯主张是相一致的：即法国政府必须恢复它在海外领地的权威。

戴高乐回到巴黎不久，就闻知丘吉尔、斯大林、罗斯福将对"无条件投降"后的德国等命运进行商讨。法国首脑依然被排除在会议之外，戴高乐虽早有预料，但仍有些不满和愤怒。

决心把他排除在外的是罗斯福，丘吉尔和斯大林虽不热心请他参加，但也不会拒绝，只有那个罗斯福才成心与他过不去。在罗斯福看来：只要有戴高乐参加，就别想达成任何协议。戴高乐参加会议只会使情况复杂化和令人不愉快。

但罗斯福毕竟已开始为改善法美关系作出努力。自从罗斯福寄希望于维希政权失败后，他就开始改变对法态度了。法国毕竟是大国，战后法国在欧洲的地位是不能忽视的。

罗斯福再次当选总统后，在1945年1月6日的国情咨文里，对法国抗战运动以及惨败后拒绝投降的法国人大加赞扬，这清楚地表明总统对维希政府政策的结束。

总统还派出霍普金斯★出访巴黎，以期改善法美关系。但戴高乐根本不买他的账。

戴高乐在会见霍普金斯时，毫不客气，像发泄一般列举了美国人抛弃法国的种种"罪行"。希特勒在欧洲横行时，美国人隔岸观火不闻不问；法国遭到践踏时，美国人保持中立；需要美国提供援助使法国继续作战时，罗斯福立即回绝了呼吁，美国人从未放弃对已投降纳粹的维希政权的支持。

1945年2月3日，英美苏三巨头在雅尔塔召开会议。会议上，斯大林也让戴高乐失望，原以为签订了《法苏条约》，斯大林会支持法国，然而这只是一个美丽的迷梦，几星期就破灭了。

斯大林虽认为戴高乐并不复杂，也不难相处，但他对英国提出让法国参加盟国的管制委员会并让法国获得德一块占领区的建议一口回绝了。

罗斯福原是支持斯大林的，反对对法国做出让步。但是考虑到美军不会在德驻扎太久，美军撤走后必须面临一个西方占领区兵力不足的问题，如果有法国人参加占领，就不会存在问题，于是他同意丘吉尔的主张。

★霍普金斯

美国政治家。第二次世界大战期间美国总统罗斯福的顾问。第二次世界大战期间协助罗斯福参加所有重要的军事会议，以总统私人代表身份多次出访英国和苏联。作为总统与参谋长联席会议之间的联系人对美国军事战略的制定起过重要作用。

斯大林虽然最终同意法国在德应有一占领区，但必须在英美占领区内划给它，他还是不主张法国参加管制委员会。

艾登指出，不让法参加管治委员会，那么法国在决策机构没有发言权，它会拒绝接受占领区。

最终，三巨头对法国作了让步，让它参加管制委员会并划给他一块占领区。

在建立联合国组织，连同安理会和常任理事国的问题上，法国没有被排斥在外，这应完全归功于丘吉尔和艾登。

但戴高乐认为没必要对两位辩护人表示感谢，因为他认为法国参加管制委员会是理所当然的事，相反戴高乐认为他未被邀请去雅尔塔是对法国主权的蔑视。虽然如此，戴高乐还是对雅尔塔会议的内容相当满意。毕竟法国的利益在会议中体现了出来。他只是对丘吉尔和罗斯福把东欧拱手送给斯大林很不满，如果他在会上……或许斯大林知道他会反对，所以才不肯让他出席会议。

美国大使卡里弗请求谒见戴高乐，他带来了罗斯福的私人信件，信中表达了总统愿意和戴高乐见面的愿望，并建议把阿尔及尔作为会面的地点。

戴高乐根本没打算会见罗斯福，他认为在会议结束后见罗斯福没有实际用处，因为决议已经作出。并且他认为如果他与罗斯福会见就等于承认会议的一些他反对的内容。这，他是不会干的。

再说他认为罗斯福选择在阿尔及尔会见他是对他的侮辱，是失礼行为。因为总统邀请他在法国土地上进行会见是不符合国际惯例的，表明罗斯福是不承认阿尔及利亚属于法国。

于是他回绝了，虽然回绝得很委婉。

美国舆论界对戴高乐的回绝给予了猛烈抨击。法国的各党派对戴高乐的行为也深为不满，他们认为戴高乐侮辱了这位伟大的民主领袖。

戴高乐不为所动，他对国人在国家尊严问题上漠不关心深感失望。

戴高乐再也没有机会与罗斯福达成谅解了，因为在 1945 年 4 月 12 日罗斯福逝世了。

>> "独裁者"

1945 年至 1946 年，解放初的法国一片废墟。

戴高乐很想把他的临时政府长期维持下去，他不想放弃自己"独裁"的权力。

但他最终打消了这一念头。

自从 1945 年 7 月丘吉尔大选失败之后，戴高乐就意识到自己不得不放弃权力的日子不会太远了。

因为他和丘吉尔是相似的，——他们都开创了一个新局面，而维持这个新局面的通常是局外人。

∧ 1945 年时的戴高乐。

戴高乐深切地意识到，所有这种掠夺所造成的深远影响，将直接关系到他振兴伟大法兰西的坚定目标。尽管他专心致力于外交事务，但他并不像有时人们所讲的那样，忽视了国内问题。这两个方面的确是密切相关的，因为正如他设想的那样，外交政策有赖于健全的经济。

　　戴高乐虽然生性独断，但就"独裁"这个词的含义说，他过去不是独裁者，以后也不会是个独裁者。由于他不乐意事先断定人民的意愿，或者不愿意在全国处于贫困中时，树立引人注目的奢侈范例，他拒绝迁入爱丽舍宫。出于同样理由，他也没有享用过在朗布依埃的总统别墅，却在布伦树林附近自费租赁了一所私人住宅。他和他的妻子、两个女儿住在那里。

　　戴高乐晚上很晚才回家，除了不在巴黎，他是每晚必回家的。晚上他们在家常常招待客人。戴高乐常与他的客人一起接受妻子、女儿殷勤的招待，在他看来这就是天伦之乐了。

　　客人走后，戴高乐便走回他的书房，全神贯注地批阅文件，起草讲稿，写文章，思考各种问题，夜很深才睡下。这是他多年的习惯。

　　戴高乐的日常工作也是井井有条的。

　　戴高乐的办公地点在布里安大厦。他在那里接见客人，举行招待会，与部长们商讨各种问题并作出决议。

　　一般来说，内阁会议在写蒂尼翁大厦举行。内阁会议上，大多数时间戴高乐都坐在座位上认真听取每个人的讲话，他从不插嘴，也不发议论。如果大多数代表意见一致的话，他也表示同意。只是附加一些自己的建议。如果意见分歧时，他认真倾听分析之后，再提自己的看法。而他的看法也就成为决议。

　　戴高乐与其他的政治家不同，演说是他政治生活中不可缺少的重要组成部分，在议会上、在广播里、在公众集会上，他常常口若悬河，滔滔不绝。但他很少即席演讲，他的演讲都是有备而来的，并且他的讲稿一般都是自己起草。他对自己的讲稿常常反复修改，有些内容他甚至能够背诵。所以他的演说常常自然流畅，一气呵成，激动人心，给人留下深刻印象。可以说这些与他的文学功底分不开，也为他后来的写作回忆录打下了坚实的基础。

　　但戴高乐将军的工作秩序经常会被打乱。他曾11次离开巴黎，要么视察军队，要么到各省巡视，有时也到地中海东部地区，有时出国访问。有一年在8个月内就在外面待了70多天。

∧ 1945年，戴高乐与临时政府内阁成员在一起。

戴高乐的政治生活在法国解放之后似乎平安无事。但实际上常有隐忧内患，这一点，戴高乐很清楚，常常一个人在深夜陷入苦思冥想之中。

他常想把他的临时政府长期维持下去，他不想放弃自己的权力，但他最终打消了这些想法。他知道如果真那样做必然会引起骚乱，甚至可能发生暴力冲突。

戴高乐深知自己之所以受人民拥护，不只因为他做人的品格和为法兰西作出的贡献，还有一个重要的原因是他曾向人们保证他会让人民通过选举自主地选择自己的政府。

在1945年7月丘吉尔大选失败之后，戴高乐意识到自己不得不放弃权力的日子也不会太远了。因为从某种角度上讲，丘吉尔与戴高乐是相似的，他们都开创了一个新局面，而维持这个新局面的常常是另外的人。

戴高乐没有加入任何党派，他也不代表任何党派的利益。他常将自己置身于党派利益之上，并打算继续这样做。诚然，他曾经以抗战运动的团体作为自己的后盾，而今这一派别因追求各自的利益而四分五裂了。当然，军队可以算是他的后盾，但他无意像拿破仑那样建立军事独裁，更何况和平时期，没有外来威胁，军队在人们心目中是无关紧要的。

如今的各党派已失去了原先那种复兴法国的崇高理想，它们也由大公无私变成争夺权力。那些领导人也变成了职业政客，为实现个人野心在政治生活中角逐着。然而没有一个政党足够强大到可以单独执政，于是政治的角逐、利益的争夺成了各党派的主要目标。

基于此，戴高乐认为，国家需要一个强大的政体，它应不受议会的控制，也不受各党派的摆布。于是戴高乐的头脑形成了一个观念：建立总统制。

总统制是戴高乐的理想：总统由人民直接选举产生。总统凌驾于各党派之上，由总统组成自己的内阁，而这个内阁不属于议会也不受各党派制约，只为整个民族和社会服务。

很明显，如果实行总统制，各党派会为他们自己的利益和权力进行无休止的斗争。那么到那个时候，只得由人民来说话，让人民去作出他们需要的决定。

如果人民支持戴高乐的观点，各党派就只能服从；如果人民反对，戴高乐自己就只好下台了。

但越来越多的事实证明：法国人民的支持是不可靠的。法国人软弱自私，又争强好胜，在民族危难时只要有人领导，他们会在危机中创造出伟大的业绩。这已经在戴高乐领导的抗战运动中证明了。但是，只要社会一恢复正常秩序，变得安定之后，法国人又会恢复成平庸无能之辈，他们会变得懒散游乐、缺少壮志。这在戴高乐领导的恢复经济，重建法国的过程中也被证明了。

就因为这一切，戴高乐深深地苦恼着。

他记起了德国人投降之后法国人欢乐的情景。那时人民是怎样拥戴他呀。在5月15日那次咨询会上，他的讲话博得全场一致的掌声，人们在会场唱起了雄壮的《马赛曲》。而如今的咨询会议处处与戴高乐的政策作对，处处与戴高乐背道而驰。

他记起了第三共和国的战前领导人一个个从纳粹监狱中回来的情景，他们当时是怎样地向戴高乐保证对他忠诚、爱戴与支持呀！当时勃卢姆公开声明："由于有了戴高乐，法国复活了。法国有了戴高乐真是幸运，整个法国都应该依赖他，只有有了他，法国才有希望。"而皮里奥获释后在广播中说："我相信法国人民都团结在戴高乐周围了。我将全力拥护他，听从他的指挥。"

这些话说得诚恳，很漂亮，而事实呢？他们都未付诸行动，他们无一例外地为自己的党派或集团的利益着想，为权力而斗争。

随着1945年的逐渐消逝，戴高乐越来越深信恢复"多党制"对法国将是一场灾难。在那一年中，他审慎地考虑过无限期延长业经同意而由他建立起来的独裁制的做法，但最后还是打消了。他认为他可以不放弃权力，但是他也知道，这样做必将引起骚乱，甚至可能发展为暴力行动。戴高乐之所以被人们拥护，不仅因为他的为人和他的贡献，而且因为他不断地向人们保证，他会尽快地让人民通过选举、自由地表达对于他的政绩的意见。因为戴高乐置身于一党二派的利益之上，并打算继续这样做，所以，他没有任何有组织的小集团作为后盾。

过去，抗战运动曾团结一致作他的后盾，但现在已分裂为追求各自特殊利益的派别了。军队是会支持他继续执政的，但其结果必然是军事独裁。而在目前，国家处于和平时期，没有外来威胁，也无意仿效拿破仑搞民族冒险，因此实行军事独裁是不适宜的。

尽管戴高乐放弃了个人专利（他自己用的是这个名词），但他仍然相信，国家需要一个强有力的政体，它不再受变化多端的议会多数的摆布。各党派都曾在一个时期中反映了他们创始人的理想，但这种理想现在已经烟消云散了。大公无私已没有存在的余地。职业政客的野心，争权夺位和玩弄权术，这就是当时的现实。既然没有一个足够强大的政党能单独执政，瓜分选举得来肥缺的肮脏交易是不可避免的了。

在欧战胜利的日子里，在欢乐和团结的表面现象背后，政党领袖们实际上已醉心于市镇选举上。这次选举是解放以来的第一次。人们把它看做是将在秋季举行大选的一次彩排。在4月29日和5月13日的两轮无记名投票中，抗战运动的候选人占了优势。这时对于未来的宪法出现了两种意见：激进派和温和派主张干脆恢复1875年的宪法——即第三共和国宪法——而马克思主义者和左派则主张建立唯一的拥有最高权力的议会。双方的共同点是：由国会掌握所有权力，不管国会是由一院或两院来组成。

戴高乐接纳了一些刚获释归来，并愿意在临时政府工作的著名人士，改组了他的班子。刚从布痕瓦尔德集中营出来的克里斯蒂昂·皮诺，代替了社会党人保罗·拉马迪埃，担任供应部长职务。流放归来的欧仁·汤玛斯接替了因健康原因退职的奥古斯坦·洛朗，担任邮电部长。弗朗索瓦·德芒东被派驻纽伦堡，任战犯审判法庭的法国代表。司法部长职务由皮埃尔－亨利·泰让担任。

议会的第一个行动是选举主席，也就是议长。他们选举了社会党人费利克斯·古安。第二个行动是选举总理。戴高乐能当选吗？会议最初的一些发言中都对戴高乐的政策旁敲侧击地进行了指责，这些话赢得了掌声，但人们对他个人的一贯赞扬，反应却很冷淡。戴高乐本着他的个性办事。他没有把自己作为候选人提出来。

经过一周令人心烦的争论后，11月13日，议会一致选举戴高乐为临时政府的总理。当天将军在巴黎与丘吉尔共进午餐。戴高乐在当选时又收到丘吉尔的一封贺信，他深受感动。丘吉尔在信中回忆起那年年初自己下野时的情景，联想到普鲁塔克★的一句格言：

★普鲁塔克

古希腊传记作家，散文家。受业于名师安谟尼厄斯。曾游历希腊，并到罗马讲授过哲学。著作甚丰，篇名计有227项之多，其中大部分已散佚。传世之作经后人辑为两集：《罗马名人传》和《道德论集》。为后人研究古希腊、罗马历史提供了重要资料，具有文学史料价值。

"对伟大人物忘恩负义，是强大民族的特点。"他还说："普鲁塔克说了谎！"然而，戴高乐并没有抱任何幻想。议员们选举他，是出于对他功绩的尊重，并无支持他的纲领的意思。

果然，戴高乐当选以后，立即出现了政治危机。当他着手组织政府时，共产党领袖多列士要求至少给他的党几个主要的部——他指定为国防部、内政部和外交部——之一的部长职位。在这个问题上是没有妥协余地的。如果戴高乐屈服，就等于交给共产党人一张王牌，在危机发生时可以要求他。但是如果他拒绝，就不能组成政府。在这种情况下，共产党人可以证明他们能够左右局势。

戴高乐以他一贯的果断面对这场挑战。他告诉多列士，除经济部门的部长外，他的党不可能得到任何一个他所要求的职位。随之而来的是"疯狂的咒骂"，共产党人谴责他说，这是无视7.5万名共产党员被德国人杀害的历史。据戴高乐说，这简直是信口开河，实际的数字不到这个数字的1/5。然而，共产党人和社会党人都向他施加压力，要他为了民族团结作出让步。他决心不妥协，便于17日写信给议长——不是提出辞职（那样将无可挽回），只是退回了委任状。这是一种模棱两可的手法：让职位留空，以便重来。第二天，在一次广播讲话中，他呼吁人民理解他为什么不能把"代表法国政策的外交，支持法国政策的军队，保护法国政策的警察"的大权交给共产党人，让他们去支配法国的政策。他准备同追随他的任何人一起组成政府。否则，他将毫无怨言地立即辞职。

他的最后通牒得胜了。议会在戴高乐没有参加的情况下，经过激烈的争论后，再次选举他为总理，共产党人弃权，不打算与他们共事下去了。在元旦那天，他起来对议员们进行严厉的抨击，他的话后来已被证实是有远见的。

代表们心不在焉地听着，但表决时几乎全体一致地通过了预算方案。过了12年，大家才明白，戴高乐是不幸而言中了。

现在，有待他决定的唯一问题，是选定退职的确切日期。他需要一段时间考虑一下。为此，他去度过了7年多来的第一个假期。他明白，他应该不声不响地离开，不攻击任何人，也不接受任何公职和私人职务。

他于1月14日回来后，用了一周的时间签署他在外出度假期间积压下来的政令和法令。同时，他将几个部长召集到办公室，告诉他们，他马上要辞职了。

埃里奥对法国公众没有像过去那样欢迎他（尤其是当他在里昂激进党总部的时候）一直耿耿于怀。因此1月16日，这个灵魂中充满妒忌的人访问戴高乐，要他取消3年前吉罗德将军授予在与美军打仗时丧生和身负重伤的法国士兵的勋章和表彰，想以此使戴高乐难堪。这些表彰是经过戴高乐批准的，刚刊登在《政府公报》上。戴高乐对于埃里奥选择这一问题向他寻衅，很为反感。他对着这个激进党领袖说，只有他才是这次表彰是否恰当的最后裁判员。因为"我本人除了用大炮以外，从来没有同维希或敌人打过任何交道"。戴高乐在这里影射埃里奥在巴黎解放前夕和赖伐尔、阿贝茨共进午餐的事。这句话弄得埃里奥哑口无言，却使戴高乐更不把职业政客放在眼里了。

1月20日，星期天，所有的部长都应邀聚集在圣多明尼克路的戴高乐办公室，只有在伦敦的奥里奥尔、皮杜尔以及在加蓬的苏斯戴尔没有来。这是最后一幕，短得很。戴高乐走进来跟每个人握握手，没有请大家坐下，就宣读了事先慎重准备好的声明："排他性的党派制度，又要卷

< 1945年戴高乐与内阁成员们步出议会大厦。

土重来了。我是不赞成这个的。但是，除非用武力建立一个我所不能同意的、无疑也不会有好结果的独裁政治，我无法制止这种尝试。因此，我必须告退。今天，我就要向国民议会议长递交政府辞职书。我衷心感谢诸位所给予我的帮助，并请求你们在继任人到职之前，各守岗位，以保证工作的顺利进行。"

部长们感到惊讶，但更多的是难受心情。他们默默不语，戴高乐走了。

他离职后，多列士评论说："这样离任确实是够漂亮的。"

戴高乐在给议会议长的正式信件中，避开了一切争论问题。他说，他之所以于1945年11月13日以后继续执政，是为了保证政府的顺利过渡。他概要地谈了他的政府所取得的一些政绩，并预祝下届政府成功。

第十章

政治家的野心

1890-1970 **戴高乐**

1948 年 2 月 6 日，戴高乐的白痴女儿安娜去世了。

这一沉重的打击对"隐居老人"戴高乐来说，几乎是不能承受的，但是他坚强地

挺住了，而且很快振作起来，雄心复萌，为他东山再起策划了又一伟大的活动：

"法兰西人民联盟"。1949 年 3 月，戴高乐再次提出竞选。1951 年夏至 1953 年，为

了团结，戴高乐又决定放弃法兰西人民联盟。

> 1946 年，戴高乐与妻子在家乡。

>> 短暂隐居再次出山

1946年1月的一天，在离巴黎约250公里的科隆贝双教堂的拉布瓦瑟里，正下着这个冬天最后的一场雪。

他的思绪就像是外面飘飘扬扬的雪花一样，纷纷扬扬，想到哪里，便是哪里。他想到了自己的"辞职"——戴高乐于1946年1月20日决定而且付诸行动的自动"下野"，本是他精心策划的一个"以退为进"的策略。在他以为，法国人是少不了他的，不用多久就会重新请他出山。不久前，他在给友人、法国驻丹麦公使夏博尼埃的信中写道："我的'辞职'，那只是一种意外的波折，且看下文如何吧。"他还向一些知己披露说："不出6个月，必定可见分晓。"甚至当地的一些有影响的报纸，也在纷纷预测说，将军的引退也许只是短时间的事，将军或许是在准备发动一次政变，以求卷土重来，也不一定。

不过，这种种猜测，不是戴高乐自己过于乐观，就是别人神经过敏。已经过去许多时日了，可是外面却没有一丝一毫的动静。

可是，戴高乐毕竟不是一个普普通通的俗人。尽管局势对他是如此不利，他还是毫不气馁，而且非常自信地断言："人们仍然认为，被排挤下野的领袖最有资格领导国家，把他看成是预先选定的救星。""一旦全国再由于分裂和威胁而陷于危机的时候，人们终究会重新召唤他。"

他日夜盼望着这一天的到来。东山再起的希望之光始终闪烁在他的心头。"饱经忧患，与世隔绝的老人，虽然感到永恒的寒夜即将来临，却仍在黑暗中永不疲倦地瞩望着希望之光。"这是他对自己此刻心境最真实的描述。

……

1946年1月20号，戴高乐自动"辞职"之后，即选择了离巴黎约250公里的科隆贝双教堂的拉布瓦瑟里——就是现在他站的这个地方——的乡间寓所。

这儿的寓所，是戴高乐1934年时，为了照顾小女儿安娜的身体健康状况而购买的。

这所宅子，是19世纪初期的旧建筑。早先是一家小啤酒厂，不知是啤酒厂的谐音，还是由于附近森林茂密，反正这所房子被当地人起了一个名字"拉布瓦瑟里"。

1934年6月，戴高乐那时候还是中校，他来到这里，同房主达成协议，首付5,000法郎现款，以后每年付给房主6,000法郎养老金，直到房主去世为止，购得这所房子。在当时，这笔费用对戴高乐中校来说，可是一笔不小的费用，只不过为了女儿安娜的健康着想，才不得不咬牙买了这幢房子。

当时，科隆贝只是一个有着不到300户居民的村子。因为村中的教堂有双尖顶，双十字并立，因而得了"双教堂"之名。隐没在树林掩映之中的村落，远离人世的喧嚣，远离政事纷繁的巴黎。这所乡间老宅几乎是与世隔绝，却又别有洞天。

> 戴高乐在拉瓦布瑟里的寓所。

"戴高乐派"元老米歇尔·德勃雷★，——后来在戴高乐手下当了首任总理——在戴高乐下野后来到这里第一次做客，就不由感慨地说："这儿是天占的地方比地大，地占的地方比人大啊！"

第二次世界大战期间，拉布瓦瑟里先是被维希政府查封。1944年德军撤离时，又烧掉了一半。紧随北撤的德军而来的是"自由法国"第2装甲师的1支先遣部队，部队中就有戴高乐将军的长子——菲力浦·戴高乐，1名年轻的海军少尉。他亲眼目睹了德军把拉布瓦瑟里烧毁的样子，而且写信把此事通知了戴高乐。戴高乐在战争刚一结束时，便立即开始了重建工作，原先两层小楼的西南端，扩建出一座古堡式的三面有窗的六角形塔楼，平添几分古韵。角楼底层后来则成为了戴高乐的工作室。

隐居生活开始后，戴高乐每天的大部分时间都是在这斗室里消磨的。不是写作就是读书，再不就是沉思。每当他举目远眺，数十里旷野一片开阔，毫无遮拦。极目处是起伏的山峦和茂密的森林。在这幽静的寓所周围，还有面积达1,200多平方米的宽敞的草坪和山林。戴高乐每逢晴朗的天气，便在这里徘徊散步，眺望落日的余晖。晚上，他则静观暮色沉沉的乡村景色，抬头仰望浩瀚的宇宙，繁星密布的苍穹，深感尘世间的一切是多么的微不足道。

在这里，戴高乐同妻子伊冯娜，是和他们的女儿安娜一道过日子的。他们的生活可以说是简朴的，甚至称得上"清苦"两字。戴高乐本来可以领取将军退休金，但是政府当局故意刁难，借口戴高乐只有临时准将军衔，只给上校一级的退休金。将军是个高傲的人，他一气之下，宁可分文不要，这样手头就更拮据了。他们主要是靠将军过去生活节俭留下的一些积蓄，伊冯娜也有一些资助，总算维持得下去。

∧ 1946 年，戴高乐与妻子在科隆贝。

但是这样一来，伊冯娜身为家庭主妇，就不得不精打细算过日子。她考取驾驶执照，开着一辆最普通的"两匹马力"的小汽车去采购食品食物。饭菜非常简单，尤其是星期五。戴高乐个子高，胃口大，口腹之欲似难满足。有时，他在饭桌上同妻子开玩笑说："伊冯娜，别忘了，我作为军人，是不用遵守禁食的清规戒律的啊！"法国人进餐必不可少的葡萄酒也不得不留着招待客人，有时碰到月末时候，招待客人也只好以水代酒。

几个月后，戴高乐的儿子菲力浦的妻子昂里埃特有喜了。这桩喜讯无疑冲淡了因为安娜之死给戴高乐夫妇造成的巨大创伤。而这时，戴高乐已雄心复萌，又在策划一个伟大的活动——法兰西人民联盟了。

1949年3月，戴高乐再次提出竞选。

1951年夏至1953年，为了团结，戴高乐又决定放弃法兰西人民联盟。

这一切，正如戴高乐对蓬皮杜说过的那样："罗斯福死了，接替他的不是巨人；英国人手舞足蹈地摆脱了丘吉尔，但他们推举出来的也不是巨人。德国和意大利一片沉寂，没有英雄了。"

1946年1月1日，发生了一场有名的辩论，正是这场辩论促使戴高乐将军引退。戴高乐将军在回答一位演说者时这样说："的确，存在着两种看法（对政府的），两者不可调和。辩论的焦点就在这里。这一辩论不久将在国民议会展开，届时我将不能奉陪。明天，国民议会将面向全国就宪法问题进行辩论，要解决的问题也恰恰在这里……我认为，在进行了种种尝试之后，我们应该采取的形式是：一个独立（我说的是独立）负责拥有全部行政权力的政府。如果议会或两院拒绝向政府提供它行使权力所必需的全部或部分手段，那政府就自行辞职，另一个政府就会出现。我预感到这种情况不久将会发生……"

戴高乐将军后来在他的回忆录里，还解释了他决定1月20日引退的原因："在面对大海沉思时，我已经确定我解甲归田的办法，即无声无息地离开官场，无论是在公众场合还是在亲朋之间，绝不怨天尤人。不接受任何职务、头衔或退休金，对于我今后要做的事，也无所奉告。我比任何时候都更需要排除各种意外情况的干扰。"

失败并不可怕，可怕的是失败后寂寞的岁月，对伟人戴高乐来说，感觉就比一般人更加痛苦。他又在重复着科隆贝的单调而又寂寞的生活。

*蓬皮杜

法国总统。1934年毕业于法国高师，后在马赛和巴黎地区任教。1944年在戴高乐临时政府办公室任专员。1946—1954年任最高行政法院查案官，期间曾任游览事务总署副主任。1958—1959年任戴高乐总理办公室主任，曾协助制定宪法。1959—1962年任洛希尔银行总经理期间出任总统特使。1961年与阿尔及利亚民族解放阵线建立联系，达成在阿尔及利亚停火协议。1962年出任总理，1968年"五月风暴"中与工人和支持者签订协议，帮助解决危机。次年起任总统，奉行戴高乐的政策。1973年曾访华。

戴高乐对写作有着高度兴趣，"谪居"时间，他将大部分时间用于写作上面。也许失败后他更有心情进行写作了。

戴高乐现在写起来很困难，往往不能一挥而就。他不像丘吉尔那样口授，也不使用打字机，而是艰难地拿着钢笔慢慢地写，但却写得极其潦草，不时又增又删，许多人根本无法辨认。庆幸的是伊丽莎白做的是打字工作，能够非常熟练地辨认戴高乐所写的"天书"。

蓬皮杜*和外交部的勒内·蒂博经常在这段时间拜访科隆贝。蒂博主要是帮助戴高乐挑选和搜集资料。可以这么说，《战争回忆录》不仅是回忆法国历史往事的杰作，而且是戴高乐为自己树立的一座丰碑。

蓬皮杜则经常和戴高乐讨论政治局势，议论天下大事。每当蓬皮杜到来，将军就显得很高兴。戴高乐在蓬皮杜面前从来不掩饰自己的感情，时而乐观，时而悲观，有时大发牢骚，有时谐趣连篇，因为他相信蓬皮杜是个谦谦君子，值得信赖。而蓬皮杜从谈话中确信戴高乐现在已非常超脱，对荣誉、雄心以及一切都显得冷漠。

1946年6月16日，戴高乐将军在贝叶发表讲话。讲话结束时，他号召法国人民为法国的前途联合起来。他说：

"我们的面前虽然困难重重，但是我们仍要将这一场深刻的变革进行下去，使我国的男男女女都生活得更加富裕、安全和快乐，使我们的人口更多，更坚强有力，亲如手足。我们要捍卫自由，掌握法国的命运。为了帮助我们那可怜的、衰老的大地母亲，我们应该在兄弟之间，在人与人之间，发挥我们所有的能力。我们要保持清醒的头脑，使自己坚强有力，制定和遵循国家的生活准则。在我们中间一旦出现相互分裂的倾向时，这些准则将促使我们联合起来。"

虽然在讲话中痛斥了专制制度，第二天的报纸和官方人士的讲话仍然立即抨击了"这种个人专制的威胁"，并且恬不知耻地宣称，如果戴高乐将军的主张占了上风，那么共和国将不复存在云云。然而，法国人后来在1959年赞同了这种制度。

人民共和运动同马列主义政党之间的关系并无起色，因此，乔治·皮杜尔于1946年6月19日取代费利克斯·古安担任了总理。关于宪法草案的问题，各党派已经兵刃相见。人们一度认为社会党人可能会同意成立第二个有效力的评议会，但是由于人们对社会党在参议院的失败记忆犹新，这些念头很快就打消了。事实上，按照新的宪法草案，行政权力从属于一个享有最高权力的议会，而且还存在其他的许多缺陷。对此，戴高乐将军向报界发表声明时这样说："草案的条文甚至没有提到政府或行政机构这样的字眼，只谈到'内阁会议'或'内阁'。然而，草案条文应以明确的措词阐明，正是治理这个概念以及由此而产生的行动能力，而不仅仅是磋商的权利。再说，没有国家元首的裁决，就有可能在权利和职责等问题上使国家陷入混乱，这种情况比导致前政权在1940年6月失败并投降的混乱局面更糟。"

在议会内，勒内·加比唐顺利地将几名议员拉入戴高乐的联盟。他试图将关于宪法的辩论引导到贝叶讲话的方向。但是，得到樊尚·奥里奥尔支持的乔治·皮杜尔，成功地让制宪议会于9月28日深夜通过了第二个宪法草案。几小时以后，在埃皮纳尔，戴高乐将军坚决反对这个新的宪法草案。对此，安德烈·阿斯图这样写道："每当事物发展的远景惊破了轻信而又疲惫人们的美梦时，肯定会有人出来大喊大叫，同共产党一起骂戴高乐将军大逆不道，呼吁公众舆论起来反对他。"对于这些骂声，戴高乐将军第一次（但不是最后一次）用"我嗤之以鼻"这句话来回敬。

法国抵抗运动的地下组织曾经由于及时提供了情报，而使袭击获得了成功。为了纪念这些地下组织的功绩，1947年3月30日，在布伦瓦尔举行了示威游行，戴高乐将军发表了讲话。他在讲话结束时，再次呼吁法国人联合起来。4月7日，在斯特拉斯堡举行的庆祝解放阿尔萨斯和保卫该地区首府 2 周年的庆祝会上，戴高乐将军面对群情激昂的阿尔萨斯人说出了一句名言：

"现在建立和组织法兰西人民联盟的时机已经到来。这个联盟将在法律允许的范围内，不受各种意见分歧的影响，对民众拯救国家的巨大努力，以及对国家进行深刻的变革加以促进，并使之走向胜利。"

戴高乐将军的讲话，曾多次被阿尔萨斯人和从外地专程赶来的所谓"法国内地人"的欢呼声所打断。戴高乐将军选择斯特拉斯堡作为庆祝活动的地点，自有他的考虑。因为阿尔萨斯在战争中经受了极大的痛苦；因为那里未曾受到维希政府的影响，也就是说，"没有自始至终刻骨铭心地反对戴高乐的分子"；因为阿尔萨斯人民在法国被占领期间维护自己的尊严，在解放战争时期又进行了英勇的战斗；最后，因为斯特拉斯堡的居民感激戴高乐将军1945年1月在阿登反攻时阻止了德国人再占领这一地区。此外，戴高乐将军还认为，阿尔萨斯人是通情达理的法国人，换句话说，不会受报纸或电台的欺骗。他们会从本身的利益出发，独立地理解戴高乐将军的主张。

虽然戴高乐将军讲话的内容主要是讲社会方面的问题，左翼的电台和报纸在第二天还是声称，法国政界抨击了这位叛逆将军操纵下的"右翼联盟"（可是，重建共和国和民主制度的恰恰是这位将军）。"右翼联盟"？请人们自己去判断吧！戴高乐将军的讲话中有这样的重要段落：

"一种制度是劳动者只是附属于企业的简单工具；另一种制度是在可憎的专制机构和官僚机构下，每一个人的身心都受到摧残。难道命中注定我们永远要在这二者之间痛苦地来回摇摆吗？不！对于这个事关重大的问题，人道的、法兰西的、注重实际的解决办法，既不是使某些人受到奴役，也不是使所有的人卑躬屈膝，而是把那些在一个企业内的，将自己的劳动、技术和财产全部奉献出来的人安排在一起，像诚实的股东一样，共同分享红利，共同承担风险。"

人们十分清楚，右翼各阶层是反对这种劳资组成的，并且在20多年当中竭力加以阻挠。所以，这种所谓对"右翼联盟"的指责纯属捏造，这种伎俩是一个坚持"自由"国家的新闻界所不屑采用的。

∧ 1946年6月16日，戴高乐在贝叶发表讲话，呼吁法国人民为国家的前途联合起来。

1947年夏，法兰西人民联盟日益发展壮大。与此同时，市政选举也正在筹备之中。8月20日，各党派的50多个议员，在国民议会中成立了支持戴高乐的跨党派集团。各政党进行了反击，将参加法兰西人民联盟的议员开除出党。在那一年夏季假期里，戴高乐将军四处奔走，从科隆贝出发，走了6个省份，然后决定召开有名的万森集会。"这次非同寻常的集会在我们动身去布拉柴维尔之前几小时举行，我的妻子和我都参加了集会。万森跑马场挤满了黑压压的人群，据警察局的估计大约有100万人参加。"阿斯图写道："这种人山人海的壮观场面表明，各政党所引起的不安和愤怒是如此之大，也预示着即将出现使地方机关的政治结构发生重大变化的浪潮。"

果然，10月26日，法兰西人民联盟在成立6个月后，获得了40%的选票。组成政府的各政党仅得到35%的选票，共产党得到19%的选票。法兰西联盟在全国13个大城市中竞选获胜，在巴黎市取得了绝对多数。皮埃尔·戴高乐成为巴黎市议会议长。在全国92个省中，52个省的首府由法兰西联盟的成员当选为市长。取得这次重大胜利的第二天，戴高乐将军要求解散国民议会，举行新的议会选举，获多数选票即可当选，以加快政府更选的步伐。

1948年7月，法兰西人民联盟全国委员会举行第一次会议。全国委员会由各界人士120人组成：包括职员、工人、管理人员、医生、农民、政府官员、工程师、律师、企业家和教育界人士等等。联盟机关报《火花报》公布的参加会议的人士中，有路易丝·韦斯、保尔·克洛代尔、雷蒙·阿隆、卡特鲁将军、莱昂·诺埃尔大使和布鲁热尔大使、辛基司铎等。这说明联盟里人才济济。

然而，一个像联盟这样庞大的政治组织，没有经费是无法存在的，因此，戴高乐将军接受了开展"印花运动"的建议，即号召联盟的每个支持者购买50法郎的"救国印花"。在15天中（1948年9月15日到10月1日），就销售了300万张印花，并且将印花寄给戴高乐将军。在政治专栏作家记忆中，从来没有任何一次类似的行动获得了如此圆满的成功，甚至在中部非洲，"救国印花"在欧洲人与非洲人当中也极受欢迎。

9月30日，由马赛市市长卡尔利尼主持，在勒瓦卢阿佩莱召开了联盟全国委员会第二次会议。全国委员会公开表态，要求尽早举行议会选举，获多数票即可当选。10月1日，戴高乐将军举行记者招待会，在会上宣布了"印花运动"的结果，并谈到了国内问题和国际问题。他最后说："那些实际上反对现政权的人，却通过投票或同政府的合作，使这个政权得以苟延残喘，这是一种极大的犯罪，因为这一政权显然将是一事无成的。"

政府当局立即进行了反击。原定1948年秋天举行的市镇选举，推迟到下一年的春天举行，因为政府总理葛伊先生已宣称："问题在于我们这样一个为混乱和骚动所困扰的国家，不能允许普选变成徒劳无益的堕落举动。"30年之后再谈到这种言论，人们不禁要问，一个文明国家怎么居然会被如此拙劣低下的政治理论所欺骗？当时戴高乐将军用辛辣的讥讽指责那类政客为实行专制作准备。他说："最恶劣的政变就是保持庸人专制的政变。"现在，人们对

∧ 20世纪40年代的戴高乐。

这句话可以理解得好一些了。

政府由于不敢拒绝共和国参议院（当时的第二议会）的选举，因而无法阻止法兰西人民联盟的58名成员当选为参议员。结果，这一胜利导致了另一胜利，在拥有320名成员的共和国参议院中，形成了一个跨党派集团，由支持法兰西人民联盟的130名参议员组成，但令人遗憾的是这个议会的权力十分有限。

1949年3月，举行了葛伊总理曾经推迟的市镇选举，结果，法兰西人民联盟获得32%的选票。虽然巴黎市和塞纳省不属于争夺的范围，联盟在1,592议席中，仍争取到546席。这是一次新的胜利。戴高乐将军在一次记者招待会上对这次选举进行总结时，揭露有人在法兰西联邦内部引起骚动，并指出了印度支那事件的严重性。他还谈到了德国问题、欧洲问题，同美国的合作以及苏联的威胁等问题。他提出的解决办法是：改组机构、维护民族独立，通过生产者的联合来实现社会改革。

戴高乐将军认为，一切迹象都表明，议会选举1951年之前不会举行，但需要做好准备。不过，也要预防因发生悲剧性事件或政府在某一方面遭到惨败而提前举行选举的可能性。因此，在法国各地，联盟各"地区"负责人不断做着深入细致的工作，然后向戴高乐将军报告他们的看法。这样戴高乐将军不得不每周去巴黎一次。他每次都是住在凯旋门附近的拉彼鲁兹饭店。当然，早就有人背着饭店经理，在戴高乐将军接待客人的小客厅的壁炉上安装了窃听器。一天，为了查明这些装置是与内政部某个单位的监听台相通的，戴高乐将军故意制造了一则假消息：国庆阅兵时，在爱丽舍田园大厅成纵队行进的新坦克上面装配的是木制大炮，因为火炮还没造好……几天之后，几乎是由官方人士笨拙地进行了辟谣。此外，当时担任戴高乐将军办公室主任的乔治·蓬皮杜也得到了一份呈上内政部长的窃听报告，这是一名政府官员提供的，他并不是联盟成员，但对上述举动感到愤慨。戴高乐将军担心泄密，便改在索尔菲里诺大街5号接见法兰西人民联盟的负责人。在1958年重新执政以前，他一直在那里办公。因此一些戴派分子后来设法买下了这幢房子和戴高乐将军在里尔市亲王路出生的那所房子。前者已成为戴高乐研究所，后者在北方地区议会和里尔市政府的协助下已被改建为博物馆。

法兰西联盟的领导人做了大量工作，为未来的共和国总统戴高乐将军尽了不少力，特别是使他能够及时了解外省的局势和地区一级的社会各阶层负责人的情况。戴高乐将军1958年后到各省的视察极为成功,这应归功于法兰西人民联盟的领导人及其成员的活动。戴高乐将军自己也承认这一点,而且是常常同亲友这样说。

1950年5月1日,在巴加泰尔举行了大规模的游行,戴高乐将军还准备再向游行群众谈社会问题和劳资组合等问题。由于局势严重,朝鲜战争刚刚爆发,樊尚·奥里奥尔总统把试图组阁的任务交给了亨利·葛伊。亨利·葛伊的结论是,应该再次呼吁社会党参加政府。因为当时由于"领取低工资者补贴"的问题,9名社会党部长向皮杜尔总理提出了辞职。戴高乐将军在指出这一事实时,对此大加嘲讽。他说:出自这种"体制"的一切都是胡闹。

但是社会党人余怒未息,因为无论是勒内·普利文、勒内·梅耶,还是乔治·皮杜尔,都无法使社会党人露出笑脸,接着把他们拉回来。最后,只好由葛伊吸收保尔·雷诺和保尔·贾奥科比组成没有社会党人参加的政府。但在48小时以后就被议会否决了……于是,樊尚·奥里奥尔总统请居伊·摩勒出面再次试探组阁。居伊·摩勒向总统提出了一个"政府共同纲领",并建议由勒内·普利文主持政府工作,勒内·普利文也表示了同意。这就是同埃德加·富尔、安托万·比内、弗朗索瓦·密特朗和加斯东·德费尔等人共同组成的有名的第三势力的首届政府,也就是第四共和国的第8届政府。这届政府有33名成员。戴高乐将军说:"为什么不是36名呢?那样就正好凑成三打!"政府的目标是在没有共产党人,也没有戴派分子的情况下治理国家。

戴高乐将军曾指出,对于政府来说,1950年是十分艰难的一年,因为政府软弱无力,无法应付各种问题。中国共产党在中国的胜利,使解放军进军到南京的大门口。蒋介石带着他的国民党的残兵败将逃到台湾去了。这一切对印度支那问题的结局带来了严重的影响,这是人们很快就意识到的。同越南、柬埔寨和老挝三国联合签署的协议很难实施,尤其在越南更加困难。因为保大皇帝难以使人接受,而得到中国人民支持的越盟十分活跃,并且咄咄逼人。

戴高乐将军认为,1951年对法国来说将是关键的一年,就法兰西人民联盟而言,它要在选举中取胜,要通过选举获得200个议席。这些议员应该都是"联盟的伙伴,而不是联合竞选者"。因为议员中已经出现了倒戈的现象。戴高乐将军认为,有人要利用法兰西人民联盟这面旗帜,仅仅是为了使自己当选,然后就故态复萌了,这样做是不恰当的。

有人早就提到了联合竞选的问题。他生动地反驳说:"我们是不搞联合竞选的。各党派到处都有人想打我们的主意。对此,我们的态度要十分坚决,尽早确定我们的人选,入选的人必须作出明确的书面保证,不许有人过河拆桥。选中的人应该是真正协调一致的。那些广为散布的关于我要同某人结盟,要同某人立约等种种传说,完全是一派胡言。"

1951年2月,普利文政府也垮台了,其部分原因是选举法确实规定了联合竞选制度。于是再次由葛伊接替普利文组阁。规定有联合竞选制度的选举法,在国民议会与共和国参议院之间反复磋商之后于5月1日进行表决，结果是308票赞成，270票反对，要有311票才能达到多数，所以还差3票。亨利·葛伊只好向奥里奥尔总统提出辞呈，但遭到拒绝。总统建议他要求从信任问题的形式再次进行投票。5月8日，国民议会以332票对248票，通过了法国历史上炮制出来的最虚伪的政府法案。在这之前，在樊尚·奥里奥尔的撮合下，第三势力各派不知羞耻地重新聚合起来，以挫败法兰西人民联盟，但表面上说要挫败法国共产党。

5月12日，国民议会应政府的要求，决定缩短议会任期。选民将于6月17日对此进行投票。由于规定不进行第二轮选举，因此选民便无法根据第一轮选举的结果再次投票，几乎所有的地方，法兰西人民联盟的候选人得票数均居首位。但是，由于竞选的对手采取联合竞选，议席终于为他们的候选人所获得。

1951年夏季假期，对于戴高乐将军来说，法兰西人民联盟在议会的遭遇已经结束。他在

▽ 1951年，戴高乐出席国民议会会议。

1952年1月给雅克·旺德鲁的祝贺信的复信中写道："我国的局势并不太妙。我相信，如果我们无所作为，局势将会更糟。所以，我们要坚持下去。"情况也确实如此。欧洲防务集团就是要把法国军队一笔勾销，使法国不可能在今后制定民族独立的政策。正是因为法兰西人民联盟采取了行动，欧洲防务集团后来才夭折了。

除此之外，法兰西人民联盟的议会党团不能维持自己的内聚力，也就不能有效地抵制内部的离心力。52名联盟的成员违反索尔菲里诺大街领导委员会的决定，投票赞成授权安托万·比内组阁，27名联盟的众议员甚至干脆辞去在议会党团的职务。

1953年5月6日，戴高乐将军第一次访问非洲归来后，发表了一个声明，承认战后一直努力"通过法兰西人民联盟来使法国最后终于团结一致，但迄今未获结果"。他指责左翼，认为左翼应对此负责。他说："长期以来，政局混乱，这是左翼一手造成的。现在它虽然自食其果，但却回天乏术了。多亏法兰西人民联盟的努力，在遏止了共产党的势头之后，实现团结才有了一些希望。但是，右翼似乎放心了，而且对我从事社会活动的意愿抱着敌对情绪，加上又受到金融界和新闻界的巨头、不知改悔的维希分子和外国机构的影响，也转而反对我了……但是，右翼内部四分五裂，也引起了人民的怀疑：过去它无足轻重，将来也无所作为。"事情就是这样。法兰西人民联盟何去何从？固然它目前得不到其他党派的协助，也得不到所有支持者的选票。但它事实上仍然是一柄闪光的、有效的利器。因此，它首先应该同政府拉开距离，因为这一政府毫无建树，而且目前也不能使它发生变化。戴高乐将军还明确指出，法兰西人民联盟将不再参加竞选。至于联盟的成员，想要参加竞选的，也只能用个人名义参加。戴高乐将军列举了使政府发生变化的种种时机，但也没有排除征求民意或舆论反戈的可能。他甚至提到出现悲剧性局面的可能。他说："那时，只有借助于最高法律才能挽救祖国和国家。幻想正在破灭。应该准备对策……"

>> 阿尔及利亚——一张新王牌

1954年11月1日，在"法兰西帝国复兴的基石"——阿尔及利亚，当地人民发动了反对当局的武装起义。

1955年11月，戴高乐在65岁生日时，收到了蓬皮杜的一封贺函。

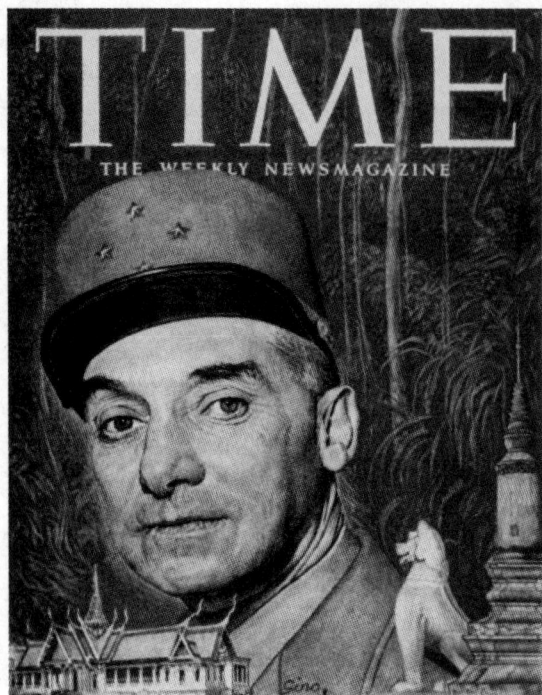

∧ 越法战争期间，出任法国远征军总司令的纳瓦尔。

这激起了他想重新掌握政权的欲望。

1958 年 6 月 2 日，戴高乐隐居 12 年后再次出山，当选新一届政府总理，奉命组阁。

他生命中又一次重大的历史时期开始了。

印度支那轰隆的炮声震动着拉尼埃政府。法国在印度支那的总司令纳瓦尔决定将越南共产党的部队引到老挝边境附近的奠边府交战。事实证明，这是一项最糟糕的决定。

而拉尼埃政府也决定用武力解决印度支那的事件，答应了纳瓦尔的决定，调集兵力进犯越北中原，并空降 6 个营的伞兵到奠边府。

愚笨的拉尼埃政府答应纳瓦尔的计划，却不拨给他所需的款项。

战争开始了，越南人民军团对困守在奠边府的法军发动强大攻势，法军一败涂地，拉尼埃政府终于在 6 月 18 日垮台。

法国外交一系列的失败，非常令戴高乐气愤，他指责拉尼埃政府"是一头蠢笨且毫无用处的牛，根本不配领导法国前进！"

★雅克·苏斯戴尔

法国政治家，法兰西科学院院士。巴黎高等师范学院毕业。1940年参加戴高乐领导的"自由法国"。1942年至1943年任全国情报特派员。1945年任制宪议会议员。1947年任法兰西人民联盟总书记。1960年任阿尔及利亚和撒哈拉问题情报中心主席。因与戴高乐政见分歧而被保卫新共和联盟中央委员会开除。1962年他所创建的"国家联盟"运动被法国内阁废止，9月逃亡国外。1968年10月大赦后回国。1970年创建"自由和进步"运动，任主席。1983年当选为海外科学院院士和法兰西科学院院士。

也许只有他才能够真正地领导法国。

1954年10月5日，《战争回忆录》的第一卷《召唤》出版发行了。这一卷有许多壮丽感人及吸引人的情节，加上戴高乐真情实感，立即成了畅销书。

人们在街头纷纷购买戴高乐的回忆录，想一睹将军亲自叙述自己的故事为快。处在法国偏僻地方的人们在电台收到这一消息，寄来法郎要求购买此书。可见人们对戴高乐并没有忘记。

第一卷出版时，戴高乐列了一张55人接受精装馈赠本的名字，其中有"雅克·苏斯戴尔★"。第二卷临近出版时，普隆出版社的布代尔将这个名字送回，问是否还是照单赠送，或者要进行变动。

将军回答说："我第一次无意中将雅克·苏斯戴尔的名字列在上面。既然一切准备就绪，那就算了。"

戴高乐显然不能原谅苏斯戴尔的叛变，苏斯戴尔不经意的罪过就是玩弄议会游戏，触怒了将军那唯我独尊的性格，"要么一切，要么全无"的态度。将军不可能宽恕雅克·苏斯戴尔。

回忆录的大量畅销带来了大笔版税，对于金钱，戴高乐显得非常的慷慨，他怀念女儿安娜，于是把大量金钱用于安娜基金会上，而这些钱又用于保育院，抚养那些残疾儿童。

他对慈善事业慷慨解囊和对社区建设积极投入，把钱花在法国红十字会，或捐献金钱给科隆贝双教堂、教区等等。

蓬皮杜看到将军把大量金钱四处布施，便背后戏称他为"大慈善家"。

然而对于生不逢时的他，这可能是最好的解脱方法了。

沉默是一种难耐的尴尬，戴高乐在这段日子似乎都在沉默着。

戴高乐知道，假若他生在拿破仑的时代，那他就一定能完成像拿破仑那样的丰功伟业，可惜的是，法国政界几乎操纵在一群庸才之手中，他们无法带领法国走向伟大。

戴高乐处于沉默忧郁之中，法国却处在一个多事困难的年代里。

戴高乐分子莱昂·德尔贝克等人看到巴黎的组阁人选有困难，便在阿尔及尔组织群众上街示威游行，要求巴黎成立一个"公共安全政府"，意在推举戴高乐上台执政。当普利文组阁失败后，戈蒂在爱丽舍宫召见弗林姆兰说："你是我最后的一张牌了。如果你再组阁不成，那么唯一的出路便是请戴高乐将军出山了。"其实，戈蒂总统已于3天前秘密地派遣他的卫队长加内瓦尔到雅克·福夫尔家去探听戴高乐的意图了。福夫尔是个忠诚的戴高乐派分子，对戴高乐绝对忠诚和无条件服从。

5月24日，科西嘉岛的地方伞兵代表公共安全委员会夺取了该岛的政权，建立了自己的政府。伞兵的领导人是带着萨兰将军签署的执行任务命令，从阿尔及尔来的。戴高乐派分子苏斯戴尔和德尔贝克热情欢迎这次政变行动。戴高乐本人对此事既感到高兴，又有点失望。高兴的是，军事暴乱已经发展到法国本土一事有助于推动政府当局吁请他出山执政，以实现他合法地登台执政的愿望；失望的是，直到此时，巴黎掌权的政客仍不甘被排挤掉，仍然抓住权力不放，也不采取行动请出戴高乐。然而巴黎政界此时已有人开始表示要戴高乐出山了。人民共和党的领导人皮杜尔于5月21日公开表了态。22日，前总理托万·比内瓦瑟里拜会了戴高乐。26日，戴高乐收到社会党领导人居伊·摩勒的信，信中要求他谴责阿尔及利亚将军们的叛乱行径，国家和军队之间的对抗会使共产党有利可图。戴高乐认为，这封信至少是摩勒表明自己有条件忠诚的一种方式。

此时内政部长已向内阁报告，科西嘉的叛乱行动有可能于5月27日至28日夜间在法国本土重演。先是在各省采取行动，然后在巴黎发动暴乱。同时还谣传科西嘉的伞兵要在巴黎空投。戴高乐听到这个消息后，决心采取一着极其狡诈而又最具决定意义的棋。他以含糊的语气起草了下列声明，于27日下午12时半公之于众：

∧ 苏斯戴尔在议会选举中背叛了戴高乐，令其十分愤怒。

我已于昨天开始采取必要的正常步骤，来建立一个能够确保国家统一和独立的共和政府。

我相信今后将会继续采取这种步骤，并相信国家将以它的平静和尊严来表示它希望这种步骤取得成功。

在这种情况下，无论出自哪一方面的危及公共秩序的行动，都会产生严重的后果。即使我理解人们采取这种行动时的处境，我也不能表示赞同。

我希望驻在阿尔及利亚的陆海空三军做遵守纪律的模范，我向他们的司令官萨兰将军、奥布瓦诺海军上将和儒奥将军这些领导人表明，我信任他们，并愿与他们立即取得联系。

对于戴高乐的这份声明，巴黎的政要们的看法和态度各不相同。总理弗林姆兰火冒三丈，他决心要揭穿戴高乐玩弄的这个花招，总统戈蒂劝他不要这样做；而内政部长朱尔·莫克则认为，戴高乐的声明防止了内战。

★戈 蒂

法国总统。初为律师。1923 年起为议员，1935 年起为参议员。第二次世界大战法国沦亡后退隐。战后历任制宪议会议员、国民议会议员。1947—1948 年任重建和市政建设部部长。1949 年当选参议院副议长。总统任内，1958 年爆发政治危机，遂授权戴高乐组阁，并于翌年 1 月 8 日去职。

5 月 28 日，精疲力竭和走投无路的弗林姆兰在绝望中向戈蒂总统递交了他的辞职书。他的政府垮台了。戈蒂★此时认为，接替弗林姆兰的掌权人非戴高乐莫属了。

在戈蒂总统的要求下，戴高乐于 28 日晚在圣云街会见了国民议会议长安德烈·勒特罗盖和共和国议会（参议院）主席加斯东·莫内维尔。勒特罗盖是社会党人，他坚决反对戴高乐当政；莫内维尔则支持戴高乐上台，并竭力向戴高乐说明他要合法地重新上台的必要条件。

会谈一开始就很僵，戴高乐要价很高。他提出，要他当政，应给以两年的特权，包括立宪权。在这两年内他于任何事都要按照他个人的意见办，议会在这两年内要完全休会，不得过问和干预他干什么和怎样干。同时他要求取消传统的授权仪式和习俗。他不去拜访上下两院主席，也不同各党派的领导人进行磋商,甚至他也不参加在他授权仪式上的答辩。

5月31日,戴高乐策略地接受了蓬皮杜的建议,在巴黎的拉彼鲁兹饭店宴请了26名议员。这26名议员是除了共产党以外的所有各党议会党团人士。而且现在戴高乐也改变了以往那种僵硬做法,愿意同议会打交道。他仍然拒绝参加在授权仪式上的答辩,但却于6月1日登上议会讲坛,宣读了总理候选人的例行声明。他的声明很简短,只用几句话描述了国家的衰败,接着即要求议会信任和批准他关于修改宪法的建议。修改的宪法将交由全民表决,并声称,一旦议会投票之后,议会就将休会。他讲完话就离开了议会。接着议会开始投票。结果戴高乐以329名赞成,224名反对,32名弃权的绝对多数当选为总理。

1958年6月2日,戴高乐和蔼可亲、热情洋溢地出现在众议员面前。胜利后的第二天,他丝毫没有露出昔日唯我独尊、谁不服从我谁就滚蛋的态度。而是热情地伸出他的手,与临近的代表一一相握,边握边说:"与诸位在一起,令我不胜荣幸和难以言表的愉快!"

代表们心中的阴霾一扫而空,因为此刻的戴高乐将军既不令人生畏,也没有独裁者的蛮横,仿佛是分别多年的老朋友。

巴黎6月的骄阳和戴高乐的温和让代表们感到舒心和温暖,他们很快就通过3项决议:

授予戴高乐的新政府6个月的特权;

授予新政府拥有修宪并交给全民表决的权力;

授予新政府在阿尔及利亚拥有特权。

戴高乐终于用他的魅力使自己能够轻松地获得合法的权力。现在他可以放开手脚,大干一场,实现"拯救法国"的计划了。

最让人关心与注视的是新政府的组阁问题,因为那关系到权力的分配和利益的分配,蠢蠢欲动的政客们都想染指新政府,纷纷地在戴高乐面前争功。

戴高乐不动声色,他不想让外界对他有过多的评论,以免影响自己的威信,但外界还是议论纷纷,一时满城风雨。

蓬皮杜这时向戴高乐建议说:"将军,我们何不宴请一些议员们,安抚一下他们的心,这样更有利于将来的组阁?"

对自己的智多星,戴高乐向来言听计从。

26名议员接到了邀请,他们将在戴高乐经常下榻的拉彼鲁兹饭店受

到将军的宴请。这 26 名议员分别代表法国除了共产党以外的 26 个有势力的组织。

戴高乐别具匠心的宴请的含义立刻被议员们领会，他们欣然前往。因为他们知道，这次宴请意味着将来的组阁不会少了他们一杯羹的。

拉彼鲁兹饭店的餐厅里，人人笑容满面。

精明能干而又足智多谋的蓬皮杜微笑着向各位敬酒，祝贺大家身体健康。身体微胖但精神矍铄的戴高乐出现在餐厅里，他拿起酒杯，说："先生们，感谢大家能够赏光，前来共议国事！为法国未来干杯！为各位身体健康干杯！"

议员们礼貌地起立，举起杯说："干杯！"

议员们心满意足地离开了饭店，回去后分别向各自的组织汇报这次宴请情况，告诉党魁放心，戴高乐将军不会忘记他们的。

敏感的新闻界称这次宴请是一次"分肥宴请"，是戴高乐玩的一个政治阴谋。对此，戴高乐一笑置之。他已开始着手安排自己内阁成员的名单了。因为时间紧迫，不容许他更多的休息和思考。

这次内阁安排给人看起来像场骗局。因为戴高乐既不敢锋芒全露，又不愿得罪各方，是一次真正的"政治分肥"。

戴高乐打破常规，即历届政府成员必须从议员中挑选。这是他向旧制度开的第一枪，显然，戴高乐做得很成功。他把外交部、国防部、内政部三个关键的部委托给非议员出身的一些专家们。同时又把人民共和党的弗林姆兰、乌福埃、布瓦湿，保守党的路易·雅基诺，社会党的居伊·摩勒选为部长。

为自己立下汗马功劳的部下们自然也论功行赏，忠实可靠的德勃雷成为司法部部长，安德烈·马耳罗出任文化部部长。

1958年7月7日，戴高乐在议会上向他们宣布内阁成员名单，政客们皆大欢喜。因为这个内阁囊括了除法国共产党外所有法国传统政党，组成了一个"团结的、举国一致的政府"。

戴高乐希望借此政府渡过所有的难关，使法国走向伟大。

然而，反对戴高乐的势力依然存在。

果断、泼辣的孟戴斯·弗朗斯代表的激进党人，初出茅庐却锋芒毕露的密特朗，还有法国共产党及其同情者等，他们构成了反对戴高乐政权的基本政治势力。

戴高乐对他们没有理会，他必须展开工作，解决令人头痛的阿尔及利亚问题，尽可能进行修宪，建立一个共和政体对付各方面而来的政治危机。

戴高乐一上台，摇摆不定的阿尔及利亚的股票价格猛涨，在撒哈拉进行开采的各石油公司的股票随之大涨。各个交易所里人头攒动，股市一片繁荣。

《法兰西生活报》称这一现象为"戴高乐魅力现象"。现在，戴高乐最迫切地是抛出他的宪法草案，因此，他决定开始辛苦的非洲之旅，希望用自己的魅力说服法国广大的海外领地同意自己的宪法。

对于阿尔及利亚，戴高乐知道只有把它摈弃在法国之外，让它独立，法国在将来才会有希望。

但是现在提这件事显然过早，戴高乐决定安抚阿尔及利亚的将军们。

戴高乐带着雅基诺、吉约马·勒热纳、总参谋长埃利将军踏上了阿尔及利亚的土地。对于戴高乐的前来，阿尔及利亚的市民挥舞着旗子，热情高呼：

"戴高乐万岁！"

当戴高乐出现在总督府楼的阳台上，明媚的阳光射在他那历尽沧桑却又坚韧不拔的脸上。他微微眯上了眼睛，仔细地往下看看台下数不清的人们，接着将军举起双臂作二战时常作的V字，坚强而有力地说："我理解你们！"

字字铿锵有力，震击着在场的每个人的心，他们多年冰封的心在戴高乐的五个字催化下开始解冻，一时台下掌声如雷。

戴高乐继续说："从此以后，阿尔及利亚的居民都是真正的法国人，不分彼此，大家都将在下届法国大选中参加选举！"

戴高乐将军到达阿尔及尔白宫之后，马上就发现人群中有很多是身披斗篷的穆斯林。那么多人聚集在车队经过的沿途和中央广场，这不可能是事先安排的。阿尔及尔市卡斯巴区的居民是激烈的民族主义者，这是人所共知的。谁能料到，这一次，男男女女全都出来了。这完全是确实的。当晚，所有来自警方的报告也证实了这一点。

新任的政府总理采取了行动。他宣布说，从今天起，在阿尔及利亚，所有的人都是享有全部公民权利的法国人。他希望，取消双重的选民团，将有助于在博爱的道路上前进一步，而以前一直由于存在这种奇怪的障碍而受到了阻挠。其次，他向法国军队致敬，因为军队不仅没有分裂，而且在这里实现了谅解与安抚的宏伟事业。他强调指出，在考验的面前，"军队知道要获得力量，就要挡住激流"。他在这里指的是军队在5月13日事件中，使各族居民避免了相互残杀。他还宣布，将由单一的选民团进行公民投票以建立新机构。他说："1,000万阿尔及利亚的法国人，将决定他们自己的命运"。随后，他发出了著名的呼吁，号召那些勇士们，在战争中迷了路的勇敢的人们实现和平。他说："我，戴高乐，向他们敞开了和解的大门。"最后，他讲了一句激动人心的话："我从来没有像在这里，像在今天晚上这样清楚地懂得，法国这个国家是多么美好、多么伟大、多么宽厚。"

人群中高唱《马赛曲》，多少张被太阳晒黑的士兵脸上，流下了热泪。

8月27日，戴高乐将军在结束了包括塔那那利佛、布拉柴维尔、科纳克里和达喀尔在内的非洲和马达加斯加之行后，决定在阿尔及尔逗留一下。他理应到君士坦丁地区去，但是民族解放阵线认为"戴高乐将军正在遏制叛乱活动"，因而派出大批杀手伺机谋害他。萨朗将军向负责阿尔及利亚事务的布鲁耶先生通报了截获的电报和告密者提供的情报，这些情况都无可置疑地表明，民族解放阵线已决定对戴高乐将军下毒手。将军在这次非洲之行后感到相当疲劳，并对在科纳克里与达喀尔遇到不愉快的事感到烦恼，因而他同意在阿尔及尔停留，并为他8月29日的讲话作准备。为了使戴高乐将军的烦躁情绪平静下来，萨朗将军向他建议，在夏宫会见他初次访问阿尔及利亚以来一直希望见到的一些阿尔及利亚人士。法国新闻界当然指责萨朗将军的亲信挑选那些支持阿尔及利亚属于法国的人士同戴高乐将军进行谈话。

当天晚上，戴高乐将军在阿尔及尔广播电台发表了讲话，向各种倾向的阿尔及利亚人指出了他们投票的意义。"对每个人来说，在目前的情况下，在这次公民投票中投赞成票，这

∧ ＞ 1958 年，戴高乐出访阿尔及利亚的一组照片。

至少意味着你们愿意作为享受全部公民权益的法国人，并且相信应该在法国的范围内实现阿尔及利亚必要的发展。""阿尔及利亚的发展，这在当前比所有一切都重要！"戴高乐将军的这个观点同那些主张阿尔及利亚属于法国，成为法国一个省的拥护者的态度相距很远。但这并不失为"尽可能法国式"的解决办法，只要大家都愿意接受阿尔及利亚和法国之间关系的某些变化。另外，在公民投票中，阿尔及利亚人的确表达了这个意向：3,589,878人投了赞成票，121,020人反对。戴高乐将军注意到了这一表态，并于10月3日在君士坦丁讲话时充分加以利用，他在讲话中向叛乱分子发出新的呼吁，"对那些继续自相残杀的人，对那些在法国本土筹划可悲的暗杀活动的人，对那些在某些国家的首都通过政府机关、办事机构、电台广播和公开刊物进行漫骂的人，我要问：为什么要杀人呢？应该让人们活下去！为什么要破坏呢？我们的职责是建设！为什么要仇恨呢？我们需要合作！停止这些荒谬的争斗吧！这样，希望的花朵会立即重新开遍阿尔及利亚的土地，监狱会立即空无一人，广阔的前景就会立即展现在每个人面前，特别是展现在你们的面前……"讲话结束时，戴高乐将军第一次这样高呼："阿尔及利亚和法国万岁！"

>> "军人政治家"

1958年12月21日，戴高乐获得8万张选票的79%，以绝对优势摘取了总统桂冠，成为第五共和国首任总统。

1959年1月8日，上午11时，摄影记者拍到了前总统戈蒂在爱丽舍宫欢迎当选总统戴高乐到任的镜头。

戈蒂说道："法国人中的头号人物，现在成了法国的头号人物。"

1958年5月31日，这是戴高乐将军在科隆贝拉布瓦瑟里度过的最后一个隐居的夜晚。

就在第二天，6月1日，戴高乐来到巴黎，正式出席了国民议会，发表了激动人心的总理候选人演说。

最后，他被选为了第四共和国的末任总理。

戴高乐踌躇满志。晚上，他返回下榻的拉佩鲁斯旅馆。值夜班的看门人迎上去，开电梯送他上楼。戴高乐轻轻拍了他一下，情不自禁地流露出他的得意心情，说道："好了，阿尔贝，我赢了。"

这句话总结了5月13日军事暴乱以来，非同寻常的、高水平的、全方位较量的结局，也道出了戴高乐1946年1月挂冠退隐以来朝思暮想的一天终于来到的喜悦。

不是吗？难道不值得高兴吗？在瞬息万变的5月危机中，戴高乐在多种惊心动魄势力的较量中，既充分依靠阿尔及尔军事暴乱东山再起，又超脱于暴乱势力，设法通过合法途径上台；既巧妙利用暴乱随时可能扩及本土的紧张局势迫使巴黎政府和政党人士就范，又设法把军事暴乱控制在不致真正扩及本土和巴黎的程度。这是他富有传奇色彩一生中的又一政治杰作，充分显示了他高瞻远瞩，老谋深算，善于出奇制胜的杰出才能。

是啊，翘首盼望了多少个日日夜夜，终于如愿以偿了，如今他大权在握，可以重展宏图，着手实施在科隆贝隐居岁月里反复构思的振兴法兰西的蓝图了。

当然，戴高乐重新当政，最感到松了一口气的还是国人。笼罩着全国的乌云消散了，法国像是一条在急流险滩上行驶的船，现在总算有了一个出色而又富有经验的船长来掌舵了。戴高乐这个传奇人物一出山，仿佛第四共和国的政治人物所不能逾越的险阻都将变为坦途。

至于戴高乐自己，倒不是如人们想象中的那么盲目乐观，他深深知道，自己的权力基础远非稳固。第四共和国的遗老遗少们不会善罢甘休，军队中尚有诸多隐患，旧政权留下的财政经济的烂摊子是不好收拾的。尤其是阿尔及尔，这一战争的毒瘤尚且没能切除。

重新执政之后，百废待兴，有多少的事情需要做呀？戴高乐深深地感觉到担负在自己肩头上"实现法国的伟大"这一担子的沉重，可是，他已经67岁了。他不禁感叹道："我太老了！"他向私人医生等人吐露过他的心事："我晚来了10年，太迟了！"他还对抗德时期的老战友们说："我是1940年的人物。事实上，我已经老了20年，不能勇对命运的挑战了。"

不过，根据后来历史学家的研究所得出的结论，却与戴高乐自己本人的想法正好相反——在茫茫寂寞的科隆贝，他度过的12年，并没有白白浪费。

戴高乐，他之所以成为世界政坛的风云人物，与他从政权最高处，在自己一生中最得意的时候，突然跌落为一个平民，又由一个普普通通的公民，一跃而重登政权顶峰，这样戏剧性的大起大落、大悲大喜有着相当程度的关系。只有这样能屈能伸、可上可下，才能造就一个真正伟大的政治家。在这样炼狱一样的逆境中，戴高乐才真正在政治上成熟了。

这是一个巨大的转折。逆境是一个伟大的教师，戴高乐在台下度过的几年对树立他的品格是有益的，那些一生都走平坦大道的人，是培养不出力量的，如果说戴高乐1940年在法国存亡的紧要关头挺身而出，初次登上历史的大舞台，更多是一位很有政治头脑的军人，那么当他于1958年再度上台时，他已经是一位有远见卓识的政治家了。比起二战后初期，首次执政时的戴高乐，如今的他更加老练、更为成熟了。

戴高乐现在是又到了"春风得意马蹄疾"的时候，他本来打算重返旧地，到国防部大厦——前临时总理府就职。

但是，他最后还是改变了主意，来到了传统的总理府：马提翁大厦。

BANC DES MINISTRES

戴高乐走马上任的第一件事情，自然是马上正式组成政府班子。这就显示出了他一个伟大政治家的头脑，老谋深算和卓识远见——当人们都以为他会把碍手碍脚的第四共和国的元老们统统一脚踢开时，他的做法却恰恰相反。他把除了法共以外的传统政党领袖们全部收罗在自己组阁的政府之内，并且对他们委以了重任。这确实比任凭这帮遗老们在外面兴风作浪要好得多了。

这样一来，新政府给人以"举国一致的政府"的印象。戴高乐在欢迎新部长到任时，风趣地说道："先生们，除了多列士、布热德和费尔哈特·阿巴斯，今天我们都到齐了。"

他说的这3个人，一个是法共总书记，一个是以大规模抗税起家的布热德运动的领袖，最后是阿尔及利亚民族解放阵线的领袖。

当然，戴高乐在骨子里，又是决不会让传统政党来左右他的政府的。于是，他打破在各党议员中挑选部长的惯例，任命9名非议员人士为内阁成员，并委派无党派的专家担任外交、国防、内政这3个关键性的部长，以便于他能亲自掌握。

不论内阁成分如何，总理是唯一拥有决策权的人，一切政令皆由他签发。但是，有一个人是除了戴高乐之外最有实权的人物。此人就是总理办公室的主任——乔治·蓬皮杜。

现在，戴高乐上台伊始，面临的问题是内外交困，百废待兴。

戴高乐是在阿尔及利亚殖民地战争触发的政治危机无法收拾、内战迫在眉睫的紧急关头上台的，按理首先应致力于解决阿尔及利亚问题。然而，他很清楚，政治体制的革新才是根本。他对旧的政治体制深恶痛绝，把它视为法国孱弱、动荡的根源。他嘲笑第四共和国走马灯式的内阁是"荒唐可笑的芭蕾舞演出"。要施展他塑造"法国的伟大"的宏图大略，要解决法国面临的棘手而紧迫的问题，都必须首先确立新的政治体制，建立一个强有力的稳定的政权。因此，他把埋葬第四共和国、建立新的共和国放在压倒一切的地位。换言之，作为第四共和国的末任总理，他的首要任务是充当第四共和国的掘墓人。

戴高乐设计新宪法的基本思想，是革除从第三共和国到第四共和国延续80年之久的议会制的弊病，建立以集大权于一身的总统为核心的新体制。他不愿仿效美国式的"总统制"，因为美国总统虽独揽行政大权，但国会是一个不可触犯的堡垒，总统行动受到国会和政党的很大牵制。他以12年前"贝叶讲话"为蓝本，重新调整总统、总理、议会三者权力分配关系：削弱议会作用，降低总理和内阁的作用，大大扩充总统的职能。新宪法的根本点是：由总统来体现一切权力和做出一切重大决定。内阁完全听命于总统。任命总理不再取决于各党派的幕后交易和议会表决，而是由总统决定。总理实际上起辅佐总统的作用，戴高乐直言不讳："由于总理的职权的重要性和广泛性，他只能是'我的总理'。"用后来在戴高乐手下当过6年总理的蓬皮杜的话来说，"总统应该是无可争辩的行政首脑"，"总理，不过是首席部长。"总统或政府与议会发生冲突时，总统有权解散国民议会；总统可以越过议会就国家重大政策问题举行公民投票；可以宣布"紧急状态"，撇开议会，行使"非常权力"。当时知名法学家戈盖尔称之为"没有议会权力的议会制度"。

戴高乐惯于独断专行，喜欢大权独揽。一切重大决策只能出之于他，别人只不过听命而已。他不愿设置美国式的副总统职位，因为他决不能容忍一个准备接替他的权力的人待在身旁。他嘲弄设副总统的想法，说是共和国总统和总理之间的关系已经十分微妙，他们之间不能再让第三者插足。

这个宪法改革方案一出笼，在法国政治生活中引起不小的震动。长期以来，法国是一个典型的资产阶级议会制国家，政党五花八门，各行其是。传统政党和议会人士不愿看到自己的作用和权力受到削弱。再说，好多法国人对这种以总统权力为核心的政治体制也感到不可捉摸。100多年前，法国历史上第一任权力极大的总统路易·波拿巴曾滥用职权，撕毁1848年第二共和国宪法，恢复帝制。一个世纪过去了，人们对总统权力的扩大仍然心有余悸。战后初期，戴高乐曾因试图制定类似的宪法未成挂冠引退。几年后，新宪法诞生决非轻而易举。

戴高乐全力以赴争取重新执政后第一回合较量的胜利。9月4日，戴高乐亲自在巴黎共和国广场群众集会上向全国正式提出新宪法草案。地点和时间都是在对历史和英雄业绩的声息十分敏感的文化部长马尔罗的启示下选定的。这一天，是1870年第二帝国崩溃、第三共和国诞生的日子，因而是共和人士的喜庆日子。共和国广场则是共和国的象征。信息是最明确不过的："新宪法草案完全符合共和精神。"还是这位马尔罗在讲话中画龙点睛："有些人要共和国，不要戴高乐；另一些人要戴高乐，不要共和国。而法兰西要的是将军领导的共和国。"戴高乐针对群众怕乱、怕内战的心理，强调唯有新宪法才能保证政局的稳定性和连续性，呼吁选民在公民投票中投赞成票。会场外面反对派组织的示威队伍高呼："反对独裁！""不许法西斯得逞！"会场内则以"戴高乐！戴高乐！"的欢呼声压倒对方。警察用警棍和催泪弹驱散示威人群，酿成流血冲突。示威者10人受伤，80人被拘留。

反对戴高乐上台的法国共产党、激进党、左翼孟戴斯·弗朗斯派、密特朗领导的民主与社会抵抗联盟和一些左翼团体组成的"民主力量联盟"，联合反对新宪法。孟戴斯·弗朗斯

∧ 支持戴高乐的法国民众上街游行为其助威。

宣称，反对"选举产生的君主政体"。密特朗指责新宪法集"路易·菲力浦和路易·波拿巴的罪恶之大成"。

为了争取新宪法获得通过，戴高乐不仅亲自出马到法国重要城市进行游说，而且对非洲各殖民地作了历时18天、行程2万多公里的重要访问。政府开动宣传机器，动员选民支持新宪法。

1958年9月28日公民投票结果，在法国本土，以79.2%的压倒多数通过了新宪法。戴高乐旗开得胜。10月5日，新宪法正式颁布，第五共和国成立。第四共和国成为历史陈迹。

这部第五共和国宪法实际上是戴高乐首次执政时想做而没做到的事。为什么他在1946年没有做到的事而在1958年居然做成了呢？这是因为，传统的议会制导致法国政局长期动荡、政府软弱无力的局面，愈来愈同法国垄断资产阶级的政治、经济利益不相适应。旷日持久的阿尔及利亚殖民战争所触发的政治危机已发展到了不可收拾的地步，统治集团已经无法再按老样子统治下去了，迫切需要建立一个强有力的政权，稳定政局，加强其国内统治地位，推行振兴法国的内外政策。因此，大刀阔斧改革政治体制已成为客观需要。戴高乐设计的第五共和国政治体制正顺应了法国统治阶级的需要。还有一个很重要的原因,这次要不要新宪法的公民投票,实质上是要不要戴高乐的信任投票。当时戴高乐被看做是唯一能驾驭局势、避免混乱和内战的人物。要戴高乐,那就得要新宪法。民意测验表明,半数选民承认压根儿没有看过宪法文本,应该说另一半选民中,有不少人也未必认真看过。他们之所以投赞成票,纯粹是对戴高乐个人投了信任票。

戴高乐开始精心策划如何登上总统的宝座。他面临彻底解决阿尔及利亚问题,因为它就像一颗定时炸弹,随时起爆,会把他和第五共和国一道送进坟墓。

但如操之过急,他同样会受到命运的惩罚,对戴高乐来说,循序渐进是最好的办法。唯有如此,他才能高枕无忧。

1958年10月3日,深思熟虑的戴高乐在君士坦丁堡宣布著名的"消灭贫困计划",即在5年内,将使当地的穆斯林的收入、生活和教育等方面接近法国人的水准。但遭到阿尔及利亚民族解放阵线的拒绝和抵制。刚一出笼,计划就夭折了。

一计未成,又生一计。

戴高乐一方面借口萨朗★玩忽职守,撤换他的一切军政职务,提升莫里斯·夏尔将军为总司令,下令开始扫荡。夏尔将军不负厚望,进行多次大规模的扫荡,收效甚大,这使戴高乐在阿尔及利亚拥有主动权。

另一方面他又手持橄榄枝大声呼唤"和平",呼吁通过国际调停或谈判来实现停火,达到真正的和平。

这一招使阿尔及利亚民族解放阵线的领导人进退两难。

戴高乐决定向总统宝座冲刺了。

大多数戴高乐派分子是因为在"夏尔·戴高乐"名字魅力下而追随

★**萨 朗**

法国上将。1917年在殖民军中服役,在圣西尔受过训练。1952年任法国联盟部队总司令。1956年晋升上将,任法驻阿尔及尔总司令。曾为戴高乐1958年重返政坛立下汗马功劳。1960年退役并离开阿尔及尔。1961年军事政变失败后,曾组织秘密军队组织。1962年4月在阿尔及尔被捕,5月被判无期徒刑,后获释。著有《回忆录》。

戴高乐将军的。他们没有统一领导和组织，实际上是一盘散沙。

而在未来的议会选举中，如果没有一个支持戴高乐竞选总统的政党支持，将军可能会败北。

眼光远大的苏斯戴尔大胆地决定以"戴高乐主义"为宗旨组建一个大政党。

得意洋洋、踌躇满志的苏斯戴尔是法国复兴联盟的头子，他开始邀请戴高乐主义小组——共和协会莱昂·德尔贝克与社会共产党的领导人进行磋商。

在弗里德朗大街苏斯戴尔的办公室里，苏斯戴尔激动地说："将军即将登上总统的宝座，他指示我们必须齐心协力。在这种情况下，成立一个统一的政党是当务之急。大家团结起来，总统就将是夏尔·戴高乐将军。"

德尔贝克等人纷纷表示赞同。

引人注目的新政党"保卫共和联盟"成立了，这无疑给戴高乐的总统竞选增添了一支生力军，将原先各自为政的戴高乐派分子团结在一个旗帜"戴高乐主义"之下。

善于与任何人相处的苏斯戴尔凭借自己赫赫功劳当上了该党委员会的秘书长，他指导保卫共和联盟立刻投入战斗。

戴高乐的兄弟皮埃尔·戴高乐及许多工业巨头给保卫共和联盟提供了巨大资金。

他们的办公室设在乔治五世街的索菲弗朗斯旅馆。室内极其宽敞，有厚实的地毯、柔和的灯光、电视机、传真打字机。优越的工作环境提供高质量的工作。他们利用强大的宣传工具——无人相比的戴高乐声望来替戴高乐的总统选举助威呐喊。

这一切是当时法国任何一个政党难以相比的。戴高乐心中非常高兴，因为现在他既得势又得力，入主爱丽舍宫已为期不远了。

12月21日，戴高乐获得了8万张选票的79%，以绝对优势稳扎稳打地夺取了总统桂冠，登上了多年梦寐以求的权力巅峰。

……

这天晚上，戴高乐在爱丽舍宫度过了自己担纲法兰西第五共和国首任总统之后的第一个夜晚。

这个夜晚，虽然又是星光灿烂，如同戴高乐往常度过的不眠之夜一样。可是，他的心境却仍然是复杂一团，思绪纷飞，不能控制。

"戴高乐万岁！"

"戴高乐万岁！"

奇迹出现了，巴黎上空阴霾一扫而空，太阳金光四射，凯旋门在阳光照耀下，异常醒目。

按照法国惯例，戴高乐在戈蒂的陪同下，手里握着一把鸢尾花——那是法兰西的国花，向高大巍峨的凯旋门走去。

温暖的阳光照着每个人；大家心中都有股暖意，静静注视着戴高乐与戈蒂缓缓登上台阶。

∧ 当选法国总统的戴高乐振臂向民众致意。

步履矫健的戴高乐默默地向"无名战士"献花、致敬。庄严的仪式令在场的每个人屏住了呼吸。仪式一完毕，戴高乐便正式成为总统。当戴高乐转过身，看着周围的人群，抬头看了看庄严的凯旋门，一股自豪感涌上心头，多年的梦想终于实现。他终于站在凯旋门下，对着在场人们，对着法国人民，对着全世界的人说："戴高乐时代来了！"

戴高乐举起他的双手作 V 字形。

人群一阵欢呼："戴高乐万岁！"

谁将陪同戴高乐回爱丽舍宫呢？这意味着在将来谁就会大受戴高乐的宠爱。

莫内维尔、沙邦·戴尔马、德勃雷都用渴望的眼神看着戴高乐，希望幸运之手能向自己招呼。

然而，戴高乐却向蓬皮杜招手，说："你陪我到爱丽舍宫去！"

不爱抛头露面的蓬皮杜显得有点儿吃惊，问："我？"

"是的。"将军斩钉截铁地说。

众人用惊诧的目光看着这件事发生。深深的失望同时掠过莫内维尔等3人的心头。3个人面面相觑、无言地看着蓬皮杜跟着戴高乐离去。德勃雷差点破口大骂，最终忍住了。

戴高乐一回到爱丽舍宫，就接到老朋友丘吉尔的祝贺：

"祝贺您当选为法兰西共和国的总统！愿法国今后在您的领导下，从此走向更加富强，更加伟大。"

看到丘吉尔的贺辞，戴高乐不禁哈哈大笑，拍着蓬皮杜的肩说："这个英格兰老头终于对我心悦诚服了！"

蓬皮杜不失时机地说："将军，现在大家都对您心悦诚服了！"

戴高乐继续笑，他明白蓬皮杜是人中之龙，不能和自己引以为傲的戴氏四虎相提并论，有一天，自己会把总统之位交给他的。

戴高乐是这样的一个人，熟悉他的公众和工作人员都知道。他不苟言笑，与下属总是保持一定的距离；他惯于独自思考，独自作出决定，很少把自己的意图告诉下属，哪怕是总理和部长。人们猜不透他葫芦里究竟卖的是什么药。

事实上，戴高乐往往亲自遴选才华出众的人担任部长和幕僚。他希望他们是一些有真知灼见的人，而不是唯唯诺诺之辈。有时他突然向下属提问，要对方当场表示意见。有一天，戴高乐突然问特里科："您对阿尔及利亚问题有何高见？"有时戴高乐故意说些夸大其词的话以引起讨论，以便深入探讨不同意见，当然，最终还是由他一人作出决定。

戴高乐深知，他的力量在于与法国人民的生活发生联系。他身居深宫，放眼全国，十分注意保持这种联系，使法国人民"看到我和听到我。我也必须看见他们和倾听他们的声音"。走出总统府，到全国各地巡视，便是最好的机会。

前总统办公室主任、与戴高乐共事多年的勒内·布鲁耶曾说，戴高乐喜欢与各界人士广泛交往，同工人、农民交谈，没有什么隔阂。1959年，他曾随将军去北部矿区视察，矿工们带将军到井下去，亲切地称他为"高个夏尔"。1960年，将军去西南地区布尼第的一个村子巡视，村民们吹吹打打用传统仪式欢迎。一位90多岁的老太太走到将军近旁，说道："将军，多亏了您，我们才成为法国人。"

自从戴高乐带着他那唯一的武器——语言，登上历史舞台以来，他总是面向民众说话。每次讲话，他总是丢开讲稿。看上去仿佛是即席发言，出口成章，十分自然。其实，每篇演说词都经过精心琢磨，事先写就，背得滚瓜烂熟。他的讲话，感情真挚，朴实无华。正如他自己所说："我没有那种装腔作势、哗众取宠的情趣。"

戴高乐也很重视以信件往来的形式保持同公众联系。他算得上回信最勤、最多的一位总统。据总统府信件处负责人、总统私人秘书主任德博兰古提供的统计数字，他每年大约请总统签发2,000封回信，加上总统府其他机构报送总统签发的信件以及由总统指示起草的信件，再加上大量的亲笔信，每年要回信总数达1万封。凡戴高乐亲自回复的信件，他从不口授稿。他或亲笔书写，或是拟就信稿交由秘书打字。他对亲笔写信习以为常，因为这样做可以字斟句酌，更确切地表达自己的思想感情，尤其可以表示对收信人的尊重。他的亲笔信从来不用印有共和国总统府笺头的官方信笺，而是用他的私人信笺，即印有"戴高乐将军"字样的普通白色信纸。他一丝不苟，甚至信封上的地址也是亲笔写的，不让秘书代劳。这在各国国家元首中是罕见的。

记者招待会次数不多。每年举行两次，而质量很高，几乎每次都少不了有惊人之举。因此，每次记者招待会都引起国内外的高度重视。邀请人数之多也是少见的。总统府新闻处发出1,000张请帖。这个数字正好与爱丽舍宫节日大厅的容纳量相当。除法国记者和常驻巴黎的外国记者外，各国驻法国使馆的新闻官也在邀请之列。

戴高乐的记者招待会非同寻常。无论形式还是内容都颇具戏剧性，仿佛是一次盛大而独特的个人专场演出。节日大厅金碧辉煌，古典式的巨大吊灯把会场照得通明。政府全体成员早已在前排毕恭毕敬地坐定。他们中间的多数人都有点心神不定，不知道他老人家会有什么惊人之举，会不会惹出什么麻烦。全场座无虚席，记者们都聚精会神地等待总统出场。红色帷幕准时徐徐升起，戴高乐出现在舞台上——舞台是

＜ ∧ 1959年1月8日，戴高乐在爱丽舍宫宣誓就任法兰西第五共和国总统。

第三共和国时期修建的，专供文艺演出之用，这时成了将军的讲坛。他一讲一个半小时左右，可是从不照本宣科。他从来不带讲稿，甚至连提示的纸片都没有一张，而他的长篇讲话恰如行云流水，洋洋洒洒。

有人把戴高乐的记者招待会称之为"在政治和历史之间走钢丝"。他阐明现实的政治、外交问题，总是海阔天空，纵谈古今。这样不仅能把问题讲深讲透，而且能使听众觉得他所提出的解决办法合乎情理。全篇讲话起伏有序，或猛然摊牌，令人震惊；或故弄玄虚，让人捉摸不透，自始至终紧紧抓住听众的心。他字字句句都有斟酌，甚至讲话的抑扬顿挫都大有讲究。全场鸦雀无声，细细回味他的用意和含义。这种记者招待会与美国总统那种家常便饭式的记者招待会迥然不同。戴高乐的记者招待会称得上是一种艺术，一种高超的艺术，而这种艺术本身就是一种政治行动，使他的重大决策、举措顿时家喻户晓，深入人心。

戴高乐长期养成亲自动笔的习惯。但凡电视广播讲话、外出巡视演说以及宴会祝酒辞等，也无不亲自拟稿。多年担任总统秘书长的贝尔纳·特里科有个形象的说法："戴高乐手不离笔地活着。"副官让·戴斯克里安上校说过，每天他收拾将军的文件时，不知多少次看到过案头放着经过反复修改的讲话稿。即便是不那么隆重的宴会祝酒辞，将军也一丝不苟。戴高乐本人对专栏作家安德烈·帕斯龙说得很清楚："凡是我要告诉人们的重要事情，我都思考良久，都一一形成文字，都背得烂熟。为此，我花费很多时间和心血。可以说，费尽九牛二虎之力。"副官戴斯克里安说得好，"人们说将军天生具有惊人的记忆力，其实，他每天下了好多功夫才能做到这一步。"的确，他之所以能十分自如地一字不差地复述他的演讲稿，首先由于稿子是他亲自构思、亲自动笔和反复修改的，而不是单凭过人的记忆力生记硬背别人代拟的讲话稿。

……

所有的这一切，都把一个作为法兰西伟大的第五共和国的首任总统的戴高乐——一个崇高的非凡形象，塑造和展示得淋漓尽致。

但是，表面上的风光，并不表示戴高乐的政治生涯同样是这样一帆风顺的。在这背后，在多少个不眠的漫漫长夜里，戴高乐将军都在苦苦思索，为了伟大的法兰西共和国，为了把自己的事业推到一个最高的巅峰，而积极地奋斗。这是怎样地殚精竭虑，又是怎样地忍辱负重啊。

< 当选总统后的戴高乐摄于爱丽舍宫办公室。

第十一章

反对者的行动

1890-1970 戴高乐

1961年4月，阿尔及利亚兵变失败后，阴谋分子在巴黎成立了"老参谋部"，而且发出"一级暗杀令"——想尽一切办法，一定要暗杀戴高乐总统。戴高乐指示说："政府绝不退让。"

1969年4月28日，戴高乐宣布下野。他一生的事业"结束"了。

>> 一级暗杀令

1961 年 9 月的一天，清晨。

一场针对戴高乐将军的暗杀行动正在展开。至于这桩事件，还要从头说起。

1958 年 7 月，勇士们发出的和平呼吁没有产生预期的效果。战事再起，战场上的战斗日益扩大，阿尔及利亚问题也拖而不决。1959 年 9 月，戴高乐将军第一次谈到自决和选择。结果，引起了活动分区的抗议，他们开始策划在阿尔及尔同戴高乐将军进行较量，迫使他改变政策。这就是发生于 1960 年 1 月的街垒事件。骚乱失败了，但使国家的威信受到了最严重的损害。

在巴黎，组成了一个活动网，目的是煽动军队违抗命令，使国家元首的阿尔及利亚政策归于失败。这个活动网的代号是"老参谋部"。

1961 年 4 月兵变失败后，军队显然要不惜一切代价加强纪律。因此，活动分子只有想尽一切办法谋杀戴高乐将军。他们的活动得到了一些政客的暗中支持和援助。自从第五共和国成立以来，这些政客千方百计地阻挠第五共和国的确立和发展，力图恢复他们赖以生存的第四共和国的多党制和其他习惯做法，为此首先必须除掉戴高乐。于是，这两股反对国家元首的势力便结合在一起，策划了对戴高乐本人的多次袭击。

1961 年 9 月 8 日晚 9 时 45 分左右，第一次刺杀戴高乐的行动付诸实施。

当时，戴高乐将军的专车，正在向着科隆贝开去，在行驶到塞纳河桥镇附近时，突然，"轰隆"一声巨响，炸弹爆炸了。

"完了！"这一瞬间，戴高乐的反应就是这样。他看到公路的两旁都是树，而爆炸的火球甚至比树还要高。

奇怪的是，爆炸是发生了，戴高乐乘坐的车子从大火球中间穿了过去，但却安然无恙。

这时候，戴高乐才恍然大悟——炸弹提前爆炸了。尽管刺客们此前已经进行了 11 次试验，而且万无一失，可是偏偏在这次真刀真枪的行动中，他们失手了。

∨ 1961年，戴高乐在外地视察时准备搭乘直升机前往目的地。

"真有意思，不是吗？"戴高乐虽然惊魂未定，但一想到此，却又忍俊不禁，笑了起来。

这次，警察局的行动很迅速，而且颇有收获。

然而，那一天，戴高乐将军的汽车受到了像龙卷风似的火焰的袭击，火焰照得弗朗西斯·马鲁申士的两眼发花。根据爆破专家的看法，引爆装置安装不当，位置不对，引爆后爆炸的不是炸药，而只是旁边的设备，结果使装满汽油、煤油、苛性钾的手提油箱（也就是说，相当于凝固汽油弹）起火。

戴高乐将军若无其事地继续乘车前进。在现场负责操纵引爆装置的德维尔芒迪，气急败坏，把车子开进了泥坑。他请一个农民帮他把车子从泥坑里推出来，然后和那个农民到咖啡馆喝了一杯酒。他仿佛无意识地回到了出事的地点。在那里，农民把他认了出来，并向宪兵告发了他。他当即被捕，而他的助手卡巴纳·德拉普拉德却回到了巴黎。

在长篇的陈述中，他揭发了包括埃尔韦·蒙塔涅在内的同谋者。蒙塔涅本人不冒任何风险。从相距遥远的布洛涅国家广场的办公室指挥整个行动。他还提到了热尔曼，此人就是空军的二级军事工程师巴斯蒂安—蒂里，但在这第一次谋杀行动中尚未暴露真实身份。

让—马利·巴斯蒂安—蒂里始终是"老参谋部"的心腹，后改名为迪迪埃。1962年2月，他又在一个退休公务人员的公寓里，积极策划刺杀戴高乐将军，这次是组织一个突击队。经著名活动分子让·比雄的介绍，一个名叫阿兰·布格勒内·拉托克纳耶的人参与了这次阴谋活动。拉托克纳耶参加过阿尔及尔叛乱，曾被逮捕并被押解到巴黎，后从拉桑泰监狱逃出。巴斯蒂安—蒂里仍起智囊的作用，但毫无实战经验。他认为拉托克纳耶是个理想的行动指挥员，可以在准备阶段给他当参谋。

然而，"老参谋部"的联络网为突击队提供物资有困难，比雄不得不通过外号叫"单片眼镜"的卡纳尔先生领导的第三使团与阿尔及尔的秘密军队组织进行接触。卡纳尔是萨朗将军在本土的全权代表，第三使团、巴斯蒂安—蒂里和拉托克纳耶在特罗加德罗花园接头。当"老参谋部"的两个伙伴看到来接头的贝尔维西时感到十分惊讶。此人衣着花哨，谈吐粗野，凶猛好斗，不可言喻。不过，他却带来了一个箱子，内藏2挺轻机枪、4支冲锋枪和一些手榴弹。此外，他还有两个打手：一个叫乔治·瓦坦，名号"瘸子"；一个叫塞耳日·贝尼埃，当过伞兵，还在阿尔及利亚秘密军队组织干过。后来，为了扩充突击队，巴斯蒂安—蒂里又招募了3个匈牙利人：拉约什·马通、丘拉·沙里和拉兹洛·瓦尔加。

4月底和6月初，突击队搞了两次行动，都没有成功。一次是在蒙帕纳斯墓地旁边的梅纳大街，戴高乐将军从科隆贝飞回维拉库布莱后乘车前往爱丽舍宫是从这里经过的。另一次是在伊夫里桥附近的斯大林格勒码头，当时戴高乐将军从这里乘车出发去上马恩省。据阴谋分子的供词，他们布置了十几次行动，但每次都错过了机会。

巴斯蒂安—蒂里在受审时交代，爱丽舍宫有人为他提供有关戴高乐将军外出时间和路线的情报。可能是所谓爱丽舍宫的那个"情报员"在警察局的同意下故意欺骗巴斯蒂安—蒂里，否则就无法解释，为什么他们历次行动均由于时间发生差错而归于失败。

每次行动之后，阴谋分子都满不在乎地把武器放在某个停车场的一辆雷诺牌汽车里。一天，拉托克纳耶、瓦坦和贝尼埃发现车门被撬开，武器也不见了。很可能警察来过，或者是他们中间有人想弄点钱花，把武器卖了。当时，什么样的事都可能发生。后来，好像是一位上校的遗孀给他们指点了另一个途径，所以他们又弄到了2挺轻机关枪和几支冲锋枪……

1962年8月8日，戴高乐邀请艾森豪威尔将军到爱丽舍宫用午餐。这时候，他已经是美国总统了。

戴高乐将军为了途中的安全起见，特地安排了女婿阿兰·德布瓦西厄一道前往。而且，由于阿兰对艾森豪威尔十分钦佩和感激——他曾经是巴顿将军第3军的战士，艾森豪威尔是

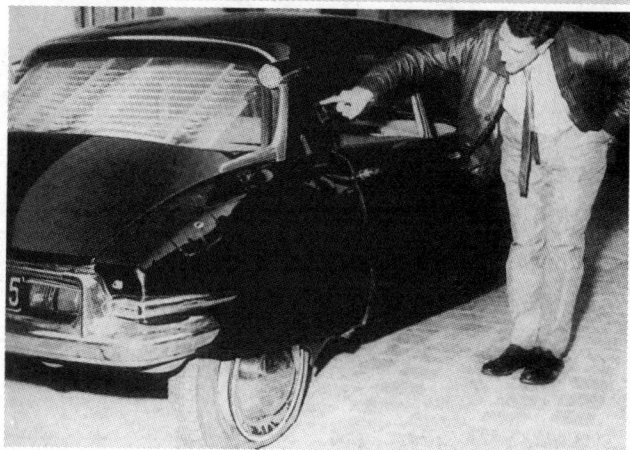

> 1962年8月，针对戴高乐的暗杀行动未遂，这是调查人员正在查看遭到枪击的戴高乐的专车。

< 1962年8月，戴高乐欢迎到访的美国总统艾森豪威尔。

他的总司令。阿兰欣然答应了。

这是阿兰·德布瓦西厄亲身经历的第一次阴谋分子对戴高乐将军的谋杀。

据阿兰·德布瓦西厄回忆——

"看过审讯阴谋分子的记录后，我就可以把自己亲身经历的第一次谋杀活动的前后经过串联起来。清晨5时，突击队来到布西科地铁站，他们的车就停放在那里。巴斯蒂安—蒂里驾驶租来不久的菲亚特牌轿车开在前头，拉托克纳耶开着一辆白顶黑车身的雪铁龙牌轿车跟在后面，前排在他身旁的是瓦坦。后面是路易·雷诺牌黄色轿车，由瓦尔加驾驶，身旁是贝尼埃，带有一枝冲锋枪。殿后的是一辆卡车，里面坐着匈牙利人沙里和马通，带有2挺轻机枪。

阴谋分子们想采用机动突击队的战术。这就是说，他们必须赶到共和国总统车队的前面，然后再让车队赶上来，诱使车队超车。在车队超车时，跟在雷诺牌轿车后面的匈牙利人就打开车门，向戴高乐将军的专车方向射击。如果总统专车不停下来，仍然向前行驶的话，雪铁龙轿车里的射手就在超车时从侧面向总统专车射击。

3辆车经制宪路通过米拉博桥，驶向凡尔赛大街。总统车队去爱丽舍宫通常都取道这条大街。我是在维拉库布莱选定这条路线的，因此巴斯蒂安—蒂里不可能事先获悉。但是，他有一个警戒系统，在总统车队离开机场，也很可能在离开机场，也很可能在离开爱丽舍宫时便把车队的去向通知他。

我看到凡尔赛大街车辆拥挤，便告诉司机保罗·韦特尼绕道走路易·布莱里奥沿河大街。拉托克纳耶发现后，在格勒内尔桥上追上了我们这两辆车。但是在射手和戴高乐将军专车之间隔着警卫车。射手们要射击，就要超越警卫车。瓦坦在自己的轿车和总统专车平行时，摇下了玻璃窗，准备射击。但是，拉托克纳耶的雪铁龙牌轿车和总统专车中间的间隔过大，一辆4马力的小轿车突然插了进来，因为这辆车的司机似乎有急事要办。于是，阴谋分子只好从头来过。

戴高乐将军的专车取道肯尼迪沿海大街继续往前行驶，赶上了那辆雷诺牌黄色轿车。我们已经进入射手们的轻机枪射程。但是，保罗·韦特尼看到交通十分拥挤，就想走河边坡路。我现在还记得，当时这辆黄色轿车就在我们左边，在两辆车平行前进的那一刻，我们发现那辆车里的人看到我们拐向塞纳河方向时显得非常焦躁。我还以为，既然这些过路人已经认出了我们，我应该向他们招手，以示友好。可是，使我十分诧异的是，他们却报以凶狠的目光。于是，我恍然大悟。他们的阴谋没有得逞。"

>> "双总统"

1962年8月29日，当发生了暗杀事件之后，政府宣布国家安全将由内政部长"全权负责"。在内政部长弗雷的要求下，戴高乐专门同他谈了安全问题。

从那时起，戴高乐才接受了某些进一步的保卫措施。然而，每当遇上有外出的巡视和活动，他还是没有放弃他所喜爱的"群众海洋"，总要走到人群中去和他们握手。

戴高乐不是意识不到自身面临的危险，但是，他总是不放在心上。

在法国历史上，曾经有两位总统惨遭暗杀，他们一个是萨迪·卡尔诺★，另一个则是保罗·杜梅。

暗杀事件发生以后，总统府建立了严格的保卫体制。但是，这虽然是不得已的策略，毕竟还是遭到了掌握生杀大权的总统们的反对。

对戴高乐来说，也有这样的同感。他对这些各种各样名目繁多的保

★萨迪·卡尔诺
法国第三共和国总统。巴黎综合工科学校及桥梁和公路学校毕业后任工程师。1870—1871年普法战争期间任诺曼底地区特派员。短期任下塞纳省省长后，被选入议会，致力于公共工程。曾任公共事务部长。1885年当选众议院副议长，任贸易和财政部长。1887年继格雷维后任总统。1889年支持政府关于逮捕布朗热的决定，发生巴拿马丑闻时，竭力为政府辩护。1894年在里昂博览会上被刺杀。

★路易·拿破仑·波拿巴

也称路易·波拿巴。法兰西第二共和国总统，法兰西第二帝国皇帝。1832年拿破仑一世之子去世后，成为波拿巴派代表人物。1836年发动反对法国国王路易－菲利普的军事政变，失败后被流放美洲。1840年回国举行暴动失败后被判终身监禁。1948年法国二月革命后，七月王朝被推翻，遂回国参加竞选，12月当选法兰西第二共和国总统。1851年12月2日，宣布恢复帝制，称拿破仑三世，并为终身皇帝，以法兰西第二帝国取代了法兰西第二共和国。

卫措施，实在是感到厌烦。他是一个习惯随意和自由的人，极富个性，根本不愿意在外出时动用大量的警卫人员和特殊的保卫措施，不愿意让警卫前后左右簇拥着他，也不要摩托车队在两侧护卫。他总是设法把保卫措施减少到最低程度，总统专车经常走的那几条路线，事先都没有进行仔细的检查，更不肯在沿线各定点的地方设警卫人员，因此，他的总统专车的安全，也就总是不能得到充分的保证。

当第一次发生了塞纳河桥事件，内政部长罗歇·弗雷就试图和总统来谈一谈警卫的问题。但是，他刚刚提到"安全"这个词，敏感的戴高乐马上就有了反应。

"不要再和我谈安全问题，部长先生！"戴高乐的反应是如此强烈，甚至近于粗暴和蛮不讲理，大大出乎弗雷的意料之外，"要对此事负责的只有一个人，那就是我——戴高乐。"

弗雷听了之后，哑口无言，久久都没有说出话来。

现在，终于采取了一些有力的保卫措施。

选举共和国下任总统，这是戴高乐筹谋已久的一件大事。

与大大扩大总统的权力相适应，戴高乐早有采取普选方式产生总统的想法。但是，由于历史和现实的种种原因，这种设想绝不是轻而易举就能够实现的。

1958年戴高乐主持制定的第五共和国宪法规定，总统由国民议会、参议院议员和省议会，海外领地议会，市议会的代表76,000人组成的选举团选举产生。

当时，戴高乐并没有提出由普选直接产生国家元首的主张，因为法国人对路易·拿破仑·波拿巴★通过普选出任总统，进而变为终身制的皇帝一事，一直心有余悸。何况在当时的特殊情况下，他出任总统的方式不过是一种无关紧要的形式而已。他认为，等到新宪法的实践证明拥有广泛权力的总统按宪法掌权并不会导致独裁的时候，才能彻底改革总统选举法，改由全体选民直接选举产生。

1962年的时候，法国政局已经在酝酿重大的变化了，第四共和国时期掌权的老牌政客们，支持戴高乐上台原是迫不得已。如今，随着阿尔及利亚危机的消逝，法国政局渐趋稳定，旧政党转而反对戴高乐。这样一来，逼着戴高乐下台越来越成为许多人的心愿，一次接一次的暗杀活动有增无减。秘密军的疯狂，在很大程度上根本就是因为有他们的支持，为的是回到第四共和国体制的老路上去。

但是，他们没有想到的是，层出不穷的暗杀事件，非但没能损伤到戴高乐的一根毫毛，反而进一步提高了他的威望，而且激起了他反守为攻的强烈欲望。

戴高乐敏锐地感觉到了这一难得的政治资本，及时打出了他手中的王牌——普选产生总统。

什么是普选产生总统呢？

这就意味着，共和国总统的极大权力，将直接来源于"全体选民"，而不是来自"选民代表"。总统的地位和权威将直接由"全体选民"确认，而不是由"选民代表"认可，从而使总统可以进一步摆脱政党和议会的掣肘。

而勒珀蒂—克拉马事件，又为戴高乐提供了实施全民选举总统的计划的最终机会。不是吗？惊心动魄的谋刺事件，在惊慌失措的舆论面前，提出了一个紧迫的问题——假如戴高乐突然死去，国家将出现什么样的局面呢？

是的，戴高乐自己也意识到了，这是一个无法逃避的问题。如果，他一旦猝然死去，那么将引起多么严重的政治后果？

因此，从体制上及早准备继承问题是再顺理成章不过的了。

10 月 4 日，戴高乐在广播讲话中，直言不讳地说道：

"那些针对我的密谋和暗杀，使我有义务尽我所能保证在我身后有一个巩固的共和国。这就意味着，共和国要有牢靠的最高领导人。"

1962 年 8 月 29 日，戴高乐决定了加速修改宪法的步伐。

他通知内阁——"我准备建议修改宪法，以确保政权的连续性。"

9 月 12 日，内阁发表了公报："戴高乐将军已经表明有意通过公民投票的途径，向全国建议，今后共和国总统将通过普选产生。"

9 月 20 日，戴高乐通过电视和电台向全国阐述了这种改革的必要性，为了使总统能够有效地履行宪法赋予的职权，他必须明确得到全国的信任。

"对于那些继我之后接任总统的人来说——"戴高乐最后讲道，"他们没有像我这样的全国威望……为了使他们有充分的权力全面担负起最高责任，不管这个责任何等沉重；为了使共和国在还存在分裂阴谋的情况下，能够继续巩固，卓有成效和深得人心，他们必须直接得到全体公民的信任。"

戴高乐决定通过公民投票来实现这一重大改革。

当然了，戴高乐的这一着棋主要是直接针对他所深恶痛绝的旧政党的。

戴高乐究竟是不是个独裁者？对于这个问题，不同的人有着不同的回答。

∨ ∧ 发生在阿尔及利亚的将军
叛乱，最后在戴高乐的强力过问
下以失败而告终。

对于戴高乐的反对派来说，他们都坚决地认定并攻击戴高乐是独裁者。但是，支持戴高乐的戴派分子，却一致强调戴高乐是坚定的共和民主人士，坚决驳斥反对派的攻击说法。这两种说法可谓各有根据，但又各有倾向性和片面性。

反对派因为反对和痛恨戴高乐，或者对他抱有成见而不惜肆意进行攻击；戴高乐派则因为拥护戴高乐而要全力维护他的声誉。因此各执一说，截然不同。

其实，公正地说起来，只要看看戴高乐此前的经历，就可以对这个看起来很复杂的问题而一目了然，水落石出——

相信大家都还记得，戴高乐是一个极其自负的人。他自幼就养成了自负的性格，而且常常自命不凡，并经常与他的领导对抗，以致因此而倒霉。

在圣西尔军校期间，他就曾经目无领导，一意孤行。当有人恭维他会有非常光明的前途时，他非但不否认，反而颇为自得地注视着远方，以颇为平静的语气说道："是的，我也正有同样的感觉呢。"

大家也一定还记得，戴高乐在陆军学院时，还自持自己的机械化部队作战的观点优越，蔑视军校校长穆瓦朗上校的保守静止的战术思想，居然在沙盘测验演习中，指挥他受命指导的高度机械化的"空军"以闪电式的进攻，把"敌军"打得一败涂地，狼狈不堪，彻底击败了穆瓦朗校长的消极防御理论。弄得这位上校校长处境尴尬，下不来台。结果，这件事影响了戴高乐的结业考试成绩。当时，学院按照"优秀""良好""尚好"三个等级评定毕业生的分数，很多评委因为不满戴高乐的骄傲自负，都主张给他以"尚好"的分数等级，也就是勉强及格的意思。而穆瓦朗上校倒是宽宏大量，认为不能无视戴高乐的军事才华，应该给他评得好一点，于是给了他一个"良好"。

但这是不正确的，因为戴高乐的水平，完全可以得到"优秀"。他应该凭借这一优异的成绩被分配到法国总参谋部的第三局，他的战略战术思想就可以付诸实施。可是，"良好"的二等分数，却只能把他分配到第四局，并被派到了德国的莱茵区法军中服役。

但是，戴高乐并未从自己这又一次的受挫中吸取教训，更不肯因此而改变自负的性格。

后来，随着年龄的增长，戴高乐身上的某些优点使他自负的性格更加突出，而不可收拾。他判断事物的能力和他准确的预见性，这首先增加了他的自负。

因为对任何事物都进行严肃认真的思考，戴高乐得出的结论，往往能够一针见血，屡试不爽，其预言的正确往往是惊人的。

而戴高乐的爱国思想，也是形成和助长他的自负性格的根源之一。

戴高乐素来以"热爱法国"而为人们所称道和敬佩。他的爱国思想和行动受到法国人民的公认。他本人也以此为自豪，并认为是无上的光荣。但是，他的自负很快又把自己的这种爱国夸大了，竟然认为自己是唯一的爱国者，上天把拯救法国的重任交给了他。由此，他竟然常常把自己和整个法兰西联系在一起，认为他就是法兰西，法兰西就是他，他代表着法国的一切利益。因此，他要求别人服从他的意志，听从他的指挥，认为服从他就是服从法国利益的需要，这是天经地义的，不容违抗的。这就更加强了他自负的性格。

当然了，第二次世界大战时，他领导自由法国进行抗德斗争的英雄事迹，也是他自负的一项重要的资本。

二战之初，当德国疯狂入侵，大举进攻时，第三共和国的政要们普遍表现出了忍让、求和，最后向敌人卑躬屈膝、投降，成为了可耻的卖国贼。当此之际，能够挺身而出，在海外高举抗战义旗的就只有戴高乐。

虽然，同第三共和国的政要们相比，当时的戴高乐还不过只是一位不为人知的小人物。但是，在抗敌卫国方面，戴高乐的威望与声名却是无人能比的，他英勇抗敌的英雄行为益发增加了他的自负。同时他又是自由法国海外抗敌组织唯一的领导人——这样一来，使他很容易形成"独裁"。

而且，从1940年在英国建立了他所领导的"法国委员会"起，经过阿尔及尔的"法国国家委员会"，一直到1945年10月抗战胜利之后的制宪议会选举为止，在这将近6年的时间里，戴高乐自己也承认："我有过建立独裁的实际手段……我必须承认（用不着乞求宽恕），当事态迫使我在将近6年的期间内进行了独裁。但是，当时法国已被卡住了脖子，生命垂危。我应不应当保持这种独裁？我对自己这个问题的回答是'不行！'"

戴高乐领导的"自由法国"，实质上也就

> 1962年戴高乐在一次集会上讲话。

< 战争时期的戴高乐被法国人民视作民族英雄。

是法国的流亡政府，分为伦敦和阿尔及尔两个时期。

伦敦时期，戴高乐的流亡政府先后以两种形态出现，即"法国委员会"和"法国国家委员会"。

"法国委员会"系由陆军、海军、空军、财政、外交、殖民地事务、新闻与宣传、与法国本土联络等部门组成。戴高乐称，成立该委员会的目的在于"代表国家和人民的利益，维护法国的独立，尊重它缔结的盟约，协助盟国在战争方面的努力。"该委员会中之成员虽然各负其责，都想把工作做好，但是他们均未有过从政的经验，更兼戴高乐此时的威望尚未形成，大家彼此互相不服，内部常常发生严重的分歧、矛盾和冲突。但是，戴高乐处于领导地位，重大问题的决定和推行最终皆要取决于他。一切都由他说了算，这其实已经是带有很强烈的"独裁"性质了。

尽管戴高乐要别人都来服从他的统治，但是，由于此时的戴高乐尚未名扬四海，他的军阶和威望均不甚高，因此，只有知名度比他还差的人才会忠心耿耿地拥戴他。

当时，在"自由法国"中，指挥海军的穆酥里埃上将，由于其军阶和威望均高于戴高乐，他一心想代替戴高乐，取得抗敌运动的领导权。因此，他想争取在英国人的支持下，建立一个国家委员会，并竭力谋求当上这个委员会主席的职务，从而使戴高乐只处于某种荣誉性的地位。

但是，在领导权问题上，戴高乐决不容许别人同他分庭抗礼，更不允许别人超越他之上。英国人虽然承认穆酥里埃上将声望较高，但是却相信戴高乐是法国人中最坚强、最可靠、最难得的抗敌人物。从大局出发，他们最终还是选择了戴高乐。

结果，在英国人干预下，国家委员会虽然建立，但其领导权却仍然牢牢掌握在戴高乐的手中。该委员会于1941年9月24日成立，由戴高乐任主席。委员会的各位委员，均由戴高乐指派，凡属立法性质的决定，需经委员会主席签署。属于行政性质的决定，则由委员会主席以命令颁行之。在戴高乐看来，这个国家委员会就是一个以他为中心的指导机构。

后来自由法国由伦敦迁到阿尔及尔后，其流亡政府包括"法国国家解放委员会"和"咨询议会"机构。

"法国国家解放委员会"，是经由罗斯福与丘吉尔的穿针引线和戴高乐与吉罗两人数度谈判后，于1943年6月3日在阿尔及尔正式成立的。该委员会是法国中央政府，指导全国各地，在从事各种方式的抗敌斗争，对所有尚未屈服敌人的疆土行使法国的主权，负责管理和保卫全球各地的法国利益，保证指挥权能在全国各地行使和统帅已编入法国国家委员会的部队及由民政和军事总司令所辖的部队。

法国国家解放委员会下设秘书处、司法委员会、诉讼委员会和军事委员会等辅助机构。委员会每周召开两次会议，讨论有关国家团结、战时物质和精神之需要、与外国的关系、同本土抗敌组织之联系和对解放初期必须事先准备的各项工作等。

然而，法国国家解放委员会的建立对戴高乐的"独裁"统治是个严峻的挑战。因为该委员会的组织有了重大变化，成员也更加复杂，特别是吉罗的到来，极大地威胁了戴高乐的领导权。

因为吉罗不仅军阶和声望高于戴高乐，在职务上，他与戴高乐同任法国国家解放委员会的主席，同戴高乐平起平坐，分庭抗礼，背后又有美、英两个大国的支持。戴高乐想要击败、压制或排除掉吉罗和继续维护他的"独裁"领导权是很困难的。

然而戴高乐毕竟是戴高乐，具有无与伦比的坚毅个性，而吉罗则生性软弱，因此戴高乐凭借自己政治斗争的经验，最终压倒吉罗自然也就是顺理成章的事了。

抗战胜利之后，戴高乐于1944年8月以法国国家委员会主席的身份抵达刚刚光复不久的巴黎。此时，他除了在军事上配合盟国继续肃清法国境内的德军之外，其最重要的任务就是在一片废墟中重建法国。

他把重建的重点，主要放在了政治方面，放在了改革法国的政治体制上面。

刚刚光复后的法国，一派凋零残破，政治架构已经荡然无存。原有的维希各级政权当局已经无法维持其职能和存在。各个抗敌组织威名大震，到处夺权。而戴高乐绝对不能允许这种局面存在下去。他在改革政体和还政于民之前，还要求集大权于一身，实行大权独揽的"独裁"统治。他的做法是：取缔各抗敌组织及其武装力量，以消除妨碍他组成以他为中心的政府的阻力。然后，尽快组成他所领导的政府，以掌管起管理国家重建大事的全权，要求全国人民都服从政府的领导，而只有政府才具有发布法令和治理国家的职能。

由此，或许不难认定这样一个基本的事实——

自1940年戴高乐在伦敦、阿尔及尔等地先后领导自由法国进行抗战，直至1945年下半年他还政于民和着手进行制宪议会选举的6年的时间里，戴高乐一直在进行着"独裁"统治或者说是"独裁领导"。

然而，如果就此认定戴高乐是"独裁者"，却又显然是错误的。

因为，在这将近6年的时间里，正是处于非常动荡的年代。

当时，戴高乐建立和领导"自由法国"进行抗战斗争，一切都还处在草创阶段。此时，他既要高举号召抗战的大旗，又要招兵买马，还要同盟国和国内各派抗战力量联系，团结一致、同仇敌忾地共同击败强敌，争取光复法国。很明显，当时戴高乐竭尽全力把抗敌卫国的武装斗争进行到底的英勇行动是符合法国人民的最根本的利益。但是，戴高乐并非只顾抗战斗争和安心于他的"独裁"统治，而不考虑在条件成熟时建立民主制度。事实上，早在领导自由法国进行抗战斗争时，戴高乐就已经在准备法国光复后还政于民的计划和步骤。如1944年4月21日，法国国家解放委员会就在阿尔及尔颁布了《光复后法国公众权力组织纲领》，详尽地阐明了法国光复后，戴高乐还政于民的方法和步骤。法国光复后，当肃清法境德军的战斗结束和国内各方面稍事安定后，戴高乐即于1945年下半年提出在法国举行制宪会议选举的建议，开始了他还政于民和制定法国新宪政的工作。可见戴高乐并非是个醉心于专政的"独裁者"。

而且，戴高乐搞独裁统治只是在非正常的动乱年代，时间仅有6年。在他大半生所处的正常年代里，他从来没有搞过独裁，即使有机会和有条件搞独裁时，他也没有趁势下手。相反，他却都故意放过了。

说起来，戴高乐的一生中，确实曾有过两次搞"独裁"的大好时机。

一次是在抗战胜利和光复法国后，戴高乐以"救世主"的姿态凯旋而归，君临法国。当时，他在法国人的心目中威望极高，法国国内各派政治力量如同众星捧月一般地尊崇他，敬仰他，都来依附他，他的军事实力也是最强的。当时，正如同戴高乐所说，他"本来可以召回勒克莱尔并解散议会"，实行独裁的。的确，当时领导"自由法国"武装部队会同盟国武装力量共同扫除法境德军的勒克莱尔部队较之国内各派抗敌部队的军事实力大得多。它是率先进入巴黎并受到巴黎市民热烈欢迎的法国部队。如果戴高乐把勒克莱尔从前线召回，用他指挥的部队包围和解散议会，那么要建立独裁统治是垂手可得的。

但是戴高乐并没有这样做。他毕竟是不同于当年的拿破仑。拿破仑在"雾月政变"中，曾经调动兵力，武装包围议会，依靠暴力登上帝位，他是个真正的独裁者。但是戴高乐不同，他并不想实行个人独裁，更不愿依靠暴力或政变的方式实行独裁。尽管他同国内各派力量在

建立何种政体的问题上矛盾很深，但他仍不愿动用武力以实现独裁，而宁愿把宪法和政体问题交付全民表决和通过选举来解决。1945 年 10 月，法国举行的制宪议会选举的事实恰好说明戴高乐并未借助武装力量强行实现独裁，而是他实现还政于民的诺言和尊重民意的表现。

另一次为戴高乐搞独裁专政提供的大好时机是在 1958 年，他再次登台执政时的阿尔及利亚暴乱。当时，国内的局势非常紧张，阿尔及利亚叛军风风火火，蠢蠢欲动。他们已经进军科西嘉，并扬言攻占巴黎，推翻政府，拥护戴高乐上台。

这时候的局势，完全可以用"箭在弦上"一词来形容。如果戴高乐真想建立独裁专政，那么他只要登高一呼，就可以借助军事暴乱或一场武装政变攫取政权，建立独裁。但是，戴高乐却没有这样做。

他为了争取合法的上台，对当时混乱的局面采取了因势利导的做法，力争使巴黎当政者在既慑于叛军压力，又无人能解救危机的情况下邀请他出山，合法地当政。果然，戴高乐的这一愿望实现了。他终于在第四共和国总统戈蒂和参众两院议长的邀请下合法地再次执政，而且登峰造极，达到了自己一生事业的巅峰。

……

关于自己是否是一个"独裁者"的问题，1962 年 10 月的这一夜，戴高乐几乎整整思考了一夜。后来，他得出的结论是："我当然不是独裁者。"

然后他就放心地睡了。

然而政界中，攻击和反对戴高乐的呼声却仍然是一浪高过一浪。他们强调，修改宪法应该根据宪法的规定，先由议会两院审议和批准，不得绕过议会直接诉诸公民投票。

"不是吗？"前总统戈蒂怒气冲冲地说道，"这等于是宪法问题上的一次政变。"

除了戴高乐派，几乎所有的政党都联合起来，在10月5日这一天，对政府提出了弹劾案。

弹劾案指出——

"鉴于共和国总统绕过议会两院修宪的做法，违反了他本应捍卫宪法的义务；鉴于总统的行动打开了一个缺口，有朝一日，一个冒险家可能通过这条途径来推翻共和国并取消自由的权利，我们决定弹劾政府。"

结果，弹劾案以280票的绝对多数获得通过，蓬皮杜内阁被推翻了。

但是，戴高乐并不甘示弱，立即宣布解散议会，重新举行大选，并强行以公民投票的方式修改宪法。

1962年10月28日，公民投票结束，结果赞成票占有效票总数的62%，关于普选产生共和国总统的法律草案获得通过。戴高乐取得了对旧政党的决定性的胜利。应该说，在这场政治较量中，勒珀蒂－克拉玛事件给戴高乐帮了忙。戴高乐可谓因祸得福了。

11月议会改选中，保卫新共和联盟的戴高乐派乘胜追击，把在公民投票中遭到失败的旧政党打得落花流水，独得有效票的将近32%。这是战后以来法国任何一个政党都没有达到过的得票数。

这就惹恼了"全国抵抗委员会"的头头们。在戴高乐与旧政党围绕修改宪法进行激烈较量期间，他们暂时中止了暗杀国家元首的计划，他们指望戴高乐在这场较量中受挫，从而被迫下野。如继续制造恐怖事件，会被戴高乐用来加强他的地位。共和国总统在公民投票中获胜后，他们的新暗杀计划又出台了。

1963年2月15日，戴高乐将对高等军事学校进行一年一度的视察。

这就正好给秘密军暗杀制造了机会。他们把这次行动称为"岩羚羊行动"。

地点就选在军校，开枪时间可以选在戴高乐到达的时刻，也可在巡视期间，只要选定一扇合适的窗户，枪手就很容易命中戴高乐。开枪后，杀手还可以从容地通过军校迷宫般的走廊和楼梯，神不知鬼不觉地溜掉。

这次暗杀行动的主谋是曾经在军校执教英语的一位妇女。她非常熟悉军校的情况，认识很多将领和军官。暗杀小组的重要成员就是勒珀蒂－克拉玛事件中唯一漏网的案犯——乔治·瓦坦。此人原是居住在阿尔及利亚的"黑脚"，是个诡计多端的老手，曾多次参与暗杀戴高乐的行动。

但是，事到临头，一名参与密谋的军士害怕了，向军方投案自首。

1963年2月14日，戴高乐视察军校前夕，除瓦坦之外，暗杀小组的成员全部被捕。作案武器被搜缴，包括2枝带瞄准镜的自动步枪。暗杀计划又一次落空了。

　　1963年春，杀手们在一辆轿车上安装了30公斤的炸药和近60公斤用作弹片的各种废钢铁。炸药还装有遥控点火装置，汽车将停在总统专车途经的路上，当专车靠近这辆炸药车时，隐蔽在远处的引爆手便可按下手持发射器引爆。也不知什么原因，这辆车没有用上。或许是谋杀计划临时取消了，也许是总统专车没有走这条路线。于是，杀手将车开到一个停车场扔掉了。共和国保安队在停车场发现了它。这又是一起暗杀未遂事件。

∧ 暗杀行动未能阻止戴高乐的出访视察。

　　整个访问平安地结束了。

　　这一天正好是戴高乐的生日，他来到了斯特拉斯堡参加纪念仪式。按照预定安排，他先来这里参加活动，为一批军官授勋、然后飞回科隆贝，参加家人和当地群众为他举行的生日庆祝活动。

　　戴高乐来到后，亲自给军官们一一举行了授勋、系绶带仪式，接着举行阅兵式。戴高乐一动不动地伫立着。随后，戴高乐又去了克莱贝尔广场的奥贝特大楼二楼阳台上发表了长时间的讲话。最后，戴高乐参加了大楼内举行的盛大招待会。

　　保安人员捏着一把冷汗，不知道什么时候会发生不测。

但是，时间一分一秒地过去了，总算没有发生意外。纪念活动结束后，戴高乐安全地返回了科隆贝。

第二天，情报部门才获悉预先谋定的刺杀活动细节——

当总统在奥贝特大楼阳台上发表讲话时，一架装有炸弹的微型飞机，将由无线电导航飞至阳台上空。秘密军分子曾经进行了多次试验，一切运行如常，飞行路线准确无误，能选准目标，在指定时间内引爆炸弹。

但是，警方一直没有弄清这一惊人的新计划为何没有付诸实施。这至今仍是一个没有解开的谜。

>> 大国之梦幻灭与新生

1958—1966年，为了实现大国之梦，建立一个伟大的法兰西帝国，戴高乐与美国展开了旷日持久的对抗。

1960年2月13日，法国在撒哈拉大沙漠进行了第一次核试验。

1962年5月1日，研制出了原子弹。法国后来成为世界上五个核大国之一。

斗转星移，日月如梭。

一转眼间，戴高乐已经是一个76岁的老人了。

虽然，这不是一个普通的老人，然而，岁月无情，没有谁是时间和生命的对手，戴高乐也不例外。他现在身体的健康状况比过去简直是差得太多了：虽然戒了烟，可是还是患有严重的支气管炎；肺部更是做了几次较大的手术；眼睛做过白内障摘除手术，视力明显下降；记忆力也在一天比一天衰退。经常是为了一件东西，找上半天，最后才发现这东西原来就在自己的手上。

"老了，真是老了……"戴高乐曾经不止一次，在家人面前发出这样的喟叹。

这是发自肺腑的感慨之言。的确，在很多问题上，他自己已明显感到力不从心，总统办公室的一些事务，也更多是交由蓬皮杜总理去处理。只是在一些重大的政策和原则问题上，他才亲自过问，拿一些主意。

更重要的是，戴高乐觉得自己的精神已经老了。虽然还是像过去一样有无数的不眠之夜，但是更多的已经不是处理公务，而是在回忆。现在，他总是常常忍不住回忆，回忆自己的过去，回过头来看自己走过的路——他不再说像年轻时那样一往无前，而是开始了向后看。这便是衰老最好的明证了。

尽管年事已高，但是，戴高乐仍然对法国起着举足轻重的作用。

他一生为之追求的事业，也丝毫没有因为年龄而有所动摇。

追求崇高，建设一个伟大的法兰西——戴高乐对自己理想和信念的坚定，从来都是始终如一的。

在解决阿尔及利亚问题和建立了第五共和国新宪政，以及当选为总统、大权在握之后，戴高乐即转向外交方面，为谋求和防护法国的大国地位和大国利益而奋斗。他首先展开了反对美国控制法国的斗争。戴高乐早就对美国以北约盟主身份控制法国和西欧盟国的现象深感不满，尤其是美国通过北约侵犯法国的独立和主权，更是戴乐所不能接受和容忍的。为此，戴高乐在理顺了国内问题之后，便在外交上展开了全面的抗美斗争。

1958年9月17日，戴高乐向当时的美国总统艾森豪威尔递交了一份私人备忘录，内中提出，在北约建立美英法三国指导委员会，由美英法三国共同决定北约的全球重大战略问题，同时未经法国的同意，美国不能在任何地方使用核武器。戴高乐的这一要求系出于以下几点考虑：一是以美英法三国集体领导取代美国以盟主身份实行独家领导的地位，以取消美国以盟主资格号令、支配各盟国，把持北约的决策权和置盟国于仆从和附庸地位的现状，从而达到解除美国对法国和各盟国控制的目的；二是捆住美国使用核武器的手脚，使它不能任意妄为，以免把法国卷入"一场与法国无关的战争中去"；三是通过改组北约，使法国取得与美国平起平坐的一流国家地位，跃居于联邦德国和其他二流盟国之上，从而为法国领导欧洲取得有利的政治条件。与此同时，法国还要求美国向它提供核秘密，使法国能够制造核武器，成为核大国。

对于戴高乐的上述要求，美国以各种理由断然拒绝。从1959年秋到1960年春，戴高乐同艾森豪威尔进行过多次会晤，但双方各执一词，并未消除分歧。美国拒绝戴高乐要求的理由是，法国关于成立三国指导委员会的要求排斥了联邦德国和其他盟国，美国不能接受；至于向法国提供核技术机密问题，美国则以法国不具备条件和美国不愿搞核扩散为由予以回绝。戴高乐对美国的态度十分恼火。

在美英两国的联合反对下，戴高乐改组北约的要求未能实现，但美国的这一当头棒喝却拉开了戴高乐抗美斗争的序幕。从此戴高乐就向美国的霸权发起了接二连三的挑战，美国的日子开始不好过了。

1958年12月，美国国务卿杜勒斯出席北约外长在巴黎举行的会议，讨论美国在欧洲部署中程导弹问题。他向戴高乐说明，没有可能建立戴高乐主张的三国指导委员会。戴高乐则针锋相对地拒绝美国在法国领土上部署中程导弹，除非将这些导弹置于法国的指挥之下。时隔不久，戴高乐便开始了从北约收回法国军事指挥权的行动。他首先宣称，法国的战略空军不再归北约的美国将军指挥。接着，1959年3月，法国政府公开无视北约的规定，径自宣布，无论在平时还是战时，法国的地中海舰队都由法国自己控制而不归北约控制。1959年6月8日，法国外交部正式宣布，法国同北约关于在法国领土上储存核武器的谈判已陷入僵局。法国表示，除非美英把核秘密告诉法国，使法国能够参与共管储存在它领土上的核武器，"否则法国将不对北约承担进一步的义务。"美国持否定态度，为此，它只好被迫将它驻扎法国的战略轰炸机移驻到英国和联邦德国。1963年6月，法国宣布把本已拨给北约指挥的大西洋舰队撤出，置于自己的控制之下。1964年5月，法国又撤出这个集团的地中海司令部和海峡司令部里的法国海军军官。至此，法国的任何海军指挥权都不再从属于这个集团的指挥机构了。1963年8月，法国宣布：属于北约指挥的几个法国空军中队，战时北约如果调用，必须经过法国政府的同意，从而也收回了空军指挥权。

1966年3月7日，戴高乐对北约采取了一项重大措施。他写信给美国总统约翰逊，通知他法国退出北约"军事一体化"机构。信中说："法国认为，自1949年以来，在欧洲、亚洲和在其他的已经出现或正在出现的变化，以及它的本身形势和它本身力量的演变，对于法国来说，再也不能说明在缔结联盟之后采取——不论是通过双边条约形式下的共同办法还是通过法国政府和美国政府之间的特别协定的办法——军事部署是正确的。"因此"法国打算在它的领土上恢复它的全部主权——目前这种主权受到损害，因为经常驻扎着盟国的军事人员和经常利用它的领空——此外还打算停止参加联合国军司令部和不再把军队提供给北大西洋公约组织使用"。这样做就使法国在防务上完全同北约脱钩，从而使法国在军事战略、防务政策和三军指挥权方面实现了全面的国防独立。西方舆论惊呼，戴高乐给美国的这一拳重击是"击中了联盟的心脏"，等于戴高乐砍了美国"一锄头"。美国无奈，只得被迫将北约在巴黎枫丹白露的总部迁至布鲁塞尔，拆走北约在法国铺设的石油管道，并将北约在法国的基地和人员撤至英国和联邦德国。这样，北约不仅被迫撤出法国，而且在战略上还失去了法国领土作为战略纵深的屏障。西方人士担心，一旦东西方在欧洲打仗，这对西方是十分不利的。

在贸易方面，美国历来把欧洲共同市场国家当做它倾销农产品和赚取外汇的主要场所。但在1962年8月共同市场对农产品征收"差额税"后，形势变得不利于美国农产品的进口，反而有利于法国农产品的推销。虽然在艾森豪威尔和肯尼迪任美国总统期间，美国同共同市场举行过数次贸易谈判，但是法国丝毫不做让步，并在小麦战、白羽鸡战和奶酪战

> 1966年，戴高乐与美国总统约翰逊会谈。

< 戴高乐出席法国第1艘核潜艇下水仪式。

等争夺共同市场销售阵地的斗争中坚持关税壁垒的原则，竭力排斥美国产品的进口，弄得美国十分尴尬。

在投资方面，美国为了绕过共同市场的关税壁垒，向共同市场内部投资设厂，以便就地生产和销售。仅1961年6月至1962年6月的一年间，美国在法国新设的企业就从145家增至278家。戴高乐指责它是美国的"经济殖民主义"行为。他说，美国这样做的目的是要使法国成为"外国控股公司、发明物和科技智能的殖民地"。针对美国资本向法国的渗透，法国对美国资本加强了限制。它规定，外国收购法国公司股票必须经过法国财政部批准方可。接着法国又成立了"外贸管理特别委员会"，负责限制外国投资和保障本国经济利益。与此同时，法国大企业也大力向美国投资，以打入美国内部的办法争夺市场和吸收美国的科技，以提高法国产品的竞争能力。

在货币领域内，戴高乐也同美元货币体系展开了斗争。战后，美国以其雄厚的经济和财政实力，建立起以美元为支柱的资本主义货币体系，美元成为与黄金等同的世界货币、居于凌驾其他资本主义国家货币之上的霸权地位。但是后来西欧各国的货币已经恢复，它们拥有的黄金储备总数已与美国的总数相当，美元所享有的拥有绝大部分黄金的这一优势基础已经丧失。戴高乐指出，在这种情况下，以美元支付国际收支逆差的做法实际上是无偿支付，通过通货膨胀的办法，形成资本输往外国，这是不公正的。为此，戴高乐从1965年初起就向美元的特殊地位发起攻势。他一方面要求恢复"金本位制"，以结束美元的霸权地位；另一方面则宣布法国退出"金汇兑本位制"，带头将法国储存的大量美元抛出，向美国兑换黄金，开了向美国挤兑黄金的先例。其他西欧国家也纷起效尤，引起美国黄金的大量外流，仅1965年一年，美国流失黄金16.64亿美元，其中一半以上是法国用美元兑换走的。戴高乐的这一举动严重地动摇了美元在资本主义金融市场上的霸权地位。

使法国拥有核武器与核军备是戴高乐实现其大国地位政策的重要实力资本。他认为只要拥有核武器，成为核大国，法国就可跻身于强国之列。反之，如果法国不具备核武器，它将"不再是一个欧洲强国，不再是一位主权国家，而只是一个被一体化了的卫星国"。只要有了核力量，哪怕数量有限，也等于掌握了"一张外交上不能代替的王牌"。

　　戴高乐要求美国提供核秘密遭到拒绝后，他便加快了法国自己研制核武器的步伐。1960年2月13日，法国在撒哈拉大沙漠进行了第一次核试验，爆炸了一颗核装置。接着，法国便制定出"十年国防现代化计划"。计划的重点是发展核武器。按照这项计划，法国的核武器以10年为期，分两代发展而成。第一代核力量由50架能携带原子弹的"幻影"式轰炸机构成，定于1967年建成；第二代核力量由两三艘装备有中程导弹的核潜艇构成，定于1969年建成。

　　肯尼迪任美国总统后，加强了美国的核垄断政策，他非但不给法国任何援助，而且还"劝"戴高乐放弃发展法国独立核力量的政策。1962年10月，肯尼迪在记者招待会上大声疾呼，他"不主张核扩散"，他"不同意法国这样干下去"。他还强调欧美战略分工，即由美国负责控制核武器，欧洲盟国则侧重发展常规武器。戴高乐对此针锋相对地宣称，法国坚持发展自己的独立核力量，它决不当"联盟的步兵"。1962年5月1日，法国在撒哈拉进行第五次核试验，终于制成了原子弹。

　　目睹法国研制核武器有进展，美国认为，这是对它的核垄断地位的严峻挑战，决心破坏法国的核发展计划。美国提出一项由北约盟国集体参加的"多边核力量"计划，旨在邀法国参加多边核力量，从而迫使它放弃其独立核力量计划。美国先从英国打开突破口。1962年底，美国在拿骚会议上诱压麦克米伦接受了它炮制的多边核力量之后，转过来就逼迫法国也参加这项计划。肯尼迪给戴高乐写信，一方面说实施多边核力量计划是北约1963年的"重大问题之一"，提醒法国重视，施加压力；另一方面又投以钓饵，说美国愿意按照与英国相同的条件为法国提供"北极星"导弹，"同盟国分享控制权"等。但是，美国没想到，戴高乐可不是麦克米伦，法国也不同于英国。戴高乐针锋相对地反对多边核力量计划，直言不讳地揭穿道，多边核力量是置北约于"美国司令之下的"，因而是"受美国控制的"。要法国参加的目的在于吞并法国惨淡经营的一点核力量。1963年1月14日，戴高乐在记者招待会上公然申明："我们从来没有要求过这种合作，我不相信有任何人认为我们能够支持这一协议"，以最不妥协的态度拒绝了美国的"多边核力量"计划。斗争的结局是，美国的"多边核力量"计划在戴高乐的奋力抗拒下宣告流产，而法国的独立核力量则获得长足进展，并终于建成。继原子弹制成之后，法国又先后制成了携带热核弹头的中程导弹与核潜艇，后来又继续发展其核力量，终于使法国成为世界上第四个核大国。

戴高乐的对德政策可分为前后两个截然不同的阶段。前个阶段，他仅仅从法德双边关系的狭窄眼界来看待和对待德国。在政策上自然不能不受法国传统的对德政策的影响。

从法德两国关系的角度看，它们两国一直是相互敌对的世仇关系。在近代史上，两国曾经多次以兵戎相见，彼此互有侵略，单是从1870年普法战争，经1914年第一次世界大战，至1940年第二次世界大战的70年中，德国就先后三次入侵法国。为此，戴高乐把德国看做是威胁法国安全和妨碍法国称霸欧洲的劲敌，他的对德政策亦沿袭了法国政府对德国实行大力防范和严厉制裁的传统政策。第二次世界大战后，戴高乐力主严厉制裁德国。除

< 戴高乐与德国总理阿登纳开创了法德关系新纪元。

了向战败的德国索取大量的战争赔款和拆迁德国的工厂外，还要求对鲁尔工业区实行国际共管，把盛产煤的萨尔归并给法国。政治上则主张肢解德国，不允许德国组成全国性的中央统一政府，而是要德国回到普法战争以前的各部分裂割据的一盘散沙状态。在欧洲联合方面，也想以联英为主，以期实现英法联盟，共同防德。但是戴氏严厉制裁德国的主张遭到美国的拒绝。战后美国出于反苏反共的需要，大力扶植处于西欧前沿阵地的联邦德国，并终于使西欧各国接受了德意志联邦共和国建立的事实，致使戴高乐严厉制裁德国的企图宣告破产。

鉴于两个德国存在的既成事实和两个阵营的形成，美苏在德国问题上的斗争，以及美国对西欧盟国控制的加深和英国对美国亦步亦趋等等现象的出现，戴高乐的对德政策摆脱了法德双边关系的狭小范围，而是把视野扩大到欧洲范围，转而谋求法德和解，力图把联邦德国

纳入他的建立以法国为盟主、以法德联盟为基础的欧洲联合的战略计划中来。

战后，在建立欧洲联合的问题上，存在着美国同法国的两种主张和两条道路的斗争。

1958年9月14日，戴高乐邀请阿登纳在科隆贝双教堂、他的故居会晤，就国际形势和法德永远结束敌对关系并加强两国合作和加强欧洲联合等一系列的问题达成了原则性的谅解。这次会晤揭开了法德新关系的重要的一页。此后戴阿两人不断接触。至1962年，两人间的书信往来40多次，会晤15次，会谈的时间达100多个小时。

为了拉住联邦德国，戴高乐在当选为法国总统后的第一次记者招待会上正式宣布：德国已不再对法国构成任何威胁，德国"由于它的才能、它的活力和资源，已成为欧洲和世界生活与进步的重要因素"。

戴高乐的建立欧洲政治联盟的倡议得到了阿登纳的支持。因为当时苏联在柏林问题上频频发动外交攻势，美苏首脑又连续会晤，阿登纳生怕美国在德国和柏林问题上让步过多，有损联邦德国的利益。而戴高乐则看准了联邦德国有求于他，故而趁势以联邦德国利益保护人的姿态出现，在德国问题和柏林问题上对苏持极为强硬的态度。在美英法三国在柏林问题上向苏联发出照会的同时，法国还单独向苏联发出自己的照会，措词强硬，态度鲜明，强调柏林问题和德国问题必须由美英法苏四国共同解决。言外之意是不容美苏两家做交易。

戴高乐的这种做法博得了阿登纳的极大欢心。后者此时在外交上积极向戴高乐靠拢，希望通过戴高乐的声音来增强西德的地位和保卫西德的利益。为此，他不仅支持戴氏关于建立欧洲政治联盟的倡议，拒不支持英国针对欧洲共同体而采取的建立"小自由贸易区"的计划，而且还赞同把欧洲政治联盟的政治秘书处设在巴黎。这实际是帮助法国取得欧洲政治联盟的领导权，也反映出阿登纳希望戴高乐以欧洲的名义发言，更有力地在德国问题和柏林问题上牵制美苏和维护联邦德国的利益。

阿登纳的支持为戴高乐推行他的欧洲政治联盟计划提供了有利条件。从1961年2月到7月，在戴高乐的倡议下，欧洲经济共同体六国先后在法国和德国举行最高级会议，具体地商讨法国和联邦德国事前商定的欧洲政治联合方案，还成立了由六国代表组成的专门委员会，协商和起草由六国共同签署的欧洲政治联盟文件。

在六国讨论政治联盟的方案中，超国家和维护国家主权的两种主张的斗争集中在联盟内对重大问题的表决方式上。荷兰和比利时主张采用多数通过的表决原则，即只要多数成员国的代表们投赞成票，决议便应通过和执行，至于少数国家不赞成该项决议，也必须强迫其执行，这是带有超国家性质的一体化原则。而且荷兰和比利时还担心，把英国排斥在外的欧洲六国联合会造成实际上由法德两国主宰一切的局面。因此它们还把让英国参加进来作为实现欧洲政治联盟的前提，以期让英国在联盟内平衡法德。荷、比的超国家性质的表决原则和让英国参加的主张为美国所赞赏，但却遭到戴高乐的坚决反对。戴高乐竭力反对荷比的超国家性质的多数表决原则，坚决主张一致通过的表决方式，即决议必须全体一致通过方能有效，只要有一个成员投反对票，决议便不得通过和执行。这就为各成员国提供了否决权。当某项议案不符合本国利益时，便可使用否决权加以否决，从而得以维护本国利益。戴高乐还指派法国驻荷兰大使伏歇先生为法国参与六国讨论欧洲政治联盟的代表。著名的"伏歇计划"即体现了戴高乐的上述精神，但是伏歇计划因荷兰、比利时的抵制未获通过。戴高乐的欧洲政治联盟计划惨遭失败。这时戴高乐便针对新的情势而改变做法，转而进一步拉紧联邦德国，争取把他本拟在六国范围内实行的政治合作原则先在法德两国双边关系中建立起来，以先形成法德轴心作为开端，然后徐图渐进，把法德两国的合作关系逐步扩大，最后达到实现六国政治联盟的目的。

戴高乐对原法属殖民地特别是法属非洲被殖民国家的政策和指导思想即由法国和它的非洲被殖民国家组成"法兰西共同体"，在共同体内确立和调整它们的关系。其实质是要非洲被殖民国家成为既在共同体内同法国建立"紧密联系"同时又享有"内部自治"的成员国。实际上，所谓共同体就是变相的联邦，在这个联邦内，法国是中央邦，非洲被殖民国家是地方邦。所谓建立"紧密联系"，就是要非洲被殖民国家团聚在法国周围，不要独立而去；所谓"内部自治"即允许非洲被殖民国家在共同体范围内建立自己的国家和政府，但其权限只限于管理自己国家的内部事务，至于象征国家的外交、国防和财政金融等项则要交由共同体统筹辖制，本国无权管理。这种"内部自治"只能说是"半自治"，充其量也只能说是某种"半独立"。所以它的"新殖民主义"的性质是显而易见的。

为了达到上述目的，戴高乐的第五共和国宪法有一章关于共同体的专门规定。其中第77条规定："本宪法规定建立的共同体中，各成员国享有自治权；它们自行治理并民主地自由地管理它们自己的事务。"第78条则规定哪些问题应由共同体管辖："共同体的管辖范围包括对外政策、国防、货币、共同的财政经济政策以及有关战略物资的政策。共同体的管辖范围还包括对司法的监督、高等教育以及对外运输和公共运输与无线电通讯的一般组织。"第80条规定："共和国总统（法国总统）为共同体的总统并代表共同体。""共同体的机构为执行委员会、参议院和仲裁法庭。"执行委员会由法国总理、各成员国政府首脑和负责共同体事务的各部部长组成，由法国总理担任执委会主席。共同体的参议院负责讨论共同体的经济财政政策，审查使共同体承担义务的国际文件、条约和协定。但自它成立以来，只召开过一次会议，并于1961年3月10日就宣布解散。至于共同体的仲裁法庭，按规定它应该裁决共同体成员国之间的争端。但这个法庭从来未开过一次庭。实际上，所谓参议院和仲裁法庭都形同虚设，共同体内的许多事务均由总统决定。而共同体的总统则由法国总统兼任，因此，共同体仍然控制在法国人手中。由此可见，戴高乐的"非殖民化"是具有新殖民主义色彩的。

戴高乐认为，它的建立法非共同体的计划，会被法属非洲被殖民国家的领导人所接受，因为这些国家长期依赖法国的经济、财政、科技和文教援助过活，只要法国以停止援助相威胁，他们就不敢拒绝参加共同体而选择独立。因此戴高乐就以"超然"的态度大声疾呼，每一个非洲被殖民国家都可以自由地选择：或同法国维持现状关系，作为部分自治国家加入共同体；或同法国合并，成为法国的海外省份；或完全退出共同体，同法国"分离"（戴高乐把独立叫分离）。他还喊道，如果你们选择"分离"，法国决不阻挠。但是那将中断与法国的一切联系，你们将不再得到法国的援助和保护。

戴高乐认为，法属非洲被殖民各国因害怕失掉法国的援助，都会接受他的共同体计划。但是，他估计错了，并非所有的非洲被殖民国家都乐于参加法非共同体。几内亚就带头抵制他的共同体计划。1958 年 9 月 28 日，就第五共和国宪法草案进行全民表决时，法国本土投赞同票的高达 80%，海外属地投赞同票的比例竟然高达 95%。可是几内亚却投了反对票。

戴高乐打算到法语非洲国家去转一圈，同那里的领导人和人民群众见见面。通过接触亲自摸摸底，看看他们对他的共同体计划到底持何种态度。可是当他到达几内亚的首都科纳克里时就发现气氛很不对头。从机场到首都的路上，欢迎的人群挥舞着写有"独立"字样的旗子，振臂高呼"独立"！几内亚领导人塞古·杜尔是个性格坚强的人，他要求让几内亚无条件独立。他态度坚决，而且词锋锐利，有时甚至使戴高乐感到震怒。他向戴高乐大声疾呼道："我们宁愿当穷苦的自由人，也不愿做富有的奴隶。"戴高乐既感到怒气填胸，又感到灰心丧气。他回答道："人们在谈论独立。在这里我用比在其他地方更大的声音说，几内亚有随意选择独立的自由。它可以拒绝别人对它的建议，而自行独立。如果那样的话，我保证法国本土不会设置任何障碍。"戴高乐这番怒气冲冲的讲话预示着他要向几内亚进行报复。后来在政府宫举行的法国招待会上，戴高乐单独会见了塞古·杜尔。他把法国的对策更加明白地告诉杜尔说："不要看错了情况，现在与你们打交道的这个法兰西共和国再也不是你们所知道的那个只会耍计谋而无决心的法国了。就今天的法国而论，殖民主义已经结束了，也就是说，它对你们回顾以往所进行的谴责毫不在乎了。今后，它愿意帮助你们即将创立的国家，但是它也很想减少自己的负担。它不依靠几内亚已经生存很长时间了。即使法国和几内亚分离，法国也会继续长期生存下去。果若如此，不用说，我们将立即撤回我们在行政、技术和教育方面的援助，并且停止对你们的预算的一切补助。我再说一点，考虑到曾使我们两国联结在一起的种种联系，请你不必怀疑，只要你们亲口对法国所提出的团结建议严肃地说个'不'字，那将意味着，世界上国与国之间友谊和优惠的特点，在我们的关系中就不复存在了。"

戴高乐说干就干。他立即下命令停止法国对几内亚的一切援助，而且正在开往科纳克里的运粮船也改道他往。但是几内亚人民在塞古·杜尔的领导下顶住了戴高乐的一切压力，终于赢得了独立。不久，其他的法语非洲国家也逐渐改变它们对共同体的态度，转而要求独立。为此，1960年5月，法国议会两院被迫通过修改宪法中有关法兰西共同体的条款，规定一个共同体成员可以通过协商途径变成独立国家，而并不因此脱离共同体。其他独立国家也参加共同体而同时保存其独立。1960年这一年内，法属非洲各国纷纷宣告独立。有的随即退出共同体，有的仍留在共同体内。各成员国在形式上已取消了法国的最高权力，各国组成了自己的议会和政府，有自己的国家元首。法国总统派驻各成员国的代表改为法国的外交使节。共同体参议院也正式宣布解散。至此，所谓"法兰西共同体"已名存实亡，法国在非洲的殖民堡垒彻底崩溃了。

>> "后备总统"——蓬皮杜

1968年5月，第五共和国一转眼已经迎来了自己成立10周年。

形势是如此之好，简直让人不敢相信——西欧六国共同市场的关税同盟即将在7月1日提前实现；法国经济保持上升势头，黄金外汇储备充裕，法郎坚挺；戴高乐将军定于5月14日出访罗马尼亚，打算在苏联和东欧国家之间打下楔子；蓬皮杜总理也将于5月2日至11日，访问伊朗和阿富汗，因为法国排挤美英利益的石油政策已经在伊朗取得了进展。国际上，美国和越南正在酝酿和谈，而巴黎将作为"和平的首都"接待前来与会的美、越使者……

当不久之后，"五月事件"发生时，戴高乐已经没有应付这种风云突变的力气了。

1968年5月13日，正是导致戴高乐再度执政的阿尔及尔暴乱10周年的日子，选择这个日子举行大规模示威，本身就具有鲜明的反戴含义。尽管蓬皮杜宣布重新开放索邦大学，示威游行和24小时总罢工仍按原计划进行。50万人的队伍浩浩荡荡涌向街头。警察小心翼翼地撤离拉丁区，大学生重新占领索邦大学，参加示威游行的不仅有学生、工人和市民，而且还有在野党领导人罗歇（法共总书记），密特朗和孟戴斯—弗朗斯等。鲜明的政治口号响彻巴黎："10年太长了！""把戴高乐送进博物馆！"矛头直接指向戴高乐及其政权。这在第五共和国成立10年来还是第一次。

这次示威标志着五月运动进入了一个新阶段，即从运动发展成为一场直接威胁戴高乐政权的政治和社会危机。社会党元老、马赛市长加斯或·德费尔饶有风趣地讥讽道："在总统选举中，戴高乐宣称，'要么选择戴高乐，要么选择混乱。'可是，如今，我们既有了戴高乐，又有了混乱。"

1969年的4月，戴高乐告别了爱丽舍宫。

4月27日晚，大选结果出来——戴高乐失败了，而在一年之前的"五月事件"中大出风头的蓬皮杜，则以"后备总统"的身份登上了历史的舞台。

∧ 1968 年 5 月，在巴黎拉丁区爆发了大规模骚乱。

　　戴高乐嘲笑这一结果说："我在 1968 年 5 月负了伤，而现在，他们把我结果了。我现在已经死了。"

　　时间过得简直是太快了，虽然在 1968 年 5 月发生的事件给戴高乐造成了沉重的打击——连续 20 年之久的戴高乐政权已成强弩之末。连他当年最亲信的人蓬皮杜，也毫不隐讳地说："将军在位的日子不长了，五月事件搞得他威信扫地，应该准备后事了。"可是，无情的岁月却没有因此而稍作停留。一转眼，一年的时间又过去了。

这一年，戴高乐已经是 79 岁高龄的老人了。

1969 年 4 月 23 日，星期三，这是一个特别的日子。

因为，这是总统府举行内阁会议的日子，但是，更是离最后的公民投票还有 3 天的日子。

3 天！这将是怎样的 3 天啊！戴高乐的一生荣辱、一生为之追求、为之奋斗的伟大事业，都将在这 3 天里面临生死考验，在艰难的等待中备受煎熬。

然而，戴高乐已经对自己在公民投票中获胜不抱任何的希望和幻想了。

戴高乐知道大势已去，这该是他主持的最后一次内阁会议了。在就座前，他像往常一样，缓步绕会议桌一周，同内阁议员一一握手。部长们的心里都不是滋味，谁都知道，这恐怕是"最后一课"了。会议气氛始终是沉闷的。宣布散会时，戴高乐若无其事地说："我们下星期三开会。"然后，又补充了一句："要不然，法国历史的一章就此结束了。"

1969 年 4 月 27 日这个夜晚，无疑是戴高乐一生中最焦虑和忧郁的夜晚。尽管他对身边的人一再公开声称大局已定，但内心深处始终闪烁着一线希望，但愿法国人民最后来一个出人意外的行动。德姆维尔总理的说法可谓入木三分："在理智上，将军在公民投票前一个月就知道一切都完了；在感情上，他到最后一分钟仍抱着希望。"他焦灼不安地等待着选民对他的最后裁决。

此时此刻的戴高乐，心里可谓是矛盾极了。虽然，他知道自己是多么希望能够第三次当选为法兰西第五共和国的总统。可是，他也知道，不可能，那样的希望太渺茫了。他的事业已经走到了尽头。他有预感，尽管这个伟大的老人在他此前一生的风云变幻中，经历了无数的惊涛骇浪，但却从来没有相信过什么预感！

戴高乐已经感觉到了，自己在即将到来的公民投票中将失败。这虽然很惨，但是必须接受。事实上，这个结局早在一年之前的"五月事件"中就已经注定了。

"唉——"戴高乐叹了口气，他的思绪恍恍惚惚，这一年来发生的一幕一幕，又在他眼前闪过，历历在目……

一个月的动乱给国民经济造成严重损失，特别是使法郎遭到沉重打击。多年积累起来的外汇储备如同太阳底下的冰雪一样消融着。法郎面临贬值的巨大压力。戴高乐不惜任何代价避免法郎贬值。因为在当时的背景下，法郎贬值等于戴高乐本人贬值，将带来灾难性的后果。由于美、英等国的支持，法郎才算勉强渡过难关。蓬皮杜伤感地描绘了一幅法国国际地位一落千丈的暗淡图景："法国不再有威信了……戴高乐将军领导的法国已不能再施展雄图……我们再也不能教训世界上的大国了。我们也失去了在西欧的领导地位。"

在法国人心目中，戴高乐的形象和声誉都蒙上了浓重的阴影。谁都明白，将军掌权的日子已屈指可数。戴高乐自己也多少意识到这一点，"必须准备在适合戴高乐身份的情况下离职。"最体面的结局，自然是在任期届满之前以年事已高为由主动引退。正如他对儿子菲力浦·戴高乐所说："我不打算在 80 岁以后继续担负我的任务。对一个国家元首来说，太老了。

∧ 1967 年，蓬皮杜（前左）陪同戴高乐出席共同市场高峰会。

我远远不能确定什么时候退休……也许在今年（指 1969 年）11 月 22 日
我生日那天，也许在随后的 12 月 31 日……"不过，这仅仅是一种设想而
已。戴高乐总觉得多灾多难的法国还少不了他。为了振兴法兰西，他还
有多少事情要做啊？

随着戴高乐的威望急剧下降，"戴高乐之后"日益提上法国政治生活
的日程。统治集团内部包括拥戴势力内部，明争暗斗加剧，裂痕加深，突
出地表现在戴高乐与蓬皮杜之间的矛盾日益尖锐化和表面化。

蓬皮杜在五月风暴中的不同凡响的表现获得法国权势人士的好评，
被视为接替戴高乐的合适人选。法国"二百家族"中首屈一指的罗特希
尔德的评价是颇有代表性的。他在回忆录《奋斗》中写道：在暴风雨最
狂烈的时候，"已有一个人稳稳地把住了船舵，这个人就是蓬皮杜。"直
到 1968 年五月事件爆发后，法国人民才对乔治·蓬皮杜的价值有了真正
的认识。"当国家分崩离析、权威名存实亡的时候，他却像中流砥柱巍然
屹立。"他认为蓬皮杜是法国国家元首从"超人"向"常人"过渡的合适
人选。

很多戴高乐派人士也对蓬皮杜倍加赞扬。戴高乐手下的首任总理德
勃雷甚至说：蓬皮杜在五月危机中出色地扮演了"代理总统"的角色。他

们认为，蓬皮杜对付动乱是很有章法的。尽管某些息事宁人的举措一时并未奏效，但终究是得人心的。

11月底，蓬皮杜求见戴高乐，用意是要戴高乐出面干预，制止政府要人继续拿这件事大做文章。会晤是秘密进行的。蓬皮杜从旁门进入爱丽舍宫。他劈头就向戴高乐抱怨道："有人可能也想把我牵连进去，因为他们在别处抓不到我的把柄。"但是，戴高乐反应冷淡，只表示："我嘛，从来也没有相信过这件事。"过后，司法调查仍照样进行。这样一来，蓬皮杜对戴高乐完全绝望了。原来戴高乐想把他彻底搞掉。

蓬皮杜觉得1968年是倒霉的一年。"从来没有像这一年受到那么多中伤、诬蔑和猜疑。"1969年1月3日，他以祝贺新年为名，给戴高乐写了一封长长的信，宣泄心头怨忿之情。一是对五月风暴中戴高乐"去向不明"发了一通牢骚，并否认当时他希望将军引退。所传"抢班夺权"之

∧ 蓬皮杜（右）出席一次记者招待会。

说"不仅是荒谬的，而且是可耻的"。二是满腔怒火地指责政府当局利用马尔科维奇案件对他进行政治陷害，以期毁掉他的政治前程。戴高乐出于礼貌，给他回了一封信，并宽慰他几句，字里行间也不免带刺："尽管那些关于你的流言蜚语是荒诞和卑鄙的，我希望您不要为此感到难过。在某种程度上，什么事情总有个基本方面，这就是说，人们到底作了什么和人们现在意识到什么是应该做的。"这番书信往来再次表明，戴、蓬结怨已深，难以冰释。

一波未平，一波又起。马案尚未平息，戴、蓬之间又燃战火。这回

∧ 戴高乐在内阁会议上讲话。

两人可谓短兵相接，针锋相对了。

1969 年 1 月中，蓬皮杜夫妇前往罗马访问。1 月 17 日，他在旅馆会见常驻罗马的法国记者。有记者问，一旦戴高乐将军离职，他是否会出来竞选总统？按蓬皮杜自己的说法，他的回答是："眼下不会发生这个问题，到时候如果有人问我这个问题，考虑到总的局势，我认为我有可能成为继承人。"记者又问，他作为"后备总统"的处境是否感到压力。回答是："我并不急于摆脱这种处境。"

法新社驻罗马分社社长当晚以《罗马声明》为标题发了一条耸人听闻的消息：蓬皮杜宣布充当总统候选人。其他新闻媒介也如法炮制，大肆宣扬。"罗马声明"顿时成了巴黎报纸的头条新闻，在政界引起轰动。

蓬皮杜连忙申明：记者歪曲了他的谈话。他没有发表什么声明。他只表明如果有朝一日戴高乐将军引退，他就有可能出来竞选，但是眼下还谈不上这个问题。

不管怎么说，戴高乐离任期届满还有 4 年，蓬皮杜就迫不及待地在罗马公然声明他准备成为"戴高乐之后"的总统候选人，这显然是异乎寻常的，颇有几分"逼宫"的味道。既是对戴高乐的公开挑战，也是对戴高乐的政治报复。

此举决非偶然。蓬皮杜私下曾对一些戴高乐分子直截了当地说过："有人想用搞臭我夫人的办法来把我搞掉。没有人为我说话，甚至将军也不为我说话。将军嫉妒我的声望。虽然我仍然爱戴将军，但是他已经过时了。接班问题已经提上日程。问题在于究竟是戴高乐派，也就是我获胜，还是其他党派的人获胜。"他要求戴派人士"善于在过去和未来之间作出抉择"。不用说，戴高乐代表过去，代表未来的当然是他蓬皮杜。蓬皮杜在事后发表的回忆录中也毫不隐讳地写道："从1968年5月起，法国人下意识地感到戴高乐将军已走上穷途末路。人们很自然地想到下一步该怎么办。我的地位好像是这种状况的结果。这预示着我的前程。"

戴高乐对蓬皮杜的言行，自然十分恼怒，不能不作出强烈反应。当副官让·戴斯克里安上校把刊载《罗马声明》的《法兰西晚报》放到总统办公桌上时，戴高乐扫了一眼后，问道："你作何感想？"副官回答说，前几天，总统刚接见过蓬皮杜，人们也许会想，这个声明是事先得到总统认可的。戴高乐气冲冲地说："哪儿的话！好吧，我不得不发表一则公告，予以澄清。"副官好心地说："蓬皮杜先生本该对记者有所提防。"戴高乐却不这么想："你错了，他可摸透了记者的脾气。他太狡诈了，决不会中记者的圈套。他明明知道，这会引起什么反响。"戴高乐又对总统府秘书长特里科发泄道："真是莫名其妙，未免太过分了。如果我想提前引退，那也只能由我自己宣布呀！任何人都不能越俎代庖。"

随后，戴高乐召见德姆维尔总理商谈此事。他大发雷霆："蓬皮杜竟卑鄙到这种地步，在一个外国首都进行带有官方色彩的访问期间讲这样的话。唉，我真意想不到蓬皮杜会这么干。"他认为，这简直是把共和国总统的威望踩在脚下。"我弄不懂。你倒说说看，他究竟在搞什么名堂？"德姆维尔指出，蓬皮杜这番话后果十分严重，选民会觉得戴高乐后继有人了，不会出现混乱。戴高乐表示：要是法国人会这样轻易上当，那么我戴高乐走而无憾。接着他又咬牙切齿地说："瞧，纵然蓬皮杜巴不得我死，我还是活得好好的。他犯了一个错误，你瞧着吧，他当不了共和国总统。"

为了反击蓬皮杜声明和杜绝由此而引起的揣测和谣传，戴高乐认为有必要亲自出面澄清。1月22日，新闻部长发表了戴高乐在内阁会议上的声明："在完成全国委托我的使命期间，我于1965年12月19日蝉联总统，任期7年。我有责任和意愿履行总统职责，直到任届期满。"

戴高乐的庄严声明并未能使蓬皮杜就范。他对至亲好友说："我在罗马的谈话是最顺乎自然不过的了，将军不会感到意外。我的命运掌握在自己手里，而不是听他摆布。"3个星期之后，2月13日，蓬皮杜在日内瓦接受瑞士电视台的采访时，又故伎重演。记者问："您对您的政治前途怎么看？"蓬皮杜字斟句酌地答道："现在不发生接班问题。但总有一天要举行总统选举。如果上帝保佑，我可能掌握国家的命运。"

这番话是什么意思呢？事后，蓬皮杜自己作了这样的解释："纵然接班问题还不是当务之急，但我并不认为将军的话已把我抛进黑暗的深渊。"这是回敬戴高乐的狠狠一击。法国政府下令禁止法国电视台播放这一谈话。戴高乐对负责新闻事务的国务秘书说："蓬皮杜愈陷愈深了。"当晚，在同家人共进晚餐时，平时在餐桌上不谈国事的戴高乐，禁不住议论起蓬皮杜来。他气愤地说："在瑞士讲了这么一通，不知道他以后还要讲什么？"他心里很清楚，多年来他一手栽培、提拔的蓬皮杜，现在竟成了他的强劲、无情的挑战者。说不定还会成为他政治上的掘墓人。

正当戴、蓬之争趋于白热化之际，戴高乐方面忽然采取降温措施。原来，由于决定戴高乐去留的公民投票的日期（4月27日）日益逼近，为了争取选票，蓬皮杜还是用得着的人，至少不要逼得他横了心从中捣乱。戴高乐指示德姆维尔总理了解马尔科维奇案件与蓬皮杜夫妇的瓜葛。3月12日，内阁会议听取了总理和司法部长加比唐共同拟定的报告，确认所谓蓬皮杜夫妇与此案有牵连的传闻"纯属无稽之谈"，司法部门决不会受其迷惑。戴高乐予以首肯："很好，这样很好。"当晚总统夫妇出面宴请蓬皮杜夫妇。

经受五月风暴巨大冲击的戴高乐政权需要输氧。戴高乐心里明白，如果不重新获得全国人民的信任，他就难以继续掌权。即使勉强支撑下去也难有作为。于是，他决意第五次求助于公民投票以重振一落千丈的威望。用戴高乐的话来说，"我提议举行这次公民投票，为的是证实在1968年5月有不满情绪的法国人，是否还愿意同戴高乐一道作出最后努力来完成国家的改革。"

1969年1月2日，总统在接见记者时透露，年内将举行公民投票，但没有说明具体时间。当时，戴高乐曾就此事向他的亲信雅克·福卡尔询问蓬皮杜的态度。"那么，蓬皮杜以为如何？"回答是："蓬皮杜认为这次公民投票有失败的危险，而且要我转告您，不如放弃为好。"但他不为所动。2月2日，他视察布列塔尼时在坎佩发表的演说中正式宣布，将在当年春天举行公民投票，以便给国家带来新的希望。坎佩选区的议员、戴高乐的老战友爱德蒙·米什莱当即提醒将军：这件事难办得很。

2天之后，内阁会议讨论公民投票的日期问题。会议气氛是抑郁的。部长们面面相觑，有的甚至低声叹息。总理希望戴高乐三思而行，无论就实质来说，还是就日期而言。外交部长和戴派元老德勃雷都对公民投票表示异议。掌握各省省长的悲观报告的内政部长马赛兰力图说服戴高乐改变主意。戴高乐似乎动心了。他说："人们会说戴高乐退缩了，那又怎么样？退缩并不是什么丢脸的事。"不过，正如他事后所说，退缩不合他的口味。最后，内阁会议还是决定4月27日就两项改革方案举行公民投票。

一是区域改革。在原有省、市镇两级行政区划之外，给予21个经济大区和科西嘉以地方行政单位的地位，扩大其权力；二是改革反戴势力老巢

∧　晚年的戴高乐夫妇。

即参议院的传统结构，削弱其职权，由国民议会议员和地方议会议员选出的173名参议员和150名经济、社会、文化界代表组成咨询性参议院。

这两项改革本身是无关宏旨的。本来大可不必兴师动众采取公民投票的形式作出决定。戴高乐的真实用意是通过公民投票重新获得失去的人民的信任，要不然，就在适合戴高乐身份的情况下引退。对他来说，这次公民投票是一场孤注一掷的政治赌博。要么起死回生，重整旗鼓；要么永远从政治舞台上消失。因此，这次公民投票实质上是要不要戴高乐的全民公决。

3月底，戴高乐在同社会事务部长莫里斯·舒曼的谈话中明确表示："公民投票势在必行，我没有别的办法……两者必居其一：要么，法国人愿意改革，多数人投赞成票；要么，法国人不再要我，也愿改革。那么，我就辞职。"

4月10日，戴高乐在电视谈话中公开把自己的去留押在公民投票的结果上。"我继续行使总统职权还是马上引退，显然将取决于全国人民对我提出问题的回答……万一法国人民说'不'，倘若我不立即从中得出结论，那我这个人还成什么样子。"

种种迹象预示，这次公民投票凶多吉少。戴高乐的密友、文化部长马尔罗直言不讳，把这次公民投票称之为"自杀性公民投票"。几乎所有专家都认为，戴高乐无法取胜。有人甚

★索福克勒斯

古希腊三大悲剧作家之一。受过良好教育，在音乐、诗歌、体育方面均有训练。曾任雅典财务官、将军等要职。相传写有120多部悲剧，现存《俄狄浦斯王》《安提戈涅》《厄勒克特拉》《菲洛克梯提斯》《埃阿斯》《特拉克斯少女》《俄狄浦斯在科洛纳》等7部完整的悲剧及若干残稿。其艺术成就，对文艺复兴产生过影响，并在后来欧洲的剧坛上享有盛誉。

至说，这无非是戴高乐有意找个体面的台阶下台而已。这种说法，似乎言过其实。戴高乐不是那么轻易认输的人，也不会轻易退出历史舞台。尽管已经79岁高龄，他仍然认为自己大有可为。他的副官让·戴斯克里安在回忆录中提供了一个很有意思的情节：一天傍晚，他走进戴高乐的办公室，见总统端坐着，专心致志地凝视着手里的一张纸片，上面净是一连串姓名和数字。总统说道："你知不知道，索福克勒斯★写《俄狄浦斯在科洛纳》这部剧本时已是90岁；《浮士德》第二部脱稿时，歌德已83岁；雨果写《世纪传奇》史诗第二部时也已83岁……"壮心不已之情溢于言表。戴高乐对公民投票仍抱有希望。然而，迫近投票的最后几天，接踵而至的两件伤心事使他的心凉了半截。

在一些为戴高乐拉选票的集会上，群众欢呼蓬皮杜比欢呼戴高乐更起劲。公民投票的主调不再是"要不要戴高乐"，而变成"要戴高乐还是要蓬皮杜"。戴高乐惯用的、吓唬选民的方式："要么是我，要么是动乱"，已经不灵了。人们心里明白，戴高乐之后还有蓬皮杜，法国乱不了。

为了保住戴高乐，一些戴派头面人物要求蓬皮杜公开声明：他无意充当继任戴高乐的候选人。但是，蓬皮杜迟迟不表态。

4月24日，戴高乐在爱丽舍宫同他的妻舅雅克·旺德鲁共进午餐。旺德鲁说："如果24小时之内蓬皮杜再不公开声明：一旦公民投票失败，他不充当总统候选人，那么事情就无可挽回了。因为，这是争取蓬皮杜影响下的选民的唯一办法。"戴高乐对蓬皮杜不抱幻想。他说："过去，某人，某人以及某人都背叛了我。而现在，又出来一位某人。"不言而喻，这位"某人"自然是指蓬皮杜了。事后，旺德鲁将席间的谈话通过戴高乐的亲信、蓬皮杜的朋友福卡尔传给蓬皮杜，以作最后尝试。蓬皮杜哪里肯作这样重大的牺牲来保戴高乐。晚间，福卡尔回音来了："我见到的朋友认为，你所建议的表态，既无济于事，也不合时宜。"

蓬皮杜另有自己的算盘。一方面，他在某些公共集会上号召投赞成票，但这更多是装装样子。另一方面，他暗中加紧为公民投票一旦失败竞选总统作准备。他甚至已经物色好未来的总理——沙邦·戴尔马。这位戴派元老到处为蓬皮杜说好话。一向对戴高乐忠心耿耿的前总理德勃雷也准备改换门庭，致函蓬皮杜表示支持："我同您站在一起。"蓬皮杜还主持戴派元老们的星期聚餐会，议论未来的总统选举。戴高乐对蓬皮杜迫不及待地准备接班怒火中烧。他聊以解嘲地说："这一切勾搭都无济于事。法国人纵然离开我，那也绝不会要蓬皮杜。"

1969年4月28日午夜零时11分，这是一个历史性的时刻。法新社发布了只有两句话的国家元首公告：

"我停止行使共和国总统的职务。此决定自今日中午起生效。"

……

"结束了，"当在收音机前听完了这两句话时，戴高乐自言自语地说了一句，"结束了，戴高乐时代从此结束了。"

"国家不再要我了，"他又哀叹道，"法国人不再想当法国人了！法兰西不愿成为法兰西了。"

是的，一个时代结束了，另一个时代开始了，这是历史的必然趋势。历史的脚步是挡不住的，那巨大的车轮滚滚向前，就连一生伟大的英雄人物戴高乐也无力改变这一切。他只能走下神坛。

"这次公民投票，是1968年五月事件的必然结果。"他最后不无黑色幽默地自嘲说，"我在1968年5月负了伤。而现在，他们把我结果了。我现在已经死了。"

>> 科隆贝轶事

戴高乐在科隆贝拉布瓦瑟里家中大部分时间都是用来读书、写信和写回忆录。每天在读报和看信之后，他于10时至13时从事写作。

下午，他通常是到树林中散步，晚上收听地方新闻和8点的新闻广播，饭后继续工作，准备演说稿或者修改他的回忆录中的重要情节……

现在，戴高乐将军已经退了下来，成为了一个真正意义上的普通的老人。从此，他可以不再为了国家和民族、为了历史赋予他的重大责任而奔波操劳。他终于有了可以属于自己的时间、空间和自由支配一切的权利。这些权利在科隆贝得到了最大限度地体现。

一个人的住所是他灵魂的窗口。戴高乐将军选择在科隆贝双教堂的拉布瓦瑟里安家。关

∧ 戴高乐夫妇的科隆贝乡间小路漫步。

心这位抵抗运动的倡导人、第五共和国的缔造者兼作家的人们，都期望来这里了解他居住的环境、起居室，看看戴高乐将军隐居、思考问题的地方，了解这里发生的轶事。

正如戴高乐的女婿阿兰·德布瓦西厄所说的，写写戴高乐将军在科隆贝的轶事并非无益，因为许多重要事件是在科隆贝发生的。

在科隆贝双教堂的家中，阿兰·德布瓦西厄这样写道：

将军在拉布瓦瑟里的大部分时间用来读书、写信和撰写回忆录。每天在读报和看信之后，他于10时至13时从事写作。下午，他通常是乘车到他所喜欢的树林中去散步。散步回来后，我的岳父和岳母便一道饮茶，然后他又开始写作，直到收听晚上的地方新闻和8点钟的新闻广播。晚餐后，他有时继续工作，准备演说稿或者修改他的回忆录中的重要情节。

每当写完回忆录的一个章节，他就向我的妻子朗读一遍，使她能辨认某些删改特别多的段落。然后，伊丽莎白把这一章用打字机打出来，在

∨ 戴高乐与家人在一起。

她去巴黎，或者回科隆贝度周末或假日时交给他。这种工作方式有许多优点。首先是手稿不离家人之手……这样就避免了走漏风声。其次，只有父女两人了解所写的内容。假如将军想对人物的描述作些改动，以减弱或加强其色彩时，也只有他的女儿了解底细。岳父有时用开玩笑的方式来检查事情是否确实如此。在这时，他会问我："阿兰，你对我最近写的那一章有什么意见？"我回答说，我还没有读过。他就说："怎么，那不是由你妻子打出来的清样吗！"我回答说："是的，但是我没有偷看呀！"于是，将军哈哈大笑一阵，对我说："那么，我来念给你听吧。"

将军重返政坛后并未改变他在科隆贝的生活习惯。只要他一跨进家门，他就又成了父亲和祖父。当我同雅克·旺德鲁或同我的几位侄子打网球时，将军有时会跑来担任几场球赛的裁判。我得承认，在这种情况下，我们打得反而不那么出色。当我们打高尔夫球时，将军特别注意观察球的落点，因为对于球的落点发生更多的争议是十分自然的。将军就是这样对我们的各种娱乐活动都饶有兴趣。

他有时会帮着小孙子们荡秋千，但是他总是不让他们站在这种新型的秋千上，免得发生意外。正如电视观众在报道科隆贝的电视节目中所看到的那样，他有时还拉着阿尔萨斯四轮车，或推着儿童篷车同小孙子一起散步。他爱笑，他有着一种别人想象不到的幽默感。有时，当他听到一个有趣的故事后，他会把它当作自己的故事讲给别人听，而这时，他讲故事和表演的才能是无可否认的，简直可以同他用外语发表演说时的那种才能媲美。

家里的人和镇上的人都知道我的岳父心地善良。通过我的岳母和其他人，岳父知道镇上发生的所有喜庆的和不幸的事，并且及时地表达他的祝贺或安慰。根据他的建议，每次假期之中，我内弟和我都去看望神甫和镇长。回来之后，岳父就要询问我们自从上次度假以来镇上发生的各种事情。

岳父有时也流露出对自己家人的忧虑。一般情况下，他在白天不谈这些，免得引起岳母的担心，但当晚上岳母离开书房去安排家务时，岳父有时就会向我讲述他的忧虑。例如，我内弟菲力浦·戴高乐在奥拉尼的拉蒂格基地或在"阿罗芒什"号航空母舰指挥海军航空兵第6歼击机小队时，岳父忧心忡忡，特别是对训练期间飞机夜间在航空母舰甲板上降落甚感担忧。一次，当岳父去拉彼鲁兹旅馆下榻时，他请巴尔诺海军上校为他搜集一些有关资料。这位海军上校为了充分表明手下的飞行员，特别是飞行队长，海军上尉戴高乐的功绩，向我的岳父描绘了海军航空部队英勇的飞行员们，在这艘如此短小的"阿罗芒什"号航空母舰上作这种练习会遇到的种种危险（天晓得有多少危险！）。将军认为能做到这一点是了不起的，他向我详细介绍了飞机在夜间是如何降落在甲板上的，那确实是一场可怕的考验。他对我解释说："白天，从天空看海上的航空母舰就不大。那么你想想，夜间要在舰上降落会是什么情景……我真想让菲力浦早点儿结束在第6飞行小队的指挥任务。但愿上帝保佑他平安无事！"我敬仰这位人物，他在公开场合从不谈这些，但他心里却总惦记着这些。那天晚上，他是在向另一个军人倾吐心中的忧虑。

每逢有一对夫妇带着孩子来到拉布瓦瑟里，每人就都得尽力不发出过高的声响，以免吵醒孩子。将军为了听最后的新闻节目，很晚才就寝。因此，他往往把收音机或电视机的音量放到最低，不至妨碍别人。偶尔会在书房里听到孩子的啼哭声，这时他总觉得必须有人去看看孩子是否不舒服了。孩子的哭声总使将军感到难过。

这种同情心也许是他最大的弱点。当然，在法兰西或国家事务方面，将军表现得刚毅而坚定。但作为一个人来说，他的心肠很软，在家中或社会上滥用他的好心肠的人足足可以编成一个连。最明显的事例，是他为了全局的利益而宽恕了一些高级官员或法兰西人民联盟的成员，而他在1958年5月重新执政后再次起用他们。

在林中散步时，将军才显得最为率真、憨厚。他有时会出人意料地倾诉他心中的隐秘。有一天，他对我讲了一番话，后来1949年在芒市，他对市长、法兰西人民联盟成员夏帕兰重述了这些话（由泰尔努瓦搜集在他所著的《戴高乐——1947—1954年》一书中）。他这样向我坦言道："我这个人同其他法国人一样，我犯过错误。但是，历史在某种局势之下需要我出现在应该出现的地方，做我应该做的事情。历史指出了一条我不能偏离的路线。因为遵循这条路线是我的职责。"在散步时，岳父谈到各方面的问题：历史、政治、当时的重大事件、以至体育联赛等等。每当法国在体育比赛中败北，特别是当法国运动员没有全力以赴时，将军就感到伤心。他同英国人一样，认为体育比赛也多少涉及国家的荣誉。

说到体育，在那次"所谓五国实际上不是五国"的橄榄球比赛中，虽然法国取得了胜利，但却使将军感到恼火，"因为裁判不公正！"他认为，如果像在足球赛中那样，让从事这种球类运动的罗马尼亚人、意大利人、德国人、西班牙人或苏联人担任裁判，这次联赛会更有兴味。他还认为，在这种比赛中担任裁判的不一定非得是英国人；他也反对法国人担任这类联赛的裁判，尽管法国具有这样的资格。我个人认为他谈得非常有道理。

有一天，他对什么是戴高乐主义下了定义。这是在一次散步快结束时说的。因此我可以立即把他的观点追记下来："戴高乐派的特点是不屈服于邪恶。他们从不卑躬屈膝，他们不愿意做奴隶。他们决心竭尽全力改变一切不正义的现象。例如，要改变工人的生存条件，但不是通过暴动的方式，而是通过联合，然后通过参与管理来实现。他们具有高度的法兰西尊严感。他们不愿看到法国因少煤贫油而自甘人后，因为法国拥有聪明才智、创造能力和原子技术。发展核能的道路是戴高乐派的成就，必须坚持走下去。因此，我早在1945年就创建了原子能委员会。"法国在雷冈进行第一次核爆炸的日期（1960年2月16日）是他经常提及的纪念日。

在科隆贝，直到邮电部长罗贝尔·加莱在拉布瓦瑟里和爱丽舍宫之间为将军安装了带有干扰器（因为共和国总统负责国防事务）的直通电话之前，往往要靠一架安装在楼梯下面的军用电话机来度过一些有历史意义的时刻。

∧ 1967 年，戴高乐在布列塔尼视察。

　　1961 年 8 月 13 日，我正在科隆贝度假时，发生了"柏林墙"危机。那是一个星期天，将军正要去教堂做弥撒时获悉了这一消息。在通过电话了解了情况之后，他要我留在拉布瓦瑟里，并指示我要求国家各有关部门"尽一切努力阻止修建这道墙"。他认为，这种做法是违背有关柏林四国占领军自由通行的四方协议的。他问我是否有一种用来炸毁铁丝网的加长的炸药。我回答说，确实有现代化的方法，可以使正在建筑的柏林墙这类障碍物瞬间荡然无存。"让他们使用这种办法，让他们使用坦克推倒铁丝网，或者撞倒这道墙，但是……不要开炮。"这就是我接到的指令。

　　整个上午，我通过电话机拼命努力，力图使共和国总统的命令得以执行。可是，我也被一堵墙、一堵外交的墙给挡住了。我认识法国驻柏林部队的最高指挥官拉科姆将军，他曾是我在军校时的教官。我知道，如果我能与他直接通话，他是能够执行戴高乐将军的指示的，尤其是他当时正巧担任柏林军事指挥委员会的执行主席。不幸的是，当时同德国前首都的通讯联系十分困难。当我通过其他一些人士进行联系时，他们都表示，必须得到另外两位大人物麦克米伦和肯尼迪总统的同意，才能使用武力。我这一生都坚信，这一天，西方失去了一个"显示力量"的良机。如果戴高乐将军能够单独行动，那么在柏林的法国占领区就不会筑起这堵墙。因此，在其他盟国占领区里，这堵墙也就坚持不了一天。对此，我深信无疑。

1967年6月末，我妻子、我女儿和我在前往布列塔尼度假前，应邀去爱丽舍宫用午餐。当我同岳父一起在花园漫步时，他谈到将去魁北克访问。他完全了解这次访问事关重大。自从魁北克总理让·勒萨热先生于1961年10月第一次访问法国后，魁北克在巴黎设立了代表处。在那次访问中，魁北克总理受到了戴高乐将军和法国总理的接见。此后，魁北克和法国政府部长经常互访。在岳父的思想上，这次访问会使魁北克人有机会表示他们作为加拿大的法裔对于法国的依恋，并说明他们是否想要走得更远。那天，将军向我回顾了历史。他说，1763年根据巴黎条约遗弃在那里的6万法国人，他们的后代在2个世纪中增加到600万人。他们没有得到法国的任何援助，但却保持了自己的传统、语言和宗教信仰。因此，他想洗刷掉"法国可耻的遗弃行为"的痕迹。

另外，也应承认，自由法兰西领袖和对加拿大法裔在大战中的态度十分痛心。当时，在魁北克，贝当元帅是"英雄"，戴高乐将军是"英国的同谋"。而对加拿大的法裔来说，英国人就如同讲英语的加拿大人。当时为自由法兰西去加拿大履行使命的伊丽莎白·德米里贝尔，在她所著的《自由遭受暴力的踩躏》一书中，曾对此有过很好的描述。戴高乐将军成为法国总统以后，不能再让这种模棱两可的情况继续下去。因此，他的访问目的有二：向加拿大的法裔表明，法国决心忘掉200年遗弃骨肉同胞的历史；表明戴高乐将军不是他们曾经不公正地怀疑为英国人同谋的那种人。

他在魁北克访问期间，最使他激动的一幕是当他走下"科尔贝尔"号巡洋舰时，官方乐队演奏着《上帝保佑女王》的乐曲，而万头攒动的人群则唱起了《马赛曲》。在谈话中，他描述了走上"皇家大道"时的情景，当时气氛之热烈，使他回想起法国解放时人们欣喜若狂的场面。因此，在蒙特利尔的最后一天，面对高呼"自由魁北克"。"自由魁北克"的加拿大法裔人群，将军也呼喊了这一口号，如同他面对穆斯塔加奈姆的穆斯林高呼"法国的阿尔及利亚万岁"一样。这一切都是经过深思熟虑的。这应该是加拿大法裔历史上值得纪念的日子。它表明："戴高乐将军洗刷了200年可耻的遗弃行为的历史"。今后将会证明他是正确的，同时也会证明当时针对戴高乐将军在魁北克发表的演说，"由法国报刊、广播掀起的辱骂性评论狂潮"是何等可笑。正如加斯东·帕莱夫斯基总理所公正地指出的那样。

当以色列人在1969年1月对贝鲁特机场进行举世皆知的空袭时，我们也正在拉布瓦瑟里度假。以色列的这一行动是为了惩罚不幸的黎巴嫩人，因为他们尽管十分不愿意，还是向巴勒斯坦人提供了避难之地，而巴勒斯坦人则从黎巴嫩袭击了以色列北部的基布兹。在这次空袭中，以色列使用法国造的直升机轰炸黎巴嫩的设施，这使戴高乐将军极为愤慨。他立即作出决定，所有的军事物资对以色列实行禁运，包括幻影式战斗机和快艇。岳父希望通过这些

∧ 1969年离任前的戴高乐在爱丽舍宫新闻发布会上。

行动来表示法国对黎巴嫩的关切，这个国家是在他的关怀下取得独立的。黎巴嫩共和国不实行种族歧视政策，恰恰相反，它是多宗教国家的良好典范。在这个国度里，人们可以自由信仰，按照自己的良知生活。

戴高乐将军深深感到，如果任何一个国家触及黎巴嫩的这种明智的均势，由此引起的连锁反应都会危及该国的独立。他也知道某些国家乐意看到黎巴嫩国家的消亡，以便满足巴勒斯坦人的要求；另一些国家则不惜考虑在小小的黎巴嫩的废墟上建立起大叙利亚来。因此，不能危及黎巴嫩国家和人民，否则，法国就准备应黎巴嫩政府的要求，捍卫几个世纪以来在地中海东岸国家和法国之间结成的历史性友谊。这个小国是世界上大国的利己主义与相互争夺的牺牲品，它今天所经受的考验和苦难再次证明，戴高乐将军在1969年作出强烈的反应，对此发出警告的信号是十分正确的。

1969年2月，在举行那次使戴高乐决定弃职的引人注目的公民投票之前几个星期，我们在科隆贝有过一次重要的谈话。在此以前不久，我曾遇见雅克·福卡尔，他对公民投票的结果似乎表示担忧。他对我说，不能以我在阿尔萨斯所感受到的民意来作判断；在那里，这次投票也不会出问题的，但在其他地区将会遇到困难。在一次林中散步时，岳父像往常一样提出了这样一个问题："在阿尔萨斯，人们都议论些什么，特别是对公民投票都在议论些什么？"我回答说，在这个忠于将军的地区，公民投票的结果肯定是很有利的。但是，到巴黎出差时，我预感到，对于政权来说，这次公民投票可能会第一次出现被否决的后果。

将军问："那么，估计能得到多少赞成票呢？"我回答说："人们认为，你得到的票数不会多于总统竞选第一轮中所得到的票数。"将军接着说："这样的话，我就走，我就立即终止我的职务。你可以看到，由于因我离职而引起的激动情绪，蓬皮杜先生会得到从未有过的有利时机，继我之后当选共和国总统。而如果在我80岁离职时举行投票，那就会有许多人参加竞争。如果我在这次公民投票失败后离职，我所建立起来的体制将最终得以确立。"将军继续说："权力下放，参议院以及经过理事会的革新等改革措施不能束之高阁。在获得了45％的选票之后，总有一天要提出这些改革措施。因为不进行这类改革，就不再可能仅仅从巴黎来领导整个法国了。最后，如果投票结果是否定的，我将回到科隆贝，着手撰写其他的回忆录。也许，对未来而言，我把我为什么要做所有这些事情写下来，特别是写给夏尔（他的长孙）这一代人看，要比我多执政几个月更为重要。我提议举行这次公民投票，为的是证实在1968年5月份表现不好的法国人，是否还愿意同戴高乐一道作出最后的努力来完成国家的改革。我想知道，法国人是否还能作些建设性的工作，抑或注定只会跟着蛊惑人心的政客走，搞机关职员的政治或顺其自然的无为政治……"当晚，我同前次一样记下了这次谈话的内容，因此我所使用的措辞是有把握的。这次谈话的内容十分重要，它清楚地表明，不管某些人作何猜想，戴高乐将军确实考虑到要由乔治·蓬皮杜来接替他。

1958年5月，当戴高乐将军重理国事时，乔治·蓬皮杜也辞去了罗特希尔德财团秘书长的职务，成了马提翁宫的政府总理——戴高乐将军的办公室主任。当我岳父当选为共和国总统时，蓬皮杜曾要求重回银行任职。戴高乐将军认为蓬皮杜以这样的职务为掩护，可以到世界各地旅行而不引人注目，因此就可以在自己的秘密交易中帮大忙，于是就同意了他的要求。后来，事实也确实如此。

我在本书关于阿尔及利亚的那一章中，已经叙述了他曾经起过的作用。我知道戴高乐将军为此而对他深为感激。因此，我对1969年2月在科隆贝的那次谈话并不感到惊讶。当时，戴高乐将军对我说，一旦公民投票失败，他就离职，而这对蓬皮杜先生来说，是他当选共和国总统的最好机会。

这次谈话是在蓬皮杜罗马表态一事发生很久之后进行的。当时，蓬皮杜在罗马的表态使戴高乐将军及戴派分子感到不悦。我觉得此事十分离奇，便立即设法弄清真相。多亏一位要求我不透露姓名的意大利朋友的协助，我得到了那次答记者问的录音磁带。事情完全不像人们所说的那样。记者所提的第一个问题是："蓬皮杜先生，您来这里是负有官方使命的呢，还是私人旅行？"乔治·蓬皮杜回答说："既然一位前总理给意大利共和国总统带来了法兰西共和国总统的一封信，那么我就让你们自己去作结论吧。"第二个问题是："对您来说，肩负国家使命意味着什么？"乔治·蓬皮杜回答说："我像你们一样，也给自己提出这个问题，如果你们有什么解释或想法，我愿洗耳恭听！"第三个问题是："您是否将成为共和国总统的候选人？"乔治·蓬皮杜回答："要竞选一个职务，那么，这个职务必须是空缺的，而现在的情况并非如此。如果我说我不参加竞选，你们不会相信我，那还有什么必要继续进行这样的谈话呢？"

根据录音带整理出来的答记者问的内容，与在巴黎引起轰动的法新社电讯，两者相差甚远。我通过我的朋友，法国驻梵蒂冈教廷大使勒内·布鲁耶先生，查询当时谁是法新社驻罗马分社的负责人。我发现此人曾是自由法兰西的一个变节分子。在伦敦，他就因米塞利埃事件而表露出对戴高乐将军的敌意……那天晚上与乔治·蓬皮杜共进晚餐和参加答记者问的所有人，都向我证实了这一情况。

这种"埃姆斯电报"式的做法是一种卑劣行径，它破坏了蓬皮杜先生与戴高乐将军之间的关系，也部分地造成了1969年公民投票的失败。鲁阿内兄弟在写《戴高乐将军最后的三件伤心事》一书之前，曾到荣誉勋位管理会来见我。我曾向他们说明，我已交给戴高乐将军的录音带证明，有人无中生有地制造了这起事件反对蓬皮杜。尽管如此，他们还是在书中对事件作了错误的介绍，他们试图使人相信给我录音带的是乔治·蓬皮杜，而实际情况恰恰相反……

第十二章

影响力

1890-1970 戴高乐

1969年冬天，已经79岁的老人戴高乐，他的一颗心仍然像熊熊燃烧的火焰一样的炽热。

他还在关心着法国的局势，未来的走向和发展。

在他身后，还有能力影响和左右法国历史的，不是他的家人、朋友，而是他的个性和智慧，"戴高乐之光"。

> 夕阳无限好,只是近黄昏。晚年的戴高乐伉俪在科隆贝安享晚年。

>> "戴高乐派"

1969年的这个冬天,科隆贝好像是格外地寒冷,而对戴高乐这个已经79岁的老人来说,他的一颗心却仍然是像熊熊燃烧的火焰一样的炽热。虽然已经从历史的政治舞台上退下来一年多了,可是他还在关心着法国的局势、未来的走向和发展。

戴高乐与法国的关系,是如此地密切,从来都不曾断裂过。

在他身后,还有能力影响和左右法国历史的,不是他的家人、朋友,而是他的个性和智慧,"戴高乐之光"。在这种光芒下产生了一个最有影响的派系:戴高乐派。

"戴高乐派",这是法国政坛上的一支重要的政治派别。它以戴高乐为图腾,集聚着一批法国政界人士和社会各阶层的广大群众。这些人或是戴高乐的政治亲信,或是他的谋士,或是他的门徒和保镖,形形色色,不一而足……正所谓"庙堂余音"。虽然戴高乐已经退隐出了历史的舞台,但是,他们却仍然在几度兴衰,在此后的许多年里都影响和左右着法国的格局和走势。

所谓戴高乐派,可以从狭义和广义两种不同的角度来观察和看待。狭义的戴高乐派系指那些长期追随戴高乐从事各种斗争、参加戴派组织或长期忠于戴高乐、大力宣传戴高乐的政策主张,并为戴高乐的事业奔走呼号之士。总之,是指那些属于戴高乐圈子内的人物和那些属于戴高乐派组织的成员,是真正的戴高乐派分子。至于广义的戴高乐派则是指拥护和支持戴高乐的选民和社会各阶层人士。他们在选举公民投票和重大问题上投票支持戴高乐的主张或在选举中支持戴高乐派的候选人，但并非戴高乐派的成员。严格地说，他们只能算是戴高乐派的社会基础。但从政治分野上划分，他们也算是戴高乐派。

戴高乐派有一个较为曲折的形成和发展过程。整个过程可划分为以下五个阶段：

（一）形成阶段，即"自由法国"和"战斗法国"阶段。时间为1940年戴高乐赴英伦组织抗战斗争起至1946年戴高乐辞去临时政府总理职务时为止。1940年6月，戴高乐目睹德寇入侵和贝当等人的投降倾向而感到无比的愤怒，毅然只身飞赴英伦，开始了他在伦敦和阿尔及尔领导自由法国的抗战斗争。1940年6月18日，他在英国广播电台发表了著名的"6月18日讲话"。在这篇广播讲话中，戴高乐号召法国人民奋起抵抗，继续抗战，并召唤一切愿意抗战的爱国人士前来投奔于他，在他的领导下进行抗战斗争。虽然由于当时的戴高乐名声不高，前来归顺他的人不多。但在伦敦和阿尔及尔"自由法国"抗战过程中，法国国内外也有人陆续前来归依。终于形成了以伦敦的"法国委员会"和阿尔及尔的"法国国家解放委员会"以及布拉柴维尔的"法属防务委员会"为基干的一批抗战人员。他们拥护戴高乐的领导，追随在他左右，在他的领导下进行抗战斗争，形成了戴高乐派的雏形，开始了戴高乐派的形成阶段。

（二）大发展阶段（法国人民联盟阶段）。1946年戴高乐一怒辞去临时政府总理职务后，并不甘心把权力让与第四共和国的政府诸公。他仍然想继续掌权执政。为此，他组建了法兰西人民联盟。企图依靠这个政治组织的支持和依托，重新掌权执政。1947年4月14日，他声称要建立该联盟后，当天就有1.27万人参加该联盟。至5月1日就有80万法国男女公民申请加入该联盟。此期可谓戴高乐派的空前发展壮大时期。法国的各阶层人士广泛地涌进该联盟，甚至其他党派的党员群众也纷纷脱党转而参加该联盟。至1948年4月联盟在马赛召开第一次代表大会时，参加联盟的人数已达150万人。该联盟不仅成员众多，而且选民的数量也在激增。1947年10月举行的市政选举中，联盟的力量迅速膨胀。在拥有9,000居民以上的334个市镇中，联盟获得了近40%的选票。它在巴黎选区所获得的选票还高于这个数字。所以这次选举结果使得各党派大吃一惊。社会党、人民共和党和激进党等中间派政党的选票因转入联盟手中而吃亏不小。这三党一共只获得35%的选民，比联盟的选民数字少5%。

以上情况表明，法兰西人民联盟建立后的一段时期内，是戴高乐派力量自形成后迅猛发展壮大的阶段。在这个阶段内，无论是政界要人、社会名流，还是普通公民，都纷纷涌入戴高乐派，并使法国当政者和其他政党惊得目瞪口呆。但是，戴高乐想通过法兰西人民联盟推翻第四共和国政府和重新掌权的目的并未达到。而且好景不长，该联盟的异军突起犹如昙花一现，经过一阵膨胀壮大的高潮之后，旋即转入低潮，并走下坡路和一蹶不振了。

（三）衰落阶段。法兰西人民联盟是作为议会中的反对派而存在的。随着战后法国经济的逐步恢复和人民生活水平的逐步提高，法国人感到前途有了希望，该联盟在反对第四共和国政府方面便无法施其技了。在以后的选举中，戴高乐派的选民队伍逐步缩小，联盟内部的成员们也不愿再遵守戴高乐关于不准同第四共和国制度妥协和不准支持或参加任何一届第四共和国政府的纪律约束了。1952年2月29日，埃德加·富尔政府倒台后，联盟的要员苏斯戴尔就想应邀组阁。接着，3月份27名联盟议员投票支持安托万·比内为内阁总理。1953年1月，联盟的议员们又支持勒内·迈耶当选总理。这意味着，联盟不顾戴高乐的纪律约束而加入了政府中的多数派。至1953年4月底举行的市政选举中，联盟遭到惨败。这时的戴高乐派已经一蹶不振了。之后戴高乐未经与联盟的领导人商量，便与联盟脱离关系，并径自宣布，联盟的议员们以后可以自由行动、各行其是，但不得借用联盟的名义。尽管他未正式宣布解散联盟，但联盟的生命至此已告结束。此后联盟的议员们自行进行改组。他们组成了"社会共和党"和"社会行动共和联盟"。这两个组织虽然是由戴高乐派分子所组成，仍属戴高乐派，但已同戴高乐没有直接关系。此刻戴高乐已经离开法国政治舞台，隐居在科隆贝双教堂故居内从事他的回忆录的撰写工作。这两个组织只是法国议会中的无足轻重的、小小的议会党团而已，既无独立的政治纲领，又对政府无牵制作用。它们只图在选举中当选议员或参加议会多数派，为别人组阁抬轿子，捞个部长当当。至此，戴高乐派已成为法国政界中一条苟延残喘的"可怜虫"了。到了1956年立法选举时，这两个组织便陷于解体，显赫一时的戴高乐派便从法国政治舞台上暂时消失了。

（四）中兴阶段。戴高乐派虽然暂时声销迹匿，但它的领导层仍不甘心自动退出历史舞台。他们仍希望戴高乐东山再起，以便使他们能够乘机恢复戴派组织，重振戴派雄风。随着1958年五月阿尔及利亚暴乱的到来和戴高乐的二次登台执政，戴高乐派要员苏斯戴尔、沙邦—戴尔马、德勃雷、弗雷和密什勒等人便于同年10月组建了"保卫新共和联盟"。该党大力支持戴高乐政府的内外政策。1958年立法选举中，该联盟在右翼戴高乐派组织劳工民主联盟的支持下，一举获得国民议会中的190个议席，成为议会中很大的议会党团，戴高乐派又重新崛起了。接着，在1962年的立法选举中，保卫新共和联盟再次大获全胜，实力进一步壮大。1963年，保卫新共和联盟同劳工民主联盟两个戴高乐派组织合并组成"保卫共和联盟"，并吸收其他派别人士参加。这样，戴高乐派的组织就更加扩大了。

虽然1967年3月选举时，戴高乐派为保住它在议会中的多数地位，不得不争取德斯坦的独立共和党的支持，但在1968年五月风暴和戴高乐解散国民议会之后，戴高乐派在议会中的多数地位仍旧得到了明显地加强。戴高乐派及其独立共和党盟友在议会中竟然拥有350个席位。就议会席位数字看，戴高乐派已成为全国第一大党和议会中稳定的多数派，足以保证戴高乐派政权的持续稳定。自1958年第五共和国建立后，戴高乐派连续掌权16年之久，开创了法国政局空前稳定的新局面。这绝不是偶然的。这段时期，戴高乐派不仅在组织和成员方面获得很大发展，而且总统、总理、议长等大权都掌握在戴高乐派手中，形成了以戴高乐总统为首的全国性金字塔形的权力结构。可以说，这是戴高乐派发展史上的登峰造极的巅峰阶段。当然，戴高乐派也不可能无限制持续发展下去。1968年的五月风暴对戴高乐本人和戴高乐派毕竟是一次沉重的打击。紧接着于1969年4月举行的关于地方行政区域改革和关于参议院改革的公民投票中，戴高乐遭到败北。赞成票只有47.58%，反对票则占52.41%。投票公布那天午夜，戴高乐发表了他的辞职公告，正式辞掉了他的总统职务。从此，他便一劳永逸地离开了法国政治舞台。这对戴高乐派也是一件很大的不幸事件。因为戴高乐派是靠着戴高乐本人的威望而生存和发展的。现在，戴高乐因失败、垮台而隐退科隆贝双教堂故居，就使得戴高乐派陷入群龙无首的境地，并面临着如何谋求生存和发展的问题。

（五）戴高乐逝世后。戴高乐下野和退隐不久，便于1970年11月9日病逝。此后的戴高乐派组织——共和国民主人士联盟的总书记一职就先后由该派要人沙波内尔、方东、布热德、泰坦热、托马西召、桑吉内蒂、希拉克等轮流担任。1976年12月，该组织进行改组。更名为保卫共和联盟。希拉克任主席，莫诺任总书记。从此开始了戴高乐派的新纪元。

希拉克原是蓬皮杜的亲信。他在政治上是在蓬皮杜的一手提携下顺利地成长和发展起来的。他毕业于法国行政学校，于1967年当选为议员，1972年任农业部长，1974年任内政部长。希拉克为蓬皮杜办事积极果断，任劳任怨，被蓬皮杜誉为"我的推土机"。意即不管面临何种困难，希拉克均能像推土机一样，以摧枯拉朽之势铲除，完成任务和不负重托。

332

∧ 戴高乐与教皇保罗二世在一起。

< 戴高乐与英国女王伊莉莎白二世在一起。
> 戴高乐与美国总统肯尼迪遗孀杰奎琳在一起。

　　1974年蓬皮杜总统逝世后，需要竞选总统。此时戴高乐派要员沙邦—戴尔马在为蓬皮杜举行的丧葬仪式上迫不及待地宣布自己为戴高乐派竞选总统的候选人，引起希拉克的强烈不满。希拉克决心挫败沙邦—戴尔马的竞选。为此，他纠集了数10名戴高乐派议员，出面支持沙邦—戴尔马的对手德斯坦竞选总统。结果，德斯坦当选总统，沙邦—戴尔马遭到失败。德斯坦当选后便任命希拉克为总理（1974年5月）。这是希拉克在蓬尔杜去世后的第一个政治行动。他的第二个政治行动便是于1976年12月改组戴高乐派，建立保卫共和联盟这一新的戴高乐派组织。

　　保卫共和联盟建立后，戴高乐派同过去戴高乐在世时有所不同。戴高乐在世时，任何戴高乐派组织都不敢称自己的组织为政党，可是现在的保卫共和联盟却已完全同法国的一般政党相同。希拉克本人和他的保卫共和联盟也被人称为"新戴高乐派"。希拉克本人也称他的保卫共和联盟已不同于过去的戴高乐派。1975年3月8日，希拉克在评论保卫共和联盟时说："我们不再是戴高乐将军和蓬皮杜的运动了。我们是法国人民的政党。过去，共和国民主人士联盟只是戴高乐主义的外部组成部分，现在，我们是戴高乐主义的根本和至关重要的成分。"

　　1977年3月，希拉克当选为巴黎市长。

　　1986年，保卫共和联盟在立法选举中获得的选票和席位较多，密特朗总统按照惯例邀请希拉克组阁，任命他为总理，同他组成了"共处"政府。这是戴高乐派自1976年失去政权后首次重新执政。但是，在密特朗继任总统后决定于1988年6月提前举行的立法选举中，保卫共和联盟只获得19.18%的选票（居第二位）和1,287议席（居第三位）。希拉

克辞去总理职位，密特朗改任社会党的罗卡尔★接替希拉克的职务。至此，戴高乐派再次处于丢权地位。

作为政治力量，戴高乐派与法国的其他政党不同，有其自身的独特之处，不能把它看做是一般的党派组织。正如戴高乐不同于其他法国政治家一样，戴高乐派组织也不同于其他法国政党。总起来看，戴高乐派有以下几个特点：

首先，不是政党，酷似政党。

严格地说，戴高乐派组织并非真正意义上的政党。这可从主观客观两方面来看。从主观方面看，戴高乐历来藐视各党派，认为它们都是谋求一派私利的小集团，经常为争权夺利而吵闹不休，庸俗不堪，不屑一顾。而他本人则是代表全体法国人民和整个国家利益的。他要为法国服务和为法国人民谋利益，决不搞小集团利益和派别之争。为此，他本人或戴高乐派人士所组建的各种戴高乐派组织从来不用党派名称。

从组织方面看，戴高乐派组织也不具有一个真正的政党所应具备的那种严谨和完备而规范化的组织结构。在第四和第五共和国期间，所有的戴高乐派组织，除了法兰西人民联盟是戴高乐本人领导创建的之外，其他的组织大多是由少数戴高乐派人士抓着政治时机，或相约密谋串连建成，或抓住某种政治口号，登高一呼，一拥而起，聚沙成塔，密集膨胀而成。它们虽然都打着戴高乐的旗帜，敬仰戴高乐的为人，拥护戴高乐的政策，但戴高乐从来不同它们联系，更不参加它们的活动。严格地说，戴高乐只是它们的精神领袖，而不是它们的实际领导人。一般政党在创建的时候都举行隆重的建党仪式，都宣布该党的政纲，都有党规党章。但是戴高乐派却没举行过建党仪式。它只是戴高乐于1940年6月17日赴英伦进行抗战斗争后，某些人陆续前来归依他，团结在他的周围，在他的领导下进行抗德斗争，从而初步地形成了所谓戴高乐派，这根本不

★罗卡尔

法国总理。巴黎大学文学院和巴黎政治学校毕业。早年加入社会党。1956—1958年在国立行政学校进修。1958年任财政稽核。1962年起从事经济和财政研究工作。1960—1986年间多次当选国民议会议员。后任社会党执行局委员，党的公共部门的全国书记。1977年当选为孔夫朗－圣奥诺里纳市长。1988年5月起任总理。著有《统一社会党及法国社会党的前途》《社会主义国家的问题》等。1983年访问中国。

是建党活动。就是他所创建的自由法国也是个进行抗战的政治团体、流亡政府，而不是个党派组织。同时各戴高乐派组织也不曾宣布过它们的政纲。它们只是拥护戴高乐的统治和支持戴高乐的政治立场和他的内外政策而已。另外它们也没有什么像样的党规党章，遇事只是听从戴高乐的裁决或是看着戴高乐的眼色行事而已。有的戴高乐派组织只是个议会党团组织，更谈不上是什么政党。总之，以上情况说明，戴高乐派并非是个真正的党派。研究法国政党的权威人物——法国著名议论家和记者皮埃尔·维昂松—蓬代在其所著的《戴高乐派》一书中称戴高乐派组织为"行会组织"，不是没有道理的。的确，戴高乐派就像中世纪的行会组织。它由行东或老师傅指挥和带领着一群徒工团团转，类似某种帮会或团伙。各戴高乐派组织实质上就是这种性质的团体，而不是真正的党派。

但是，另一方面，从戴高乐派组织的政治作用看，它又完全像个政党。举凡法国的政治事件和选举活动，它都积极参与，同法国其他政党并列交插活动，毫无二致。例如在选举运动中，法国报刊把它的候选人、竞选纲领和所获选票和议席数字同其他党派的候选人、竞选纲领和选票及议席数字放在一起，列表公布，把它完全看作是政党之一。近年来，该派组织日益朝向政党方向发展，政党规范日益强化。保卫共和联盟的领导人希拉克就公开宣称他的组织是个党派组织。

其次是时聚时散，时盛时衰。

戴高乐派一个重要特点就是它的成员时聚时散，很不稳定。聚时如潮涨，大批人士从四面八方纷至沓来，纷纷涌入戴高乐派组织，使得戴高乐派迅猛膨胀、发展和壮大。散时如潮退，很多人纷纷作鸟兽散，因而戴高乐派也随之萎缩而凋零。戴高乐派在其发展史上的这种迅猛发展与旋即衰落交替出现的现象，实在令人眼花缭乱，神秘莫测。以致有人称它为"一千零一夜戴高乐主义"。戴高乐本人也注意到这个现象，他说："所谓戴高乐主义，那就是：忽而是数以千计的忠诚者的追随依附，忽而是全国人民的拥护支持。所有的人都曾经是、现在是或将来会是戴高乐派成员。"

戴高乐派这种兴衰剧变的大起大落现象的出现，是同戴高乐本人的处境密切相关的。一般说来，戴高乐派总是随着戴高乐声望的升降而浮沉，伴着戴高乐处境之顺逆而兴衰。凡是戴高乐威望上升，深得民心和处境顺利的时候，加入戴高乐派组织的人就增多，该派就会壮大发展；反之，凡是戴高乐声望下降、处境尴尬和遭遇不利之际，许多人便脱身而去，使戴高乐派遭到削弱和萎缩。例如战后戴高乐在领导抗战获胜和光复法国之后以英雄的姿态重返法国时，赢得了法国人民的衷心拥护，很多法国人把戴高乐看作是"救世主"，对他诚惶诚恐地尊敬爱戴。此时是戴高乐威望极高和最得民心的时候。

1958年阿尔及利亚的军事暴乱为戴高乐东山再起和重振雄风提供了巨大的机会，许多法国人都希望他重新当政。认为只有他才能平定暴乱，避免内战和解决阿尔及利亚问题。在阿尔及利亚军方和戴高乐派某些人物煽动和策划下，要求戴高乐重新上台执政的呼声甚器尘上，此时戴高乐的威望再次急剧升腾。戴高乐派的一些人士也乘机串联密谋，着手重建和恢复戴高乐派力量。为此各种戴高乐派组织纷纷先后建立，在选举中获得大量选票和议席。戴高乐派成为执政党，戴高乐手下的许多部长职位大都由该派要人所把持。在议会中，该派拥有最大的议会党团，并构成戴高乐政府的稳定多数。这些事实说明，伴随着戴高乐声望和地位的再次上升，戴高乐派的力量也获得了恢复和重新崛起，终于使该派达到了辉煌灿烂的中兴阶段。

以上情况说明，戴高乐本人威望之升降和处境之顺逆对戴高乐派的兴衰关系甚大。产生这种现象的主要原因是：第一，戴高乐的爱国思想和表现往往能够触动法国人的灵魂深处，召唤起他们的爱国热情，从而蜂拥而至团聚在他的周围或参加他的组织，因而壮大了戴高乐派。第二，戴高乐对事物有深邃而精确的观察力，并据此制定出正确的政策，颇能赢得法国人的信赖。例如"二战"之前，他力排众议，坚持认为，马奇诺防线之不可取，只有建立装甲兵团才能抵抗德国入侵的见解，已为二战的实践所证明是正确的；又如，他反对美国控制法国，建成法国核力量和同意阿尔及利亚独立等项政策也取得了相当的成果，深得法国人的信任。这也有助于戴高乐派扩大影响，增强实力。此外，很多法国人赞赏戴高乐的直言不讳、果敢坚定和敢作敢当的坚强性格。法国妇女则欣赏戴高乐的正统保守思想和他所受的宗教教育，因而在选举中大量投票支持戴高乐派的候选人。在戴高乐派的选民中，妇女始终占很大的比重。

但是，戴高乐身上的缺点和不足之处却又给戴高乐派带来不利的一面，往往使该派遭到削弱和败落。首先，不重视人民的生活和福利是戴高乐的一大缺点。当国势艰难、人民生活困苦的时候，戴高乐往往闭口不谈提高人民生活水平问题，却不厌其烦地奢谈法兰西的伟大。这种夸夸其谈往往会引起人们的反感，致使戴高乐派成员和选民脱身而去，转而支持其他政党，因而削弱了该派。其次，戴高乐的个人专断作风、固执刻板的性格和他那种把自己的意见强加于人的做法，经常引起戴高乐派要人的不满和抵制，加深了该派内部的矛盾，削弱了该派的团结和战斗力。如苏斯戴尔、沙邦—戴尔马和蓬皮杜都曾经同戴高乐发生过矛盾。同时戴高乐的个人专断作风很容易被其他党派抓住辫子，指责他想搞独裁专政，并借此煽动群众对他的不满。当各派群众和选民队伍在重大事件或选举斗争中发生结构变化和队伍重新组合时，许多群众因对戴高乐有疑虑而对戴高乐派产生不满，而且戴高乐派队伍中也有人自惭形秽而转入别派。由此可见，戴高乐本人对戴高乐派的命运有着很大的影响。当然，戴高乐派的兴衰聚散有着复杂的原因，并非戴高乐一人所致。但是，戴高乐的成败利钝确实对戴高乐派的兴衰有较大的影响，这也是绝对不容忽视的。

再就是成分复杂，队伍庞杂。

戴高乐派的成员和群众包括各阶级、各界和各色人物，成分极为复杂。在重大的政治斗争和选举运动中，各阶层的形形色色的人士往往鱼龙混杂、泥沙俱下，一古脑儿地拥入该派或汇集到该派组织周围，致使该派迅速发展壮大。该派在法兰西人民联盟大发展时期，情况就是如此。当时该派队伍的成员极其庞杂，从工农劳苦群众到广泛的中间阶层群众，直到政界名人、政府官吏和大垄断集团的经理和董事长，五行八作，三教九流，无所不包，无所不有。直至现在的保卫共和联盟，其成员和选民的成分仍是复杂的。

具有40多年历史的戴高乐派几经颠扑，其保卫共和联盟至今仍然是法国政坛上一支举足轻重的政治力量，是法国的四大政党之一。目前，法国政治舞台上分左右两大政治派别，每一派别又有两大政党。左派有社会党和法共，右派有保卫共和联盟和法国民主联盟。在左右两派的四大政党中，保卫共和联盟的实力和地位尚称坚挺，不可忽视。但是，展望将来，该派也很难再有大发展的可能，理由是在戴高乐和蓬皮杜相继去世后，该派已没有权威性的领导人物继续掌舵。而没有一位雄才大略和威名卓著的领导人是戴高乐派的最大不幸。因为，第一，戴高乐派的成员和群众大多是因为仰慕和崇敬戴高乐的崇高威望和他的雄韬伟略才投奔戴高乐派的，没有像戴高乐这样的历史风云人物做领袖，便无法吸引群众归附，也就无法大力发展戴高乐派。第二，戴高乐派成员复杂，没有一个权威人物作为凝聚力的核心，便不能把他们紧密地团结在一起和发挥该派的整体作用。现在保卫共和联盟的领导人希拉克虽然也有一定的知名度和活动能力，但仍不能有效地团结戴高乐派要员们，该派的元老派人物也未必真心折服于他。直到现在，许多该派要员同希拉克和他的保卫共和联盟始终处于若即若离状态，在联盟中未担任任何职务。希拉克则尽力提拔新人，培植自己的亲信力量，其他的戴高乐派人物威望尚不如希拉克，更无力领导和团结该派。这也是不利于戴高乐派进一步发展壮大的。第三，戴高乐和蓬皮杜能够成为戴高乐派当之无愧的头面人物，不是偶然的，而是由其历史背景和他们的主客观条件决定的。从法国、欧洲和世界形势看，这样的历史背景和客观条件很难再现，戴高乐派中再次出现像戴高乐和蓬皮杜这样的精英人物也绝非易事。

这些都说明，戴高乐派很难获得戴高乐在世时的大发展机会。但是由于该派同法国大垄断集团有过紧密的联系，至今仍与部分垄断资本有直接或间接的联系，受到它们的支持。特别是，该派自第四共和国以来一直是个广泛与群众联系、在选举和公民投票中一直获得法国群众支持的政治力量，因此，它是不会急转直下，骤然消失的。在相当长的时间内，戴高乐派仍将是法国政治舞台上一个具有代表性的和不容忽视的政治派别。

总的看来，戴高乐派虽然不能再现过去的雄姿，但是在部分法国垄断资本的支持下，这个有着群众基础传统的政治力量将会在相当长的时期内继续在法国政坛上存在下去，并继续起它的作用。

戴高乐派队伍中集聚着为数众多的法国政要、社会名流和各界知名人士。这些人或者是他的政治亲信，或是他的谋士，或是他的亲朋故旧，或是他的门徒和保镖，形形色色，不一而足……

>> 中断的巨著——《希望回忆录》

"拉布瓦瑟里是我的家。在宦海沉浮和世事变迁中，我曾向往清静的生活。现在，拉布瓦瑟里是我的朋友。当一个人在历史面前碰壁以后，还有什么比这使他更满意的呢？"

这是戴高乐此前在他的《战争回忆录》中写下的一段话。

现在，这段话是他最真实的生活写照，也充分反应了他的心境。

"年年月月物依旧，只有人不同"。在再度执政11年之后，戴高乐再次归隐科隆贝的拉布瓦瑟里。

不过，这次回来，却是与上次的归隐截然不同了。

要知道，第一次在这儿的隐居时期，那是为了东山再起，心中抱着一个希望，一个不太遥远的梦想。尽管一住就是12年，但是，戴高乐却从来没有感觉到，时间有过怎样漫长，岁月又是如何地充满沧桑与伤感。他日复一日，读书、写作，整理自己的思想，观察法国、欧洲乃至世界范围内的风云变幻，生活过得充裕而踏实。

可是，这一次却是不同了。这次是真正意义上的"归隐"，没有了重返政治和历史舞台的希望，没有了踌躇满志的抱负和明确的目标。而且，他一生的事业好像已经彻底结束了。他不知道自己在科隆贝除了将自己风烛残年的生命进行到最后的尽头，还能做些什么？

于是，戴高乐在来到这里后，仅仅过了一年多的时间，便显得老态龙钟了。

这种衰老，不但表现在肉体上，而且更表现在精神上。

戴高乐将军此时已经不能够再保持一种来自事业最巅峰和社会最高层的平衡心态。虽然，他总是装得安然自如。他对私人的秘书处主任德博兰古说的一番话，就表明了他的这种比较紊乱的心态。

"总该有结束的一天，"戴高乐这样说道，"也该下台了，并且要善于下台！你得承认，这样离职很好。我在历史的面前，作出了很好的退场。"

可是，话虽然是这样说，在戴高乐的内心深处，被迫下台毕竟不是滋味——他既由于被法国人抛弃而苦恼，又由于过去手下人的背离而恼火。

他又为缺少了戴高乐的法兰西将重趋衰落而忧伤。

1969年5月10日，戴高乐偕夫人悄悄离开了科隆贝，飞去了爱尔兰。

这虽然是戴高乐为了躲避国内缠身的麻烦，而不得已采取的措施，但到爱尔兰走一趟，也确实是他许多年来一直秘密隐藏在心底的愿望之一。

为什么选择爱尔兰？

说法不一，但是，相信更多的是考虑了感情方面的原因。俗话说："叶落归根。"戴高乐毕竟有着爱尔兰血统，别忘了，他的外祖母是爱尔兰的麦卡坦家族的后裔。

∧ 1960年戴高乐与夫人在爱尔兰。

★波 埃

法国参议院议长。巴黎大学法学院毕业。1946—1948年、1952—1958年间和1968年、1977年4次当选为参议员。历任财经事务国务秘书、预算国务秘书、德奥事务总专员。1953年任最高贸易委员会主席。1966—1969年任欧洲议会主席。1968年10月当选为参议院议长，并连续6次连选连任。

"在当前我的生命的重要关头，仿佛是一种本能把我引向爱尔兰。也许是因为我的血脉中有爱尔兰的血在循流，人是离不开本的。"

这是一次神秘的旅行。

由于是通过法国驻爱尔兰使馆秘密安排的，因此，事先只有三个政府成员知情，他们是总理德姆维尔，外长德勃雷和武装部队部长梅斯梅尔。

戴高乐乘坐的专机，则是总理德姆维尔指使梅斯梅尔特意安排的。

但是，尽管如此，戴高乐的行踪还是很快被当地的小报记者发现。不久，一位高大魁梧而又满面愁容、一脸皱纹的老人就出现在了世界各地的报刊之上，他挂着手杖，正在爱尔兰海滩上散步。

在这次度假开始的最初几天里，戴高乐郁郁不乐，他显然还是不能够从失败的忧伤里挣脱出来。

但是，经过几天的逗留，他似乎平静多了，爱尔兰使他振作了起来。他接受这个地方，这儿使他想起了很多如烟如雾的往事。

除了玩纸牌算卦，自娱自乐之外，戴高乐终于在继《战争回忆录》之后，又开始继续动手撰写另一部伟大的著作《希望回忆录》。他开始了第一卷第一章的写作——政治制度。

他精神上又有了新的寄托。

然而，尽管身在爱尔兰，这个伟大而又平凡的老人，还是不能完全忘情于国事。

他时刻关心法国的选举。最初的几天里，当消息传来，说是代总统波埃★在民意测验中的支持率节节上升时，戴高乐不由长长地出了一口气。

"嘿，这家伙——"戴高乐说道，"说不定波埃还会获胜呢，至少，如果他能当选，对我未来留给公众的印象，或许会好一些吧。"

这是实话。

虽然，戴高乐知道，将波埃与蓬皮杜比较起来，蓬皮杜获胜的几率要远远为高。但是，他还是希望波埃能够获胜，而不是蓬皮杜。

的确，对于蓬皮杜这个人，戴高乐是既不满意，又不放心。他觉得蓬皮杜不论是在才智、能力方面，还是在政治能量方面，都不可能完全继承自己的事业。首先，只要蓬皮杜一当选总统，戴高乐就不得不担心两件事：一是担心蓬皮杜让英国参加共同市场；二是怕蓬皮杜不再坚持独立的货币政策。其次是蓬皮杜的人品，这让戴高乐更加难以接受。

但是，他最担心的事情，还是很快就发生了，成为谁也更改不了的客观事实。

1969 年 6 月 15 日，法国总统选举揭晓，蓬皮杜战胜了波埃，当选为第五共和国第二任总统。

CHARLES DE GAULLE

> 戴高乐与法兰西当选总统蓬皮杜在一起。

"由于国家和个人的一切理由——"戴高乐将军向蓬皮杜发出的贺信，只有这样简简单单的一句话，"谨向您表示衷心的祝贺。"

从这封简单的信上或许看不出什么来，但是，戴高乐对蓬皮杜的不满是显而易见的。他又说了另外一句高度概括的话："法国向着庸庸碌碌的方向滑坡将继续下去。"

这时候，新的总统已经产生了，不会有人再来骚扰他，但是，戴高乐却还是没有马上回国。

他是想一并避开 6 月 18 日——这个具有历史性的纪念日。

6 月 18 日，这是当年戴高乐在伦敦广播电台发出了抗德号召的历史性的一日。这一天，从 1945 年以来，每年都要在巴黎近郊的瓦莱里安山举行隆重的纪念活动。参加活动的既有总统、总理和内阁全体成员，又有云集而来的老战士。至于为什么选择瓦莱里安山呢？那是因为第二次世界大战期间有 4,500 名人质和抵抗战士在山上被枪决，因此，这座山就成为了抵抗运动和"自由法国"的圣地。

"那儿可真是一个非同寻常的地方呵！"

戴高乐不由自主地想起了在那儿度过的无数个纪念日。自从 1944 年法国解放以来，他在法国以外的地方度过这个具有历史意义的日子还是第一次。

戴高乐这一天在爱尔兰对老战友说的话，他真的做到了。第二年，又是这个神圣的日子，戴高乐特意安排了去西班牙小住，在一个小山村里单独度过了 30 周年大庆。

那么，他为什么非要有意避开这个具有历史性纪念意义的日子呢？

说起来，戴高乐这样做，除了不愿再在公众场合露面的考虑，还有另一层比较深的政治涵义，那就是——自从 1969 年 4 月 27 日，戴高乐在公民投票中遭受挫折后，他认为在他和法国人民之间出现了某种裂痕。既然法国人民在公民投票中投了反对票，从而表明他们情愿自暴自弃，因此，在 6 月 18 日，这个全国觉醒的日子，他就再也不愿待在本国土地上。是的，戴高乐认为，法国人民在 1969 年这一年第一次背叛了他，这就是他和他们决裂的根本原因。

这一天过去之后，第二天，戴高乐乘专机飞回法国，继续在科隆贝的拉布瓦瑟里，过着他退休后的安稳和平凡的生活。

然而，他虽然下台了，但是影响还在，这就让他一手培养起来而今刚刚当选的新总统蓬皮杜感到不安。

"如果自己背离了戴高乐主义的轨道……"他想，"他会不会出面干预呢？"

蓬皮杜很不放心，于是写了一封信试探戴高乐将军。

对此，戴高乐的回答是："我要让大家都知道，我同现在的一切毫无关系。蓬皮杜先生和他的政府爱干什么就干什么，这同戴高乐毫不相干。他们到处挂我的照片，我无意阻挡。但是，应当明确一点，戴高乐全然与之无关！"

蓬皮杜听了戴高乐这番公开的讲话，这才放了心。

就这样，日子一天一天过去，戴高乐在科隆贝又度过了一段很清静的日子，一切都好像与当年在这儿隐居并无两样。

但是，差别又是显而易见的。

现在的戴高乐，对自己的言行十分检点，以避免幕后操纵之嫌。他蛰居拉布瓦瑟里，除了至亲好友，以及洽谈《希望回忆录》和《戴高乐言论集》的出版事宜，他很少接待来访的客人。某些政府成员来信向他提出一些具体问题或送呈文件，他一概都不理不睬。

从离职后，他在这里只接见过 4 位离了职的部长。他们是前总理、外长顾夫—德姆维尔，前武装部队部长梅斯梅尔，前文化部长马尔罗，前社会事务部长让—马赛尔·让纳内。

∧ 在家乡过着安宁隐居生活的戴高乐。

　　在这段"闭门家中坐，不问天下事"的岁月里，与马尔罗★海阔天空，纵谈古今，恐怕是戴高乐最大的乐趣了。

　　岁月无情，时间不饶人。戴高乐这时候已经真真切切地感觉到自己真的是老了。自己还能活多久？几年，几个月，还是几天？死亡之神随时都有可能降临。可是，自己的这部巨著，却最早也只能在84岁的时候才能完成。

　　"是的。"戴高乐不止一次说道，"我有一种非常强烈的紧迫感，必须同时间赛跑，必须完成手上的这部作品，才能死而无憾。因此，目前对我来说最要紧的，是有足够的时间完成回忆录。可是，我不知道自己有没有这么多的时间了。"

　　"这部回忆录——"戴高乐不久又在给许多亲属好友写的信中，表达了自己的这一祝愿和祈祷，"我是多么想在死前写完啊！我要加紧，加紧，再加紧，这是我死前的使命，但求上帝假我以岁月。"

　　但是，尽管如此，戴高乐依然保持了他一贯执着、严谨的治学态度。

　　除了原总统府新闻处主任皮埃尔—路易·布朗协助他搜集档案文件外，一切他都亲自动手。写作还是沿用许多年来的一贯做法，字字句句，亲自动笔，反复推敲，不断修改。他想把字写得清楚一些，可是，怎么也办不到，唯有他的女儿伊丽莎白能辩认他的"天书"一般的手稿，为他打字。

★马尔罗

法国作家。毕业于国家现代东方语言学院。早年曾在东南亚考古，并到过中国。1934年任"世界争取释放季米特洛夫和台尔曼委员会"主席。1936—1939年率志愿军飞行队在西班牙作战。第二次世界大战期间，参加戴高乐领导的抵抗运动，任阿尔萨斯-洛林旅指挥官。1959—1969年任负责文化的国务部长。曾在《被砍倒的橡树！》一书中详细记述了他和戴高乐的谈话。著有《征服者》《希望》和自传《非回忆录》等。

有一天，戴高乐参观图书馆时，无意中发现陈列在他手稿旁边的法国古典悲剧作家高乃依的手迹，不禁笑了起来。

"哈哈，"他得意地说道，"好啊，原来高乃依的字也是龙飞凤舞的呀！"

戴高乐正在写作的手头这部巨著——《希望回忆录》，计划分为三卷：

第一卷《复兴》（1958—1962）；第二卷《努力》（1962—1965）；第三卷《终点》（1966—1969）。

据戴高乐自己说，这部回忆录，比此前完成的《战争回忆录》更为难写。因为说起来，二次大战时期毕竟出现了一批叱咤风云的人物——丘吉尔、罗斯福、斯大林，还有很多重大事件；而此后他再度执政的11年，虽然也有一些惊心动魄的事件，例如1958年5月的"复活"计划、阿尔及利亚战争等等，但总的来说，毕竟比较平淡。在这11年间，法国虽不乏出类拔萃的人物，但毕竟不能同老一辈的大人物相比。

在同出版社洽谈回忆录的出版事宜时，戴高乐也丝毫不摆国家要人的架子，只是以一个作家的身份与之打交道，要求与出版社的任何一个作者同等待遇。

1970年7月11日，戴高乐把《希望回忆录》第一卷的打字稿交给普隆出版社社长兼总经理马赛尔·朱利安时说："我不知道这有多大的价值……"

朱利安当即拿出一份合同请将军签字，不料却被拒绝了。

"今天我不能签，"戴高乐的回答既出人意料又合乎情理，"您还没有读过我的稿子，怎么就接受呢？我把这看作是个原则问题，先看了才知道是否值得……"

10月23日，《希望回忆录》第一卷《复兴》问世了，将军的情绪很好，三天内题词赠书近

500 册。所有书中提到的国内外名人均人手一册。第一卷的印数 75 万册，戴高乐将信将疑："这个印数靠得住吗？数目会不会夸大了？他们会不会在拿这个数字来刺激我继续写下去呢？"

事实上，《复兴》一出版立即成了畅销书。可惜的是，正如戴高乐一直担心的那样，死亡中断了他毕生的最后使命。第二卷头两章刚刚完稿，第三章纲目已定，还未及动笔，1970 年 11 月 9 日这天，死神突然降临了。

>> 英雄之死

1970 年 11 月 9 日晚 7 时 25 分，距离戴高乐将军的 80 岁生日还有 13 天，在科隆贝家中，这位 79 岁的老人因动脉瘤破裂，与世长辞了。

他死后，他的家人与蓬皮杜政府发生了"遗嘱风波"。

戴高乐在遗嘱中这样写道："我希望在科隆贝双教堂为我举行葬礼。我事先声明，拒绝接受任何称号、晋升、荣誉、表彰和勋章，不论是法国的，还是外国的。

夜，黑漆漆的一团。

然而东方的天空却已经在缓缓地逐渐露出一抹淡淡的、微弱的光亮。很快，天空中出现了一丝鱼肚白。借着这微弱的光，已经隐隐约约可以看清楚了，这是一处偌大的院落。远处是起伏的山脉，奇峰迭起，怪石林立。稍近的地方是一片苍苍茫茫的树林，一望无际，树木参差，天意苍苍，虽然是在冬季里，还是青翠翠的，透出挡不住的蓬蓬勃勃的生命力。过了树林，更近的地方是大片大片的开阔地带，然后就是这处空空荡荡的院落了。这幢院子占地约有十几亩大小，四面都是栅栏、围墙，院子中间是各种各样的花草，知名的、不知名的，然后剩下的就是眼前这幢孤零零的小楼了。

这是一幢二层的小楼，房屋不高，但是延伸很长，错落有致地分成许多的小房间。现在，夜色还没有褪去，仔细的光景看不太清楚，但是阁楼顶端的一个小房间里，由于透出隐约的亮光，也就看得较为清楚一些。

灯光是淡淡的，再加上厚厚的窗幔垂下来，一直跟地面的地毯连在了一起，也就不易看得清楚。但是，对于站在窗前的一个高大的身影来说，这已经是很好的了。瞧他一动不动地站在那里，好像从来都没有动过。而他的身材也真是够魁梧的，有两米出头高，虽然他尽力想要挺直腰背，但是还能隐约显出一些佝偻。

这当然是个年事较高的老人了，他是谁呢？

这个人，便是已经将近 80 高龄的戴高乐。

这一天，正是 1970 年的 11 月 3 日，也就是 11 月 2 日——戴高乐的女儿安娜的亡灵日过后的第二天。

因为按照惯例，每年到了11月2日这一天，戴高乐都要和妻子伊冯娜一起，到女儿安娜的坟墓前去默哀。可是，今年的这一天，扫墓的人实在太多，没有去成。戴高乐和伊冯娜一商量，决定在11月4日这一天，再去看望他们亲爱的安娜。

可是，就在这前一天的晚上，戴高乐却怎么也睡不着了。

他是照往常一样，吃过了晚饭，就来到书房里，写作起《希望回忆录》来，是他很快就要去女儿安娜墓前的缘故吗？不会吧。可那又是为什么呢？

戴高乐不想思考得太多，可他还是忍不住想到了自己的80岁生日。

但是，今天是11月3日，再过19天，也就是11月22日，就是自己的80岁生日了。80岁，一晃眼之间，自己已经在这个世界上度过大半个世纪了，时间过得真快啊！想想自己当年出生的时候，那个暴风雨之夜，自己呱呱落地，来到这个茫茫而又未知的世界上，然而，又有谁能够想到呢，一转眼，好像没有过多久，自己却已是白发苍苍的老人了，膝下也早已儿孙满堂。哎，岁月无情啊，他想。

80岁，能够活到这个岁数当然不错。可是，不知道为什么，随着这个日子的一天天临近，戴高乐反而变得像个孩子一样不安起来。

"80岁，哦——"他总是在不同的场合，对着自己的亲属说同样的一番话，"80岁可是一个关口啊。"

戴高乐不知道为什么，仿佛自己有一种预感。他从来是不相信这种东西的，然而最近几年以来，或许是随着年龄一年比一年在老去的原因吧，他居然也相信了起来，而且笃信不疑。戴高乐觉得自己可能度不过"80岁"这个关口。尤其是最近，他常常在睡梦之中，见到这样的一幕景象——

在茫茫而辽阔的天地中，一场百年罕见的暴风雨正挟着雷霆万钧之势袭来。风云失色，山崩地裂。然而，在一片山林中，却正有一个双十字教堂，风平浪静，在教堂前的空地上，是大团大团的锦簇鲜花。鲜花的层层包围之中，停放着一具透明的棺材，戴高乐看到自己就躺在棺材之中，身上穿着标准的准将军衔的职业军人的服装，双目紧闭，面色安详。但是，不知怎的，那棺木却比自己的身子短了一些，自己2米多的大个子，只能佝偻着腰，蜷缩着腿在里面躺着，这真是一个天大的笑话！难道我自己这风风雨雨的一生，遭遇的坎坷经历，还不够吗？

……

"啊！"戴高乐总是这样一次次从梦中惊醒过来，然后，披衣起身，久久不能入睡，就这样站在窗前，一直呆呆地站到天亮。

说不清多少回了，戴高乐就像现在这样，站在深夜的浓重的黑暗之中，坚韧不拔地挺立着，一直等待到天亮。等待到东方的天空云彩变幻，朝霞万千，然后，太阳出来了，又是一个阳光灿烂的日子……

或许戴高乐已经料到了他不久之后即将来到的死亡，因此在这之前做了一系列的安排。

但是，他显然没有想到的是，在他死后，竟然还会发生那么多的事情——

首先是遗嘱风波。

戴高乐将军的遗嘱是在1952年1月16日立下的，确定如何料理后事。

这份遗嘱是这样的：

我希望在科隆贝双教堂为我举行葬礼。

如果我在他地去世，应将我的遗体运回我家，不举行任何公开仪式。

我的墓地就是已经安葬了我女儿安娜的那块墓地，我妻子将来有一天也要安葬在那里。

碑文是：夏尔·戴高乐（1890—）。别的什么都不要。

仪式将由我的儿子、女儿、女婿、儿媳，在我的办公室的协助下进行安排，务必使之极其简单。

我不要国葬。不要总统、部长、两院各单位和行政、司法机构参加。

只有法国军队可以以军队的身份正式参加，但参加的人数应该很少。不要音乐，不要军乐队，不要吹吹打打。

在教堂里和别的地方，都不要发表讲话。

在议会里，不念悼词。

举行仪式时，除了给我的家属，给我的那些曾经荣获解放勋章的战友，给科隆贝镇议会留出席位外，不留其他任何席位。

法国和世界上其他一些国家的男女，如果愿意的话，可以把我的遗体护送到我的墓地，以此作为对我的纪念。

但是，我希望在安静的气氛中把我的遗体送到我的墓地。

我事先声明拒绝接受法国或外国的勋章、晋升、称号、表彰和声明。

无论授予我什么，都是违背我的遗愿的。

这就是在历史上曾经惊天动地的一位人物的最后的嘱托。

在他心目中，葬礼是一件私人的事，对一个基督徒来说，这仅仅是上帝、死者和家属之间的事。葬礼应该尽可能简单。戴高乐把法国作家夏托勃里昂的名言作为自己的格言：

"小人物，陵墓厚葬；大人物，一石一名足够！"

1952年1月16日，戴高乐将军立遗嘱那天，正是他的战友，德拉特尔·德塔西尼元帅举行国葬的日子。他怀疑这样隆重的葬礼是否违背了死者的心愿。他因此有感而发，决意在自己死后不举行国葬。他的遗嘱一式两份，分别由儿子菲力浦和当时他的办公室主任蓬皮杜保管。

后来，戴高乐出任总统后，菲力浦曾经几次问过父亲，鉴于情况发生了变化，遗嘱是不是需要修改。将军每一次都是斩钉截铁地回答道："不必作任何更改。"

1967年，在为法国最后一位元帅朱安举行葬礼时，当天晚上，戴高乐坚定地表示说："这是我们这代人最后一次国葬！"

看到在一旁的女婿阿兰·德布瓦西厄脸上露出了惊讶的神色，他便又一次当着众人的面强调说："我的现任职务，丝毫也改变不了我的遗嘱，是的，无论如何也更改不了。"

但是，戴高乐没有想到的是，在他死后，遗嘱倒是没有被修改，可是，蓬皮杜却利用了这份遗嘱。

在戴高乐去世后的第二天，他的儿子菲力浦应该负责办理遗嘱的事宜，但是，他因为不愿意再与蓬皮杜打交道，便委托总统府前顾问勒弗朗于11月10日一早前往爱丽舍宫会见蓬皮杜，通知他："遗嘱内容没有任何变动，家属准备予以公布。"

经蓬皮杜核对，由他和菲力浦分别保管的两份遗嘱内容完全相同。

然而，正当勒弗朗代表菲力浦向法新社记者电话传送遗嘱内容时，总统府却已抢先将遗嘱公布于世，通告了国人。

蓬皮杜此举是为了向全国人民显示，他乃是地道的戴高乐衣钵传人，以捞取政治资本。可这一举动，却惹恼了戴高乐的家属，他们对此大为不满。

而且，由于蓬皮杜原本同勒弗朗商定，在戴高乐家属确定科隆贝葬礼的时间之前，政府不对官方悼念安排任何活动。而事实上，当勒弗朗刚从爱丽舍宫辞别不久，国家电视台就宣布，政府决定在11月12日11时在巴黎圣母院做安灵弥撒。

菲力浦对蓬皮杜这种做法非常震惊。勒弗朗当即受命通知政府，届时戴高乐家属谁也不会出席。接着，菲力浦告诉勒弗朗，科隆贝葬礼决定在12日举行，与官方安排同一天而且几乎同一时间，从而形成了巴黎和科隆贝的对台戏。菲力浦还说，这样做，将军的遗愿将受到尊重。到科隆贝来的人将只是忠于将军的人，而非政府官员。勒弗朗顿时明白了：这是家属对蓬皮杜此举的回答！

戴高乐下葬之前，还有一桩事情，就是遗体告别。

11月10日晚8时左右，本地的一个木工把棺材送来了。这口棺材同一般人用的没有什么两样，浅色橡木，加几个铝制把手。唯一不同的是将军的棺材比任何其他的都长，长2.05米。棺材一到，立即入殓。在场的只有戴高乐夫人、女儿伊丽莎白以及两个佣人。戴高乐夫人觉得瞻仰遗容的人越少越好，这才符合戴高乐的遗愿，决定尽快把棺木封上。只

> 4万余名法国人纷纷来到科隆贝表达对戴高乐的敬意。

> 戴高乐的棺木上覆盖着法兰西三色国旗，画面右侧最前方者为戴高乐夫人。

< 在巴黎圣母院，100多位来自世界各国的政要参加了戴高乐的安灵弥撒。

有少数至亲好友赶上遗体告别。将军的姐姐加约夫人在灵前拆看了她弟弟死的当天给她写的一封尚未邮出的信："这里一切都很平静。我在继续我的巨大工程。"国防部长德勃雷乘直升机赶来，他是在灵床上最后一次见到戴高乐的唯一政府成员。戴高乐夫人事先表明，她不希望任何一位政府成员到科隆贝来，而蓬皮杜总统也在内阁会议上要求部长们"自我克制，不作个人性质的表示"。德勃雷单独行动自然同蓬皮杜的意图相悖。

蓬皮杜本人于11月11日下午4时来到科隆贝。戴高乐的遗体已经入殓，他连遗体告别也没有赶上，只得在灵前致哀。

11月12日下午，戴高乐遗体在科隆贝双教堂旁边的墓地安葬，小小的墓地几乎全是本村一家一户的合葬墓穴。戴高乐家的墓穴同村民的几乎一样，所不同的是，戴高乐一家的墓更为简单朴素，不像附近有的墓穴是用大理石砌成的，修理得比较讲究。

那天一早，从法国各地自发赶来送葬的人流源源涌向科隆贝。从巴黎火车站先后开出8趟专列，运送5,000多名乘客前来。更多的人开着汽车赶来，上万辆小汽车，几百辆轿车沿着19号国家公路浩浩荡荡开来，形成一条3公里多的长龙。中午过后，4万多人齐集科隆贝，静候戴高乐的灵车从拉布瓦瑟里私宅开往教堂。灵车一出拉布瓦瑟里的铁栅门，黑压压的人群便默默地尾随护送。这时，科隆贝双教堂响起了庄严的钟声，仿佛是在向法国和全世界宣告——

∧ 在科隆贝双教堂举行的戴高乐遗体入殓仪式。

一颗巨星陨落了！

戴高乐的灵柩由本村8个年轻农民从灵车上抬起，缓缓进入墓地。按照将军的遗愿，没有致悼词，没有奏哀乐，没有政府成员在场。科隆贝的仪式简单得令人伤心。戴高乐将军曾经表示这样的心愿："法国和其他一些国家的男女公民，如果愿意的话，可以把我的遗体护送到我的墓地，以此作为对我的纪念。"正如戴高乐将军所希望的，深受震动但又异常安静的群众就是这样做的。

就要埋葬了，忽然，风云突变，电闪雷鸣，一场令人震惊的暴风雨骤然而来，袭击了法国大地。但是，说也奇怪，尽管别的地方瓢泼大雨，滂沱不已，独有科隆贝这儿小小的一块地方，却阳光灿烂，如同一片世外净土似的……

在巴黎，正式的仪式在巴黎圣母院举行，参加的是世界上所有的名人。在倾盆的大雨中，巴黎的群众响应市长迪迪埃·德尔富尔的号召，异常安静地列队在爱丽舍田园大街上，50万人冒雨走向凯旋门。葬礼和安灵弥撒向全世界现场直播，收看人数竟达5亿之多。凯旋门所在的星形广场，从此改为夏尔·戴高乐广场。

戴高乐下葬的第二天，前法属非洲各国家元首专程来到科隆贝，瞻仰戴高乐故居和墓地。戴高乐夫人本来谁也不想见的，最后还是把他们当作朋友亲自出面接待。这些来自非洲的贵客，在墓地或拉布瓦瑟里，激动地捡起一块石子，留作对这位非殖民化的倡导者和坚定不移的实施者的纪念。

戴高乐将军生前，不愿有人闯进他宁静的私人生活。拉布瓦瑟里的铁栅门上长年挂着一块牌子："私人产业，请勿入内。"他逝世后，科隆贝顿时成了圣地，前来凭吊墓地和瞻仰故居的人络绎不绝，仅第一年就有130万人之多。

戴高乐生前坚决拒绝为他树立铜像、纪念碑之类。他逝世后，不少人主张为他树立碑像，都被戴高乐家人谢绝了。戴高乐初次隐退时曾有戏言：毕生奋斗的结果，恐怕只落得个科隆贝小山上的洛林十字。据此，1972年6月18日，科隆贝双教堂近傍的小山之巅，竖立起由全国数百万人民捐款修建的高达43米的巨型洛林十字，以纪念这位挽救法国于危亡的民族英雄。这座拔地而起的洛林十字，昂然屹立，俯视田野、树林和山峦。

……

总而言之，以上种种在戴高乐身后发生的事情，都是他在世的时候所不能知道的。或者依据戴高乐的超人的预见能力，他已经知道了。

不管怎么说吧，这一切都不是最要紧的。当那个最后的日子——1970年11月9日来到时，戴高乐像往常一样，早上9时许来到工作室，翻阅档案，进行构思，准备撰写《希望回忆录》第二卷第三章。午餐时，胃口很好。饭后继续写作，并先后在花园里散了两次步。像往常一样，同夫人用过下午茶点，他就把回忆录的写作搁在一边，开始写信，直到下午6时3刻才离开工作室。

最后走的时候，戴高乐照例眺望了一眼远处暮色苍茫，岗峦起伏的景色，然后把窗子关上，才离开。

"哇！"屋子里，传出戴高乐夫人撕心裂肺的一声号叫。

1970 年 11 月 9 日晚 7 时 25 分，戴高乐将军动脉瘤破裂，与世长辞。

一颗伟大的心脏停止了跳动！

一个时代结束了。

> 暮年的戴高乐。站在山岗上眺望远处。

>> 检索……相关事件

德国无条件投降

1945年4月30日，法西斯头子希特勒在苏军攻克柏林的炮声中自杀。临死前他任命德军海军元帅邓尼茨为德国总统和武装部队的最高统帅。5月2日德军的柏林城防司令维德林命令德军停止抵抗。7日在兰斯的西方盟军司令部内，德国政府的代表向美英苏方代表签署了无条件投降书。5月8日24时，在柏林正式举行了德国无条件投降仪式。至此，欧洲战争结束。

09

> 1945年5月7日，德军代表在兰斯与盟军签署了无条件投降书。

美国向日本广岛、长崎投放原子弹

1945年7月16日晨，美国第一颗原子弹爆炸成功，其威力相当于2万吨TNT炸药。鉴于美国在太平洋上攻岛作战中伤亡巨大，美国军方决定使用威力巨大的原子弹，迫使日本投降。1945年8月6日8时，在日本拒绝接受《波茨坦条约》的情况下，美国在广岛投下第一颗原子弹，9日上午在长崎投下第二颗原子弹。原子弹的投掷和苏军出兵对日作战，加速了日本的崩溃，促进了日本政府迅速投降。但原子武器伤害了大量居民。

朝鲜"8·15"解放

金日成领导的朝鲜人民革命军进行了长期不懈地反抗日本殖民者的斗争。1945年6月12日，苏军根据苏美协议，进军朝鲜北纬38度线以北。金日成领导的朝鲜人民革命军决定对日寇发起大反攻。8月15日，他们在苏军的配合下一举解放了朝鲜北部，为建立朝鲜民主主义人民共和国创造了条件。

北大西洋公约组织成立

1949 年 4 月 4 日，美、英、法、比、荷、卢、丹、挪、意、葡、冰岛、加拿大等 12 国在华盛顿签订《北大西洋公约》，宣告成立北大西洋公约组织，简称"北约组织"。在冷战时期，北约是实现美国全球战略目标的军事政治集团，它以美国的战略构想为基础，是杜鲁门主义和美国外交政策的支柱。

斯大林逝世

1953 年 3 月 5 日，苏联共产党中央委员会总书记、部长会议主席约·维·斯大林因患脑溢血在莫斯科郊外他的别墅里逝世。同日，苏共中央、苏联部长会议、苏联最高苏维埃主席团发表《告全体党员、苏联全体劳动人民的公告》，宣布了斯大林逝世的消息，并组成以尼·谢·赫鲁晓夫为首的斯大林治丧委员会。3 月 7 日，苏共中央和苏联部长会议做出决定，在红场陵墓里，把斯大林的水晶棺同列宁的水晶棺并列安放。3 月 9 日，在莫斯科红场举行了斯大林追悼大会。

retrieval

10

世界上第一颗人造地球卫星成功发射

1957 年 10 月 4 日，苏联成功地发射了世界上第一颗人造地球卫星。这颗取名为"斯普特尼克 1 号"的人造地球卫星是用苏联试制的世界上第一枚洲际导弹的改装型发射升空。卫星总重量为 83.6 公斤，它绕地球发行了 6 个月。它表明人类已经跨入太空时代。

11

< 肯尼迪的葬礼。

法国"阿基米德号"深海探察

法国于 1961 年建成了世界上最大的、能潜至 1.1 万米深处的"阿基米德号"深海潜艇，能乘坐 3 人。1962 年 7 月 25 日，"阿基米德号"在日本北海道钏路港东北、北纬 44 度、东经 150 度的得抚岛南，由法国海军大尉奥班、海底地质学家德罗士和东京水产大学教授佐佐木忠义驾驶入海，至下午 4 时 48 分平安回到海面。

肯尼迪遇刺身亡

1963 年秋，美国肯尼迪总统开始为第二年的大选做准备，以期竞选连任。1963 年 11 月，他在副总统约翰逊的陪同下前往德克萨斯，调节该州民主党自由派和保守派之间的矛盾，使其在大选中团结一致。11 月 22 日，肯尼迪一行到达德克萨斯首府达拉斯。中午他偕夫人乘坐敞篷汽车从机场驶入市区，被刺客开枪击中。半小时后身亡。11 月 25 日，肯尼迪总统被安葬在华盛顿阿林顿国家公墓。

retrieva

中法建交

1964 年 1 月 27 日，中华人民共和国政府和法兰西共和国政府发表联合公报，决定建立外交关系，并商定在 3 个月内任命、互派大使。双方达成协议，法国政府承认中华人民共和国政府是代表中国人民的唯一合法政府。法国是第一个同中国全面建立外交关系的西方大国。

美国阿波罗 11 号"宇宙飞船"载人登月成功

1969 年 7 月 20 日，美国东部夏令时 4 时 17 分，阿波罗 11 号宇宙飞船在离开地球的 3 天宇宙飞行之后，把登月舱安全送达月球，在月球的"静海"平原上安全着陆。宇航员阿姆斯特朗和奥尔德林顺利登上月球，在月球上留下人类的脚印。"阿波罗计划"的实施极大地促进了一大批科学技术以及管理科学的发展。

联邦德国推行"新东方政策"

1969 年 10 月 21 日，勃兰特出任联邦德国总理，宣布推行"新东方政策"。其目标是：改善同苏联的关系，同东欧各国关系正常化，暂时解决德国两部分的关系。据此，勃兰特出访苏联，并于 1970 年 8 月 12 日签署了《莫斯科条约》。同年 12 月联邦德国又同波兰签署了《华沙条约》，表明联邦德国承认二战后所划定的欧洲边界现状。1972 年 11 月，又同民主德国签署了《基础条约》，承认民主德国是一个主权国家。

∧ 1969 年 7 月 20 日，登上月球的美国宇航员。

12

华盛顿反战大示威

因越南战争的不断升级，动摇了美国国内经济，美国人民的反战情绪因此再度高涨。1970 年 4 月底到 5 月初，首都华盛顿举行反战大示威。4 月 24 日，20 多万反战示威者聚集在国会山前，抗议政府的越南政策，要求政府尽快实施撤军计划。这次反战大示威一直持续到 5 月初。期间几名示威者被捕，直至 4 日被捕者获释。5 月 5 日，示威活动渐趋平息。